古希腊民主制的兴衰

PAUL CARTLEDGE
DEMOCRACY: A LIFE

［英］保罗·卡特利奇——著

刘畅 翟文韬——译

九州出版社
JIUZHOU PRESS

目 录

年　表　　　　　　　　　　　　　　　　　　　5

序　言　迷失在翻译中？　　　　　　　　　　　1
　　　　现当代对民主一词的挪用（一）

第一部分

第一章　古代与现代的文献来源　　　　　　　13

第二章　城邦、政治和政治所涉之物的出现　　38
　　　　现当代对民主一词的挪用（二）

第二部分

第三章　希腊民主制的兴起（一）　　　　　　55
　　　　古风时期的希腊

第四章　希腊民主制的兴起（二）　　　　　　69
　　　　公元前508/507年的雅典

第五章　希腊民主制的兴起（三）　　　　　　88
　　　　公元前507—前451/450年的雅典

第六章　希腊民主制理论？　　　　　　　　　102

章节	标题	页码
第七章	雅典民主制的推行 约公元前 450—前 335 年	120
第八章	雅典民主制 文化与社会，约公元前 450—前 335 年	142
第九章	希腊民主制的兴衰（一） 公元前 5 世纪	167
第十章	法庭中的雅典民主制 对德摩斯、苏格拉底和泰西丰的审讯	196

第三部分

第十一章	希腊民主制的兴衰（二） 希腊民主制的黄金时期（约公元前 375—前 350 年）及其批评者	213
第十二章	"吕库古时代"雅典民主制的影响	236
第十三章	古典希腊民主制的离奇死亡 回顾	256

第四部分

章节	标题	页码
第十四章	希腊化民主制？ 前途暗淡的民主制，约公元前 323—前 86 年	269
第十五章	罗马共和国 也是一种民主制吗？	287
第十六章	被否决的民主制 罗马帝国与早期拜占庭帝国	309

第十七章　民主制的消退　　　　　　　　　　323
　　　　古代晚期、欧洲中世纪和文艺复兴时期

第五部分

第十八章　复兴的民主制　　　　　　　　　　333
　　　　17世纪的英国、18世纪末19世纪初的法国

第十九章　民主制再造　　　　　　　　　　　345
　　　　18世纪末19世纪初的美国以及托克维尔的美国

第二十章　被驯服的民主制　　　　　　　　　352
　　　　19世纪的英国

后　　记　现代民主制　　　　　　　　　　　359
　　　　回顾与展望

注释及参考文献　　　　　　　　　　　　　　370

参考书目及进一步阅读　　　　　　　　　　　412

出版后记　　　　　　　　　　　　　　　　　459

年　表

（公元前 508/507 之前均为大致年份或传统年份）

古风时期

约前 700	荷马和赫西俄德的诗歌；重装步兵出现
约前 650—前 600	规范行政的法律出现在克里特岛德雷罗斯城的一处铭文中
前 621/620	德拉古法典出现在雅典一处铭文中
前 594/593	梭伦在雅典实行法律改革
前 550	居鲁士二世建立波斯阿契美尼德王朝
前 546	居鲁士打败吕底亚的克罗伊斯
前 545（至前 510）	庇西特拉图与其子希庇亚斯作为僭主统治雅典
前 508/507	克利斯梯尼在雅典发起民主改革
前 505	斯巴达的伯罗奔尼撒同盟建立

古典时期

前 499（至前 494）	爱奥尼亚起义：爱奥尼亚的希腊人以及其他希腊人和非希腊人民反抗波斯统治
前 490	马拉松战役：雅典和普拉提亚击败波斯入侵者
前 480（至前 479）	薛西斯率领波斯人第二次入侵，前 480 在萨拉米斯战败，前 479 在普拉提亚战败
前 480	西梅拉战役：革洛率西西里的希腊人击败迦太基人
前 478（至前 404）	雅典成立对抗波斯的提洛同盟
前 466	叙拉古的僭主制终结，民主制开始

前 462	厄菲阿尔特和伯里克利在雅典进行进一步的民主改革
前 460（至前 446）	第一次伯罗奔尼撒战争：斯巴达及其同盟对雅典及其同盟
前 449	《卡利阿斯和约》（条约双方为雅典和波斯；其真实性和具体时间有争议）
前 447	底比斯在科罗尼亚击败雅典，建立寡头城邦同盟；帕特农神庙动工（前 432 竣工）
前 446	斯巴达与雅典缔结 30 年停战协定（前 431 破裂）
前 431	（至前 404，中有间断）伯罗奔尼撒战争
前 421（至前 414）	《尼西阿斯和约》
前 415（至前 413）	雅典远征军前往西西里：叙拉古获胜
前 405（至前 367）	狄奥尼修斯一世成为叙拉古僭主
前 404	斯巴达在波斯的援助下赢得伯罗奔尼撒战争
前 404（至前 371）	斯巴达霸权
前 401（至前 400）	1 万希腊雇佣军远征至亚细亚：由雅典的色诺芬记述
前 395（至前 386）	科林斯战争：斯巴达击败四方联盟（雅典、彼奥提亚、阿尔戈斯、科林斯）
前 386	《大王和约》（首个"共同"的和约）：由波斯国王阿尔塔薛西斯二世和斯巴达王阿格西劳斯二世发起
前 385	柏拉图在雅典创立学园
前 378（至前 338）	雅典成立对抗斯巴达的第二次雅典联盟，底比斯是初始成员国
前 371	留克特拉战役：底比斯击败斯巴达；底比斯主导希腊大陆（至前 362）
前 366	斯巴达的伯罗奔尼撒同盟终结
前 362	第二次曼提尼亚战役：底比斯胜利，伊巴密浓达阵亡；"共同"的和约续签

前 359（至前 336）	腓力二世成为马其顿国王
前 356（至前 346）	第三次神圣战争：福基斯人对腓力二世
前 346	马其顿和雅典签订《腓罗克拉底和约》；腓力二世统治希腊
前 338	喀罗尼亚战役：腓力和亚历山大击败雅典和底比斯；科林斯同盟成立
前 336	腓力二世遇刺，亚历山大三世（"亚历山大大帝"）即位
前 336（至前 323）	亚历山大在位
前 335	亚历山大下令摧毁底比斯城；亚里士多德在雅典创立吕克昂学院
前 334	亚历山大入侵波斯帝国
前 331	埃及的亚历山大里亚城建立；亚历山大在高加米拉战役击败大流士三世
前 330	波斯阿契美尼德王朝终结
前 323（至前 322）	拉米亚战争：希腊人反抗马其顿的起义被镇压
前 322/321	德谟斯梯尼和亚里士多德去世；雅典民主制终结

希腊化时期

前 301	伊普苏斯战役；马其顿安提柯王朝的创立者安提柯一世去世
前 300	（塞浦路斯岛）季蒂昂的芝诺于雅典创立斯多葛学派
前 283	埃及托勒密王朝、新首都亚历山大里亚图书馆与博物馆的创立者托勒密一世去世
前 281	亚细亚塞琉古王朝的创立者塞琉古一世遇刺；亚该亚同盟再次成立
前 263	欧迈尼斯一世接替菲莱泰罗斯统治帕加马王国
前 244（至前 241）	斯巴达国王阿吉斯四世在位

前 238（至前 227）	帕加马阿塔罗斯一世争夺小亚细亚霸权
前 235（至前 222）	斯巴达国王克列奥蒙尼在位
前 224（至前 222）	安提柯三世入侵伯罗奔尼撒，成立希腊联盟
前 223（至前 187）	安条克三世继承塞琉古三世王位
前 222	塞拉西亚战役：安提柯三世击败斯巴达
前 221（至前 179）	腓力五世继承安提柯三世王位
前 215	腓力五世与迦太基的汉尼拔结盟
前 211	埃托利亚与罗马结盟：第一次马其顿战争（至前 205）；罗马攻陷叙拉古
前 200（至前 197）	第二次马其顿战争
前 196	罗马宣布希腊获得"自由"
前 194	罗马军队撤出希腊
前 192（至前 188）	罗马对安条克三世的叙利亚战争
前 171（至前 168）	第三次马其顿战争
前 168	皮德纳战役，安提柯王朝终结
前 148	马其顿成为罗马的行省
前 147（至前 146）	亚该亚（同盟）对抗罗马

罗马共和国晚期

前 146	科林斯陷落，亚该亚成为罗马的摄政国
前 133	阿塔罗斯三世把帕加马王国（后成为罗马的亚细亚行省）遗赠给罗马
前 86	罗马将军苏拉攻陷雅典
前 31	亚克兴战役：屋大维击败克利奥帕特拉和安东尼

罗马帝国早期

前 27	（至公元 14）罗马的第一任皇帝屋大维/奥古斯都在位
公元 66—67	罗马皇帝尼禄巡游希腊，在奥林匹亚竞技赛会中"取胜"
117—138	亲希腊皇帝哈德良在位

罗马帝国晚期/拜占庭早期

324	君士坦丁皇帝营建（11月8日）君士坦丁堡（重建拜占庭）
330	君士坦丁堡落成（5月11日）
395	狄奥多西一世皇帝下令终止一切非基督教崇拜活动，如奥林匹亚竞技赛会
529	查士丁尼皇帝（527—565在位）下令关闭希腊哲学学院

后古代的几个里程碑事件

1215	《大宪章》（第一版）
1453	奥斯曼土耳其苏丹"征服者"穆罕默德二世攻陷君士坦丁堡
1647	普特尼（或平等派）讨论会
1776	美国《独立宣言》
1789	法国大革命开始
2004	摩根斯·赫尔曼·汉森和托马斯·海涅·尼尔森（哥本哈根城邦项目）出版《古风时期与古典时期希腊城邦清单》

序　言

迷失在翻译中？
现当代对民主一词的挪用（一）

> 了解雅典人如何在公民大会上投票的人不多，但知道我们引以为豪的这一有着独特合法性的政府形式来自他们的人很多。（Ryan 2012）
>
> 没有一个政体比雅典政体给普通人的决策赋予了更大的权重。（Forrest 1966: 16）

每个学童都知道，是古希腊人发明了民主制（democracy）。但首先，我们要记住，公元前 500 到前 300 年，在"德谟克拉提亚"（demokratia）诞生、逐渐壮大、登峰造极至衰落或毁灭的这段时间里，在广阔而多样化的古希腊世界里，有大约一千个政治实体，而且它们通常都非常不同，总是会让自己和其他政治实体彻底区分开来。所以到底是哪些希腊人发明了民主制，又是在何时、怎样做到的，就成了突出的问题。其次，假设有人认为，古希腊人——至少古代雅典人——对"德谟克拉提亚"的理解，无论是从实践还是从象征意义上，都更接近列宁的革命口号"无产阶级专政"。或者，反过来说，认为现代民主国家一般公民心目中的民主制的本质要义,或多或少会被一位忠诚的古代雅典民主拥护者不屑地或鄙夷地称为披着羊皮的寡头制。我个人支持这些观点。再假设有人,就像那些对民主一词持宽泛理解的人有时所做的那样,声称民主并不是古希腊人独一无二的发明,只是在(相对无关紧要的)纯粹的词源意义上才算是古希腊的发明,我们又该怎么看呢?这是我在开篇要强烈反对的一种观点。

无论人们持哪种观点,在政治术语的实际应用中出现的不协调甚至是自相矛盾,无疑会引出一个并非不重要的问题:那就是为什么我们(当然不光是英语使用者)今天会不假思索地使用这样一个和它在古希腊各种语境中的原意大相径庭的外来词,又是如何发展到这一步的。假如我们回到两个世纪之前——那时,民主制还没有被广泛认为是可接受的制度,更别说是必不可少的积极的好制度了;那时,许多顽固的反民主人士对"民主"一词的使用,跟古希腊,尤其是雅典反对民主之人最早对这个词的理解相去不远:暴民统治、多数人的暴政——这个问题会更有趣、更成问题。这也是我将提出并试图回答的问题,但这要等到本书最后的第五部分。在第一部分里,我将满足于探讨古代和现代民主制度所不同的一些主要、显著和急迫的要点,而我所说的"现代"是从1819年瑞士自由派邦雅曼·贡斯当(Benjamin Constant)于巴黎发表的那次影响力巨大的演说时开始的,该演说也大大促进了"现代"这一概念的传播。但首先我要回应由澳大利亚学者本杰明·伊萨克汗(Benjamin Isakhan)和斯蒂芬·斯托克韦尔(Stephen Stockwell)编辑的著作中的学者们提出的问题——印度经济学家阿马蒂亚·森(Amartya Sen)和英国社会人类学家杰克·古迪(Jack Goody)近期的著作中也提出了类似的问题。

这些作者和思想家基本上都想要推翻或至少是贬低被他们称为"标准"的东西,也就是民主制历史中的西方或欧洲中心主义:他们认为这种方法和态度不仅恶意地以种族或文化为中心,还在定义上过于狭隘且不够多元。当然,持有并宣扬这样一个修正主义立场,有可理解的政治(而非学术)原因。但是他们更进一步。他们提出,有另外一个民主"秘"史。在他们看来,这种历史显示,在古典雅典之前,民主在中东、印度和中国就生出了萌芽,而在欧洲的黑暗时代,民主在伊斯兰国家、冰岛和威尼斯继续发展;在前殖民时代的非洲、北美洲和大洋洲,民主通常是当地部落生活的一部分;最近通过穆斯林、女权主义者和技术论人士的草根运动,民主制由意料之外的方式得到了发展。我认为这些都走得太远,尽管这只是我想在此辩论和反驳的多重主张——古希腊,具体而言古典时期的雅典,并非民主制的先驱——的第一部分。如同哲学家们说的那样,不能一概而论——要取决于"民主"(democracy)是什么。

这个词在古希腊语中的源头词是一个合成词,由"demos"和"kratos"构成。demos 指涉有点模糊,因为这里的 demos 既可以非常广义地指代"人民"——比如亚伯拉罕·林肯在葛底斯堡演讲中所说的"民有,民治,民享"中的人民,也就是由一个政治上定义的群体作为整体来自治,或以其名义自治的概念。demos 也可以指狭隘的、阶级意义上的多数贫穷公民,无论这个多数可以如何确切地被定义;当然,在古希腊,从来没有人真心质疑过这里说的公民指的总是自由的成年男性。demos 一词的模糊性,被很多重要的希腊作家和分析家,尤其是亚里士多德,探讨和利用过。第二个组成部分 kratos 所指也有含混之处：这个词的意思是"权力"或"控制"，在词源上是由表示"握"或"抓"的希腊语动词派生而来的；但是 demos 到底握着或抓着什么，在其权力之内或之下又拥有什么——是国家治理机关，还是那些并不贫穷的少数公民（oligoi，从社会学角度同样有多种定义），还是两者兼有？在后面的一个章节，我会回到这个问题上。然而，尽管有这些被普遍认可的歧义，关于古希腊的"德谟克拉提亚"有一件事没有争议或者说没有争论的余地，那就是不管你喜不喜欢它，它都表示或暗示着权力，或者更确切地说，政治权力（political 一词也起源于希腊语的 polis，这一点在后面会有单独的讲解）。伊萨克汗和斯托克韦尔，以及他们编辑的著作中的学者中的绝大多数人，都没有像古希腊人那样，聚焦和围绕着权力。相反，他们讨论（在我看来，是相当空泛地在讨论）公众辩论、审议和说理，有时可能会涉及某种平等参与的概念，但是没有讨论过依据投票者——无论在政治原则上还是在实践中，他们都被视为完全平等的——的多数投票制做出的集体决策，其中一个公民（按照古希腊的定义）一张票，而且在计票时，每人计一票，没有人多于一票；他们也没有讨论民众集体推选并对其负责的官员或机构手中的行政权力的行使。

贡斯当的观点则大不一样，他提到了我称为所有古代民主制与所有现代民主制的重大分歧点：所有古代民主制都是直接民主制，所有现代民主制都是代表制。"我们人民"（We, the people）并不直接统治，而是选择一些人，来为我们——不仅是代表我们，还代替我们的位置——统治（从这个角度看，林肯提出的"民治"［government by the people］就算不是真的错误，也在形式上具有误导性）。相反，在古代，"雅典人"（指的是以雅典人的 polis 名义行动的正当合法登记的公民）和随便哪个 polis，都不仅为了自己统治，还亲自、直接地统治其自身。更确切地说，如同亚里士多德在《政治学》（我们在第一章中还会提及）中所言，他们"统治，也被统治"。古希腊政治中的参与性从如下情形可见一斑：从来不是"雅典"，而总是"雅典人"，决定了这个或那个，或者做了这个或那个；"雅典"不过是一个地理名词而已。此外我还认为，为了这些政治目的，雅典——更不用说所有其他的希腊城邦，而这些城邦中的大多数，其公民数目都远少于雅典——是严格意义上的"面对面"的社会。

但贡斯当最关切的是，当考察"古代社会"和"现代社会"各自怎样从概念和实践上理解"自由"时，这两种社会之间存在的社会心理学取向上与价值观上的关键区别。古代社会主要或完全专注于、倾向于各种公共政治形式的自由，无论是免于内外干涉的自由，还是采取干涉行动、在公共领域中发挥政治作用的自由；而相对地，根据贡斯当的假设，现代社会完全或主要偏爱那些可以在私人领域——也就是非政治甚至是反政治领域——中享有或行使的自由。这两种理想型的区别和对立或多或少会打些折扣，因为贡斯当对古典的、民主制的雅典的运作模式理解不完全正确——毕竟直到 72 年之后的 1891 年，被归到亚里士多德名下的《雅典人的政制》（*Athenaion Politeia*，在这部写于莎草纸上的文献在埃及被发现后不久，它即以值得称道的速度发布面世）*才

---

* 该书的中译本标题皆为《雅典政制》（商务印书馆 1959 年版与吉林出版公司 2013 年版），但因卡特利奇反复强调是雅典人，故本书中的译名采用《雅典人的政制》。本书脚注均为译者注，下文不再一一说明。

公布。但是这一启发式原则结出了丰硕的成果，也理当如此，而且，部分出于这个原因，我的研究不会以一种超出19世纪中期理解很多的方法来探索现代民主制的发展的细节。

不过，从方法论而言，我感兴趣的是，在当今21世纪初的全球化世界中，在今天被认为是民主制的制度的传播过程或者意图强制传播的过程中，以民主为主题的鼓动性文献乃至研究的惊人井喷。一些学者的作品尤其引人注意，他们认为在古代民主制（一般被理解为某版古代雅典民主制）当中，还有值得重寻、复原（在进行了适当修正和调适之后）甚至重新应用在当今存在的和将来可能会出现的政治环境中的东西。2009年9月24日，《纽约书评》刊登了由约翰·霍普金斯大学出版社付费的横贯两版的广告，其中至少有六本书的书名中有"民主"或"民主化"一词。上一年，我所在大学的政治学时任教授在其就任演说中指出："任何一种历史评价都会认为，今天有如此多的国家都采用了某种有限度的民主制，这种成就是非同寻常的。"（Gamble 2009：32）。再近期一些的所谓"阿拉伯之春"也在地区层面上为这一观念注入了新的活力，尽管到现在为止还没有多少令人欣慰的积极结果来支持这一观念。在已有的民主制国家（比如芬兰）中，也有不少对民主决策方式的试验，或者至少是在草根群体中推广更大民众政治参与的重要尝试，即使这只是一些像Power 2010那样的"商议式民主"——一个和詹姆斯·费希金（James Fishkin）联系紧密的方案——清谈俱乐部。最后，着眼于当下，也是和我本人的学术项目最为相关的是，一些激进的学者已经下定决心，重拾并推广他们心目中的古希腊民主美德，以对抗一种普遍且日渐发展的看法，即当代民主制正在被削弱、操纵或空心化，尤其是在那些长期存在着某些可以被称为民主制的制度的国家。在几乎所有这些空想、实用程度不一的情景中，互联网或者说更广义的电子数字化社交媒体所扮演的角色引起了热烈议论，支持和反对的都大有人在。如果有人想解放世界或给世界赋予权力，互联网是否不过是一个非常危险的"幻象"？

我将在本书末尾回到这些问题。在结束这一章时，我想更详细地探讨两种方法和观点，一种我认为有积极的挑战性，另一种我认为没有。前者的例子是马丁·布洛（Martin Breaugh）的《平民的经历：政治自由的断续历史》，这是一本400页的书，出版于2007年。布洛专注于研究解放政治（emancipatory politics）和激进民主制（radical democracy）的理论和实践，并且，为了从历史学上展现这种方法具有可靠性，他选择了一系列重要事件，在这些事件中，"人民"（people，或plebeian；布洛有意识地借用了罗马共和政体的政治语汇）通过协同的反抗，将自己从一个次政治地位变为一个获得政治作用、表达一种替代性政治权力的地位。有趣的是，布洛没有选择古希腊历史中的事件，尽管他完全可以选取公元前508/507年在古代雅典非常原始的民主情景——至少一种影响甚大的思想如此认为。但我认为他有一点做得很对：直接关注政治权力的实现和行使，尽管以唯信仰论的形式。布洛的一位书评人说得好："那些追随占领运动和原住民不再无所事事运动（Aboriginal Idle No More）的人，会从布洛描述的这些为了赢得尊严展开的自发斗争中，获取新鲜的洞见和欢欣。"当然，采取这种立场会有犯现代主义或者时代错误的危险，但是这种方法肯定会受到古希腊的激进民主主义者的格外赞同。

杰出的印度诺贝尔奖得主阿马蒂亚·森（其获奖领域是发展

经济学）抛下的挑战完全不同：从至少20世纪90年代末起，他就主张，民主制不是一个"典型西方的观念，一个无暇的西方的概念"。他的论点有八个方面或支柱。第一，他认为，在强调公共讨论和公共论理这个方面，古希腊（显然首先指的是古代雅典）并非独特的，甚至在诸古代文明当中也并非独特的。第二，把民主制称为一个"西方"特有的现象，一方面是沉溺于"种族主义思想元素"，另一方面淡化了古希腊人跟古埃及人、古伊朗人和古印度人之间的思想联系的重要性。第三，除了古希腊人，也有别的古代民族是平等主义者，比如古印度的耆那教徒。第四，古希腊人的民主经验在那个时代对那些后来成为法国、德国和英国的欧洲地区没有或者几无影响，但对亚历山大之后的大伊朗、巴克特里亚（阿富汗）和印度这些亚洲地区的"参与性治理"影响巨大。第五，尽管民主制在古代的影响总是地方的，但由于中世纪意大利的城邦共和国的作用和它们的全球影响力，古代民主制的历史依然和世界规模的民主制历史息息相关。第六，当1947—1948年印度成为世界上最大的民主国家，它用实践证否了一个直到18世纪孟德斯鸠和卢梭的启蒙运动都存在的理论概念思潮，即民主制只可能是一种地方制度。第七，就像印度现代多党制政体所体现的那样，印度民主思想同时接纳了西方和印度当地对民主制的历史经验，后者的例子包括公元前3世纪阿育王推行的佛教和公元16世纪90年代莫卧儿皇帝阿克巴的"异端与多元"，而这两个包容政权都鼓励公开的公共讨论。第八，在涉及"公共论理的至善形态"和"联想论理"的实践方面，中国、日本、南亚——尤其是印度——的"巨大思想遗产"长久以来受到了忽视。还需要公正地补充一点，森虽然在某些层面上明显支持民主制,但是他承认民主制度的内在属性,尤其是它在"信息领域的角色"(informational role),没有充分解决,更不用说预防"昭然若揭的剥夺"或者保障少数群体的权益了。

我很有可能没有同样公正地对待这八个方面或支柱,或者搞错了它们在森自己的价值等级中的位置。虽然我必定会和他就一点立刻达成共识,即在民主制与对公共政治目标的公共、平等的讨论和说理之间,存在内在的、本质性的联系(我们会看到,希腊人谈及自己的民主制时就提出了这样的主张),然而森的论点似乎明显忽略或适当忍受的,是希腊"德谟克拉提亚"的权力,也就是决策和控制的民主权力,无论是对中央治理机构的权力,还是对潜在寡头的少数公民的权力。为了良好地把握这种对政治史和政治思想史的卓越贡献——以其时代而言是独一无二的——我开始写作古希腊民主制的兴衰,从民主制的古希腊起源开始。要想写这部书,一个人必须对现在可用的文献来源有所了解,而其中最重要的是古代世界最杰出和最伟大的思想家亚里士多德的著作,他是通常被翻译为《政治学》(*Politics*,然而我们将看到,这是一个有误导性的译名)的论著的作者。

第一部分

第一章
古代与现代的文献来源

历史（history）——或者说历史编纂（historiography），即对历史的书写——总离不开文献来源（sources）。这是因为，如果没有文献来源，写出来的作品只能是虚构的历史，最好也就是历史小说。关于"sources"的隐喻——相关和不那么相关但有价值的证据自发且未受污染地如清泉般涌出——并不是完全没有错误的。正如查尔斯·达尔文说过的那样，一件证据要想有意义，必须支持或反对某种理论；而至少在人文学科中，各种理论就算不受门户之见禁锢，也总是会有价值偏向。"客观"或许是个高贵的梦想，但不过是个梦想。即使是最专业、最干巴巴的当代历史著作也不可能完全没有虚构，因为如意大利哲学家贝奈戴托·克罗齐（Benedetto Croce）所言，一切历史都是当代史——其深刻含义是，历史学家本人就是其所处时代的压力的受害者，而他/她在为当代读者记述或创作时，使用的必定是这一假想读者群能理解的话语。换句话说，历史学家所做的工作是发明：他们在当代并为当代（以及未来，假如有希望的话）重新构建过去，确切地说，重新构建他们心目中的某一种过去。然而，他们在这样做时，严格、根本地以真实的证据为基础，或者说应该如此，而这些证据产生或要证明的年代，是历史学家记述的年代，而不是历史学家自己与目标读者所处的年代。

正如在序言中所指出的，古希腊语中的"demokratia"（德谟克拉提亚）一词本身的意涵就饱受争议。那些有作品存世的古希腊作者，在自觉、特意地书写民主的概念或某种具体的民主政体时，从未幻想或伪装出绝对客观的姿态。事实上，他们当中的大多数（在本章的最后一节这一点会尤其突出）非常有意识地反对民主制，要么是基于原则，要么是基于务实的理由，要么二者兼有。然而这一惯例在古代有一个引人注目的例外：这个人是一位思想家，事实上是一位思想巨人，他不仅将古希腊政治理论化，还和学生一起对实际存在的政治体制的具体操作细节进行（或监督他人进行）了实证研究。虽然他不是古希腊意义上的民主意识形态鼓吹者——也就是说，他并不宣扬贫穷的普通公民构成的 demos 对少数富有的精英公民的统治和权力、反对可能为后者带来最大利益的行为——但也不是坚定的民主意识形态反对者，就像他创建了雅典学园的导师柏拉图（我毫不犹豫会这么认为）。我所说的这个人正是尼科马库斯（Nicomachus）之子亚里士多德。

亚里士多德没有出生在雅典，也没有得到雅典公民身份，但他成年后人生的四分之三时间都在雅典度过。他的出生地是位于希腊大陆北部的卡尔基狄克的斯塔基拉（斯塔吉鲁斯），在他于公元前384年出生时，那里是邻近的马其顿王国势力范围内的一个地方小城镇；亚里士多德的父亲尼科马库斯还是马其顿国王阿明塔斯三世（Amyntas Ⅲ，公元前393/2—前369年在位）的宫廷医生。亚里士多德17岁时（尚未成年，但也不再是孩子）选择移居到雅典：这里是"智慧的市政厅"，他此后二十年的老师给雅典起了这样的别名。他加入了学园（Academy），这是一个以他们的导师为中心的非正式的知识分子圈子，其名字取自他们相聚学习讨论的小树林。柏拉图于公元前347年逝世后，亚里士多德离开了雅典，在爱琴海东部游历了大约12年，其间他在莱斯博斯岛进行了基本的生物学研究，并娶了赫耳墨亚斯（Hermeias）的受监护人为妻。这位赫耳墨亚斯是小亚细亚西北部的希腊城邦阿塔耳纽斯的僭主（唯一统治者），对学术很感兴趣。公元前335年，亚里士多德回到雅典，其身份还是外邦居住者（metic），现在他凭一人之力建立了一个高等教育研究中心，即我们现代人通常所说的"吕克昂"（the Lyceum）。这一学术中心又是以其所在地得名，也位于一片神圣的树林中；这一树林祭祀的是善思辨的阿波罗的"狼形态"（阿波罗保护羊群和牧羊人不受狼群的袭击）。亚里士多德创建的这个学院还有一个名字，即"逍遥学派"（peripatetic），因为这位老师习惯于一边漫步，一边讲授知识。

不管有没有得到他众多学生的帮助，他通过某种方式，在之后的12年间，辑出了大约500篇有标题的作品，其中大多数作品（显白［exoteric］的作品）似乎都是面向吕克昂学院之外的大众的。这500篇作品中只有30篇左右较为完好地保存至今，而这些都是供学校内部使用的，因此被称为隐微（esoteric）的作品。在这些作品中，其中有一篇，在所有关于古希腊民主的历史中都有特别的地位：这本论著一般被称作《政治学》（*Politics*）。不过这里又有一个不警觉之人可能会陷入的陷阱。"politics"（政治学）是对希腊语politika的惯常翻译，而我们并不能确定这个标题是不是亚里士多德本人起的，因为这部著作本质上是由学生根据讲义整理而成的。但不管这个标题是不是亚里士多德起的，他在这部著作中所指的都不会是我们所理解的政治，而是"关于城邦的事务"，而关于"城邦"，他指的不是任何政治实体和广义的国家形式，而是一种特指的国家形式，即古希腊人的 polis。我认为，此词最合适的英语翻译是"citizen-state"（公民邦），而不是常见的"city-state"（城邦）。polis 不一定有，事实上通常没有很高的城市化程度，且希腊人对这些政治实体的称呼会是"雅典人"，而不是"雅典"，因为他们认为"polis 等同于其中的人"，这里的"人"指的是成年男性公民。而且，亚里士多德对古希腊的 polis 有一个独特的个人理解：他认为 polis 是一种"自然"的有机体，代表着一切政治实体或国家的终极目的（telos，teleology 一词的来源）。和所有希腊政治理论家一样，亚里士多德没有将道德判断和冰冷的"科学"分析分开，对他而言，polis 是一个道德客体，确切地说，是唯一一种让社会人在其中能够达到真正善的生活的政治共同体。这就是他广为流传但常受误解的对人类的定义——人是"政治动物"——的含义。

然而，我们可以或多或少将通贯《政治学》全书的哲学线索跟书中更偏描述性、经验性的内容分离开来，因为该书经常指涉的乃至支撑全书的，是一套政治信息资料库，这些信息经过了极其认真和全面的研究（就当时的条件而言），而采样对象是在当时广义的希腊世界中存在的诸多城邦中的相当一部分：总数一千个左右中的大约一百五十个，这些城邦的地理范围从今天的西班牙东南部到黑海东岸的格鲁吉亚。这个涵盖了一百五十多种希腊"政制"（希腊语中是 politeiai，但希腊人对此词的理解远比我们要宽泛，详见第二章）的资料库，由吕克昂的学生搜集资料，然后在那里被整理编纂，后广为传播。哪些历史证据能保留下来实属变幻难料，下面就是个例子：这个信息资料库中唯一存世的竟然是《雅典人的政制》，而且它本不该存留得相当完整。这份唯一幸存的手稿是写在莎草纸上的，因为干燥的埃及沙漠得以保存下来，在19世纪末被人发现；之后，它很快就被发布出来，并立刻就改变了我们对至少一种古希腊民主制度的认识。或者不如说，它令我们重新意识到，古代雅典并非只有一种一成不变的民主制，在接近两个世纪的历史中，雅典出现了至少两种民主制，因为它经历了《雅典人的政制》的作者所称的"变革"。

斟酌过后，我使用了中立的"作者"一词。关于这部书在多大程度上可确定为亚里士多德本人所著，一直存在辩论和争议，而这在我看来非常正当。很可能现在学界的大多数看法是，这部书虽然属于亚里士多德学派，但不是亚里士多德所写的，或者至少不全是。"伪亚里士多德"听起来有点刺耳，但带问号的"亚里士多德（？）"看上去是对该书作者（或作者们）的公正称呼。从形式上来说，这本书大致可分为两大部分：第一部分按年代排列，叙述了十三次变革，经过了这些变革，雅典从半神话的王治到贵族制，再到金权制（timocracy，与财富联系在一起的寡头政治）和僭主制（违背宪法的一人专政，不一定是现代意义上的暴政），再到各种层次和形态的民主制，其中穿插了短暂的内战和极端寡头政治（集体独裁和军政府）；第二部分则是对民主制的主要机制及其运作比较系统的阐述，这些机制的运作与该书的编纂时间同时，大约在前4世纪30年代末到20年代初。

将《政治学》和《雅典人的政制》中的证据结合起来，我们可以得到一幅公元前4世纪第三个25年里希腊民主政治和至少一个民主政体是什么样子及它们在发生什么的完整且详细的图景。何况还有一个幸运的巧合（也许这种说法并不足以表现其价值）：存世的关于雅典民主制度运作的非文学证据（也就碑铭或文书）当中，有一大部分也属于这 25 年，就像德谟斯梯尼（Demosthenes）、埃斯基涅斯（Aeschines）、吕库古（Lycurgus）、希佩里德斯（Hyperides）的存世法庭和公民大会演说词以及伊索克拉底（Isocrates）的许多政论小册子。关于这些，后面还会详细讲解。但可以说，亚里士多德在《政治学》中提供的比这些还多很多。作为古希腊首要的社会分析师和分类学家，他不仅为我们提供了关于希腊城邦是什么、什么是希腊城邦必要的组成部分和条件（与之相对的是偶然的和非必需的特征）最为完备的讨论；他还沿着从最激进和"左翼"的（亚里士多德所称的"最末一种"民主，雅典就属于此类）到最温和的方向，将"德谟克拉提亚"这个概念与它代表的"政制"分解成了四个次种，而其中最温和的民主制跟最温和或者最不"右翼"的寡头制非常相像，甚至有很多共同之处。（左翼／右翼的术语出自法国大革命，见第十八章）。

亚里士多德所做的甚至还不止这些，关于是什么从本质上——而非偶然地——将所有形式的民主制与所有形式的寡头制区分开来，他还提出了自己经过深思熟虑过的观点。他含蓄地说，不要被术语愚弄了，术语让我们以为，民主制（democracy），就是多数人掌权，而寡头制（oligarchy），就是少数人掌权。真正本质的区分标准不仅仅是人数，而是"贫穷和富有"：也就是说，民主制等同于穷人掌权，寡头制等同于富人掌权；即使出现了非常不可能的极端情况，即富人占城邦公民（关于他对公民的定义，见第七章。）的多数，亚里士多德依然会将它归为寡头制，反之亦然。那么他对"富人"和"穷人"的理解是什么？诚然，对富人做出相对严格的定义比较容易（虽然并不一定能在数字上明确）：他们是公民群体中有闲的精英阶层，不需要为了维持生计而工作，也不受别人的驱使而工作，而且事实上，他们一般都能够并且乐意驱使别人——通常是不自由的奴隶——为他们工作。这也许有助于解释《政治学》定义性的第一卷中一个相当令人迷惑的特征：尽管下面这个主张让亚里士多德身陷智识上的自相矛盾，但亚里士多德坚持认为城邦有必要有一个"自然"奴隶阶层，而该阶层让城邦可以成为现实。关于"穷人"，他们是公民群体中所有其余的人，也就是非"富人"，这种分法当然过于宽泛。但亚里士多德在事实面前必须承认，某些"贫穷"公民远没有其他人穷，事实上，有些人更应当被称作"中产"，也就是身处（明显的）富人和（明显的）穷人之间；还有必要从穷人的类别中剔出几乎一无所有的赤贫者和乞丐。

如果这听起来像是一种对希腊政治的原始马克思主义（proto Marxist）式阶级分析，那是因为这差不多也就是卡尔·马克思本人的想法，这也是他称亚里士多德为"思想巨人"的原因。我想，对我们而言，这种分析最主要的作用之一，就是它充分反映了 demokratia 中 "kratos"，也就是"握""抓"那部分。demos 到底握着或抓着什么？显然，在一个层面上，是国家事务，也就是自治所需的公共机构。但在另一层面上，尤其是当 demos 被赋予与"民众"或"穷人"相关的完整的、与阶级相关的价值时，demos 运用权力的对象就是"少数"精英公民，也就是 oligoi。对于受意识形态驱使的道德-政治理论家亚里士多德来说，这可不是一件值得庆祝的事情。实际上，没有人比亚里士多德更厌恶这种党派性的、自吹自擂的民主,在这种民主制中,公民中贫穷的多数派掌权之后,就自私自利地去追逐他自己的利益,而损害了整个政体的团结、和谐和总体福祉。

在亚里士多德自己的时代以及更早的时代,在很多(如果不是大多数的话)希腊城邦的现实世界——与之相对的是理想化的概念世界——中,假如有一件事情让亚里士多德尤其敏感,那就是它们都不幸地倾向于堕落到内部争斗中,甚至时常直接爆发内战。在公元前5世纪后半叶,希罗多德就阐明了他的观点(《历史》8.3.1),即"同种人民的内争之不如团结一致对外作战,正如战争之不如和平",但他所关注的是希腊人作为一个整体内部的争斗,或者是两个或更多希腊城邦之间的争斗,而不是一个城邦自己内部的争斗。然而,亚里士多德追随了修昔底德的脚步以及修昔底德对公元前427年海岛城邦克基拉的内战的杰出分析,将希罗多德的判断应用到了政体内部,并且给出了一个从社会学角度而言相当精微的基础;事实上,他将《政治学》八卷中的一卷用于指出内争和内战的原因,以及提出预防和治疗这种疾病的建议。尽管他并不像一些非民主人士或反民主人士那样,认为民主制天然地比寡头制更易于遭受或发展出内争,但我们有必要重申,亚里士多德自己并非一个民主意识形态的鼓吹者;因为民主制也是一种畸形、腐化的统治模式——根据《政治学》第三卷中采用的分类系统。可能正如一场大家各尽其力的宴席要胜过一个人独自操办的宴席,同样,"在许多事例上,群众比任何一人又可能作较好的裁断"(《政治学》1286a)。这是"群众智慧"药方的古代版。但是穷人的统治根据定义就是派系统治,而因为大多数贫穷的公民都没有受过多少教育,所以即使在最好的情况下,也很有可能是低效的。而对在一切事务中推崇中庸之道的亚里士多德而言，在实践中最有可能成功的城邦，是中等公民可以在有着截然相反的利益的富人与穷人这两个极端之间取得政治平衡的城邦，尽管即使这样一个城邦也仍然会在远低于最好的亚里士多德式哲学理想的层次上运转。

简而言之，对《政治学》的仔细阅读，给我们配备了分析、理解雅典的民主制（不如说雅典的各种民主制）乃至整个晚期古典希腊世界的民主制的大部分必要工具。尽管我们缺乏且总是会缺乏必需的具体证据，但我们必须充分考虑亚里士多德的评论，即在他的时代，大多数城邦享受（或者遭受）着这样或那样的民主制或寡头制。换句话说，除了雅典，还有很多其他的希腊民主城邦，而且我们或许完全可以假设，其中大多都不像雅典那么极端民主。只有根据公元前4世纪后半叶的证据立下这样一个相对稳妥的基础之后，我们才可以正当地回溯，猜测民主制的早期阶段也许是什么样子，不管在雅典还是在别的地方。这当然不是说我们可以合理地断言公元前330年的情况一定就是公元前430年的情况。要想确定后者的情况，我们必须从文本证据转向同时代的文书证据。

比较社会人类学家杰克·古迪和文学学者伊安·瓦特（Ian Watt）在一篇合著的论文中提出了一个著名的观点，即古希腊人的字母文字有内在的民主性质。他们首要的意思是，这种世界上第一个完全表音的字母文字非常简单，甚至它能让一个五六岁的小孩就获得运行人民自治政治体系所需要的知识。不过，他们也暗示，这种字母文字的发展和使用过程，跟是希腊人（确切地说是雅典人）首创民主制这一事实之间或许有着某种必然的联系。

诚然，自治的民主体制部分地依赖于字母文字的使用，而这种字母文字只需要掌握24到28个图形符号，相比之下，青铜时代晚期迈锡尼王国的宫廷书记员们使用的希腊的"线形文字B"音节文字有大约200个左右表音符号和表意符号；而据说任何一种中国系统的文字，都需要掌握三千多个字。然而，尽管许多希腊城市的行政机关都是完全识字的，这些城市中只有大概一半可以被称为是民主的。更进一步说，即使在古典时期的雅典——很可能是所有希腊民主城邦当中识字率最高的，也是在推进日常自治实践的常规程序当中最需要大众识字的——也绝非所有的公民都完全脱盲。关于全体公民中大约有多大比例可以被这样描述，其实是有争论的：一个极端是威廉·哈里斯（William Harris），他认为即使在雅典识字公民的比例也不应该估计的高于10%，而在另外一个极端，包括我在内的一些人会把这个比例定在50%甚至更高。无论如何，没有人会对这样的观点有异议：识字率，尤其是共同产生的文本和文书为"任何有意"阅读的人出版这件事，对雅典意识形态而言非常重要。

为了便于说明，我把目光局限在古典时期（公元前5世纪至前4世纪）的雅典，我区分两种文件：一类是带有"全国性"、全雅典特性的文件（无论是城邦内部的，还是从城邦外输入的），另一类文件可以被称作"地方的"，即只影响雅典民主政体的某个特定的地方分支。我将提供每种类型的文件的摘录，并附有简短的说明，以指出这些文件提出的问题的种类和它们可能会被期望告知的问题的种类。当然，也有一些文件是混合型的，我也将给出例子。

在公元前336年，雅典人颁布了一项由某个叫欧克拉底

（Eucrates）的人提出的法律。这个时候，雅典人已经有很悠久的（自公元前403/402年起）将法律（nomoi）和条例（psephismata）区分开来的传统。法律的适用是普遍性的，而非针对个体的，而且不是由人民本身，而是由每年指派的6000名被称为"立法者"的陪审员正式评估、投票和批准的；这个团组和陪审员们都由抽签这一民主的方式选出，而且二者都被认为等同于（不仅仅是代表）雅典人民。与之相较，条例则是不那么普遍适用和持久的决议，由参与公民大会（ekklesia）——在那时，公民大会每个月（civil month）举行4次，一年40次——的雅典公民的多数投票通过。公元前336年初是一个危机时刻：不到18个月前，在彼奥提亚的喀罗尼亚，雅典人及其盟友底比斯被腓力二世及其子亚历山大（后来的亚历山大大帝）率领的马其顿军击溃，遭受了灾难性的惨败。当时有一种现实的可能性、一种真切的担忧：或许马其顿会用它对待其他叛变或不屈服的希腊城邦的方式对待雅典，也就是指派一个亲马其顿的僭主。欧克拉底法就是对这种可能性和担忧的一个回应。

以下是一部已发布的文书的选段，这部文书在20世纪30年代由美国古典研究学院于雅典议事广场（agora）发掘出土：

> 比雷埃夫斯的阿里斯托提姆斯之子欧克拉底提出：为了雅典民众的福祉，立法者决议：如果有人反对人民、想要建立僭主制，参与建立僭主制，或削弱雅典人民或雅典的民主制，无论谁杀了这样的人，都不会获得任何罪名。如果雅典的人民被瓦解，或是雅典的民主制遭到破坏，禁止任何战神山议事会的成员前往战神山或举行会议或讨论任何事务……

文字本身不足以表达其含义；它属于一种"文书浮雕"，在文字的上方，是一个浮雕，浮雕描绘的是一个站立的女性人物在为一个坐着的中年男性人物授予头冠。没有什么疑问，这二者是民主——被解读为一位女神，身居官方认可的众神（雅典人会集体向他们进行宗教祭礼）谱系之列——和人民（demos）的化身。授予头冠这一做法起源于运动会；比如，奥林匹亚运动会的胜利者会被授予一顶神圣的橄榄叶冠。但是在本身就如同一个竞争激烈的竞技场的雅典民主制下，这一做法演化为向那些被认为做出突出公共贡献的公民授予金冠。授予金冠的做法是象征性的，因为金冠并不是真正由获此荣誉者领取，而是进入卫城上由雅典娜守护的城邦财库中。这一做法是如此著名，以至于同样在公元前336年，向雅典最出众的演说家和民主拥护者德谟斯梯尼授予金冠的提议，成了当时重要政治人物之间公开大肆争论的原因（关于金冠授予提议者泰西丰的政治审判，参见第十章）。换句话说，这尊"文书浮雕"的观看者应当明白，demos这个整体（而非任何具体的成员）受到自己的守护女神奖赏，原因仅仅是它是民主制度下的人民。因此，民主制持续存在这一事实本身，就被认为值得公开且显而易见地自我祝贺。

一定程度上，欧克拉底所做的事情并无非凡之处。民主制的起源神话或者说创始宪章就是关于弑僭主者的神话（参见第三章）。作为历史而言，它有倾向性或者错谬，但作为意识形态，它极为强大。换句话说，雅典的民主制在某种视角下被认为在根本上是反对僭主制的。然而，除了表达了民主制有被推翻之虞、可能会被僭主取代，欧克拉底的文本还清楚地指出，这种反民主的反动革命会具体可能会从哪里出现，也就是从哪个政治机关出现：以其所居之地、卫城下的战神山命名的战神山议事会（Areopagus）。在雅典所有民主机构中，战神山议事会是最不民主的：它的建立时间远在人们梦想有民主制之前，并且它最初是富有的贵族精英掌权的工具。只有特定家族的成员有资格当选为执政官（Archon），执政官从这一职位退休之后自动进入战神山议事会，这300左右战神山议事会成员享有终身职位，而不是像普通的共和、民主原则那样由公民轮番上任。从公元前508/507年克利斯梯尼（Cleisthenes）改革起，这一原则就在新的五百人议事会（属于平民而非贵族的）具体体现着，其成员的择选与门第无关，并且不久后变为由民主的抽签方法来决定。如果战神山议事会允许继续存在下去，也是由于对古老传统的尊重、敬重，而并不妨碍制度上的创新：公元前5世纪80年代，执政官的选任向民主的抽签方法放开，公元前462/461年厄菲阿尔特（Ephialtes）改革去除了战神山议事会仅存的那点作为独立政治力量的痕迹，让它变为了一个只负责裁决某些非政治性案件的法庭。时不时地，会有保守派人士想要恢复它过去真实享有或者人们想象它过去享有的某些权力，喀罗尼亚战役之后的危机就是这样的例子。不过在公元前336年，战神山议事会是个软目标，无论那些愿意和专制的马其顿王国合作摧毁民主制的怀旧保守派多么希望事实并非如此。也就是说，欧克拉底很有可能是故作姿态以吸引旁观者，而非表达真挚的担忧。

雅典民主制在（大约）公元前5世纪中叶的外交事务情况可以由一份发现于雅典的文件说明。原件已经佚失，现存的是抄件的抄件。一本标准的现代原始资料集（Fornara 1983）刊出了两个不同的英译本，以直观地阐明有"相当大的解读空间"。而且这仅仅是在解读原文中可能写了什么,而不是这个文本可能有什么意思。不过,关于我感兴趣的段落,是有足够的共识的,足以让我花时间来探讨这份被称为《厄里特莱规定》(Regulations for Erythrae,很可能公元前453/452年)的文件:

> 在厄里特莱人中,需要由抽签组成一个有120人的议事会(Boule)。被分配到这个职务的人要接受厄里特莱议事会的审查。不满30岁的人不允许担任议事会成员。有罪的人要接受指控,并且在4年之内不可以进入议事会。议事会成员的委派和议事会的建立目前由"监督"(Episkopoi)和"护卫长"(Phrourarch)进行,以后由议事会和护卫长进行。未来每一个成为厄里特莱议事会成员的人,在入职之前都要向宙斯神、阿波罗神和德墨忒尔神宣誓,如果违背誓言,将会给自己和后代带来灾难。宣誓的同时要焚烧牺牲品祭享……

雅典人的公民大会有什么权利,或通过什么权力,获得了试图将这样一套规定强加于另一个希腊城邦之上的合法性,或者授权,纵然城邦这一制度的核心意识形态特征之一就是它应享有不受外部干预和不合理要求的自由和自治?简单一点的答案就是,位于爱奥尼亚海岸(今天的土耳其的西部)的厄里特莱是雅典的盟邦,是提洛同盟(Delian League)的一员。该同盟是在公元前478/477年冬天,希腊联盟击溃了波斯大军入侵希腊本土(公元前480—前479年)之后由雅典倡议建立的攻守联盟。提洛同盟有三个主要目标:为波斯入侵者造成的物质和精神损失寻求复仇和补偿,立刻解放那些依然受缚于波斯帝国的希腊城邦,永久解放那些只要波斯帝国存在就有失去自由危险的希腊城邦。长一点的答案则是，在提洛同盟建立之后没多久，在这一本应是平等的联盟中，雅典的地位很快就从公认的"领袖"转变为霸主，等到公元前 5 世纪中叶，这个联盟不如被称为"雅典霸权"（arkhe，这个词经常译为"帝国"）。

这一地位转变的一个明显症状和标志就是《厄里特莱规定》当中提到的两个职位，监督和护卫长。这些是从雅典公民中选出的雅典官员，向雅典公民负责，由雅典公民大会的一个法令授权。雅典对厄里特莱内政这一看上去很猛烈的干涉，在这个法令后面的部分（作为每个厄里特莱议事会的新成员都必须说的效忠和就职誓言的一部分）中可以明白地找到正式法理上的依据：

> 我不会背叛雅典人或雅典人的盟友……我也不会接收任何流亡者……不会接收逃到米底的人……没有雅典人和人民的同意，我不会驱逐那些留在厄里特莱的人……如果有人被发现向僭主背叛了厄里特莱，他将被处死，处死他的人不受惩罚……

换句话说，雅典干涉的动机，或者说官方的理由，是有大概很少一部分厄里特莱人据称有"私通波斯"行为（medism，投靠波斯人一方），这些人希望厄里特莱重新并入波斯帝国，而不是加入雅典人的同盟。他们被安上了"僭主"这一完全负面的标签，更说明他们不仅支持波斯，而且反对民主。这也与雅典的监督和护卫长受命建立和保护的议事会的本质完全一致，因为厄里特莱议事会是一个明白无误的民主制议事会，规模只有雅典人自己的五百人议事会的四分之一，但成员也是由民主抽签制产生的，并且要指着神明发誓拥护国家和民主制，假如违背，将承受极端严厉的宗教裁判。看起来，雅典选择干涉厄里特莱的这一历史时刻——无疑干涉其他地方时也一样——是提洛同盟及其目标遭遇极大危机的一刻：公元前454年希腊人组织的前往波斯治下埃及的反波斯远征军刚刚以惨败告终。但这确实引向这样一个问题（我们在第九章将回到这个问题）：雅典人是在多大程度上刻意和有意地，在反波斯联盟的框架之下利用或滥用他们的权力和特权，以促进民主政治在地中海东部的希腊世界当中的扩张的？民主制可以被强加在别人头上吗？毫无疑问，这不仅是他们那个时代的问题，也是我们这个时代的问题。

我现在从"国家"层面转移到地方层面，即被称为"民区"（deme）的行政单元（该词来源于demos，和人民是一个词，但在这里的意思是村庄、聚落）。为了阐明雅典民区的运作方式，我选了一座宏伟的大理石碑，这座碑来自阿提卡东南部的重要民区托里库斯（Thoricus），上面的碑文基本保存完好。托里库斯之所以重要，很大程度上是因为它靠近该地区含银的铅矿，这些矿由几千名奴隶开采，其主人是几名雅典最富有的公民。正是从劳里翁地区的这些银矿中，雅典政府铸造了常常美丽得惊人的硬币，我随后将讲到这些硬币。

托里库斯石碑本身有1.3米多高，正面和两个侧面都刻有碑文。它在现代世界经历了一点坎坷。尽管1960年左右一位美国古典学家似乎就知道它的存在，但直到1975年它才通过阿提卡碑铭研究界的泰斗欧仁·范德普尔（Eugene Vanderpool）的介绍进入公共学术界的视野。然而4年之后，它就突然从故乡希腊被搬到了富产黄金的美国西部,由位于加利福尼亚州马利布财力丰厚的盖蒂博物馆(Getty Museum)购下。可喜的是,仅仅30多年后,盖蒂博物馆就决定将之归还希腊,送至希腊国家考古博物馆的附属机构、位于雅典的碑铭博物馆保管,2011年返回时,石碑在那里受到了应得的庆祝和宣扬。这座由当地制作、面向当地受众的石碑可谓古典雅典民主制——这一巧妙的自我治理制度,用富有想象力的方式将地方与国家结合在了一起,实际上后者是以前者为基础的——的结晶。要想成为雅典公民、履行雅典公民的职责,相关的成年男性必须在当地民区的公民名册上登记,然后才可以参与国家事务。但是民区的成员资格不仅仅是行使权利的完整公民身份的正式认证:民区也是一个人实践如何成为公民的地方,这个"实践"有双重的含义。不仅民区要履行国家职能,公民也要通过上手参与地方政治,来熟悉他们将要在国家层面上进行的那种决策和管理。除了是极其活跃的地方政治单元,民区还提供了丰富的社交生活,比如托里库斯就有一座相当不错的剧场。

民区在我们称之为"宗教"的领域中也民主地运作。托里库斯石碑的碑文其实是一个每月宗教祭祀的日历。它列举了在哪个月的哪一天,应该向哪位神或英雄——总共有42个祭祀对象,除了海伦、赫拉克勒斯,还包括与当地同名的托里库斯其人——献祭什么动物、数量多少。石碑的日期被认为是公元前440到前420年,这是民主的雅典城邦的命运经历巨变的时期,这一时期从雅典最重要的盟邦之一海岛城邦萨摩斯的叛乱,到雅典和斯巴达各自领导的联盟之间进行的伯罗奔尼撒战争的第一阶段结束。当然我们将在别处重提这些剧烈的斗争,但这里我想强调的是宗教这一维度。

上面提到的《厄里特莱规定》包括这样的条款："宣誓的同时要焚烧牺牲品祭享。"这种动物血祭通常会在位于神庙旁边一个四面封闭的圣坛上焚烧，是所有古希腊宗教体验的核心。这也是古希腊人向他们所崇拜的神或超人的更高力量表示承认，以及和他们进行交流的主要手段。因此，组织和管理每年的祭祀就属于每个民区的 demarchos（大概相当于"市长"，这也是该词在现代希腊语中的含义）最重要的职责。在国家级的宗教节日中——有名的例子包括泛雅典娜节（Panathenaea）和"大酒神祭"（Great Dionysia，也称为城邦酒神祭，见第八章）——动物血祭也是建立和增强共同体身份的关键性时刻。但在地方层面进行的那些相对平淡无奇的祭祀，比如托里库斯日历中为乡村酒神祭要求的那些，也同样有助于普通雅典公民接受自己的雅典认同，并让他意识到自己在雅典人共同崇拜的众神监管的世界中恰当的位置。

作为那些在地方铭刻但有国家层面意义的文书的例子，我选择了一块由潘泰列克大理石雕成的精美文书浮雕。这座浮雕立在雅典北边的阿卡奈（Acharnae）的一个神殿中，制作时间很可能是公元前 4 世纪 30 年代。这个石碑的形状模仿了一座庙宇的正立面，参考的是真实存在的阿瑞斯神庙，而这是阿卡奈神殿引以为豪的独特之处。阿瑞斯神庙在整个希腊都是很罕见的，而阿卡奈民区居民好战的性格非常独特，这让阿里斯托芬在他公元前 425 年的《阿卡奈人》（Acharnians）中将他们塑造为同名的歌队角色。这部喜剧情节上的主要推动，就是主人公狄凯俄波利斯（Dicaiopolis）热切却徒劳地希望他的城邦能和斯巴达人议和。正式来说，这座石碑是阿瑞斯的祭司狄翁之子狄翁（Dion son of Dion）同时献给阿瑞斯和城市的守护女神、同样尚武的雅典娜的；但这是一个有着更广泛——实际上是城邦范围的——愿望和意义的石碑和文书。从历史学的角度来说，这件文书令人感兴趣的是它记录的不是一份，而是两份誓言。第一份誓言是和浮雕同时的，它是所有雅典的埃费博（ephebe，18和19岁的少年）在成年和正式加入城邦军队之前在服某种兵役时要宣读的誓言。这种兵役的常规化是公元前4世纪30年代的一项发明；由于雅典在公元前338年在喀罗尼亚惨败于腓力和亚历山大（详见第十二章），政治家吕库古领导了一场重新武装公民的运动，这种兵役是这项运动的一部分。

碑上第二份誓文要有意思得多，也更能说明问题。誓文据称逐字逐句记录了公元前479年雅典人（可以推测，也许还包括其他抵御波斯入侵者的效忠家国的希腊人）在决定性的普拉提亚战役之前立下的誓言——也就是说，发生在大约六代人之前。雅典人和普拉提亚有特殊的联系，他们自从公元前519年起就与普拉提亚人结成同盟，在公元前490年的马拉松战役中，也只有普拉提亚人和雅典人并肩作战。一次又一次，雅典人支援了小小的普拉提亚：有时是反抗有称霸野心的彼奥提亚城邦底比斯，有时是反抗底比斯的盟友斯巴达。但尽管雅典人往普拉提亚派遣了由阿里斯提德（Aristeides）带领的8000人重装步兵，可在后来希腊人的奇胜中起到关键作用的并不是他们。这一英雄角色落到了斯巴达人身上，他们也是"抗波"希腊联盟的总指挥。普拉提亚战役之后，在所有希腊人的精神圣地德尔斐立起了献给所有盟军的胜利纪念碑，被人称为"蛇柱"；其青铜螺旋圈上依次刻上了各方盟军的名号，斯巴达人赫然位居榜首。这座纪念碑的遗迹，还能在拜占庭君士坦丁堡（今伊斯坦布尔）的古赛马场中看到。但看起来，雅典人对于把战胜波斯的首功让给斯巴达人，一直不大高兴，就连普拉提亚战役也是如此。因此公元前4世纪30年代的阿卡奈石碑算是雅典人自我宣传运动最近的一次爆发，在当时还有额外意义，因为它迎合了雅典的马其顿霸主的感情和利益。

因为，在赢得喀罗尼亚战役之后，马其顿的腓力在公元前338/337年被由他建立并操纵的希腊同盟任命为一个"泛希腊"军事行动的最高领导者，这个军事行动的目标是进攻波斯，将亚细亚的希腊人从波斯的控制中解放出来。公元前338/337年，斯巴达人拒绝加入这个投票通过进军波斯的联盟，尽管腓力入侵了他们的本土。因此他们将自己排除在了这一泛希腊事业之外，而这一事业正是腓力出于意识形态所鼓吹的，为了报复公元前480/479年波斯人在希腊造成的物质损失和精神损失。（公元前334年，腓力的儿子和继承人亚历山大强化了这一点：他在雅典的帕特农神庙奉献了胜利祭品，用的是自己和"除了斯巴达人"的所有希腊人的名义。）我相信，雅典人在阿卡奈石碑上加入了普拉提亚誓言，正是为了强调对斯巴达人的排挤和孤立。誓言暗示雅典人才是公元前479年让希腊免于波斯统治的真正救星和公元前4世纪30年代马其顿人真心忠诚的盟友。此外，通过把普拉提亚誓言和埃费博誓言联系在一起，这份文件的起草者也传达了这样一个讯息：公元前4世纪30年代的雅典青年应该以公元前479年他们英雄祖先的伟大成就为榜样。至于普拉提亚誓言本身（大概）全部或部分地是虚构产物，则无关紧要了。

在关注铭文的同时，下一步可以转向钱币学，钱币学是关于公元前5世纪雅典民主制和外交历史一个特别丰富的来源。钱币本身的年代经常可以通过贮藏联系、风格流变、出土地点等特征被精确地确定。一个标准的公元前5世纪中期的雅典银猫头鹰，代表着当时整个希腊世界中产量最大、分布最广的币种。从公元前6世纪的最后25年、雅典为僭主希庇亚斯（Hippias）统治的时代起，象征雅典娜的猫头鹰，加上女神戴有王冠的头像和属于她的植物即橄榄树的枝条，就一直是雅典官方银币上的图案。这些猫头鹰币有多种功能——用来支付雇佣军费用，支付法庭费用、罚款或税款；也可以用于高价值的商业用途。但从公元前5世纪的第二个25年起，这种内在价值高昂的钱币就负起了帝国主义信物这一新的象征性职能，因为雅典的盟友进贡的现金一般就是这种硬币，而一年一度的戏剧节日"大酒神祭"的开幕式上，也有盟军代表在剧场中象征性地展示这些硬币。雅典公民大会知道这种钱币在经济和政治上都极端重要，因而每过一段时间都会发布法律强制条例，以规范其生产与使用。

在公元前5世纪40年代，或者更有可能在公元前5世纪20年代末到10年代初，所谓的《标准法令》（Standards Decree）规定在整个雅典同盟范围通用某种度量衡，并且禁止流通除雅典官方发行的银币之外任何其他银币。（其他城市铸造的非银币，比如银金合金的钱币，并没有被正式非法化，所以这些依然在同盟内是合法的支付物。）毋庸置疑，这一做法方便了雅典帝国的官员将雅典要求其盟邦（共150到200多个）上贡的钱财收集、储存、记在账上，但无论带来了什么经济利益，该禁令的一大功能都是强调反抗波斯同盟的"雅典性"。一个事实可以让我们推断，禁令引发了抗拒：公民大会认为有必要通过一部一个叫克勒尼亚斯（Cleinias）的人提议的法案，来指导贡金的收集。和《标准法令》一样，《克勒尼亚斯法令》的成文年代也有争议。但无论这些法令通过于什么时候,它们的强硬口气都引人注目:它们不是为一个成员相互平等的同盟制定的措施,而是有着帝国之心的霸主强加于其下属的负担。

在关于古希腊民主制,尤其是雅典民主制的倒数第二类历史证据中,图像志(iconography)也非常关键。希腊人,尤其是民主制下的雅典人,非常热衷于公共雕塑,不管是独立的还是隶属于建筑的。雅典人从附近的潘泰列克山和阿提卡其他地方可以轻易地获取非常精美、易于雕刻的大理石,又有奴隶提供人力来开采、运输和部分加工大理石,这些因素无疑更助长了这一风气。献给雅典娜·帕特农的庞大而精致的帕特农神庙于公元前447到前432年间建于雅典卫城;从政治的角度看,它是一个庞大的意识形态宣言,有着最强大的意义。伯里克利(Pericles)保证他本人被任命为工程的监督者之一,绝非无缘无故的。但基于我们手头的讨论,我将专注于一对独立的雕塑。它们表现的是所谓的弑僭主者,不是由大理石雕成,而是用青铜铸造而成。公元前6世纪末以及整个公元前5世纪,创新最为惊人、最凸显个人特质的独立雕塑,都选择青铜为材料。

我管他们叫"所谓的"弑僭主者是因为,正如对此持怀疑态度的修昔底德在一个世纪后反驳的那样,哈尔摩狄奥斯(Harmodius)和阿里斯托盖通(Aristogeiton)这对贵族爱人在公元前514年左右杀死的不是统治城邦的僭主希庇亚斯,而只是他的弟弟希帕耳科斯(Hipparchus);而且他们这样做并不是为了任何宏大的政治理想,而是出于不可见人的贵族家庭纠纷。然而,对于大多数雅典人来说,哈尔摩狄奥斯和阿里斯托盖通一般都被尊为民主的英雄和民主制的先锋。的确,如前所述,他们的行为成了民主制自身的奠基神话,而作为自治制度的民主制本质上就被视为"反僭主制"。在事件发生后不久,贵族阶层的饮酒歌(skolia)就赞颂二人,称他们为向雅典人引介"在法律面前的平等"(isonomia)的功臣。但是公元前508/507年克利斯梯尼的改革之后,"在法律面前的平等"被挪用为一个民主制所特有的口号,象征着法律之下人人地位平等、享有平等的尊重,而那一对贵族爱人也被重新想象,并被用于新的平民民主制的目的。于是,波斯王薛西斯在公元前480年选择劫走雅典人安忒诺耳(Antenor)所造的二人雕塑(完成于公元前505年左右),并将之迁至波斯都城苏萨的做法,就被看作对雅典公民社会和民主自豪感令人发指的侮辱;而雕刻家克里提乌斯(Critius)和涅西俄忒斯(Nesiotes)受命重造了一对雕塑,在公元前477年左右立在城市中心的议事广场上:这是仅次于卫城、最具备象征意义的公共空间。此后很长时间内(一直到公元前4世纪90年代)他们都是在此处享有神圣地位的唯一的凡人。

最后,考虑到我提到的所有历史著作中都存在的虚构创作元素,我将以对一本书的简短检视作结,把它看作另一种意义上的参考来源。在最近四分之一世纪里关于古希腊民主制,乃至关于一切民主制的著作中,这本书都是上佳之作:珍妮弗·托尔伯特·罗伯兹(Jennifer Tolbert Roberts)所著的《审判雅典:西方思想中的反民主传统》(*Athens on Trial: The Antidemocratic Tradition in Western Thought*,1994)。关键就在于副标题。我们有理由声称,"我们如今都是民主主义者"——无论是社会民主派、基督教民主派,还是"人民民主"派,等等。但是,尽管在大约公元前450到前300年间,希腊世界的1000多个城邦当中有相当可观的一部分都享有这样或那样的"德谟克拉提亚",从希罗多德的年代开始的政治思想传统却是坚决且压倒性地反对民主。当时政治世界那些表达明晰的、有著作保存到今天的见证者当中,我们有自信能称为意识形态上民主制支持者的,用一只手就数得出来:希罗多德本人(也许)、伯里克利(从修昔底德《历史》中以他的名义发表的著名的葬礼演说来看)、普罗塔戈拉(新城邦图里亚民主法律的设计师)、德谟克利特(Democritus,原子论哲学家)、德谟斯梯尼(受理念驱使的务实政客)……而从公元前300年前后,一直到大约公元1850年,几乎再没有人持此立场。为什么没有了?答案必然会因时间和地点而变,但罗伯兹的论著提供的答案很有帮助,因为她试图重建古代民主理论,将其视为一种有意识地反精英、以阶级为纲的政治思想(详见第六章);而且她还详细地展示出,反民主的思想和实践如何、又在何种程度上占据了上风:从苏格拉底和苏格拉底学派(柏拉图、色诺芬、亚里士多德)开始,贯穿公元前最后几世纪罗马共和国的始终(以希腊人波利比乌斯[Polybius]的历史编纂为代表),一直叙述到18世纪和19世纪,以及属于我们的时代。

然而,除了记录反民主的思想,她也指责雅典民主主义者将妇女排除在政治过程之外。希腊人的确不可避免地认识到了人类当中有一半是女性,但是几乎没有希腊男性承认她们天然有潜力应该享有充分平等的政治权力。从生物学和心理学的角度来看,这种沙文主义的思想基础因地点、时间和具体人而异,但是阿里斯托芬在《公民大会妇女》(*Ecclesiazusae*,公元前393或前392年)中出格可笑的漫画式描绘,可说是标准的古希腊大男子主义的一种夸张的反映;这种大男子主义在亚里士多德《政治学》——

又回到了我们出发的地方——中达到了其哲学的顶峰（对我们当中的一些人来说，渊底）。然而，在对重男轻女的希腊人指指点点（甚至提出严厉的批评）之前，我们必须记住将妇女完全排除在政治之外是世界上几乎所有地方的习俗，这种情况到19世纪后半叶才有所改观。时代不同，世风有异（alia tempora, alii mores）。罗伯兹对雅典民主制的批评也许过于以现代为中心，但不管怎样，我认为这比起我在序章中批评的那些对民主制掺了水的理解，其危害性都要小一些。和那些观点比起来，古希腊人自己发展出来的对政治、政治所涉之物以及民主制的理解，可以说提供了最鲜明的对比。

第二章

城邦、政治和政治所涉之物的出现

现当代对民主一词的挪用（二）

在序言中，我简要地检视了阿马蒂亚·森为代表的学者的一些观点：为"民主不是欧洲独有的叙事和成就"这个主张辩护，攻击某种民主制历史——这些历史给予古希腊诸多文化和它们在古典时期之后的接受情况特殊乃至独一无二的地位。在这两方面，森都得到了广泛而令人印象深刻的支持。澳大利亚学者 B. 伊萨克汗和 S. 斯托克韦尔共同编辑了一本名字就很具挑衅性的书《民主制秘史》(*The Secret History of Democracy*)，这本书的作者们利用了来自全球多种文化的资料，试图论证如果说民主是一种欧洲或西方的现象或成就，它其实也是一种中国、日本、东亚其他地区与东南亚、印度的现象或成就。在古典学界，马塞尔·德蒂安（Marcel Detienne）在《比较不可比较之物》(*Comparer l'incomparable* 2009: 85）中攻击了他认为广为流传的一种观点，就是在公元前 5 世纪的雅典，民主制一下子从天上掉了下来；古代历史学家科斯塔斯·弗拉索普洛斯（Kostas Vlassopoulos）在《重新思考希腊城邦》(*Unthinking the Greek Polis* 2007b）中批驳了历史主义的欧洲中心主义，其参照系主要是在政治领域，尤其是与本章非常有关的古希腊制度——城邦，在他看来，城邦应该被重新放入一个更宽阔、多层次、相互连接的地中海和近东交流体系当中。

最后但同样重要的是可敬的剑桥社会人类学家杰克·古迪对摩西·芬利（Moses Finley，1912—1986 年）的猛烈抨击，后者不仅写了《古代世界的政治》（*Politics in the Ancient World*，1983 年），还编辑了《希腊遗产》（*The Greek Legacy*），并添加了副标题"新的评估"（*A New Appraisal*），在这本书里加入了他自己写作的有关古希腊政治的作品（1981）。而古迪的书名说明了一切：《盗窃历史》（*The Theft of History*）。也就是说，在古迪有偏见的观点中，芬利等人密谋剥夺其他的、非西方的文化在一些开创性文化成就——比如民主制——上的功劳，他们错误地将这些成就或单独或优先地归功于古希腊人。考虑到古迪也是一篇关于识字率的研究著作的作者之一，而该研究著作并没有不满于在古希腊人对字母文字的发展和他们在民主制方面开创性成就之间建立起因果关系，这简直是一百八十度大转弯。但这种观点站得住脚吗？

和这种修正主义相反，有一个可以追溯到 19 世纪第二个 25 年的乔治·格罗特（George Grote）关于古希腊政治史的学术传统，这一传统认为，古希腊人的确是政治和民主的先锋，并且他们开创的东西仍然能为当代致力于民主转型的改革家们提供有用的范例。说到这一传统当今的支持者和宣扬者，除了上面提到的芬利，我们还可以想到欧洲的摩根斯·赫尔曼·汉森（Mogens Herman Hansen）和美国的乔赛亚·奥伯（Josiah Ober）。尽管这一传统需要不断的批判性分析——这一分析方式本身就属于古希腊思维方式的遗产——但它是可以得到辩护的。正是古希腊,是很多当代政治语汇的出处,比如君主制、贵族制、寡头制、僭主制,当然,包括政治(politics)一词本身:其语言学源头当然在欧洲,但在当代的使用不一定是欧洲中心主义的,其使用范围已经远远超过了任何意义上的欧洲。这一历史事实的确立也不是西方必胜主义的理由,更不是借口。

因此,先明确"政治"指的是什么,非常重要。和"民主"一词的情况类似,我在这里想给出一个强定义:在公共场合中,就那些对决策集体至关重要的议题(不仅是实际操作上的,也包括思想概念上的)达成集体决策,其方式是决策者(为了方便讨论,这些决策者将被称为被赋权的公民,也就是说,他们有执行这些决策的行政权)按照公认的程序进行公开辩论。

碰巧的是,"citizens"(公民)一词是从拉丁语,而非希腊语进入英语的,通过罗马公民法('civil' law)这一尤其强大的传统。这种法律治理的是罗马共和国、罗马帝国的公民(cives),他们最初属于罗马共和国(res publica,意谓"人民所有的事物",公元前509—前27年),之后属于罗马帝国(由第一位皇帝奥古斯都建立,他的统治从公元前27至公元14年,详见第十五、第十六章)。希腊语中表示"公民"的词是 politai,字面意义是"城邦人",词性是阳性。根据定义,古希腊完全、积极、参与政治的公民,是成年男性。politai 的阴性形式的确存在,就是 politides,因为在某些希腊共同体,比如民主制的雅典,妇女被看作是公民全体(politeuma)中不积极的那一半,因而在通过血统遗传向她们的儿子传递获得公民身份的可能性方面,她们至少也是不可或缺的。但在古代希腊世界,没有一个地方赋予了女性积极的政治特权，更不用说与男性平等的政治特权了。那么，如此多概念都以其为源泉的城邦（pilis）又是什么呢？

汉森及其在丹麦王家学院资助的哥本哈根城邦项目（Copenhagen Polis Project）的同事从事了十多年的全面研究，产生了一系列关于各个希腊城邦各个方面的令人钦佩的集体作品，还编纂了一本百科全书，专门介绍所有当时已知的公元前600至前300年希腊世界可识别的城邦（总共约有1000个）。因此，希腊城邦的主要轮廓现在已经被很好地理解了，无论如何，我们关于许多希腊城邦的知识（通常太少了）比以往任何时候都更容易获得。因此，polis一词有两个主要含义：第一，polis是一个实体，是第二意义的polis进行最重要政治活动的中心场所和所在地，而第二个意义的polis是由其公民组成的政治共同体。前一个意义早在荷马史诗（也许在约公元前700—前650年以不朽的形式组合在一起）中就存在了，但后一意义直到公元前7世纪下半叶才出现，例如在克里特岛东部的小城邦德雷罗斯的石刻文字中（见下文）。

关于polis在英语中最好翻译成什么，依然存在一些争论。标准的旧译法"city-state"（城邦）遇到了两个困难，首先，很多——如果不是大部分——poleis（复数）基本并不能说是真正的城市，其次，很多——如果不是大部分——poleis都缺乏政治科学家或政治社会学家所称的"states"（国家）的某些基本的典型特征。前一个困难较容易解决：用citizen-state（公民邦）代替city-state（城邦），我们就可以既抓住了公民就是城邦的古希腊概念——这一概念反映在古代政治术语中，这套术语不说"雅典"或"斯巴达"做这做那，而总是说"雅典人"或"斯巴达人"——

也摆脱了关于"城市"不合时宜的不必要联想。然而，关于"state"的问题仍然存在，但是只要提到"state"，我们想到的是一个拥有政治职能的实体，而非一个有着成熟的"国家"（State）机构（官僚机构、公务员、政府、常备军等）的实体，这个译名就可以很好用了。

然而，由于现有的资料不足，我们很难确切地知道城邦的崛起过程。将考古学证据（核心地点及其相关宗教圣地和墓地的实物遗迹，以及彩绘罐等手工艺品上的图案）、包括诗歌在内的当时的书面资料（例如帕罗斯和塔索斯的阿尔基罗库斯［Archilochus］的抑扬格诗歌、斯巴达的提尔泰奥斯［Tyrtaeus］的哀歌或米蒂利尼的阿尔凯奥斯［Alcaeus］的抒情诗）和碑铭（例如刚才提到的德雷罗斯石刻文字）结合在一起，有力地说明，在爱琴海和小亚细亚沿海地区核心地带，城邦的形成过程持续了比较长的一段时间，可能是一个世纪左右，又根据地区不同有或快或慢的差异。它们还进一步表明，这一进程导致了希腊人新的海外定居点的建立，也得到了这些定居点的帮助，而这些希腊人先是从那些核心地带向地中海中部（意大利半岛南部和西西里岛）扩散，然后最终在公元前550年扩散到了地中海和黑海周围。柏拉图幽默的比喻"像围着池塘的蚂蚁或青蛙"很好地表达了这种扩散模式的沿海性质。另一方面，"殖民化"这个曾经的标准术语，从根本上扭曲了它的政治本质。因为这些新的定居点中的大多数，都是在公民邦这个强烈政治意义上的poleis。也就是说，和它们的"母邦"（metro-poleis）一样，它们都维护自己的自由和自治、自己的独立，这是polis身份的必要条件。

不把古希腊的polis翻译成"city-state"还有一个可能更有争

议的原因。"city-state"这个概念范畴实际上在人类历史上分布很广、适用范围很广。摩根斯·汉森及其合作者已经识别了 40 种他们所谓的"city-state cultures",例如,包括今天的新加坡。但在我看来,这个概念的作用与其说是吸引人们关注这些不同文化的共同之处,不如说是展现和强调它们不共有的特征。展现古希腊城邦特殊性质的一种方法是,从荷马的诗歌开始,简要追溯 polis 这个词的轨迹以及它所代表的事物。

在荷马史诗里,有没有 polis?答案是,既"有",又"没有"。是的,荷马史诗中使用了 polis 一词(或者也拼作 ptolis),但具有完整政治学意义的公民邦的 polis 并不见踪影。后一种制度可能有间接的暗示,但基于非常好的制度上的理由,它在荷马史诗中不是这样运行的:《伊利亚特》和《奥德赛》中都没有严格意义上的"公民",而且,虽然荷马史诗中有关于大会的描述——在特洛伊的战场上和故乡伊塔卡都有——但没有任何经过正当赋权的决策机构,或者任何可以如此运作的组织。关于在"荷马"年代(也就是荷马史诗于公元前 700 年左右获得其不朽形态的时间)或许存在的那种真正的政治共同体,荷马史诗中最接近的描绘出自《伊利亚特》第十八卷:也就是对阿喀琉斯的神盾外表的艺术装饰的大段描述,该盾是跛脚的工匠之神赫淮斯托斯受阿喀琉斯的女神母亲忒提斯之托为阿喀琉斯打造的。使用某种技术——毕竟这是史诗的想象,而非严谨的现实主义——赫淮斯托斯在盾上雕出了不止一个,而是两个城市:一个和平时期的城市,一个战争时期的城市。但即使是和平时期的城市也难免于流血冲突:在被描绘的场景中,一个被谋杀之人的家属要求获得赔偿,一位精英法官对他们的赔偿要求进行仲裁。无论如何,用公共司法来取代"以眼还眼"(lex talionis)这种粗暴的私域司法,确实是早期城邦法律性的核心特征。然而在荷马史诗中,最具爱国精神的英雄不是希腊人,而是特洛伊王子赫克托耳,这种情形很能说明问题。是赫克托耳说出了那句燃起人热血的话:"一个预兆是最好的:为祖国而战。"(12.243)尽管这句话可以理解为表达了一种初级的爱国主义,他的爱国情感的对象却不是特洛伊这个城邦,而是"祖国"(patris)。

公元前 8 至前 7 世纪真正的希腊大移民,在荷马史诗中也有其对等物,不过是在《奥德赛》中,而不是在《伊利亚特》中,而《奥德赛》在其他方面也是这两部作品当中较"现代"的一部。费阿西亚人居住的谢克里岛——距离奥德修斯自己的岛国伊塔卡非常近——被后世认为是克基拉岛(科孚岛)。这其实是由科林斯在公元前 8 世纪第三个 25 年建立的一个 apoikia,即"本土之外的家园",或者说海外城邦。不过在《奥德赛》当中,这是个和任何一位其他英雄的领地比起来都毫不逊色的王国——如果尚可说是比较贤明的专制政体的话,而如果说有阿瑞忒(Arete)王后相助的阿尔喀诺俄斯(Alcinous)国王行使了某种君主式的司法,他在这么做时也完全是非正式的,出自自发的决断,不受任何公民限制束缚。但正如诗人留意提醒其倾听者的那样,谢克里不过是个乌有之乡:这些航海的费阿西亚人的船只看起来靠自己的力量就前行到了目的地,不需要仅仅是人的插手。在这里,几乎找不到任何早期城邦真实政治世界的踪迹。

人类正义这一重要主题,又一次是由一位诗人提起并展开的,这位诗人生活的年代是里程碑式的荷马史诗成形的时代。但这里有一个关键的区别:连古希腊人自己都不太清楚"荷马"是谁,甚至不知道有几个"荷马",但这位诗人自己让古希腊人清楚地知道,赫西俄德(Hesiod)是一个生活在真实而具体的政治环境中的人。大家推测他创作《工作与时日》(*Works and Days*)这部六步格(史诗的格律)长诗的背景大概是下面这样的。赫西俄德居住的阿斯克拉(一个后来被彼奥提亚的特斯匹埃城邦控制的村庄)由不负责任、贪婪、反社会的王(basileis)统治——这些王不是像荷马笔下的阿伽门农或者奥德修斯那样的君主,而是一些小地方权贵。在一场关于赫西俄德和他那据说游手好闲的兄弟佩尔塞斯(Perses)的移民父亲的土地遗产纠纷当中,由这些王组成的法庭做出了不利于赫西俄德,而是有利于佩尔塞斯的判决。赫西俄德在诗中象征性地进行了报复,他将佩尔塞斯刻画成道德败坏、"吞食贿赂"的统治者的工具(第38—39行)。无论如何,对赫西俄德来说,人类现在处于的时代——在一个不断堕落的序列中排名第五,也是最糟糕的时代——叫作黑铁时代,诗中讲到人在这个时代的生活非常不幸,尽管将来可能还会有更坏的时代,那时连一点真正的正义和尊重都荡然无存了。但为什么他把自己呈现出这样一副面目:在阿斯克拉的王面前毫无还击之力,也没有任何其他具体的政治手段可以申诉和利用?他的听众又应该怎么理解诗中的寓言:一只老鹰抓住了无助的夜莺,蔑视地嘲讽它说抵抗是愚蠢的(第202—212行)。是不是老鹰象征着王,夜莺象征着可怜又无助的赫西俄德?还是说老鹰象征着最高的奥林匹斯之神宙斯,而夜莺象征着王,而赫西俄德在用隐喻向他们保证,宙斯不可逃脱的正义最后必将来临?

但不管怎么说,赫西俄德在物质上似乎并非一贫如洗。一个证据是他创作诗歌的才华——不仅体现在《工作与时日》,也体现在影响力巨大的《神谱》当中，后者类似于希腊的《创世记》。另一个证据是他（口气表面上看起来像是在对佩尔塞斯说话）对充满艰巨的农耕劳作的生活开出的理想药方：劳苦可以通过逼迫一个下属的奴隶（dmôs）来帮忙减轻。他可能不像前人认为的那样，是半个贵族阶级成员，但他大概不会只是一个平常中农。他在政治上的无力，有可能是因为阿斯克拉一直没有在军事上朝可能赋予他权力的方向发展（至少一个敏锐非常的后世评论者这样指出）。确切地说，约公元前 700 年的特斯匹埃还没有一支显著的重装步兵——他们因为盾牌（hoplon）而得名 hoplites——部队。现代有一个假设，即布好的重装步兵方阵之间的战争的兴起（具体作战细节不论）在早期希腊几个最重要的城邦的政制性质的变化中起到了关键的作用。不过这个假设已经由亚里士多德在《政治学》（1297b15-28）中回顾性地勾勒了出来，他概述了这样一种政治军事历史演化的规律：一开始贵族制使用骑兵为其统治的主要兵力，后来社会中第二富有的那部分人因为参与重装步兵战斗而获得支配权。尤其令人激动的是，亚里士多德接着说，这些早期的重装步兵统治的政体，被称为民主制。

我们会看出，确实有一个早期希腊城邦，也就是斯巴达，在那里人们对 kratos 和 demos 的政治认同是和整个重装步兵方阵战争的发展紧密相连的，很有可能亚里士多德在做出概括性总结时，脑子里想的正是斯巴达，根基也正是它的经验。不过这种过程或许也可以由另一个希腊中部城邦的早期历史说明，这个城邦就是墨伽拉，它离特斯匹埃不远，就在雅典的隔壁。泰奥格尼斯（Theognis，约公元前 550 年）的哀歌就反映了这一点。后来的资料里提到，公元前 6 世纪早期，墨伽拉发生了某种社会动荡（甚至可能是政治革命）。还有资料提到了（大概和那个动荡不无关系）一个名叫塞阿戈奈斯（Theagenes）的墨伽拉僭主，他在公元前7世纪30年代到20年代势力很大，还是雅典贵族塞隆（Cylon）的岳父（此人之后还会提到）。据亚里士多德所说，塞阿戈奈斯"杀戮了成群的富人"（《政治学》1305a24-5）。请注意，不是成群的"贵族"（在阿斯克拉这样就会很合理），而是成群的经济精英，这些人不见得都出身高贵（eugeneis）。这里至少表明了一点"阶级"意识，也就是有专制和独断的僭主捍卫并不富有的普通人（demos），反对少数富有者。如果果真如此，产生这一变化的因素就是重装步兵部队的兴起，至少在公元前7至前6世纪记载有僭主产生的这三十多个城邦中如此。有必要加一句，僭主不见得都残暴专制，他们的统治的独特之处在于，他们是在现有的法律框架之外夺取或维持仅一人所有的权力。在这个意义上，有一个城邦从没有经历过僭政，那就是斯巴达：很有可能斯巴达最早的宪制发展就是为了避免这一不受欢迎的偶然因素的。

我们能够知晓一份叫作《大瑞特拉》（Great Rhetra）的散文体文献（相当于古斯巴达的《大宪章》），最终要归功于亚里士多德的一部佚失的作品《斯巴达人的政体》（*Lakedaimonion politeia*），这是他和他的学生编纂的158部著作之一（见前）。这一著名的文本之所以得名为"大瑞特拉"，是为了和多个次要一些的"瑞特拉"（即法令）相区分。《大瑞特拉》的内容在一部成书于多个世纪之后（大约公元100年）的斯巴达立法者吕库古的传记中得以保存，其作者普鲁塔克直接引用了亚里士多德的著作。事实上，正如普鲁塔克在这一所谓的传记最开始就基本上承认的那样，吕库古是个半传奇似的人物，斯巴达人自己就把他当作英雄或神一样来崇拜。渐渐地，他成了人们眼中唯一的斯巴达立法者，各种不同时期的不同法令都假托到他的名下（一个相似的神话化过程也发生在了雅典的梭伦身上，尽管梭伦基本可以肯定确有其人：见第三章）。但抛开传说中作者是吕库古这一点不看，《大瑞特拉》也依然是一个巨大的谜团，其来源和真实性都不确定。形式上，普鲁塔克把它描述为德尔斐的阿波罗的神谕，而斯巴达人确实对阿波罗尤为钟情。斯巴达人一年一度的主要宗教节日都是为阿波罗而设，他们极其虔诚，也很有可能希望他们的政治安排能得到这位奥林匹斯神的指示和护佑。"瑞特拉"的具体条款——体裁是诗歌，内容并不清晰——也倾向于这样的解读：它是一份宗教文献，被利用在了实际政治生活中。

然而，这份文本使用的语言让解释变得非常复杂。文本中提到了部落（大概是多里安城市共有的三个准亲属部落）和 obes（居住区）。文本中还提到了复数形式的国王和包括两位国王在内的 30 人组成的长老议事会（Gerousia）。接下来是一则条款，该条款在普鲁塔克的希腊文本中没有完全保留下来，它似乎同时提到了 kratos 和 damos（多里安语里的 demos）。我们完全不清楚部落和居住区之间是什么关系，也不清楚国王、长老议事会、damos 之间是什么关系。据说 damos 庆贺阿波罗的节日，或者"季节交替"地举行大会，但是我们并不清楚长老议事会和 damos 之间的关系是什么，尤其是当最后一个条款补充说，如果 damos 不正当地发言，长老议事会会"搁置"（他们的意愿或决定）。此外，这份文本除了表达非常模糊，它还完全忽略了后来成为斯巴达首席行政官员的职位，即督政官（Ephorate）——一个所有 damos 成员都有资格当选的职位。然而，目前我只关注 damos 和 kratos 的结合，这个出处无疑是所有希腊文本中最早的。无论这两个术语的确切含义是什么，更不用说它们的结合使用了，在重装步兵战争发展之前，任何城邦都不会采用这样的表达。因此，斯巴达即使不是第一个，至少也是最早的重装步兵政体之一，这不仅仅是巧合。战争和政治在希腊经常是密切相关的，在斯巴达尤为如此。

但如果我们把《大瑞特拉》（就算它是真的而且准确保存了）看作古希腊民主制的第一个例子，那可就大错特错了。事实上，斯巴达从来没有成为一个民主的城邦，其原因后面会叙述。比较靠谱的说法是，斯巴达人是一种强烈公民身份的先驱——politai一词在所有希腊文学中最早的出处就是公元前7世纪中叶斯巴达战士诗人提尔泰奥斯的一首诗（P.Oxy.3316）。我想这并不是巧合。后来，这些公民被集体称为homoioi：不是"平等的人"的意思（这个误译很常见），而是"差不多相同"的人的意思，也就是说他们在一个或者多个而非在所有方面相似。从社会地位和经济地位来说，他们之间的不平等是显而易见的，而且随着时间的推移，这种不平等还会加剧，但政治上所有的斯巴达人（Spartiate，完全公民的正式名称，也是一个在提尔泰奥斯作品中第一次出现的词）都是等同的，都是拥有法律权利的damos的成员。至少爱国的提尔泰奥斯把斯巴达描绘成了最早的希腊城邦当中，首先达到了它们都在争取的一个重大目标，也就是eunomia。这个词与其被理解为制定和执行"好"的法律（nomoi），不如被理解为法制的、守法的一种好的状态，在这种状态中，公民们安守本分，遵从法律和执法者。

但要想找到polis一词在政治上的强定义的最早有记载的用例，我们必须把目光从希腊的大城镇转移到克里特岛东部的小镇德雷罗斯。在德雷罗斯议事广场的一段铭文中（可追溯到公元前7世纪后半叶）第一次出现了这么一个程式化的用语："城邦很乐意"这里的 polis 到底包括哪些人，并没有清楚地说明，但是城邦很乐意去做的事情很清楚：给最高政治职位 kosmos（字面意思是奠定秩序者）的任期定下清楚的条件。考虑到时间如此之早，这里说的肯定是一个有很严的限制的、很有可能是选举产生的、最富有也是最受尊重的公民，可能和阿斯克拉的 basileis 类似的一群人。但和赫西俄德描写的境况明显的区别是这份文档的正式性和公开性；事实上，这仿佛是克里特岛所特有的一个政治特征——他们从很早就愿意将立下的法令展示在公共场所。这也可能是由于当时有如此多的城邦在一个相对狭小的空间里互相竞争。

最后，我回到希腊大陆和墨伽拉的泰奥格尼斯。不是所有归到他名下的诗句都是他创作的，但那些献给昔兰努斯（Cyrnus）的诗句看起来是真的。诗歌作者非常自信地宣称，城邦应当是由其积极的政治成员组成的，即自由、拥有土地、携带武器的公民，他们在大会当中立法。但是，他的社会观显然是贵族式的，他充满恨意地抱怨当时的旧贵族和那些被他称为"一文不值"的暴发户之间的通婚（不如说是混种）：

> 昔兰努斯啊，我们献出马、大角羊和驴，
> 去寻找好的血统，每个人都想后代有
> 优良的出身；但一个上流人，只要给了他钱，
> 也不介意从一文不值的人群中娶个老婆
>
> （183—186 行，据马丁·维斯特英译本译）

借用罗马共和国不那么道德化的术语来说,他反对的就是由富人构成的平民贵族精英的崛起,他们垄断了墨伽拉的寡头政府中的职位。可以说,他的反对意见是从社会上层发出的,但是我们要是猜测,墨伽拉的贫穷农民和其他"贫穷的"墨伽拉公民会从下层发出他们对政治现状的不满,应该也不会太离谱。然而对这后一种现象,最好的记载不是来自泰奥格尼斯的墨伽拉,而是来自梭伦的雅典。

第二部分

第三章

希腊民主制的兴起（一）

古风时期的希腊

当代英语中的 archaic 一词略有贬义，甚至可以用来骂人；但是对希腊早期史（青铜时代以后）的学人而言，archaic（古风）不仅是个中立的描述性词语，而且还经常在价值上有积极的意义。习惯上这是附加于希腊过去的一个时代的标签，但如何把过去的那段时间（乃至任何一段时间）笼统地划归为一个"时代"，本身就有着价值评估的负担。这个词绝不仅仅由研究古希腊的历史学家用来称呼"他们自己的"古代。研究其他文化的历史学家们也会使用该词在这里的含义：也就是，用来指一段被看作是早期或者是形成期的时代，它预见着或者说酝酿着一个更成熟、更完善的"古典"时期。要给出具体数字的话，希腊的古风时期的广义时间跨度是从大约公元前 800 到前 480/479 年（希波战争的年份，波斯王薛西斯入侵希腊大陆），最狭义的看法是公元前 700 到前 500 年。

最广义的定义背后的想法是：在大约公元前 800 年，已经有足够多的迹象表明，至少希腊世界里最"先进"的地区已经毋庸置疑地从所谓的"黑暗时代"走了出来（黑暗时代紧接在迈锡尼时代,也就是晚期青铜时代之后,其定义也有多种,但最常见的是从大约公元前1100到前800年)。不过黑暗时代这个概念本身有多大作用——特征包括灾难性的人口骤减,政治上的去中心化,以及基本工艺技术的丢失——也可以商榷:不正是在这段被形容为黑暗时代的几个世纪中,以铁(一种分布更多、更广,实践中也更有效的金属)为基础的冶金技术取代了青铜时代因之而得名的青铜,用来制造至关重要的尖端工具和武器吗?确实如此,但是也必须指出,在之前的迈锡尼时代最为重要的地区之一,伯罗奔尼撒半岛东南部的拉科尼亚(从约公元前750年开始,古斯巴达将兴盛于此),还没有找到理由质疑"黑暗时代"这顶帽子不够妥帖。

对古风时期最狭义的定义背后的想法则是:公元前700年以前的历史基本上还是一片迷雾和史前的神话(至多是原始历史),因为一个像样的历史记录所需的书面文本要么没有,要么远远不够;而在年代的下限公元前500年时,希腊世界的部分地区已经迈出了决定性的一步,从古风时代进入了古典时代。这些步伐就包括(大多数历史书中着墨甚多的)民主制——确切地说,草创阶段的民主制——在雅典的兴起。但这也在很多方面尚存争议,主要是因为绝非所有的历史学家都同意在公元前500年左右在雅典产生的政体(politeia)真的是民主制,尽管最早也是最好的古希腊历史学家的确在回溯时用了这个标签(希罗多德6.131)。另一方面,也有(相对少很多的)历史学家想要把民主制这个标签应用在雅典宪政发展更先前的阶段,乃至早至大约公元前600年。

我们之后还会不止一次回到(假设中的)古风时期后半期雅典的政体到底应该如何归类的问题。这里的要点是方法论上的。

从事后回望,我们也许可以确定产生一种可称为"民主制"的东西需要哪些必要和充分条件,但是我们无法合理地声称,这样或那样的民主制迟早会产生,更不用说什么时候、在哪里、怎样、为什么发生了。我们必须要避免时代错误的目的论思维,尽管这方面有古代权威的支持——被归到亚里士多德名下的《雅典人的政制》背后就有这种思想。就我现在的目的而言,没有必要在古风希腊和古典希腊之间画一条清晰的界线,但是有必要祛除对古风这个词有意识或无意识的时代错误的现代理解。

古风时期不如说是一个"试验的时代",而且是一个见证了激进的乃至革命性的思想试验的时代,这些试验和现实政治的世界有着直接的联系——我还想提出,有直接的影响。事实上,在荷马史诗里,在丑陋非凡、受人耻笑的煽动者忒耳西忒斯(Thersites)的形象中,已经可以找到一种平民反贵族思维——也许可以说是政治思想——的蛛丝马迹。用一个有些时代错误的讲法,蛊惑人心的忒耳西忒斯的煽动性言论,引起了奥德修斯王愤怒的回应,奥德修斯用了一个可圈可点的抽象名词polukoiraniê,字面意义是"有多个王的状态"(《伊利亚特》2.204)。奥德修斯宣称,这种状态根本不是个好东西,无论从道德还是实践而言。这毕竟是至关重要的特洛伊围城战的第十个年头;而奥德修斯用来和这种状态做对照的,不是贵族制或贵族垄断的寡头制,也不是任何一种别的理论上的统治体制,而是阿伽门农大元帅所象征的那种传统的单一君主制。然而,奥德修斯不仅仅满足于使用抽象的言语,还看得见摸得着的权杖(代表着阿伽门农神赐的国王权威)击打忒耳西忒斯。忒耳西忒斯在身体和心理上都深受痛苦,此时聚集在一起的亚该亚人(就是希人）则放声大笑，更为对他的公开羞辱火上浇油。传达给荷马最初的读者和听众的道理无疑是明确的：对政治现状的怀疑连想都不要想，因为这种政治现状是神赐予的（甚至不是在比喻意义上的赐予），最终可以追溯到最伟大、最优秀、最强有力的神之君主——天父宙斯本人。而诗人用这种方式把这一道理讲出，也暗示着文本背后潜在的焦虑：对在荷马和之后的赫西俄德著作中被称为"王"（basileis）的这些人，民众至少有一种模糊的不满甚至抗拒的情绪。后来，当这种君主制情感更为低落，这些精英喜欢管自己叫作"美丽和优秀的人"（kaloikagathoi）。对古希腊人而言，外在的美貌是内在、精神上，或者更确切地说是社会政治优越地位的可见标志。

关于古风时期非贵族制甚至反贵族制政治思想的暗流，在公元前7至前6世纪的许多后荷马时代哀歌与抒情诗诗人的作品当中有更多的迹象。这些"中等"的公民诗人——换句话说，社会地位和意识形态都处于王/贵族与demos的普通成员之间——被看作是接受了"强烈的均等理念"，这种平等主义也可以看作是支持了公元前6世纪晚期5世纪早期向民主制的转向。但是在这之前很久，可能这种中庸的政治思想最好的例证是雅典立法者梭伦的诗篇，以及其鼓吹的改革。一边是诗，一边是改革：尽管梭伦在宣扬改革的同时，试图用诗歌来为他的改革张目，但这两者在概念上和理解上都应当分开。一方面，他存世的诗句（很多都在《雅典人的政制》中保留了下来）是改革的唯一可靠的同时代证据。另一方面，自从改革通过之后，"梭伦"这个名字多次被援引作护身符，尤其是在公元前5世纪末的动荡和前4世纪后半叶新的内部斗争当中；利用他的名字的人有时候还包括针锋相对的对立派别——一些是所谓的"左派",把他称作是民主制的先锋,一些更有"右派"倾向的则说他是温和的改革家。因此,不仅他提出改革的原因众说纷纭,就连他的改革具体有哪些内容也出现了争议。

不过他做出的工作中有一部分相当清楚。公元前 600 年左右,雅典经受了剧烈的社会经济危机——因此在我们现代的意义上,也经历了政治和道德危机。大约在公元前 594/593 年,梭伦被当时的雅典城邦政治机构任命为特别执政官,或大调解官(*diallaktes*)。在经济方面,梭伦预示或响应了另一位对政治感兴趣的哀歌诗人墨伽拉的泰奥格尼斯(见第二章)的观点,认为钱财是万恶——包括政治上的罪恶——之源。在政治方面,他赞美秩序(他的一首诗有一个非常斯巴达式的标题:"*Eunomia*"),并且警告雅典有可能落入僭政,甚至宣称有人曾劝他自立为僭主,但他出于原则拒绝了。

梭伦把自己描述为温和派,宣扬在两个极端之间的中庸之道。不过根据现在记录得还算不错的改革文献表明,他仲裁的政治斗争不是双重的,而是三重的:首先是老 Eupatrid(有个"好爸爸"的二代子弟),然后是出身没那么显赫,甚至毫不起眼的新贵(重装步兵及更高阶层),最后是广义上的"有钱人",但或多或少有点贫困化了的 demos。梭伦乐观地宣称,他给每一对相互争执的群体都赐予了他们所应得的(不一定是他们要求或者预期的)结果:对老贵族,他保留了至少一部分特权,以及那些根据出身而应获得的职位,包括所有主要的神职和(为一些家族的女性而设的)女祭司的位置;对新起的暴发户,他给了通过选举而上位的渠道,包括一年一度的执政官,从而让他们可以进入本来由贵族构成的战神山议事会（退休的执政官自动进入该团），还可能包括——对此事的证据尚有疑问——一个新的四百人议事会；对穷公民群体（一个新定义的名词，见后文）他给了参与人民法庭（Heliaea）的权利，这个集会的作用相当于上诉法庭，可以用来制衡（主要还是不可避免地由贵族担任的）官吏的判决。

后一项措施——从某种意义上说，整个政治改革方案——是建立在一项相当激进和根本性的经济改革之上的，简称为"摆脱负担"（Seisachtheia）。这包括废除现有债务，并宣布未来的债务质役为非法；从那时起，公民以自己的人身安全为担保签订债务合同是非法的，因此，哪怕他无法偿还本金或利息，债权人也不能合法地将他变为奴隶。因此，现在相当于或多或少地给公民政治自由的新定义提供了一个具体的实例，封装了一个新的、更具包容性和更清晰的公民身份的定义。改革的总体意义确实部分是象征性的。梭伦的新法律被公开刻在议事广场上的结实木板上，表明治理不再是一个秘密的过程，只属于天生享有特权的个体贵族，不受法律约束。但是改革也有着重要的实际意义，尤其是就新的人民法庭而言，因为很可能是在人民法庭首次引入了计算个体选票的原则。

这一项创新的意义怎么高估也不为过。它暗示了这样一个等式：一个公民等于一张票，不管公民是贫是富，是贵是贱。这也可以解释为什么《雅典人的政制》的作者（见第九章）在回顾时，时代错误地声称人民法庭的上诉权是梭伦的方案当中三项"最有利于民众"（demotic）的改革之一。另外两项改革措施一是之前提到的（贷款）禁令（确实在公民和奴隶之间画了一条明确的界线）；二是在法律上给予"任何有意愿者"在公共、非个人或非家庭案件（被称为 writs）中——私人案件只有受害者可以有权起诉——担当志愿检察官的权利。在公元前 4 世纪晚期，demotic 一词（其初始义项是"属于或有利于 demos"）有可能当作"民主的"一词的缩写，但我们并不确定作者使用这个形容词的本意——而且，即使他本意如此，又是否正确呢？

总结一下梭伦：若干年前，瓦西里斯·兰波罗斯（Vassilis Lambropoulos）富有预见性地写道："现在到了给梭伦正名的时候了，让他恢复他在哲学、政治、法律和诗歌当中应有的位置，承认他是一个重量级的早期历史人物。"正名和认可都已经迅速达成了。的确，有人认为梭伦引入人民法庭的做法几乎就是引入了一种民主制；对此我会回应说，尽管这一做法可能是后来雅典产生民主制的先决条件之一，但它本身绝非充分的条件，更不用说起到了一锤定音的作用。后面我还会论证，同样的评价可以放在庇西特拉图家族（Peisistratid）的僭主身上，因为他们不自知也不情愿地给原初民主制的兴起创造了更多的条件。但在讨论他们之前，我们应该暂时把目光从雅典移开，而先去看看爱琴海东部的离岸不远的希俄斯；就在梭伦活跃在雅典之后不久，那里的政体发生了一场潜在地有重大意义的民众治理创新，但显然没有像梭伦的改革那样产生什么直接结果，也没有产生什么制度性结果。

我们的证据来自雕刻铭文：这块石碑于 1909 年面世，又由古风时期希腊铭文学界的前辈莉莉安·哈密尔顿·杰弗里（L. H. Jeffery）再度审视，并且彻底重估。她将其年份定在了大约公元前 6 世纪的前半叶（不确定性是不可避免的）。石碑只有背面保存得还算不错，但就是这一面的铭文和我们的话题最为相关。石碑正面提到了两个官名，demarch（"市长"？有可能是希俄斯相当于雅典的名年执政官的官职）和 basileus；后者的本义是"王"，但是我们应该想到赫西俄德笔下那复数的"王"，或者更具体一点，雅典的国王执政官，也就是每年负责监督公民宗教事务的官员。在石碑两面中的一面讲到对法律判决的上诉，这又让我们想到了梭伦在雅典设立的人民法庭，而在另一面则提及了必须在某个月立下某个誓言。真正创新性的东西在石碑的背面：

……"我们允许他向人民议事会提出上诉。Hebdomadaea 节（也就是每个月的第七天，这一天是专门崇拜爱奥尼亚人的主神阿波罗的）过后的第三天，人民议事会将会举行集会，这个集会由公民参加，要对罚款进行判决，并且由一个部落的50人组成……"

这是我们现存的最早一个将议事会明确地归于"人民"的例子，大概也因此可以名正言顺地被叫作民众议会，尽管不幸的是，这些"人民"到底包括哪些人，我们仍然无法确定。我们还不能断言，在希俄斯有这样一个民众机构和一个（我们猜测）非民众机构（也就是传统的贵族议会）并行的事实，可以给梭伦传说中的四百人议事会提供支持。但至少这说明，在斯巴达和雅典（固然这两者的具体方式大相径庭）之外，另一个城邦的 demos 也在公元前6世纪的古风时期，向前稳步迈进。

在公元前6世纪 demos 进军政治体制、获得显著权力的其他可能的案例包括黑海边的赫拉克利亚（墨伽拉人的殖民地）、墨伽拉、优卑亚岛上的埃雷特里亚和卡尔基斯、莱斯博斯岛上的密提勒涅、北非的昔兰尼、西西里附近的利帕里、纳克索斯，以及希腊西北部的安布拉基亚。比格利亚斯（Birgalias 2009a）对这些城邦都进行了细致的调查，尽管他的结论可能过于乐观；他认为 isonomia 这一分析范畴适用于这些城邦。对他来说，这种政体处于被取代的贵族制或僭主制和完全的、分明的民主制之间，代表了显贵精英和公民群众（数量上的多数）之间的妥协，这种妥协使得社会上的多数也变为了政治上的多数。由此，isonomia 和斯巴达和梭伦的 eunomia 相比，前进了一大步，因为后者只是说有良好的秩序和守法的风气。的确，isonomia 在公元前 6 世纪后期在雅典成了个时髦词，本书后面还会具体细说。但可惜的是，这个词在任何一个资料来源中（往往质量低下，而且年代要晚很多）都没有实在地用在这些别的古风时期城邦上——比格利亚斯还增加了公元前 5 世纪（也就是克利斯梯尼之后）的阿尔戈斯和伊利斯。艾瑞克·罗宾森（Eric Robinson 2011）的看法要更出奇，也更没有说服力：他称公元前 550 年左右就已经存在了"不止一个民主制政体"；我个人认为这明显是在术语上不够精确。现在让我们回到梭伦之后的雅典。

据称，梭伦警告雅典人要警惕僭主制，从事后来看，人们很容易将这个警告理解为一个非常具体的警告，针对一位有意成为僭主的名叫庇西特拉图（Peisistratus）的人，此人是一位世袭贵族，宣称自己的高贵血统可以一直追溯至荷马史诗中的一位英雄人物。但是实际上，如果我们可以相信那些一直到希罗多德及后期的作者所给出的那些互相矛盾而且自相矛盾的说辞，那么庇西特拉图的权力巅峰之路充满了荆棘与坎坷，直到公元前 545 年他才稳定了自己的统治，而且这个结果还是依靠使用新的银币征调了大量的雇佣兵，实施了主要军事管制之后才实现的。

庇西特拉图使用的——或者说是需要使用的——有效巩固统治的措施之一就是推行或是创造了具有团结意义的"全国性"或者说是"种族性"的宗教节日。庆祝雅典守护女神雅典娜的泛雅典娜节的举办传统可以追溯至公元前566年，从任何历史学家的编年史来看，这都远早于庇西特拉图第一次当政的时间（约公元前560年？）。此外，其背后的动机也并不仅限于雅典，而是致力于"泛希腊"：也就是说，它代表了雅典试图与有悠久历史的奥林匹亚竞技赛会及另外三个竞技赛会——在德尔斐举办的纪念阿波罗的皮提亚竞技赛会、在科林斯举办的纪念波塞冬的地峡竞技赛会、在尼米亚举办的纪念宙斯的尼米亚竞技赛会——建立联系，将其变成了每四年举办一次，或者说都变成了可以得到桂冠的竞技赛会（胜利者得到的唯一的物质性奖励就是一项具有象征意义的桂冠或是花环）。虽然泛雅典娜节也是每四年举办一次而且规模宏大——比赛项目多种多样，并且这些比赛不仅雅典公民可以参加，所有参与节日的人都可以参加——但是却一直没能成为最重要的节日庆典，也没能成为真正的泛希腊赛会，而且从最开始就提供物质性奖励。

但是，很明显的是，在庇西特拉图僭主在位时期，另一个声名赫赫的——同时也具有国际性吸引力的——宗教节日开始举办了：这就是一年一度的大酒神祭（Great Dionysia，又称 City Dionysia），这是为了庆祝形态多变的酒神，人们认为这位神热爱观看戏剧表演。起初，戏剧表演仅仅有一位演员兼制作人，再加上一个负责歌舞的小型表演团，但是这就为后来公元前5世纪到前4世纪大大影响雅典民主文化的悲剧和喜剧的繁荣发展埋下了种子（参见第八章）。

在雅典，同样在庇西特拉图统治之下变得重要的还有两位女神，德墨忒尔（Demeter）和她的女儿，她们位于厄琉西斯的神殿坐落在一条通往雅典城西的圣道边上，步行即可抵达。在这里既可以举办官方崇拜，也可以进行个人祭拜。此外，大多数雅典公民和很多其他希腊人会参加厄琉西斯秘仪（这么称呼是因为仪式的秘密性）。考古发现证实了，庇西特拉图对这里的公共建设进行的投资，尤其是对修建卫城和议事广场进行的投资规模庞大：这些投资既可以为政权带来经济上的回报（雇佣劳动力），也带来了象征意义上的回报（增强了"全国"和王朝的地位）。最后，也正是庇西特拉图通过更多地参与提洛节（Delia festival），提高了雅典的形象，使其声名远播海外：提洛节每年举办一次，这个节日是为了纪念爱奥尼亚人的守护神阿波罗，举办地点是阿波罗的出生地提洛岛。这样也就在无意之中，为公元前5世纪雅典的辉煌成就埋下了种子。雅典象征性地将其名义上的泛希腊军事联盟以阿波罗出生的提洛岛，而非雅典娜的雅典为中心，因此这个联盟又被称为"提洛同盟"（详见第七章和第八章）。

在制度政治的范畴内，希罗多德和修昔底德都曾评论过，庇西特拉图，或者说是庇西特拉图王朝，保留了梭伦的改革举措（也就是说，实际上使其得以实行）。不过修昔底德重点指出，他们篡改了一些东西，这样他们的支持者就可以一直占据某个公职，尤其是，我们可以认为，占据了执政官这一职务。与其说这种说法是在描述庇西特拉图的统治，不如说更适合于描述公元前527年庇西特拉图去世之后，他的长子兼继承人希庇亚斯的统治。在希庇亚斯在位的二十几年中，他延续了让王朝政策符合梭伦改革的统治方式。事实上，希庇亚斯甚至可能超越了他父亲，他愿意并坚持和僭主制的最激烈的批评者和反对者和解，以保证梭伦改革能够继续推行。20世纪30年代在雅典议事广场的一项考古发现令人无可置疑地证明，公元前525/524年阿尔克麦昂（Alcmaeonid）家族的麦加克利斯（Megacles）之子克利斯梯尼担任名年执政官——这一事实明显与通过希罗多德保存下来、希罗多德自己也相信的该家族传统相矛盾，希罗多德认为阿尔克麦昂家族不仅是推翻僭主统治的主要推动者（我们很快就能看到），而且在整个僭主统治时期——也就是说，从至少公元前545至约公元前510年——这个家族一直都流亡在外。事情其实并非如此！同样是那份留存下来的执政官名单残本表明，某个叫米提亚德（Miltiades）的人于公元前524/523年担任名年执政官，而希庇亚斯之子庇西特拉图于公元前522/521年担任名年执政官：换句话说，经过了一段适当的间隔之后，僭主政治再次确认了其优先于主要竞争家族的重要成员。

同样也是在希庇亚斯的统治之下，雅典铸造了其第一枚精美的民众使用的银币，也就是众所周知的猫头鹰币，上面印有其守护女神的图腾（猫头鹰）。铸币所使用的以灰吹法从铅中提取的银，来自雅典由奴隶进行劳作的劳里翁银矿。猫头鹰币面额大，不仅仅是"民族"地位的象征，也用于大额支付或是巨额财富的存储。但是，它也可能被用于支付希庇亚斯的一项大型国家工程，但是这项工程在他在位期间未能完工，事实上是6个世纪以后才完成的：这就是恢宏的奥林匹亚宙斯神殿。这项工程未能完工也许并不能算作一个重大挫折。但是在接下来的十几年里，庇西特拉图的政权就开始四分五裂。

在事后冷静的分析看来，我们可以说庇西特拉图的家族僭主制为接下来雅典的——而且是整个希腊的——民主道路上"克利斯梯尼改革"做出了决定性的或者至少是推动性的贡献。但是，雅典人自己集体选择了不同的看法，他们将一个庞大且基本的意识形态的意义简单地归因于某一个行为，而这个行为实际上可能并没有他们在事后追加的意义或后果。而这就是历史——或者说历史的神话，或者说作为神话的历史。无论如何，大约公元前514年，希庇亚斯的弟弟和共同统治者希帕耳科斯被杀——而且正是哈尔摩狄奥斯和阿里斯托盖通这一对情侣的公开刺杀行为，被后来新建立的民主制雅典选择视作民主制建立并且展现权威的重要时刻。实际上，正如治学严谨且并非狂热于民主制的历史学家修昔底德在一篇论述其他内容的文章中所表述的，希帕耳科斯并不是僭主，因此这场刺杀也并非是弑僭刺杀，而且杀手的动机绝非是出于意识形态上的自由主义观点，杀手也不具备民主倾向，而只是出于卑鄙的个人意图。为了在伤口上额外撒盐，修昔底德还指出，雅典人最终并未彻底摆脱庇西特拉图的僭主制度，这个任务最终交给了斯巴达去完成。

在这一点上修昔底德与希罗多德又一次不谋而合，即使希罗多德对于斯巴达干预行为的目的模糊其词，但是他对事情的真相还是进行了完整而全面的描述。希罗多德确信，被流放的阿尔克麦昂贿赂了德尔斐的皮提亚（Pythia）神谕女祭司，让她对斯巴达人的所有官方咨询都回复说，斯巴达人一定要将雅典从希庇亚斯的僭主制度中解放出来。但是希罗多德自己也困惑，为什么斯巴达人愿意遵从这一神谕，并且愿意推翻这个家族王朝，而且他们因近乎神圣的仪式化的宾客友谊和这个王朝绑在一起。无论如何，公元前510年，克列奥蒙尼一世（Cleomenes Ⅰ）——他早先曾让彼奥提亚城邦普拉提亚与雅典结盟,据说是为了让他们与更为重要的彼奥提亚城邦底比斯成为死敌——亲自出面干预雅典事务,结束了僭主统治。希庇亚斯逃出雅典——前往兰萨库斯(Lampsacus)向另一位希腊僭主寻求庇护:赫勒斯滂(今达达尼尔海峡)位于亚洲一侧只有兰萨库斯一个选择,而且当时在位的僭主附庸于波斯帝国——因此这就为后来的事件播下了种子,也就是后来爆发的大规模的希波战争,战争波及从马其顿至普拉提亚甚至更远的地区。

占领雅典的斯巴达人——或者更确切地说是克列奥蒙尼——随后犯下了严重的外交错误,即试图规定雅典应该建立什么样的后僭主政权,尤其是要安排一个雅典人成为僭主,而且是一个顺从的、亲斯巴达的僭主。但是,这个举动被认为是对雅典作为一个城邦所拥有的自由(eleutheria)和独立(autonomia)的公然破坏。其结果出乎所有人的意料,在经历了一系列血腥内乱之后,公元前508/507年,来自重要的阿尔克麦昂家族的克利斯梯尼推行了改革法案。这是真正意义上的——我将在下一章探讨——雅典民主制的建立之时,事实上是整个希腊世界的民主制建立之时。可以说在世界范围内也是如此。但是如果要说为它的建立找到一个标签或口号的话,那一定是isonomia,而并非"德谟克拉提亚"。

第四章

希腊民主制的兴起（二）

公元前508/507年的雅典

到了公元前6世纪末（取个整数，公元前500年），前一章所述的、在实践中以雅典的梭伦为最知名的代表的中间路线政治观念，已经被一种远为激进的思潮——不啻一场思想革命——击倒和取代。至少这是研究早期希腊神话和思想的杰出社会历史学家让-皮埃尔·韦尔南（Jean-Pierre Vernant）的观点。我想说的是，这一革命不仅确有其事，而且还直接地起作用于以雅典为例的政治革新——在公元前508/507年发生的这一系列改革通常被整体归功于一位不寻常的贵族：克利斯梯尼。

简要地归纳韦尔南的论点：他发现，古风时期的希腊世界到了公元前500年时，有一种新的思考方式兴起，或者说达到突破点。这种思考方式有两方面。首先，这是一种理性的思考方式，也就是说，在第一次试图解释人类之外的自然世界（希腊文 phusis 的本义是一种生长的过程）和井然有序的宇宙（kosmos）时，这种思考方式明确地否认或暂时不考虑神解释和影响这二者的能力。米利都的泰勒斯（活跃于约公元前600至前585年）似乎是这一思维方式的始祖，而他也许把这种做法称为了 historia，

"探究"或"研究"。他用这种思考法得出的最著名结果,大约是"构成所有可以感知到的物质的唯一的元素是水"这一猜想——或者说规定(他不可能用经验的方法来证明这个工作假说)。他的这一直觉无疑是相当反直觉的,但并不是个太坏的猜想,尤其考虑到同样是他据说留下了这样的名句,就是万物都"充盈着众神"。

把他的思考方式称为"科学"可能会有误导性,但至少谓之为"抽象"(这也是韦尔南的做法)是合理且有益的:也就是说,这种思维刻意地从事物当中抽离了变形和幻化的无穷可能性——而迄今为止,给予事物这种可能性的正是那种普遍而主导性的"神话"思维。英文的"myth"(神话)一词来自希腊文 muthos,本来可以指任何说出来的话,但对于诸如泰勒斯这样的公元前6世纪知识分子来说,这个词又多了额外的、不那么美好的一层意味,暗指关于神明和英雄(以及其他像神一样的、超自然和超人类的力量)的道听途说来的故事:无法用经验方式取证的传说,因此其内容在认识论的意义上是不可知的。在这一革命性的新思潮中所蕴含的理性和抽象这两方面的结合,导出了(比方说)科洛封的色诺芬的"自然神学"——色诺芬同样是爱奥尼亚的希腊人。安纳托利亚西岸的爱奥尼亚地区成了领头羊大概不是巧合,因为从以弗所往内陆走不远就是萨迪斯,而从萨迪斯经过新亚述帝国、米底帝国,以及波斯帝国所建造的便捷的道路,最终人们获得了巴比伦尼亚先进的数学和科学思想;又由于另外一条海路连接了尼罗河三角洲的希腊转口港瑙克拉提斯,爱奥尼亚的希腊人可以接触到又一个更古老、更加发达的文明,也就是法老时代的埃及。希腊人至少从荷马和赫西俄德的时代,就有着强烈的欲望想要把他们的男女神祇拟人化；色诺芬是有记载的第一个对此给出了一个自然主义解释的人。色诺芬在一部辉煌的人文历史中写道，如果狮子或马有手并且会画画，它们就会把它们的男神和女神画成狮子或马的形状。比如说（非希腊）色雷斯人，他们的男神和女神就有蓝眼睛和红头发——这很自然（或者更确切地说，这很传统），因为他们自己天生就是这样的。

首先，这些爱奥尼亚知识分子及他们在爱奥尼亚以外的追随者们感兴趣的领域，主要是非人类的 kosmos，也因此他们被称为"自然哲学家"。以色诺芬为例，他曾西游至西西里，在叙拉古的采石场里见到了地下深埋着的海洋生物化石，他曾推测过这些化石的意义。除此之外，他们就专注思考依附于超自然力量的神话世界；其实倒不如说这些力量本来就是神话发明的。但在公元前500年左右，他们的兴趣转向了人间事务；开启先河的是赫卡塔埃乌斯（Hecataeus）的著作，他和泰勒斯一样——这也肯定不是巧合——来自米利都。赫卡塔埃乌斯创作并出版了一部或两部著作：《族谱》（*Genealogies*）和《环游世界》（*Periodos Gês*）。他在总括性的前言中表明了自己立场："希腊人讲的故事（muthoi）数量繁多，而且荒诞不经。"在这里，"希腊人"的称呼似乎有点和某些非希腊人相比的意思。但不管怎么说，如果他曾有幸名副其实地"环游世界"过，他显然会在地中海东部遭遇过非希腊人的"野蛮人"，这些人有时候和希腊人比邻而居，如果不是混居乃至同居的话。其中一个例子就是在卡里亚的多里安希腊定居点哈利卡纳苏斯：我们所知的第一个自诩进行"研究"（historia）的希腊知识分子希罗多德就来自这里。还有一点也肯定不是巧合——希罗多德不仅提到赫卡塔埃乌斯的作品要更早，而且还把自己的成就和那位米利都人相比较（结果当然是他自己更胜一筹，希腊人毕竟以争强好胜闻名）。领略希罗多德的成就有个很好的方式：只需要观察他的《历史》怎样把泰勒斯的科学猜想跟赫卡塔埃乌斯站在人本主义和理性主义的角度对神话的排斥结合起来。希罗多德这么做不只是为了阐述和赞美，也是为了理解和解释他那个时代中最重大的人类事件：希波战争（详见第五章）。

韦尔南对我们理解古风时期晚期希腊的政治思想和实际操作做出的贡献，是他的"思想革命"所远远不能囊括的。他和巴黎的同事皮埃尔·维达尔-那克特（Pierre Vidal-Naquet）一道，也投身于解释神话在公元前6世纪的另一个文化创举——悲剧的诞生中起到的作用。我们已经看到，为了支持巩固自己的统治，僭主庇西特拉图曾积极地赞助了一系列"全国"性的宗教节日，其中就包括一年一度的大酒神祭，又叫城邦酒神祭。传说这一新的剧种是在公元前6世纪30年代由一个叫忒斯庇斯（Thespis）的人发扬光大的（英文中"thespian"［表演的、戏剧的］一词由此而来）。我们有理由认为，既然当时音乐、舞蹈编排和诗歌这些艺术已经被糅合在一起，同时得到了发展，那么悲剧只需要因为艺术上的考量就可以演化出来，而不必要牵扯到具体某种哲学思想（更不用说政治思想）的内涵和应用。然而，我认为韦尔南的说法很有道理。他把悲剧这一公共艺术形式的开创（雅典人给它起了个令人费解的名字 tragoidia，字面意义是"山羊的歌"）放到了他所谓的"悲剧时刻"中：也就是说，对自然世界和人类社会的老旧的、基于神话的解释，和新的、革命性的、以人为中心的世界观之间富有成果的冲突。我们事后看来，这种新世界观在政治上就通过了一种大概可称为"原始民主主义"的观念呈现了出来，表现为一种理性的政治自我赋权形式。在我看来，这就是克利斯梯尼和他的改革方案的切入点。在大约公元前500年——一系列改革进展了六年之后——雅典戏剧演出的场所从议事广场搬到了卫城西南山坡上一个专属的位置，这个地方从此就将叫作theatron（theatron一词来源于theatai，也就是坐在场中的观众）：狄俄尼索斯剧场。这一行动不是个意外：确实，我们甚至可以提出，以前的城邦酒神祭或大酒神祭这时已经装扮一新、重获新生，成了一个民主的节日，或者关于民主的节日。不过，让我们先来检查一下克利斯梯尼都做出了哪些改革。

克利斯梯尼本人生于约公元前570年，是雅典一个叫麦加克利斯的贵族和阿伽利斯特（Agariste）的儿子，后者是西库昂的克利斯梯尼之女。克利斯梯尼的名字即来自他身为伯罗奔尼撒僭主的外祖父。关于他父母的婚姻，希罗多德讲了一个幽默的故事，不过关于他们的孩子克利斯梯尼的首个正经的记载，要在约公元前425年的雅典执政官清单中找到。如前一章所提到的，清单里把他列为公元前525/524年的名年（也就是主要的）执政官。希罗多德并不知道这个史料，而我们无论如何也只能依靠他作为我们对克利斯梯尼及其事迹的主要来源，而《雅典人的政制》和亚里士多德自己的《政治学》也提供了一点微弱的证据。从西库昂僭主老克利斯梯尼到小克利斯梯尼的父亲麦加克利斯（他在雅典僭主庇西特拉图的职业生涯中玩了一个双重甚至三重游戏）的计谋中，希罗多德推测出小克利斯梯尼的生平不会是平稳而寻常的。事实上，正如我们看到的，希罗多德相信，克利斯梯尼从二十多岁到五十多岁的大多数年头，都是在被放逐在雅典和他的祖居地之外度过的，而他为了能够回归，甚至可以去贿赂德尔斐祭司。

但是这一故事并不能告诉我们,除了摆脱庇西特拉图的僭政这一点之外,克利斯梯尼想象中的、希望能回到的雅典具体是什么样的。他是否坚定地相信"自由"——在这里自由指免受违反宪法或超越宪法的政府的干涉——还是甚至接受了更激进和流行的,乃至民粹主义的观念?还是说,他也是一个野心家,想要重获他作为贵族认为自己理所应得的那种权力?

希罗多德想给我们留下的印象肯定是后者;这可能就是他的贵族信息来源(包括阿尔克麦昂家族)给他讲的故事。毕竟。希罗多德自己坦白说,他不过是讲述他从别处听来的故事,"说出我听到的",不多一分也不少一分(7.152.3);一般的贵族大概不会愿意提起,更不用说向外人袒露,一个自己羊群里的"黑羊"叛逃到了黑暗的民主派那边。不管怎么说,在公元前510年庇西特拉图倒台之后(需要重申一下,是由斯巴达人推翻的),希罗多德笔下的克利斯梯尼和其竞争对手,同样是贵族的伊索哥拉斯(Isagoras)展开了一场对荣誉和权力的争斗(在希罗多德的笔下这不比一场贴身肉搏战好到哪里去),也由此把雅典拖入了希罗多德自己所憎恶的那种stasis(公民的内斗甚至内战)中(8.3)。他们实力相当,以至于两人都必须从不寻常的来处寻找额外的援助。伊索哥拉斯求助外人,找到了斯巴达王克列奥蒙尼来为他撑台(可能也为了保住他僭主的宝座),因此他同时激怒了雅典的爱国者和反僭主派。克利斯梯尼则转向了内部,找到了雅典的demos;而希罗多德模棱两可的语句(5.66)告诉我们demos在"之前被鄙夷"(要么被所有主要的政治人物鄙夷,要么可能只是被克利斯梯尼鄙夷)。

这次朝人民的转向被希罗多德(或者作为他故事来源的那些

贵族们）用看似完全平凡无奇的语言一带而过。希罗多德说，克利斯梯尼"把人民加入他朋友的行列"，就是说把所有非精英阶层的普通雅典公民都看作 hetairoi——这是个精英们使用的词语，是贵族阶级的密友之间的称呼。但在这一语境里，这个词用得仿佛矛盾，又仿佛是个隐喻，因为克利斯梯尼做出的的确是偏离常规的投机之举；这一举动虽然非常平等主义，但是绝非完全光彩。但他这么做成功了——克利斯梯尼坐上了一个允许他实施改革的位置，用希罗多德简洁的概括就是，"向雅典人们引介了部族制和民主制"（6.131）。但果真如此吗？希罗多德所谓的"引介了部族制"是什么意思，克利斯梯尼是不是引介了民主制（无论这和部族制是不相干的两件事，还是一脉相承的同一举措）？

面对我们现有的证据，连叙述克利斯梯尼做了些什么事情时都必须要极为小心，更不用说原因和产生了什么后果了。让我们遵照希罗多德的顺序，先从这些"部族"开始，因为它们显然和该问题息息相关。"部族"是希腊文 phulai 的翻译，但我们不应该由此想到民族学家和社会人类学家们所谓的"部族社会"的理解——那些非西方的、前政治的部落文明，它们缺乏复杂的公共决策机制，在社会组织上依赖基于或真实或人为构建的亲缘关系。我曾说过，希腊历史的黎明阶段就是前政治的（也就是还没有城邦），而且如果我们可以相信荷马，那时候已经有了 phulai。但这些古史中的"部族"已经不是自然的、基于血缘的群体了。例如，在提尔泰奥斯（公元前 650 年）生活时期的斯巴达城邦，就有三个多里安部族；而其中一个部族的名字 Pamphuloi，即"所有部落人"，就透露了它人为构建的性质。而爱奥尼亚的希腊人，比如米利都和雅典人，都喜欢想象他们最终是一个共同男性祖先——

伊奥（Ion）——的后裔，而且他们当中的多数每年都庆祝阿帕图里亚（Apatouria）祭典，一个纪念他们共有身份的节日，正如大多数多里安人也通过卡尼亚节这一崇拜阿波罗的宗教节日来彰显自己的多里安性质一样。但他们纪念的不是真正的血缘关系，而是一种"伪血缘关系"；在雅典也有比四个爱奥尼亚"部族"（在政治上）更重要的社会群体。这些社会群体被称为 gene（英文中 genetic 一词就来自此），而且不管这些政治宗教团体是如何精确地构成的（它们同样声称自己有伪血缘关系），雅典人似乎很可能是通过加入这些群体来获得公民的资格的。几乎可以肯定，它们要么被旧贵族控制，要么被新的、基于出身或财富的贵族把持。因此，如果一个政治改革家想要变更雅典公民权的基础，他必须要拆除或者绕过现有的"部族"机制。我们可以有把握地推测，当希罗多德直截了当地称克利斯梯尼"向雅典人们引介（或建立）了部族制"时，说的就是这个意思。

实际上，克利斯梯尼——更有可能是克利斯梯尼和他的专家顾问团队——为了非常重要的自治目的，用新的、基于地域的新"部族"取代了基于伪血缘关系的爱奥尼亚部族。现在，公民权的基础是在民区登记入册。（但令人困惑的是，表示民众的 demos 一词，在这里成了"村庄"的意思。）最后共有 139 或 140 个民区，分别被归入三十个特里提斯（trittyes，字面意思为三分部），然后又每十个一组，分成了三个大区，这就是阿提卡地方的政治和军事区划：城区、内陆地区和沿海地区。三十个特里提斯又出现了十个新的政治"部族"，所采用的权宜之计是从每个地区选取一个特里提斯，因此城区一个、内陆地区一个、沿海地区一个，三个特里提斯加起来成为一个"部族"。有一些民区的城市化程度足够高，看起来就像是一个小型的雅典，但大多数（比如位于马拉松平原的那些）依然是"由原野上散布的农田组成"，这些农田"在零星的地方会组成只有几所房屋的小村落，大概由互有亲属关系的家庭居住"。（Steinhauer 2009: 85）

毫无疑问，有许多可以争执和有分歧的空间——比如每一个民区的边界到底在哪里，哪些特里提斯应该和哪些别的合组成部落，还有（这点非常重要）一个公民在最早的分配中应该属于哪个民区（之后身份就成了遗传的，固定下来了）。民区能够唤起极大的忠诚感：公元前431年及之后，当面临着斯巴达入侵的压力时，雅典的农民被迫暂时抛弃他们的家园，临时在雅典城里住下，他们不得不放弃的是他们自己眼中的小城邦（《伯罗奔尼撒战争史》2.15-2.16）。相比之下，在更为人为造出的那些新的地方部落中，培养忠诚是相当困难的。为了给他们创造出一种好像类似于家庭一样的认同，每一个部落都由一个传说中的"英雄"命名，在定期的部落集会上对这些英雄进行宗教崇拜。其他适用的手段包括根据部落而组织重装步兵团；在政治上召集决策和顾问机构以及组建官员团体时，考虑到每个部落得到平等的代表；在剧场中公民的座位和参与竞赛的歌队都按照部落来划分。但无须质疑的是，虽然这一新系统造成了剧变——我们有限至极的证据只能允许我们做出这样的推测——只过了可以接受的一段较短的时间，新系统就建立并运行起来了。

关于每个部落的公民清单最开始具体是怎么产生的，我们很想知道更多：因为这是在民区层面上做到的，也因此（也因为别的实际操作中或象征意义上的原因）民区是整个上层建筑的终极基础。我们猜测新机制高效地得到了贯彻，也可以由这一事实得到支持：外人们观察克利斯梯尼之后的雅典时最强烈的感触之一，就是它突然在军事上变得如此成功。每一个新部落都要推举一位新的将领，由十个这样选出的将领一年一度组成的委员会，在至少公元前501年时就已经牢牢地固定了下来。但他们和既有的、一年一换的战时执政官系统似乎共存着：可能是一种保守倾向，如果算不上政治上的反动倾向的话，也许是向老牌势力的妥协。的确，至少到公元前490年的马拉松战役之前，后面这群人严格来说掌握着所有雅典陆军的命令权。前面提到过，每一个新部落都必须要为军队提供一个重装步兵团；在公元前5世纪80年代之前雅典还没有发展出值得一提的海军，而雅典的骑兵那时候（之后也一直大体如此）还很脆弱，更多是象征性的。在战争中需要依靠同一部落的队友来保命，这是一个设计好的步骤，巩固了相互之间的感情。

每一个新部落也必须为一个新的公民会议提供十分之一的成员。曾经由梭伦创立的四百人议事会是否曾经存在都还有争议，更不用说它具体的权力和职责了；但是克利斯梯尼的五百人议事会则从一开始毫无疑义地对重新赋权的公民大会（Ecclesia）进行指导，为的就是帮助它执行主要的职责——在政策上做出最后的决定。公民大会的名字来源于其成员在每次开会时都由一个小号手或者信使（或者通过别的方式）"召唤出来"到一个特定的会议场所。在梭伦的体系之下，这个会议场所是议事广场，但从公元前508/507年开始，就变成了卫城下的一座叫普尼克斯的小山（Pynx，这个希腊语单词的意思是"紧紧地挤在一起"）。参与大会的雅典人都挤在这里，要么坐着要么蹲着，每一个公民平均只有半平方米的空间。据推算，在公元前508/507年乃至一直到公元前 4 世纪，这里可用的空间只能够舒适地容纳不超过 6000 名雅典公民。但这一数目在当时被认为已经足够代表——无论从数量上还是质量上——整个公民阶层：如果我们相信希罗多德（5.97）可能过于膨胀的估计，在公元前 500 年左右米利都的僭主阿里斯塔格拉斯（Aristagoras）来到雅典请求出兵援助时，雅典公民的总数大概在 3 万这个数量级。

我们很快就会重提（第五章）阿里斯塔格拉斯为求何事而来。作为对克利斯梯尼一揽子改革的总结，我们要谈及一些法律事务，这些事务关键性地影响了新的民主体制之下公民的地位和行为。依照亚里士多德的有民主倾向的定义（《政治学》1275），"公民"指的是积极参与行政管理和司法判决的人：所有新的雅典公民——有一些出生于外地，有一些是获得自由的曾经的奴隶——都在形式上同时有权参与两者。从社会经济地位而言，我们可以安全地推测，只有相对少的一部分精英有资本，更不用说有热情来自荐竞选执政官、将领和主要金融职位（比如雅典财库长）。竞选的门槛一直到公元前 5 世纪都有着具体的法律上的要求。在司法方面，克利斯梯尼也没有对旧有的贵族制团体战神山议事会下手，而是任其继续生存，并保留了其特权，包括因为重罪和渎职对官员的弹劾权——也因此留下了一个未解的问题，在 40 年后将成为焦点（见第五章）。他同时也保留了梭伦建立的人民法庭上诉团：可能普通雅典人就是通过这一关键的民众机构计算他们每个人投下的平等的一票，来履行司法判决的权利。

这些表决票是秘密地投下的。可能最早使用的是鹅卵石（psephos），因此这个单词成了"投票"的意思（英语中的 psephology 由此而来）。但在公元前 5 世纪，使用的材料就不再是石头，而是青铜——我们在提到雅典民众对其行使权力的下一次大改革时，还会提到材料的意义。在公民大会当中的投票，是通过举起右手公开进行的，也因此有了kheirotonia这个名字，"伸出双手"。投票结果一般都是由笼统的估测而不是精确计数产生，既为了省时间，也因为通常不同的观点在人数上不会那么接近。不过每一次公开的投票，都有在情感上切割公民的危险，甚至在最糟糕的情况下造成stasis——公民之间的斗争，甚至公开的内战。最后，我们还要考虑到一个据说是克利斯梯尼发明的、非常有争议的制度：那就是陶片放逐法（ostrakismos）。

陶片放逐法的过程本身就足够引人注意了，尽管我们的来源对其细节的描述并不完全一致——所有来源的创作年代距离放逐法的实际操作都已经过了很长时间：该法只在公元前488到前416年间间歇地应用过。在每个公民年的特定时候，公民大会都会被问及是否要进行放逐。如果赞成票领先，那么就会准备在同一个公民年晚些时候的某一天进行放逐的投票：这样首次投票的情绪就可能花些时间冷却下来（或可能升温）。票的样式是陶制的碎片（ostraka），上面写着（雕刻或者画上）投票者想要正式驱逐出雅典和阿提卡十年的一个公民的名字：尽管这人不会被剥夺公民地位，财产也不会没收，但在受放逐期间，他实际上不可能行使公民权，也不能亲自管理其财产。（如果按谚语所说，"政治上一周也是很长时间"，那十年一定和永恒差不多了。）在指定的那一天，投票者都会出现在议事广场，把写有名字的陶片献给官方的计票员（teller）——不管这个名字是不是他们本人写下的。

当然有一些投票者是不识字的——所以难怪会出现如下的故事：一个对城里政治运作不了解的乡下农夫，天真无知地请著名的阿里斯提德（Aristides）在陶片上写下阿里斯提德自己的名字。以公正闻名的阿里斯提德问："为什么是他呢？"无知的农夫答道："因为我受够了别人管他叫公正的人。"别的人则抓住机会，在票上写上比如说放逐"饥饿"的字样，尽管这样的票成了废票。还有别的一些人——不仅识字而且颇为机智——会在票上添加一小段话，比如"达提斯（Datis）的兄弟阿里斯提德"（这相当于指控阿里斯提德同情波斯［medism］，这个词在这里总算准确了一次，因为达提斯确实是个米底人，而不是波斯人*）或者"让基蒙（Kimon）滚蛋吧，顺便带上埃尔皮尼克（Elpinike）！"（对这两个兄妹之间乱伦行为不那么委婉的控告）。放逐要想生效，要求要么有一个人得了至少 6000 票，或者（这是常见得多的情况）生效的陶片的总数超过 6000 张，而"赢家"（不如说是输家）得到了其中的多数票。

　　不管对这一制度的公正与否作何评价——比如亚里士多德就曾强烈批判其可怕的不公，尽管他本人不是雅典公民，在他的年代放逐法也已经成了一个死掉的词语了——它至少在形式上是彻头彻尾民主的，如果采用民主一词在后来通行的强定义的话：也就是说，民众集体地、在完全平等的基础上对其未来的领导人和顾问（无论他们当时担任何种职务）做出决定。社会层面上来说，还有个非常有趣的推论，也就是这至少 6000 名选民当中相当一部分都有文化，至少文化程度足以让他们参加投票；尽管他们可能不会自己写名字，但可以合理地推断，他们能够辨识出在陶片

────────

* 古希腊人习惯用米底人来指代波斯人。达提斯是波斯的将领，这里指责阿里斯提德是达提斯的兄弟大概相当于美国政客互相攻讦对方是本·拉登的兄弟。米底主义（medism）相当于波斯通敌者。

上写出或者画下（希腊语里书写一词也可以指绘画）的名字。古希腊人那种识读字母的能力本身并不一定导致民主制（参见第二章），但和具体的民主诉求的表达是完全兼容的，正如我们在这里看到的这样。不过这一制度也会受到非民主、甚至反民主的滥用，主要有两种方式。雅典的议事广场曾经出土了含有190块陶片的储藏物，每块上面都写着地米斯托克利（Themistocles）的名字，但只有一少部分人（不是190人）的笔迹。这看起来很像是一套由政敌预先准备好的陶片，在投票的当天分发给自愿或者容易受蛊惑的选民；整个过程是一个精心策划的"修正"投票运动。不管这些陶片后来有没有发生作用，地米斯托克利确实被放逐了——但这发生在公元前5世纪70年代末，而这一套陶片是为了公元前5世纪80年代的使用而制作的；地米斯托克利那时已经躲过了好几次放逐，都由马拉松战役之后雅典应该如何应对波斯威胁这一紧迫的议题所驱使（至少在波斯人的阴影笼罩之下）。

陶片放逐制度在经历了公元前5世纪80年代的一系列事件后幸存了下来，尽管这一制度导致了非常严重的不便：在薛西斯携大军在公元前480年攻入希腊时，雅典一些最合适的军事领袖却恰好被驱逐出境。雅典公民大会也明智地把之前的判决推翻，把他们通通召回，尤其是阿里斯提德——他因为自己在公元前480和前479年的成就，一直到波斯战争之后仍在雅典政策的制定中扮演了主要角色。然而公元前416年关于一次放逐行为的政治欺骗不仅立刻产生了灾难的后果，而且基本上永远终结了这一制度的实际应用。那次投票中得票领先的候选人分别是更保守一些的尼西阿斯（Nicias）和更爱冒险也自视更高的阿尔基比阿德斯（Alcibiades），而争执的要点不仅是，也不主要是他们的个人品行，而是关乎一场对抗斯巴达和伯罗奔尼撒城邦的战争行动，尽管严格地从法律上来说，当时双方处于休战状态（根据签署于公元前421年的和约，这份和约正是以尼西阿斯命名，因为他是雅典一方的主要谈判人和促进者；而阿尔基比阿德斯正在争取通过开辟西边的西西里战场重新开战）。但是多数的陶片票投给了第三个人，一个重要性远远不及两者，但依然相当有地位的叫希帕波鲁斯（Hyperbolus）的人。第二年，公民大会决定发起规模甚巨的西西里远征，最终以一败涂地收场，还付出了高昂的生命和物质代价，也大大挫伤了城邦的士气。吸取了教训的民众从此再也没有真正投票决定放逐，尽管直到公元前410到前399年之间对法律规章细致的修订（见第九章）也没有正式取缔或者撤销这一制度。

毫无疑问，这是出于对被乐观地称作"祖宗的宪法"或者"父辈的宪法"的东西的过分保守的尊崇。可以位列"父辈"的一个人就是克利斯梯尼，因为根据《雅典人的政制》（第22章）和其他更可靠的来源，正是克利斯梯尼创建了陶片放逐法。这与他的改革措施发扬民主的精神相一致；因为在他的时代，这会是普通雅典人唯一准合法的手段，来对他们的政治领袖做出裁决，不管那些人是有选上的官职还是无职在身，也不管他们有没有受什么指控。然而，把陶片放逐法的建立归于克利斯梯尼的难处是，一直要到20年以后的公元前488/487年才发生了第一次放逐。另外一项难处是，开始这种做法的原因据说是为了防止僭政的重生，但这一制度对该目标的达成却显得笨拙和低效；无论如何，这一传说中的动机看起来像是个错误的反向臆测：因为第一个被放逐的雅典人就是庇西特拉图僭主家庭中的一员。更有说服力的看法是，该制度最初的目的是预防或终止内战意义上的stasis：这种斗争的缘起，则是各个胜券在握的领袖和人民利益的鼓吹者之间的个人和政见的斗争。陶片放逐法还有一种"卫生的"、几乎是宗教性的功能，也就是让共同体象征地祛除可能造成"污染"的来源。我觉得这两个目标和功能完全可以和克利斯梯尼作为名义上的开创者这一事实相兼容，因为他正是通过一场突发的stasis上升到掌权者的地位，而且这一制度也和他建立一种新的"清洁"版"弑僭主者"英雄崇拜相辅相成。最后还有一点：尽管陶片放逐起源于雅典，它并不是雅典独有的。它在别处也有施行，用的是不一样的名字，但总是在民主制的城邦当中：阿尔戈斯、叙拉古，可能有米利都，也可能有墨伽拉。但只有在雅典它激起了人们这样大的政治热情，不仅在当时看来如此，现在回头看也依然是这样。

我们应该如何理解克利斯梯尼的改革呢？对这一系列改革所代表的"变迁"（用亚里士多德在《雅典人的政制》当中的语言），我们可以用一个词的标签来概括其本质吗？对发生在公元前508/507年的这一事件有许多不同的现代解读——经常还互相矛盾。大卫·刘易斯（David Lewis）继承了希罗多德或他的消息来源的说法，认为克利斯梯尼不过是个阿尔克麦昂家族的阴谋家，采取多种手段来为他自己的贵族家庭牟利；但这种解读的致命缺陷是和改革的大方向相抵牾——这些改革的设计，显然是为了避免任何一个人（和他或亲或疏的家庭成员）仅仅通过利用新体制就能够获得不应得的影响力。安东尼·安德鲁斯（Antony Andrewes）正确地强调了这一系列改革作为一个整体的设计，以及如何让它在公民大会里面说服demos，是多么用心和巧妙。乔赛亚·奥伯则从希罗多德的记载中推测，当时发生了某种民众起义，他认为这主要是为了对抗斯巴达的干涉和斯巴达人在雅典重新安插一个受外国支持的僭主的企图。通过这场民粹主义、反抗僭主的起义，他认为，克利斯梯尼和他最亲近的支持者抓住了绝佳机会，通过了他们深思熟虑的改革方案。对我来说，这种解释过高地估计了大众政治意识的发展程度，但显然，利用当时的爱国情绪来获得民众支持，也不会对克利斯梯尼夺取目标有任何害处。法国学者皮埃尔·勒维克（Pierre Lévêque）和皮埃尔·维达尔-那克特围绕克利斯梯尼的改革写了一整部书，其中特别强调了"空间重组"作为他们心目中的"理论"基础，尤其是某种十进制的应用。而对格里高利·安德森（Gregory Anderson）来说，克利斯梯尼则是一个投机分子，尽管不如刘易斯所说的那样，受的是个人和家庭的动机驱使；他的主要成就是说服（或者说欺骗？）普通雅典人，让他们相信自己的改革不是创新，而是修复——把雅典带回了僭政之前的黄金时代。与此同时，通过这些改革，他正在为雅典人创造出一个想象中的团结和平等的政治共同体，尽管实际上刚刚获得权力的 demos 内部有极大的差异。

有一种学术观点认为克利斯梯尼的改革并没有引入真正意义上的民主制，而是某种过渡性质的产物；库尔特·拉夫劳布（Kurt Raaflaub）就是这种观点绝佳的代表。对他来说，"德谟克拉提亚"一词直到大约公元前 5 世纪 20 年代之前才被明确证实（尽管在这之前的几十年内可能就已经存在），这绝非意外或者巧合。这是因为他认为只有在公元前 5 世纪 60 年代晚期厄菲阿尔特（他的副手正是伯里克利）的改革之后，雅典的政治体系才可以正规地得到民主制的称号。反对这种观点的学者则认为，在厄菲阿尔特提出改制之前，已经有肯定的证据表明"德谟克拉提亚"一词已经被发明（比如公元前5世纪70年代的人名德谟克拉特［Demokrates］，还比如年份定于公元前463年的埃斯库罗斯（Aeschylus）的悲剧《乞援人》［*The Suppliants*］当中的诗意的迂回表达）；而厄菲阿尔特的改革奠定的则是一种更完善、更发达、更通俗的"民主制"——相比于那种连希罗多德（6.131）都不得不承认的、"克利斯梯尼为雅典人创立的民主制"。

这一立场最有力的论调，出现在 G. E. M. 德·圣克洛瓦（G. E. M. de Ste. Croix）逝世后出版的一系列论文中（从20世纪50年代起就在私下流通）。而且圣克洛瓦和刘易斯完全相反，认为克利斯梯尼是一位坚定而有原则的改革者，尽管他当时并不知道自己是一个民主主义者。他提出了两个互相联系的主要论点：首先，以克利斯梯尼的名字命名的政治体系经过了非常仔细的考量，而且构建的目的正是要将两个元素组合：一个让当地的（通过民区体系）政治参与强度最大程度平等，一个是在全阿提卡范围内让公民们尽可能地（通过部落和它们在议事会与军队当中的体现）互相"融合"；其次，这一体系很快开始运行，而且运行得非常良好，而其条件之一就是公民们的大多数愿意并且要求它顺利运作。我自己也提出过克利斯梯尼之后的雅典是一种早期民主制的看法——尽管还没有产生民主制这一名字。具体来说，它是一个重装步兵的民主制：对非精英的 demos 当中相对富有的那一部分人，也就是在新的部落制军队体系当中有条件充当重装步兵的那一部分人，这一制度有差别的优待。

如果让我用一个词给这一新政治体系起个别名，那么就是 isonomia 或者 isokratia。严格来说，这两个词都含糊不清——甚至是矛盾的：寡头和民主派都可以做如是宣称，这取决于哪些公民可以被纳入"平等"（isoi）的范畴，又有哪个或哪些权力被平等地赐予了他们。大多数雅典公民都属于原始民主派，他们会争取尽可能广泛的政治平等；但是在现实中他们也认识到，有些人比别人更有能力，更有资格担起那些平等地提供给所有人的职责，比如通过参加公民大会，通过参选新的公民议事会以及包括军事将领在内的新职位，来积极地参与到决策当中来。顺理成章地，在希腊和全世界第一个有记载的政治理论实例——一次假托的辩论——当中，民主制的支持者称他宣扬的体制有着"最美好的声名"：他选择叫它 isonomia（详见第六章）。

第五章

希腊民主制的兴起（三）

公元前 507—前 451/450 年的雅典

公元前 508/507 年发生的很多重大事件和公元前 462/461 年发生的一系列重大改革虽然并不总能够产生直接性的影响，但是可以看作是对克利斯梯尼一系列改革举措的巩固和改进。首先，公民大会搞砸了雅典与波斯帝国的外交关系。雅典前僭主希庇亚斯流亡到兰萨库斯城，这是一个波斯帝国境内的安全之地，可以为他提供庇护。而对于那些身在遥远的小亚细亚、说着希腊语的属民，波斯人喜欢依靠几位亲波斯的希腊僭主对其进行统治，比如兰萨库斯城的国王。但是在公元前 507 年，雅典人对于斯巴达的干涉备感焦虑，急于寻求外援，他们派出的使节便将象征顺服的"土和水"的标识交予波斯，以换取波斯的财政支持。如果说这是一个错误的举动，那么这个举动立刻就被公民大会否决，这是新建立的民主公民大会在五百人议事会的指挥下做出的第一批决议之一。但是，从那些非民主或反民主观察家的角度来看，这种在反复失败中寻找出路的方式，佐证了他们对于大众乌合之众的刻板印象。无论如何，正如我们所能看到的，这正是希罗多德看待六年以后公民大会针对波斯做出的另一项重大外交政策的方式。

但是如果早期的公民大会并未为自己赢得足够的荣誉，那么后克利斯梯尼时代早期的公民军队则为自己正了名，而且还做了两次。公元前506年，曾在公元前508年卷入雅典乱局之中的国王克列奥蒙尼一世坚持自己的决定，于是一支庞大的斯巴达人和伯罗奔尼撒人组成的军队向雅典城进发。目标是什么？唯一的就是政治图谋，要推翻克利斯梯尼的政权；一个世纪之后，修昔底德（1.19）从大量的文献中得出结论，斯巴达人在外交政策上总是支持寡头统治的国家——不仅仅支持已经存在的寡头政权，也会通过武力去扶植新的寡头政权（其中一个例外发生在公元前403年的雅典，也就是在修昔底德所叙述和解释的那场战争结束之后）。

实际上，大军行至阿提卡的西方边境时，斯巴达与其一个主要盟友之间，以及斯巴达两位国王之间就发生了愤懑和致命的不和，致使这次远征半途而废。受此鼓舞，雅典人出兵攻打附近两个敌对的邻邦——位于优卑亚岛上的卡尔基斯和底比斯人领导的彼奥提亚同盟。很自然，由于雅典人并不长于重装步兵方阵对决，所以他们会为这些胜利而载歌载舞；让人意想不到的是，就连从未有过赞美之辞的希罗多德都为此写了赞歌。希罗多德认为雅典人表现出"自由言说的完全平等"（isegoria，回应了isonomia, isokratia）的优越性，至少是在军事方面的优越性。希罗多德使用这样的说法，也是为了隐喻自由的双重含义：不再受到专制者的压迫的自由，为了自己、为了自由意志的理想，而不是受到外界驱使而斗争的自由。虽然这是一种时代错误，但希罗多德显然赋予了当时的雅典人以15年后民主的雅典人展现出来的浩然之气——比如在公元前490年的马拉松战场上，如果这个不够的话，那么还有公元前480年的萨拉米斯海战。

阿提卡东面离海岸不远的地方就是面积庞大的优卑亚岛，南面是面积很小的萨拉米斯岛。雅典人现在开始向两个岛殖民，但是那些前往优卑亚岛上居住的人很快就放弃了他们的雅典公民特权，而居住在萨拉米斯岛的人却被整合到雅典的民区体系中，成了萨拉米斯民区（Salaminioi）。虽然殖民的规模不大，但标志着雅典人向爱琴海世界大规模移民的开始，并成了公元前5世纪中期那几十年的标志性景观。尽管很多有远见卓识的希腊人已经开始要努力确保黑海北岸（即今天的乌克兰和俄罗斯南部）的小麦供给充足，但是即使有些雅典人有建立帝国的野心，其人数也不会很多。但是，这并未阻止多数派在五百人议事会中做出决定，答应当时的米利都僭主阿里斯塔格拉斯关于军事援助的请求，包括为其提供兵力，以支持亚细亚其他想要摆脱波斯帝国统治的希腊人。

希罗多德——因为后见之明，加上他多少有些对爱奥尼亚人的偏见——对这个愚昧的做法表示了极大的嘲讽：在他看来，这是后来很多坏事的开始，并不仅仅是对于亚细亚的希腊人，更笼统地说是对于所有的希腊人——整个希腊世界。人们可以明白他的意思。阿里斯塔格拉斯立场并不坚定，行事也不可靠，公元前499—前494年发生的通常被称为爱奥尼亚人起义的事件（虽然这个说明有误导性），最终并不是一次失败的起义。虽然雅典人对公元前494年波斯毁灭米利都悲伤不已，但是他们并未因为这场灾难而遭受直接的物质损失，因此在公元前493年，雅典人又一次大胆地向雅典附近的另一个发生暴动的城邦提供了支持，这是在邻近的埃吉纳岛发生的原始民主政变。但是，与政变失败这个结果相比，这场政变想要达到却并未达到的目标更加重要一些。对于波斯人而言，向帝国西部殖民的举动对塞浦路斯的非希腊民众以及塞浦路斯和小亚细亚地区的希腊民众造成了巨大的影响，之后，波斯人又将注意力转向了夺取爱琴海大部分地区的控制权，并且要在惩罚雅典人之前，先毁灭优卑亚岛上的埃雷特里亚城（该城也在公元前499年向自己的希腊同胞提供了援助）。

埃雷特里亚城被毁，城中免于一死的居民成了奴隶，被变卖到遥远的东部，但是在与雅典人及其唯一盟友彼奥提亚城邦普拉提亚之间发生的那场著名战役中，波斯人在阿提卡东部的马拉松平原上遭遇惨败——这是重装步兵方阵的又一次胜利。希罗多德曾记录说，在9000名雅典士兵之中，只有192名（数字就是这么准确）士兵丧生，而波斯一方损失了约6400名士兵；他并未记录普拉提亚人的伤亡情况，而且至少是在雅典人的史料之中，普拉提亚人参与这场战役的事实被忽略了。丧生的192名雅典士兵得到允许被葬在战场上，这是一种无上的荣耀，而且在那之后就被雅典民众奉为民族英雄——也就是说，他们身为凡人得到了的宗教祭享，是他们自己的功绩让他们有资格得到远远多于普通人的死后殊荣。

在公元前490至前488年之间，雅典人喜好庆典热爱感恩的特性也体现在"老帕特农神庙"的修筑之中：老帕特农神庙是修筑于公元前447至前432年之间的帕特农神庙的前身，其修筑地点在雅典卫城之上，位置与帕特农神庙几乎一致。老帕特农神庙是为奉祀作为处女神的雅典守护女神雅典娜而修建的（处女神是指男性不可战胜、无法理解、不可侵犯的女神；女王伊丽莎白一世被称为"处女女王"多少也有这一层含义）。但是由于波斯人早晚一定会卷土重来。在接下来的十年里，雅典的政治事件和政治活动一直笼罩在波斯威胁的阴影之下，早在公元前489年，马拉松之战的英雄米提亚德（客蒙［Cimon］的父亲）远征基克拉泽斯群岛中的帕罗斯岛失败，再加上有人声称米提亚德在帕罗斯岛上对神有亵渎行为，被克桑提普斯（Xanthippus，伯里克利的父亲）起诉。这里人们争议的焦点是，除了纯粹的个人竞争与敌对关系以外，雅典人对这个敏感的、不久前还被波斯人统治的地区应该采用什么政策。米提亚德被判有罪，还要缴大额的罚金，客蒙在他父亲痛苦地死亡之后，最终还是设法偿还了这笔罚金所带来的巨额债务。

接下来，公元前487年首次出现了"陶片放逐法"的第一个实施案例——流亡在波斯的僭主庇亚斯的一位亲戚遭到放逐。公元前488年或前487年，雅典执政官，也就是仅次于军事统领一职的一年一任的最高级政府官员，变成了抽签式任命（部分通过抽签），因此对以前不那么显贵的雅典人开放。随后有了更多的陶片放逐案例，因为雅典在与邻邦埃吉纳岛交战的同时，还要决定针对波斯的政策——是要阴沉地低头顺从，还是要勇敢地迎面而战。公元前483/482年局势终定：在流放后回国的民主派领袖地米斯托克利的劝说下，雅典公民大会最终投票决定使用从国有银矿中得到的大笔财富，不是为了救济雅典民众，而是要组建一支全新的由三列桨帆船组成的舰队——这个决定表面上是为了应对与埃吉纳岛的战争，但是有着远见卓识的地米斯托克利有更加远大的目标。这些三列桨帆船造型很像海上使用的导弹。但是它们也有着重要的政治和阶级含义：每一艘由170名没有独立收入的公民水手负责划桨,这些水手经过训练,其饮食和衣物是通过奖励或者补偿的方式获得的。到公元前480年,时机已经成熟,这支新组建的雅典舰队规模庞大,足以与强大的波斯海军(主要由腓尼基战船和希腊战船组成)抗衡。

这一年,在经历了4年的备战之后,大流士的儿子和继任者薛西斯一世终于亲自发起从小亚细亚西部、经由赫勒斯滂的水陆两路进攻。波斯陆军在温泉关受到阻击,损失惨重,阻击他们的主要是斯巴达人(希腊所有盟军中的主导力量),但是波斯军队还是奋力攻打至雅典城,将其洗劫一空,甚至连位于议事广场和卫城上供奉众神和英雄的神殿也未能幸免于难。海战战况则完全不同。战事最初,双方在优卑亚岛附近海域和阿提密西安海角进行了几次交锋,波斯海军受到重挫。而在萨拉米斯岛附近,希腊人引诱薛西斯一世率领海军进入一条狭窄的海峡,希腊盟军在雅典人的领导下取得了重大胜利,这场胜利可以与之前的马拉松战役媲美。但是这两场战役的政治意义对雅典人而言是大相径庭的。萨拉米斯战役标志着雅典城内军队组成力量的转变,从由相对富有的农民组成的业余重装步兵部队,变成了一支主要由出身于雅典庞大的底层民众的半职业水手组成的强大海军部队。雅典城内的最高执行官员依然是将军,但是当权的统帅一般都是舰队的将军,客蒙是最典型的例子。自公元前478/477年冬天起,通过在德洛斯岛上建立的攻守同盟(也就是所谓的"提洛同盟"),雅典人一直在追求三个目标:解放那些依然在波斯人控制之下的希腊人,为波斯人亵渎神灵的行为和他们造成的物质损害寻求报复和补偿,确保所有的希腊人再也不会受到波斯帝国的威胁。追求这些目标所带来的成就证明,demos 逐渐等同于海军和——可能在公元前470年——在穷人统治的意义上的"德谟克拉提亚"这个词的诞生。

而且，和在僭主庇西特拉图的统治之下一样，文化可以被用来对政治进行巩固，只是如今采用了更加民主、反僭主的方式。我在前文已经提到过官方对所谓的诛杀僭主者的崇拜：哈尔摩狄奥斯和阿里斯托盖通二人的雕像由政府出资，矗立在议事广场，他们无疑是历史上率先获此殊荣的人。公元前480年，波斯国王薛西斯窃走这两座雕像，雅典人对此事耿耿于怀，因此在击溃波斯大军以后，雅典人于公元前477年颁布的首批法令中就有委托重建一套新的美观铜像的法令。这次重建雕像的行动使得此二人大小各异的典型形象雕塑复制品以各种艺术形式出现。除了对这两位民主的创始英雄的静态视觉表现，与民主的发展同样密切相关的是在新建成的狄俄尼索斯剧院中，自大约公元前500年就开始有剧作上演。自公元前486年起，剧院中除了悲剧和羊人剧，也上演喜剧。

埃斯库罗斯创作于公元前472年并保存至今的戏剧《波斯人》就是其中的杰出代表。这部作品是伯里克利出资赞助的（作为赞助人［chorêgos］，以官方身份为剧组提供公益捐助）一系列作品之一。与众不同的是，其剧情取材于近期发生的事件，也就是萨拉米斯海战及其对波斯都城苏萨的影响；一般来说，悲剧作家的作品取材于古老的神话和传说，但并不一定限于雅典。这样的传统在《波斯人》这部作品中依然受到尊重，只是剧中并未真正提及萨拉米斯海战胜利的缔造者地米斯托克利的名字，但是观众无一人会怀疑，这部戏剧的政治意图之一就是将地米斯托克利与那场胜利所带来的自由和民主联系在一起。薛西斯作为反面典型，实质上是一位东方独裁者，而且他的波斯大臣都是一群娘娘腔、奴性的蛮人，没有阳刚之气，不是自由自主的公民。剧中还特别强调，薛西斯"不用接受审查"——也就是说，与雅典官员（即使最位高权重的官员）通过议事会向民众负责的行为相比，薛西斯不用对其人民负责。但是，即使观看此剧的雅典人将这部剧称为民主制和市民共和自由主义的颂歌，都无法阻止地米斯托克利于公元前471年或前470年遭到放逐。

到了此时，或是稍早一些时，对于地米斯托克利而言，雅典的心腹之患已不再是波斯，而是斯巴达。当长达10年的强制流放期开始时，地米斯托克利选择率先前往伯罗奔尼撒人的阿尔戈斯城，这样的选择有强烈的政治意义，因为位于伯罗奔尼撒半岛的这座城市长久以来都是斯巴达的对手和敌人。

我在上文中称《波斯人》这部作品是"民主制的颂歌"，但是民主这个词并未在剧中出现，也许也无法在剧中合理地表达出来。即使那个时候民主这个词已经出现，也是与世俗之见格格不入，在语调上也太过于现代。但是埃斯库罗斯以他自己的方式就是明显的现代主义者，十年以后，大约是公元前462年，他又创作了一部剧，名为《乞援人》，剧情主要探讨的是君王应该如何治理国家。这里讨论的君王是希腊人，不是波斯人，而其统治者的统治时期是遥远的神话时代，但是统治的城市却是阿尔戈斯，这多少就有所暗示，而且他的统治方式有点非常令人瞩目地、时代错误地是民主式的。在决定阿尔戈斯城收容这些乞援人（非希腊裔的埃及人）之前，这位君王宣布他要先举办公开集会，进行民众投票，了解阿尔戈斯民众的意愿。在剧本的第604行，为了表达出参与集会的阿尔戈斯民众大部分都投票支持了君王的提议，埃斯库罗斯提到了"人民的权威之手"这个说法;这是一种委婉表达,表示民众每人一票,通过举手进行表决,这与当时真实生活中定期举办的雅典公民大会的做法如出一辙。

因此,虽然埃斯库罗斯具备卓越的戏剧天才,他的剧目能经常受到当年的执政官的支持,并且得到诸如伯里克利这样富有的公民的资助,也不是没有其他原因的。公元前458年,在《俄瑞斯忒亚》(Oresteia)三部曲中,埃斯库罗斯更进一步,用其他戏剧形式表现了自己的政治理念。此时的雅典已经多多少少与斯巴达处在公开战争状态(也就是所谓的第一次伯罗奔尼撒战争),他将三部曲中第一部(也就是《阿伽门农》[Agamemnon])的故事发生地点设定在阿尔戈斯城——而不是荷马史诗中所说的迈锡尼城——他的意识形态指向性很明显;而且也明显认为雅典人有必要与阿尔戈斯民众结盟(从史实来看,双方确实此时已经结盟)。但是三部曲的思想宗旨是内部主导的,而非外部主导,因为三部曲的高潮部分《报仇神》(Eumenides)中,雅典娜亲自指定战神山议事会为审判庭,对谋杀亲母克吕泰涅斯特拉(Clytemnestra)的流亡者俄瑞斯忒斯进行公开审判。现在,战神山议事会就与公民大会一样,是当时雅典的政治机构,但还是有一个巨大的环境差异。就在几年以前,也就是公元前462/461年,旧的战神山议事会是厄菲阿尔特与当时还年轻的伯里克利(担任辅助角色)共同推进的一系列民主改革措施中的中心焦点之一。

关于厄菲阿尔特其人,或是他作为政治家的经历,史料中的记载寥寥无几,但改革之后不久他就被人刺杀的事情能够表明,他才是那位推动革新的人,而不是当时还不足30岁的伯里克利。同样也说明,厄菲阿尔特的机构革新焦点就是战神山议事会。这个议事会确实是当时仍在起作用的历史最为悠久的议事会，不仅仅是其职能，还有其成员和聘任制度——执政官卸任后即自动成为战神山议事会成员——似乎克利斯梯尼都并未对其进行改革。但是在公元前487年，马拉松战役之后不久，正如前文所强调的，普通公民也有机会成为执政官（不再仅仅通过选举产生），且自公元前457年开始，这一职务的选举资格向有重装步兵身份的公民开放，由此也就不再是雅典贵族或是财阀的特权了。那么，厄菲阿尔特不满的点是什么？从负面的角度来说，他似乎对现状有三个主要的不满：第一，重要的政治审判（比如弹劾），至少是初审环节，是在战神山议事会进行的，不过也有证据表明弹劾审判是在公民大会上进行；第二，更模糊地说，在雅典城邦中，由于战神山议事会作为"法律监护者"的作用（或许厄菲阿尔特认为这是缺陷），它依然是合法性的最终来源，其中可能也包括为监管和审核的官员确定职务，尽管这里的证据和往常一样，来自较晚的时代，而且很可能被时代错误所玷污；第三，他可能指控审判庭中的多个成员或是整个机构涉嫌腐败。

说得更加直白更加实际一些：虽然从表面上看，战神山议事会是最高审判机构，但是，当宣布民主领袖或是统帅有罪或者无罪时，我们有理由认为其实际操作形式在很大程度上都是违背民主原则的。无论如何，厄菲阿尔特最初宣布要做的，就是仅仅剥夺战神山议事会"后来获得的"或"额外的"一些权力——言外之意就是，这些权力并不是梭伦改革或是克利斯梯尼改革中赋予的；他所做的是剥夺这些权力，使其变成一个实质意义上的审判庭，地位仍然重要，只是其职责范围受到了更大的限制，主要是宗教方面的职责（如意外杀人或是蓄意破坏公共橄榄树等）。

目前看来，厄菲阿尔特改革的正面举措更为重要。战神山议事会失去的这些法律权力被移交给了梭伦建立的人民法庭，后者现在被重新赋权，也被称为（民众）陪审法庭（Dikasteria）。这些法庭不仅是上诉法庭，也是初审法庭，由九位曾任执政官的陪审员中的一位或多位旁听，还有多位同时身为法官的陪审员同时在场。每年开庭时间大约有150天至200天，指派到任何一场法庭会议的陪审员都是从自主提名并由民众选出的6000名公民中选择出来的，陪审员每年选拔一次。由于伯里克利在公元前5世纪50年代的提议——无可否认，这也是他对于新的厄菲阿尔特政策的积极贡献——所有这样的法官兼陪审员都可以得到一小笔津贴。平均来看，这些陪审员都是较为穷苦、年岁较大的雅典公民，也就成了阿里斯托芬在公元前422年的作品（即《马蜂》[*Wasps*]）中嘲讽的对象，因为这些人内心恶毒，总是急着想要定某个人的罪，尤其是最终判决结果涉及缴纳罚金时。

公共薪酬大约也是在此时出现的，为某些军职或者公职人员——比如雅典五百人议事会的成员——提供津贴。这样的政治补助形式不仅为很多较为贫穷的公民提供了实际的必要帮助，也是民主派的荣誉勋章。这样的做法被认为是对民众的权力的恰当认可，也是其权力所支持的做法，而且民主派公民认为，能够带着陪审员的铜牌陪葬是一件光荣的事情。反之，对于那些支持寡头统治的人而言，发放公共政治工资简直就是一种耻辱，是代表不作为的民众的贪婪和懒惰的污点，而且这些民众还可以对他们这些生来就处于统治地位的人进行"统治"，因此一旦得到了机会就要将这个耻辱清除掉（直到公元前411年这样的做法才发生）。

我们已经三次提及了伯里克利——第一次是他的母亲出身于

阿尔克麦昂家族，与克利斯梯尼、在马拉松战役之后公开与米提亚德作对的克桑提普斯（当时米提亚德遭到流放，但是在公元前479年被召回，与克桑提普斯共同统领希腊海军对抗波斯人）有亲属关系；第二次是他在公元前472年出资赞助埃斯库罗斯的剧目演出；第三次是他在公元前462/461年支持厄菲阿尔特改革，并且在厄菲阿尔特死后，在公元前5世纪50年代，延续并巩固他的改革措施。由于喜剧诗人和历史学家修昔底德，伯里克利后来如此声名远播，或者说臭名昭著，因此思考一下这一点是有益的：即在公元前5世纪50年代，伯里克利是一名有着雄心大志的政治家，除了是——或者说算不上——一位有才干的政治家，他还是一位声音富有磁性、巧言善辩的煽动者。我认为，这是试图理解他30年从政生涯中最为激进的政治举措——公元前451年的《公民法》——的真实背景和精髓。

根据公元前508/507年克利斯梯尼的公民身份改革举措，从那以后，公民是指那些经过登记并被宣布为公民的人，这些人要满足的条件是已经成年（即年满18岁）、自由民出身，是合法婚生子女，而且其父亲为公民身份。在一般情况下，拥有公民身份的父亲负责确保他得到认可的儿子或儿子们在祖居的民区下登记时被公开宣布拥有公民身份。然而，按照公元前451/450年伯里克利的《公民法》，想要成为雅典公民，仅仅有一位公民身份的父亲已经不够了；其母亲也必须拥有公民身份，而且在子女出生时，这两位拥有公民身份的亲生父母必须是合法的婚姻关系。出台这样的双重继嗣统治形式究竟有何动机和目的？很多古代史料——这些史料并没有什么权威性——提供了多种版本的解释，而且现代学者对此也有诸多见解。

也许其中一个易于理解的方式就是考虑推行这项法律的那些更加显著且不可避免的后果。诸如客蒙这样选择迎娶非雅典公民身份的女子的贵族,其子女就会因此不再具有合法的公民身份,没有资格使用父姓,也没有权利继承财产。这项法律并不具备回溯效力,但是伯里克利肯定不是不知道或不反对这样的后果——虽然需要补充说明的是,在新的规定下,即使是克利斯梯尼也并未通过公民资格测试。有些不是很显贵或者根本没有贵族背景的雅典公民,也许是出于经济原因或其他生意上的原因,娶了外邦人或是外籍居住者(这个阶层包括被释奴隶),这些人也会因此而使其子女失去继承雅典公民身份的权利。这将提高所有的雅典女性在婚姻市场上的价值,无论她们是否出身寒门、是否贫贱、是否相貌平平,尤其是对于那些拥有继承权的女性,也就是那些没有男性继承人的父亲的女儿,在她们的父亲去世以后,按照原来的法律她们只能嫁给亲缘关系最近的男性亲属(即使这个男性亲属已经婚配),而这样的规定会扩大她们婚配对象的范围。雅典公民的人数——至少其人数在公元前5世纪中叶的增长速度尤其快——由此而大量减少。《雅典人的政制》一书中曾说伯里克利引入自己的措施,是"因为公民数量庞大",也许也是为了限制那些有资格得到新津贴的人的数量。第一次测评这项举措的实施效果而进行的人口普查可能是在公元前445/444年进行的,当时一位埃及法老带领埃及人起义(反抗波斯的统治),出于政治原因,赠送了雅典公共小麦救济,需要决定哪些公民会从小麦救济中受益。受到此事的影响,新颁布的雅典公民身份制度必须要加以巩固——而且,关于雅典人"本土性和独立性"的神话(根据这个神话,所有真正的雅典人都是源自阿提卡的土地)大约起源于这个时期，绝不是什么巧合的事情。

最终，demos 在民区（民区 deme 和 demos 同源）——也就是授予并验证公民身份的场所——中的重要性也得到了增强，这将对整个政治世界的这个微观领域的多种社会、政治、宗教、经济和军事功能产生各种社会影响。也就是说，或者更准确地说，对于每一个民区的具体的民主功能：无论如何评价厄菲阿尔特-伯里克利的改革，有一点是可以清楚地看到的——他们在雅典助产了一个新的、改进了的"德谟克拉提亚"，既在名字上如此，也在事实上如此，同时既是 demos 的 kratos，也是民区的 kratos。

第六章

希腊民主制理论？

从本书开始时，我就一直坚持两种基本说法，或者说两个基本公式。古代（古希腊、古罗马等，至少是西方国家且是近代以前的）民主＝直接民主：demos 的 kratos 直接由 demos 行使，虽然毫无疑问在某些场合会有一些代议制的元素。而现代民主＝代议制民主："我们人民"——只要"我们"被授予了正式或象征性的 kratos——在原则上是"我们的"政府来代表的——是"他们"，不是"我们"，不过代议制民主也可能包含某些直接成分。不管它们到底是怎么分类——因为所有的政府系统多多少少都是混合的，而且直接民主和代议民主都有很大的产生衍生物的空间——这两个命题是基本的。我的确还需要进一步阐释：正是因为这样的最根本的区别，也就是其公开性和透明性的问题，古人才没有发展出一种或多种民主理论，而这种民主理论已经成为现代代议制民主制度（不排除苏维埃共产主义）的必要条件。古人没有建立理论，是因为没有这样做的必要。

古代帝国主义与现代帝国主义差别巨大，与此相比，如今的民主制度也可以与古代民主制度形成如此鲜明的对比。不是说古人没有帝国主义意识形态，因为他们同样也并不愿意将其表述成一个通过压榨民众而满足个人权欲和贪欲的制度,而是倾向于将其描绘成对被其统治的人民有利,或者说是神圣计划的一部分,等等。但是,对于所有形式的帝国主义表面之下的实质目的,古人并未多加掩饰,既是因为他们认为没有必要进行掩饰(毕竟这完完全全就是一个奴隶制社会,是不把人当作人的社会,是完全丧失自我的社会),也是因为与现代帝国主义大国相比,当时的帝国主义者可使用的剥削手段更加透明,也更加公开。

不过,这并不是说古希腊人没有提出我们希望用民主的"理论"来美化的东西。"理论"一词源于古希腊语,其基本含义是"沉思":对于亚里士多德而言——虽然他不是一位脱离现实的思想家,但也是一位纸上谈兵的人物——这样的思想活动确实是他所知的或是可以总结出理论的最佳形式。但是,与其他情况不同的是,在"民主"这件事情上,虽然在同辈人之中他算得上是所知最多所述最详的一位,但是他的思想并非由他开创(参见第一章的内容)。他于公元前335年创立的高等研究学术团体吕克昂,就位于雅典城的中心,其时雅典仍然采用民主制度,这对于他进行理论反思并没有什么用处。一方面,尽管无论从任何方面来看,雅典的政治哲学家只有寥寥数人,但是就是从这寥寥数人(比如"老寡头"、安提丰〔Antiphon〕、柏拉图等)的思想体系可以看出,他们不仅仅是非民主人士,而是反民主人士。另一方面,那些务实的雅典政客确实对民主本质进行过一些笼统的概述(诸如德谟斯梯尼几篇流传下来的演讲序文中所提的那样),也有一些人对这些概述表现出探究的兴趣,但是他们并不是出于理论上的原因,并未建立理论体系,而且理论发展也未及多高的水准。那么又何以寻找民主理论的资料,又如何最好地阅读它们呢?

在阿诺德·休·马丁·琼斯（A. H. M. Jones）于1953年发表的一篇基础性文章（在Jones 1957/1978中重印）之中，他认为我们现在找不到发达的古希腊民主理论，就是因为古代实际上没有这种民主理论。有意思的是，他试图从现有的批判民主的理论（尤其是从柏拉图提出的理论）中进行反推，以确定那些支持民主制的理论家或哲学家可以或可能总结出的理论化内容，他也取得了一定的成果。然而，事实上存在古老的民主理论，而且是从正面表达的，而不是仅仅通过负面描述推断出来的，尽管它们要么是在一些不大可能的语境中出现的，要么只是通过一些杂乱无章、难以解读的古代文献"残片"幸存下来。

"德谟克拉提亚"一词要么先出现于希罗多德的《历史》一书（作者生于约公元前485年，该书于约公元前425年形成），要么先出现于被误认为是色诺芬所著的《雅典人的政制》之中（公元前425年？详见后文）。但是无论希罗多德的《历史》一书成书时间是否更早一些，这都无疑是历史上第一部记录了古希腊政治理论范例的作品——而非表达政治思考和纯粹的意识形态偏见的作品。范例主要出现在第三卷中所谓的"波斯辩论"之中（3.80-82），这场辩论是建立在作者的理论直觉基础上，他认为总结下来只有三种类型，而所有的政府系统可能只涉及这三种形式中的一种：一人统治，多人统治，所有人统治。因此，它出色地表明了所有希腊理论思想的一个主要特征，无论其应用领域是什么：希腊理论思想有着从多个经验实例中进行重要分析概括的天才。乍看之下，有些矛盾的地方是，即使三位波斯贵族中的一位所述的内容——希罗多德在后文中也表达得很直白——实际上就是在提倡民主制，但书中并未明确使用"德谟克拉提亚"一词。但是这样避而不提的态度是可以解释的。

我们需要把这场辩论放到一个更广阔的语境下：出于各种原因或目的，或是为了达到其他的效果，自希罗多德时代起的所有古希腊历史学家的作品中都会放入演讲。不过，修昔底德是个例外，对于演讲的形式和内容的准确性和可靠性，他表达很明确，分析也十分到位。但是即使是他，也不可能把演讲者的原话完完全全地复述一遍。更不用说希罗多德了，他的方式是将演讲进行简化概括，他编写的演讲与他用作榜样的荷马的作品很是类似。这样的演讲语言生动夸张，可以抓住听众的注意力，强调其中涉及决策的关键内容，但是其不足就是无法突出演讲者的独特风格，也无法详细解释历史背景。

不过，这一规则的一个极为显眼的例外恰恰就是"波斯辩论"。希罗多德很看重这场辩论的真实性（某种程度上也包括其内容的真实性），他甚至在后面（6.43）专门探讨论证其真实性，尤其是这里对于我们最有意义的一场演讲，也就是他利用波斯贵族欧塔涅斯（Otanes）之口发表的演讲。这场辩论或多或少有虚构的成分，其背景大致如下：时间是公元前522年，有人篡夺了波斯阿契美尼德王朝的王位，七位波斯贵族密谋将这个人的统治推翻。但是复辟的政权应该采用什么样的政府体系呢？至少如希罗多德所说，这是一个问题，而且这也是波斯七贵族中的三位贵族在辩论的重点内容，他们的演讲长度不一，内容细致程度各异，最终效果也不同。欧塔涅斯第一个发言，他的演讲时间也是最长的，他倡导所有人统治的方式，在他之后发言的是支持多人统治的迈加比佐斯（Megabyzus）。最终，而且成功的是，未来的国王和皇帝大流士一世提出一人统治的想法。

这些演讲名义上是波斯人说的，但是其政治理念却是彻彻底底希腊式的。事实上，没有任何一丁点儿疑问的是，复辟的波斯帝国统治方式将会恢复以前的政治状态：由阿契美尼德王朝的王室或是部族的一名成员进行专制统治。但是希罗多德似乎确实有一种幻觉，以为政权的问题是可以进行辩论的，而且也是进行过辩论的。而且，他还加大了这个错误，以为欧塔涅斯支持的政府体系就是"德谟克拉提亚"，相信就是大约30年后，也就是公元前493年（6.43），波斯显贵马铎尼斯（Mardonius）在希腊属地爱奥尼亚的几个城市中实行的政体。然而事实是欧塔涅斯并没有提出"德谟克拉提亚"这一说法，只是对他倾向的政府体系使用了另一种名称——isonomia，意思就是在法律面前人人平等。这是为什么呢？

希罗多德笔下的欧塔涅斯并未使用"德谟克拉提亚"一词，其中一个很好的理由就是在公元前522年这个词并不存在；另一个原因是克利斯梯尼还未在雅典建立起该制度的雏形（这是希罗多德以本人口吻提出的说法，6.131.1）。因此，即使在进行定义时很是随意的希罗多德，可能也不情愿让一个波斯人在几年前的一次演讲中就使用这个超前革新的希腊词语。但是，实际上，这并不是欧塔涅斯自己选择称他最喜欢的政体为isonomia的原因：也就是说，对于他而言，isonomia有着"最美好的声名"。既然他所提倡的是民主制度，而且是一种相当激进的民主形式（参见下文），因此从其内容上讲，他选择isonomia只是一种表述策略，以便避开或是缓和他毫不遮掩地提出"民主"概念时可能出现的敌意和不满，因为他的两位对手很有可能认为这不过就是暴民统治。而且，isonomia是当时公元前6世纪末期希腊政治演说中很普遍的口号。但是，如果从词源上讲，即使是 isonomia 一词也有缺陷，因为在关于这个词的应用的争执或争论中，双方可以利用这个词。平等是好事，只要被平等对待或是处于优势地位的是旗鼓相当的人。同样，合乎法律和遵守法律（也就是 eunomia 一词的含义）也是一个值得期许和追求的目标，只要法律平等地（也就是公平地）对待那些地位平等的人。但是一切都取决于究竟谁会被认为是地位平等的人，以及在哪方面是平等的，这也就是民主人士和非民主或反民主人士之间的区别。因此，让我们来看看欧塔涅斯的论证中的细节。

欧塔涅斯认为，自己并不是花言巧语的原始民主党派人，这是因为存在着三个特质，这三个特质集体性地将他的 isonomia 和他的辩论对手能主张的东西分开。因为他的主张并不局限于多数人统治，而只是给了一个有点模糊和不痛不痒的类似于"民有、民治"的口号（参见第十九章）。相反，他直奔主题，说所有的政府部门——无论其职能是什么，无论任职人员需要符合什么条件——都要通过抽签选择，也就是仅通过随机选择而选定其人员。这样的（说得直白一些）随机任命就是将普通公民与优等公民（富有、有才华、背景深厚或是其他方面）公平对待的过程。而且，欧塔涅斯不仅委婉地否定了与其完全相反的寡头观点——也就是所有政府部门人员通过选举产生——甚至还反对希罗多德时代以雅典为范例实行的民主制度的折中办法，也就是有些部门（级别最高要求最严的部门，以及财政和军事两部门）采用选举方式，而其他大多数部门都是随机选择任职人员。欧塔涅斯还在最后补充说，所有的部门都要负起自己的职责——也就是在暗示，要接受民众的监督和指导。这样的责任原则正在雅典实行。事实上，悲剧作家埃斯库罗斯在《波斯人》一剧中，就是认为这一原则将希腊人（主要是雅典人）与野蛮人（波斯人）的政体区分开来。

但是欧塔涅斯不仅仅在推荐自己喜欢的体制，他还对两位对手的观点进行了诋毁中伤。更确切地说，在他提出自认为最佳的所有人统治的方式的同时，他还攻击了他认为不好的迈加比佐斯要提出的多人统治和大流士要提出的一人统治的观点。迈加比佐斯的多人统治，即贵族统治，也就变成了内讧不断的寡头统治。而大流士的全智、全善、开明的传统君主统治则被诋毁为，或者至少是被说成是满足个人私欲的专横暴君统治。这种时候是靠勇敢取胜的吗？其实就是这样，虽然为了让这场辩论的结果符合大流士复辟阿契美尼德王朝的史实，大流士必须得赢。而且重要的是，大流士取得了胜利，不仅仅依靠他有说服力的演讲，还依靠他展示出了荷马笔下的奥德修斯不齿于展现出来的奸猾手段。

可以说，希罗多德确实是一位政治作家，而且可以很肯定地说，他对非严格意义上的哲学也是非常感兴趣的；但是他能否——即使他有强烈的兴趣——使用戏剧式、准对话的形式进行正式的政治哲学探讨？我们更容易想象的是，他借用或改编了其他擅长于此的一位作家的作品——而且，我们这里几乎不需要补充，这样一位作家肯定非常熟悉希腊政治思想和话语的影响。那段支持民主制度的演讲要比另外两段演讲时间更长，而且内容也更有逻辑性，排在三段演讲中的第一个，就好像是为了最终被否决一样。关于这段演讲的原作者，有两个非常好的候选人，他们都来自北部希腊城市阿布德拉：一个是普罗泰戈拉（Protagoras），另一个是同时代比他稍年轻一些的"原子论者"德谟克利特。这两位的政治思想并未留存下来,而且我们只有德谟克利特的几句警句格言而已。但是,普罗泰戈拉确实在公元前5世纪后半叶时到访过当时的希腊世界文化中心雅典,也确实在公元前5世纪40年代中期受托为一个名叫图里亚/图里伊的南部意大利新建城邦书写其第一部法律;这是多民族民主制的基础,是民主制雅典酝酿出来的,在政府形式上采取了民主制。

这里有一个很明显的问题,我们没有现存的普罗泰戈拉自己的叙述和作品,只有多年以后柏拉图创作的一段名叫《普罗泰戈拉篇》的对话录,要注意里面有一段以他的口吻(但是以柏拉图之笔写出的)表述的话——这段话与某个版本的民主制兼容。但是对于柏拉图而言,普罗泰戈拉成为需要驳倒的人而不是进一步阐释的人,有以下两个原因:他不仅仅支持民主制,而且他也是那种招人憎恨的"诡辩家",在柏拉图看来,这些诡辩家是伪智者,他们声称知道他们不可能知道的事情,还说自己能够将"知识"传授给那些愿意支付大笔金钱的上当受骗的年轻人。乍看之下,这可不是好的开头。但是尽管如此,貌似还是有人提出,所有古希腊政治理论,不仅仅是柏拉图的理论,都应该被视为对民主的回应,而且至少从我的观点来看,我们可以合理地假定,希罗多德所述的欧塔涅斯的演讲与知识界中的民主制理论(包括普罗泰戈拉和德谟克利特各自的观点)之间,存在着很强的联系。

我们很难再找到进一步的证据了。正如上文所提及的,公元前4世纪,出于一些机会主义而非理论上的原因,雅典一些演说家兼政治家开始维护和正当化"德谟克拉提亚"。修昔底德的作品中出现过一位来自叙拉古的演讲者阿萨那戈拉斯(Athenagoras,这个名字即意为"在议事广场上赞扬雅典娜的人"),他也同样在叙拉古实行民主制的时期发表了支持民主制的推行的演说。还有更加典型的例子,有一类演讲不仅仅展现了民主理论,还发展了民主理论,这就是葬礼演说。但是,只有几份真正使用过的这样的葬礼演说流传下来。修昔底德献给伯里克利的葬礼演说在形式上是完全符合修昔底德的演讲风格的,但是修昔底德本人并不是一位激进的民主人士,从宪法意义方面来讲,与其说葬礼演说本身是民主制的一份颂词(除了 2.37),不如说从整体上看其实是雅典政治生活的写照:也就是亚里士多德所谓的"教养与习俗/习惯"(《政治学》1292b15-18)。而归到吕西阿斯(Lysias)名下的葬礼演说,即使真的是他写的,也不大可能是他发表的,因为他不是雅典公民,而是叙拉古血统的外籍居留者。希佩里德斯的《悼词》(*Epitaphios*)因此也就成了留存下来的最完整的葬礼演说,这篇葬礼演说大约发表于公元前 323 年,当时民主制的丧钟已经敲响了。

但是,无论理论基础多么薄弱,这些支持民主制的言论都完全被反民主制理论和偏见淹没了,这样的攻击开始于雅典,当时有一篇猛烈攻击雅典人的 politeia 的文章,很多人误认为这是色诺芬的作品,但是很有可能它出自公元前 5 世纪 20 年代那些受挫的寡头统治人士的笔下,其完成时间远远早于雅典民主制真的可能会被推翻的时代。这部作品——或者说是这些妙语巧思——的作者说,尽管他从意识形态上和原则方面都对民主制充满了厌恶,但是他还是不得不承认,那些招人讨厌鄙视的雅典 demos 确实明白如何促进他们所认为的自己的最佳利益——也就是说,很大程度上是物质利益;他并不认为雅典民众这样的做法不对,因为对于这样道德水平不高并且处于社会底层的人们而言,这也是正常的事情。作者反对的是——也许他主要指的就是伯里克利——那些脱离并反对自己所处阶层,支持另一个与其利益相反的对立阶层的人。

从哲学方面对民主制度基础进行攻击的言论,我们就要参考其他地方了,也就是柏拉图的文章。除了他的《普罗泰戈拉篇》(*Protagoras*),他还在公元前 380 年创作了《高尔吉亚篇》(*Gorgias*),这部作品也是一部对话录,以"古代"最为著名最有影响力的诡辩家之一的名字命名。高尔吉亚出生于西西里岛东部,曾在公元前 427 年以使节身份到访雅典(此时正好是柏拉图出生的那一年),而且据说他的华丽辞藻让公民大会着迷。仅仅是这一件事就足以激起柏拉图的愤怒,因为柏拉图下定决心要用真正的哲学知识击败这样华而不实的修辞。在《高尔吉亚篇》中,柏拉图构建了两位对对方意见充耳不闻的人之间的对话,一位是苏格拉底,他是一位政治技艺的真正大师,另一位名叫卡里克利斯(这个人物很有可能是作者虚构的,而并非真实存在的雅典政客),他代表了那些令人畏惧的雅典"煽动者"(参见第七章):像妖怪的政治家,一个很久以前阿里斯托芬和修昔底德创造出来的物种。苏格拉底断言,即使是雅典最受人尊崇的前政治领袖(比如地米斯托克利),也没有让大众变得更好,而只不过就是挑起并迎合了民众最基本的欲望——实际上,他们也就相当于糕点师傅而已。

但是,尽管柏拉图厌恶那些华而不实的诡辩家,他更不喜欢 demos 和民主人士。他于公元前 4 世纪 70 年代创作了一部长篇作品,按其希腊语书名可译为《政论》(*Politeia*)或是《论正义》(*On Justice*),这部作品我们按照其拉丁文标题而称之为《理想国》(*Republic*),在这部作品之中,他淋漓尽致地表达了他强烈的厌恶之情。并非不相关的是，作品中的对话发生在所有雅典管辖范围内民主制实行最为有效的港口城市比雷埃夫斯的一所房子中，房主并非雅典公民，而是一位富有的外邦居住者，也就是亲民主人士、演说词撰写人吕西阿斯的父亲。从最崇高的哲学层面来讲，在柏拉图看来，所有当时实行的政体——不仅仅是民主制——都过于激进，有着无可避免的瑕疵，因为所有这些政体之中的统治因素都不具备建立政府所需的唯一的真理。因此他的说法自相矛盾——再一次通过他的"苏格拉底"之口表达出来——认为只有柏拉图式的哲学家在当时的希腊城市中掌权，或是现在的统治者信奉柏拉图式的哲学，这些城市才可以摆脱现有的政体缺陷，建立良好的统治（《理想国》473d）。但是除了这样只有例子，但实际上根本无法实现的统治理想以外，当柏拉图在处理真实的政治世界时，他还设想了一个现有政体的等级体系，与理想状态的完美政体相比，其他所有政体或多或少都处于退化的状态中；而民主制就在柏拉图的政体等级最底部腐烂着（《理想国》555b–562a）。"苏格拉底"说，在民主制度下，就连驴子都可以装模作样——驴子在当时也并不比现在更被认为是理智和智慧的巅峰。考虑到作品中使用的名字"美丽、精致和美好的城市"（卡利波利斯），《理想国》中所描述的理想状态可能只是作者的一种思想试验，一座空中楼阁而已。而柏拉图在最后一部长篇作品《法律篇》中，更加具体地描述了一个新的理想城市，还为这个城市起了"马格尼西亚"（Magnesia）这个名字，选择了克里特岛这个更加合理的地理位置。这个城市还拥有完善的道德规范和行为准则——其完善程度已经排除了这个新政权的5040名公民（人数非常精确）的任何稍微有点类似于"人民的权力"的东西。在这部作品中，柏拉图的政治理论思想似乎最终走向了强烈的神学方向，更不用说神权的方向了；柏拉图在其中给神安置的位置，与他被抚养长大并度过了漫长一生的真正民主的雅典中给神安置的位置正好相反（详见第十章）。

有人可能会认为，柏拉图的理论是对一种自治形式的经典学院抨击，比起诸如柏拉图那样的精英阶层，这种自治形式更偏好那些并无多少学识的人（在一个标准的同化过程中，和穷人算在一起）。然而，也有人提出过其他的理论或是更加合理化的论证（而不仅仅是势利和偏见）来反对民主制。其中一个观点让人想到乔治·奥威尔的话"有些动物比其他动物更平等"（《动物农庄》，1945年），这种观点认为同理有些公民比其他公民更平等。这种形式上看似自相矛盾的主张的理论依据就是认为平等不能一概而论，而是存在两种平等："算术平等"和"集合平等"。在算术平等下，根据相对粗略的算法，不仅仅所有公民都包含在内，而且从数学计算分配上绝对平等。这是民主人士支持的平等概念。而另一种更微妙的版本则将平等看成是比例上的平等：有一些公民——其数量极少——比起其他公民而言，地位更加高贵（出身、学识、接受的教育、身体素质等方面），因此比起大众，这些人得到更多的尊重和最终的权力才是公平正确且合理的。这是寡头们的平等。这两种平等的信徒之间彼此妥协退让，甚至是进行对话协商，实际上是不可能的——或者说，这只是提出这两种平等形式的人设想出来的而已，其目的恰恰就是破坏严格的公民平等概念，这一理念从一开始就存在于城邦之中，它的影响如今在这些人的眼中被放大了，赋予了那些低贱民众权力而损害了他们自己的利益，这也正是他们无法接受的。

另一个主要的反民主制的观点认为雅典式的民主虽然名为"德谟克拉提亚",其实质并非民主,而是披着民主外衣的僭主统治:是大众通过宪法对少数精英阶层集体实行僭主统治,只是并非曾经的诸如庇西特拉图所实行的超宪法的一人独裁形式。这样的反民主制宣传很贴切的一个例子,就碰巧出现在与柏拉图同时代的色诺芬所著的沉思记录之中,这部作品的目的就是将作者的(当然也是柏拉图的)导师苏格拉底的言行一一记录下来,一般以其拉丁书名《回忆苏格拉底》(*Memorabilia*)为我们所知。在其中一段文字中,色诺芬描述了一个塑造得很平面的伯里克利,他处在巅峰时期,正在与比他年轻很多的阿尔基比阿德斯(这个人实际上是伯里克利的随从)就民主制中法律(nomos)的意义和作用进行讨论,并且伯里克利的想法受到了阿尔基比阿德斯的影响。伯里克利很不明智地向阿尔基比阿德斯承认,统治阶级的任何规定都应该被称为 nomos。阿尔基比阿德斯突然发话,"如果僭主颁布的律法与被统治阶级的意愿相反,那还算法律吗?""是的",伯里克利这样回答。"那么,"——阿尔基比阿德斯步步紧逼——"当民主制(是指无产阶级进行独裁统治)行事风格与僭主一样,颁布的律法不符合少数精英阶级的意志,也可以称之为 nomos 吗?""是的,"伯里克利这样回答——"但是别用这些愚蠢的言辞伎俩来烦我,当年我在你这个年纪时,这些伎俩我也曾经用得炉火纯青。""哎,"阿尔基比阿德斯要结束这次对话,"我真希望那个时候我就认识你,伯里克利,当时的你正是处于盛年呢……"

与希罗多德的"波斯辩论"一样,这个对话很可能也不是色诺芬自己的原创作品。伯里克利于公元前429年去世,阿尔基比阿德斯于公元前404年去世，色诺芬的《回忆苏格拉底》出版于公元前4世纪70至50年代之间，这两个人物在一场关于民主的辩论中的重要性可能早已不复存在。但是对于色诺芬以及比他年长的同时代的柏拉图和伊索克拉底这样的思想家而言，这个问题在当时并没有失去任何理论上的重要性；这些思想家越是无力复苏，更不用说废除——民主派人士称之为"毁灭"——在当时已经根深蒂固的雅典民主制度，他们就越是会诉诸想象中的逃避和批评的反民主乌托邦。

迄今为止，柏拉图的得意门生亚里士多德以及那些受教于亚里士多德的学生所采取的路线最有成果。我在第一章中就提出，如果将亚里士多德《政治学》一书中的论证与亚里士多德学派的《雅典人的政制》中的论证结合在一起，我们就可以看到至少是在公元前4世纪第三个25年（公元前350—前322年）之间雅典民主制的全貌。但是这绝不是亚里士多德最为杰出的地方。无论亚里士多德本人政见如何，也无论他人如何理解他的政见，当从理论角度进行政治分析和政治社会学分析时，亚里士多德都是无与伦比的——而且并不仅限于他那个时代的雅典，而是整个希腊世界。他与吕克昂学院中的学生对一系列希腊（和一两个非希腊的）政体进行分类、汇编和分析，编著了多册成套的巨著。在《政治学》一书中我们只能对这些成果稍做了解，但作为作品它们令人非常不满意。与柏拉图一样，亚里士多德也是一位乌托邦式的思想家，希望通过语言建立一个理想的国家组织；但是比起柏拉图的"不存在的地方"（outopias），亚里士多德的"好的地方"（eutopias）更具备实际意义，而且他构建的"好的地方"的目的更加保守更有防范性，而并非积极的和革命性的。因为亚里士多德希望能够避免困扰城邦的缺陷，也就是内争，而且他认为最好的办法——从最为实际的角度出发——就是对不完美的（"有缺陷的"）政治制度进行改善，以使得这样的政治制度尽可能免于内争。

对于君主统治，也包括僭主统治和与其相反的理想的"王权统治"，亚里士多德并非没有兴趣。但是他明白，在他生活的时代，希腊城邦中的广大民众都在某种共和政体下生活，无论这个政体是民主制还是寡头统治。"某种共和政体"，在亚里士多德这位政治"科学家"看来，仅说其是"德谟克拉提亚"或"寡头统治"并不够，因为这两个政体都要分解（也就是分析）成四个类别。由此产生的谱系就是从极左民主制开始，也就是民主制最极端的一类，到并非很极端主义的民主制，再到最为温和的民主制，而这个最为温和的民主制又与寡头统治四个类别中最极端的一类极其相似；寡头统治也从最为极端的一类开始，逐渐变得温和，最终是极右的寡头统治。每一种政体的四个类别的不同之处主要在于这四个变量：首先是其选举形式——谁拥有投票权，谁有资格任公职，或政府代表谁的利益；其次，议事会类型——行政模式（民主制）或是统治/监管模式（寡头统治）；第三，其政府官员是否对 demos 负责；第四，是否具备民众司法制度。我们将会看到，亚里士多德自动会排除极端选项，而且尽管他明白通过民意进行决策的"民众的智慧"的好处，但是对于"最末一种"、极端的民主统治类别没有什么兴趣，在这种民主形式中，demos 通过法令进行统治，并且认为自己凌驾于法律之上。

但是，除了有分析、分类上对民主制和寡头制度的细分感兴趣，亚里士多德在理论上同样对真正将所有寡头统治——无论是极端形式还是温和形式——与民主统治区分开来的因素很感兴趣。如之前一样，亚里士多德一语中的：虽然寡头统治字面上的意思是"少数居于统治地位"，而 demos 可以解释为"多数"或是"大众"，但是任何一个民主统治与任何一个寡头统治的根本区别并不是简单的数量问题，也不仅仅是"多数人"还是"少数人"被赋权的问题。也不是居住地（城镇或者农村）的问题，不是贸易问题，不是职业类型（农民或商人）的问题。以上都不是：在亚里士多德看来，民主统治是穷人当政（统治富人），而寡头统治正相反。那么，亚里士多德如何定义"穷人"和"富人"？希腊语区分了那些几乎没有生计资源的人和那些穷困潦倒的乞丐。因此，"穷人"（penetes）指的是没有足够资源维持生计，不得不出卖劳动力的人，而与其相对的"富人"（plousioi，euporoi）是指无须出卖劳动力的人；也就是说，能够指挥出卖劳动力的人，有足够的闲暇去过上——在理想情况下——积极沉思的美好生活，也就是亚里士多德本人过的生活。

对于亚里士多德而言，而且既然他是亚里士多德，政治与理论上的中庸办法才是最好的选择，而且折中温和的政体既是最容易构想出来的，也是最有实施可能性的。事实如此，而且令人困惑的是，他其实将这种折中温和的政体称之为"政体"。这种政体最基本的特征就是它将民主制的优势和寡头统治的优势结合在一起，但是避免了这个体制滑向任何一种极端类别，因为这种体制之下的中等公民数量庞大——不是很富有，也不是很贫穷的中产阶级，这样就可以保持富人与穷人之间的利益平衡。如果被追问的话，亚里士多德可能就会说在他心目中的大多数的中等公民都足够富有，足以担当重装步兵的重任，因此在经济上属于前三分之一左右。但是，也和平时的结果一样，现实与现实主义即刻便将理想破灭，亚里士多德也只得遗憾地承认，在现实的希腊世界中，并没有足够的中等公民可以让这个政体有付诸实践的可能性。另一方面，毫无疑问，在他所提倡的中等公民进行统治的民主制的背后，是他急切地想要避开或防止自公元前5世纪20年代起便肆虐整个希腊世界的内乱或内战。政治斗争导致政治谋杀、城镇叛降，发展到极致便是内战爆发，如果有人想要参与这样的政治斗争，那么这个人只需要去读一下那些可怕、暴虐的反民主宣言就足以了，据亚里士多德所讲述，这些宣言是一些城市中最极端的寡头们所宣读的："我要对这些民众采取暴虐的措施，只要能反对他们，我可以谋划任何事情。"

在追寻折中温和的中等公民统治体制的路上，亚里士多德并非孤身一人。最早支持将民主统治与寡头统治结合使用的记录可以在修昔底德的作品中找到，修昔底德——这一次终于明确地用他自己的身份说——尤其推崇雅典在经历了极端反动的寡头统治四百人政权之后，于公元前411至前410年之间实行的温和寡头统治政体。他认为这个政体是他本人曾经见识过的（尽管当时他本人流亡海外并不在雅典）最好的政体（无论是从实用性还是从原则上），因为这个政体是"一种温和的结合手段，既满足了少数人的利益，也满足了多数人的利益"。在这里，"多数人"是指大多数穷苦民众意义上的 demos，"少数人"指的是富有精英阶层，也就是那些曾经声称（8.64）自己所处的阶层应该拥有更大的权力的人，因为从资源和个人服务两个方面来看，他们对国家的贡献更多。但是在修昔底德看来，混合的性质显然也是至关重要的——不仅仅是两个政体的结合，而且亚里士多德对此也有同样的观点,他曾撰文说一个"完美混合的寡头政治"就是最接近他的(理想)政体的寡头统治类型。

我们将在后面的章节再次讨论这样的混合型政体,在对罗马共和国政体进行分析时(第十章),我们就可以看到参考修昔底德和亚里士多德构想的"布丁"式混合型政体,而波利比乌斯构想了一种"跷跷板"式监察平衡体系,由此我们便可以预见美国宪法理念的雏形,并且事实确实如此,它对美国宪法理念产生了影响。

第七章

雅典民主制的推行

约公元前 450—前 335 年

这样一个事实在学术界之外没有得到多少强调：关于雅典民主的绝大部分证据主要集中在公元前 350 至前 322 年之间的约三十年里，在雅典大约就是父子一代人的时间。同时代的亚里士多德学派的《雅典人的政制》一书最后的 21 章（42—62 章）中系统阐述的就是此时期的民主制度，而且大多数现存的文书铭文也都是此时期——比如公元前 336 年的《僭政法》（Law of Tyranny）——才出现的。这就意味着，如果想要描述或者理解早期民主制，比如所谓的伯里克利时代的民主制，都有必要参考公元前 429 年伯里克利去世之后的事件。但是我们还有一个更加深层次的甚至更基本的概念上的困难。公元前 404 年的民主制可能在其本质上还是伯里克利所知道、提供物质支持保证并监督其实行的民主制（参见后文），但这个民主制很快就被斯巴达人终止了。在接下来的一年中，雅典实行的是希腊人称之为"强权统治"（dunasteia，也就是"dynasty"一词的来源）的制度，这是一种很狭隘的集体僭主统治形式。

但是，这个短暂的三十僭主政权的统治手段过于血腥残忍，就连支持寡头统治的斯巴达人都被他们异常开明的国王帕萨尼亚斯（Pausanias）说服，允许雅典人回归民主自治的形式。但是公元前 403 年及后来"复辟"的雅典民主制与公元前 404 年及之前（追溯至公元前 462/461 年）的民主制是否相同？所有学者对此的看法都是一致的：当然不同。他们意见不统一的是，公元前 403 年后实行的民主制与公元前 404 年前实行的民主制的相似程度，是否使得对其分析并没有什么实际意义，或二者差别过于大，有必要再确定一种新的民主制度的类别。

这个争论的核心涉及三个问题。首先，公民大会通过的条例与并非通过公民大会而是专门的"立法者"（nomothetai）制定的"法律"之间的区别；第二，"反对违宪提案的令状"这一法律程序的使用越来越多，既作为对现有法律的保护（假设如此），也作为政客之间互相捅刀子的一种手段；第三，（通过选举选出的）最高统帅的职责和事业和（非正式的、不受宪法承认的、自己就职的）政客的职责和事业的差别越来越明显。这三个问题我都会在后文中逐一进行探讨——但是让我在探讨之前先声明，对于这个争论，我本人站在那些认为公元前 403 年后，除了社会基调和氛围可能有些不同以外，两个民主制的基础和本质并未发生什么变化的人一边；而且，从数量上来看（也就是指任何时期积极参与其中的公民的人数），有证据表明，公元前 403 年后雅典实行的民主制与公元前 404 年之前的民主制相似性很高。说来奇怪的是，这倒是让我与《雅典人的政制》所表述的观点一致，这部著作称公元前 403 年后，民主制越发地有了民主制的样子（直到公元前 4 世纪 20 年代早期，民主制得以彻底完善）："demos 通过法令和陪审法庭控制国家一切事务，在陪审法庭中 demos 是有全权的"

(41.2)。

数量是一回事，质量又是另一回事——复辟的民主制的精神或风气与之前实行的民主制究竟是相似还是不同？也许公元前4世纪90年代推行的为参与公民大会的人提供公职津贴的做法可以作为二者的区别之一，但是在与斯巴达人的伯罗奔尼撒战争之中战败之后，雅典损失了大量的土地和收入，其直接后果就是雅典的穷人数量激增，因此可以将这个做法看成是一种纯粹的应对此情况的措施。这一点我也会在后文中详细讨论。但是还有一个需要大家注意的不良后果，也是在与外敌进行的大型战争中失败导致的。公元前338年，与自公元前4世纪70年代就开始实行民主制的底比斯结盟的雅典，与马其顿国王腓力二世作战，在彼奥提亚地区的喀罗尼亚遭遇惨败。接下来的这个时期——类似于"伯里克利时代"和"德谟斯梯尼时代"——有时被称为"吕库古时代"（也就是公元前336至前322年；可参见第十二章），在这段时期中出现了上文提到过的《僭政法》。需要再一次申明的是，关于这个时期的关键问题之一就是雅典民主制变化的程度——雅典民主制的最后一个阶段（事实便是如此）是不是也是一种全新的民主制类型？简而言之，提及"雅典民主制"这个概念就很有可能是会产生误导的，因为很可能从头至尾实行过四种雅典民主制类型：公元前508/507—前462/461年（或是公元前451/450年）；公元前462/461—前404年；公元前403—前336年；公元前336—前322年。这个数字碰巧——也许不仅仅是碰巧——与亚里士多德提出的四种民主制类型的数量相同（参见第六章）。

在《政治学》第三卷中，亚里士多德将公民定义为城邦内的（自由且具备法律承认的公民身份的）对城邦事务有决策权的男性居民,其决策权包括通过法律裁决权(krisis)和统治权,也就是就任公职的权利(arche),并且补充说,从实际意义来讲,比起寡头统治下的公民而言,这个定义更适合于民主制下的公民。但是,在雅典公民可以行使以上这些权利之前,他们需要先通过政府认证自己的公民身份并且持有有效的公民证件。这就意味着每个民区要对公民进行官方登记,自公元前 508/507 年起,一个人就可以通过继承的方式得到公民身份,不管他究竟居住在哪里。确认身份需要一些证人在场——家庭成员以及拟亲属的氏族成员,这些人参与过需要确认公民身份的人的父母的婚礼,可以证明该人是合法婚生子女——还需要对其生殖器官进行检查。法定成年年龄是 18 岁,而且至少是在公元前 4 世纪,18 岁和 19 岁的人被称为埃费博(因为完全成年的年龄限制是 20 岁),需要参与正式的宣誓仪式;约公元前 335 年之后,他们会被征募到城邦组织的具有宗教性质的军事组织"埃费比"(ephebeia),类似于服军役。宣誓誓言仍然保留在一块精美的潘泰列克大理石石碑上,这块石碑是献给阿瑞斯和雅典娜的,由一位名叫狄翁之子狄翁的阿卡奈民区的阿瑞斯祭司所立。尽管这个石碑是当地生产,也竖立在当地,但它也有着全国性的重要意义,因为除埃费博誓言,上面还有一段文字,很有可能是普拉提亚誓言,据称这个誓言是公元前 479 年所有参与普拉提亚战役这场决定性战役的雅典人的战前誓言(详细内容可参见第一章和第十二章)。

从不同的时期来看,在公元前 445 年以及公元前 347/346 年,这个城市进行了总体范围的民区人口登记。德谟斯梯尼的一位客户发现,尽管他曾就任过市长一职,居然突然被哈里穆斯民区(也就是历史学家修昔底德所属的民区)的民区大会剥夺了公民权。他冒着巨大的风险，在中央陪审法庭上对此决议提出异议，如果他失败的话，他会被当作一个谎称自己是公民并且按公民身份行事的外邦人，被变卖为奴。不过他确实还有当时颇为年轻的德谟斯梯尼支持他，为他申辩，有一份德谟斯梯尼为他书写的申辩词保存了下来，这也就说明这个人很有可能申辩成功了。无论如何，这位客户的申辩让我们明白将他排除在哈里穆斯民区登记之外的人使用的两个主要理由：这个人的母亲曾经当过其他人子女的乳母，这一点可以作为这位母亲地位低下的证据，而且这位母亲曾经在集市上贩卖丝巾，这说明她是外邦居住者，也许曾经是奴隶。在法庭上攻击他人最好的办法就是攻击他的——经常是被动的，总是沉默或是被压制，且从未出席过法庭审判的——女性亲属。但是被告人会态度强硬地进行申辩，在我们看来其申辩也颇为有理有据，他会说那些事实不能证明他的母亲地位低下，而是证明了他的家庭贫困状况是伯罗奔尼撒战争导致的。

不过，这样的能够让我们了解民区级别的欺诈的事件很是罕见。更加典型的是那些铭刻着致敬地方行善者的民区法令的石碑，或是那些来自托里库斯的石碑，这些石碑上详细记录了为供奉本地和全国信奉的诸神而每个月献祭的牺牲情况（参见第一章）。这些文件传达的一个强烈印象——可以通过那些宏伟的留存至今的公共建筑得到佐证——是民区是——或者是希望它能够成为——城邦的缩影；事实上，在公元前431年，根据修昔底德的记载（2.15），当面临斯巴达入侵，住在农村地区的民区居民不得不临时居住在雅典城内时，他们感到放弃的是自己的polis。民区文件也能够表明，民区才是"雅典民主的根基"。民区的官员——可以是选举产生，也可以是抽签产生，最重要的是市长——需要定期召集民区大会和民区法院，选择出来的参与成员将会代表这个民区（或是部落）出席五百人议事会，还要负责收缴非定期缴纳的财产税和征兵活动。难怪德谟斯梯尼演讲集 57 篇的发言人欧西休斯（Euxitheus）还要应付指控他的欧布里德（Euboulides）这样的人，因为很有可能出现背地里的不正当交易或至少是滥用职权的行为。也许有人认为，一位期待着要为自己在雅典这个大舞台上赢得名声的政客会选择难度稍低一些的竞争舞台，而不是公民大会（最多有 6000 名公民出席）或是民众陪审法庭这样的地方，一般情况下民众陪审法庭有 500 名陪审员，这个数字是公元前 4 世纪 40 年代哈里穆斯登记在册公民总数的五倍；细节参见后文。但是并没有证据能够支持这样的看法。不过，对于普通公民来说，定期参加日常的民区政治活动是一个学习民主审慎行为的好场所。

公民总数随着时间而波动。而且直到公元前 4 世纪的最后十年或倒数第二个十年，在民主制被终结后，且雅典处于马其顿的统治之下，在代理独裁者法勒鲁姆的德米特里（Demetrius of Phalerum）的统治之下时，才有了人口普查的记录。按照希罗多德（5.97）笔下的一个故事来看，公元前 500 年时约有 3 万名雅典公民，但是这个概数可能不准确，因为数量有些过大；但是即使真实数字是，比如说，2 万人，雅典城内的人口仍然是公元前 5 世纪或者前 4 世纪被证实的 1000 个左右希腊城邦的模型（最常见的）的十倍至四十倍。公元前 480 年，雅典向舰队投入的三列桨战船的数量多达 200 艘，其所需的船员就会达到约 4 万人；但是不一定所有人都必须是雅典人。这些人中的雅典人是从梭伦人口普查四个阶级中最穷的被称为 thetes（其字面意思就是佣工）的阶级中征募来的。

一直以来，重装步兵以下的阶层都是雅典公民中人数最多的群体，通常情况下其人数能够占总人口的50%以上。正常情况下，任何希腊城市的社会流动幅度都极低，但是在公元前480至前430年的雅典城内，由于雅典"帝国"为社会大众提供了巨大的机会，很多人可以进入重装步兵阶层（zeugitae，字面意思是"套轭的人"）。有一个人很幸运地爬到了更高的阶层，第二等的骑士（hippeis）阶层。但是如果一个人想要成为五百桶户（pentakosiomedimnoi，也就是"能够收入500蒲式耳的人"），也就是从经济收入方面来说属于国内5%的上层收入阶层，那么一般情况下这个人一定要通过继承方式获得巨额的财富才有可能。

对于雅典人口增长情况，尽管大多数现代研究都会选择相对低的数字，但是截止到公元前431年，估测其人口数量也已经达到了6万人；而且我们需要记住的是，在这个时期，大量的雅典公民长期居住在阿提卡以外，身为殖民者，拥有曾属于其他城邦公民的土地，在这些土地上劳作或是征税。学者普遍认可的是，到了公元前404年，由于陆战海战频繁，再加上公元前430年暴发的"大瘟疫"带走了包括当时60多岁的伯里克利在内的几千人，雅典人口又降回2万—2.5万人。公元前404至前390年，雅典陷入了贫困，这既引发了恢复其海外帝国的呼声，也导致推行公民大会津贴的做法。如果人口稍有增长之后形势相对稳定，那么在公元前404至前322年人口数量应该是2.5万—3万人。公元前322年，雅典发生了另一种灾难性事件：马其顿在雅典反民主制的顽固分子的协助下，终结了雅典的民主制，导致雅典总人口下降了1.2万—2.2万人（这是因为不同史料的记载不同）。

克利斯梯尼的五百人议事会（Boule，由他新划分的十个部落组成，每个部落推举 50 人）是他的杰作（参见第四章）。如果初级大会（详见后文）是这个城市的主要决策机构，那么它必须要有一个或多或少常设的机构作为其指导委员会——其职能既包括安排定期会议，还要确保相关官员能够正常推行其决策。在厄菲阿尔特改革之后，正是通过五百人议事会，希罗多德笔下的欧塔涅斯所称赞的三个民主制有效职能之一（3.80；参见第六章）——政府官员对民众负责——得以实现。议员是从有资格的民区居民中通过抽签选出的，大约 139 或 140 个民区都有自己的份额，这暗含了某种代表制的原则。如果所有民区都是同样的规模大小，或者我们认为平等理念有必要，因此平均每个民区每年都推选出数量相同的议员，那么每个民区约推举 3.8 个人，或是 3 到 4 人。然而实际上，从我们能够查到具体数字的时期来看（和往常一样，证据不早于公元前 4 世纪后期），其差异是很大的：人口最为密集的阿卡奈民区是每年约 22 人（按照修昔底德 2.22 的说法，阿卡奈自己就能为雅典的重装步兵部队提供 3000 名兵员，而其重装步兵阶层总人数大约是 1 万—1.5 万），而像哈里穆斯这样的小民区每年推举 3 人，或者更少。而且按法律规定，雅典公民参与五百人议事会的次数不得超过两次，而那些可以任职两次的人不可以连任（因为对离职人员的审核工作是由即将上任的公职人员进行的）；这样，大多数雅典公民都要至少就任一次公职。

考虑到五百人议事会召开的频率和密度，这个参与式的民主形式有点过头。因为每年有 300 天都在举行会议（只有某些宗教节日免除会议）；而且每一次持续时间约 35 或 36 天（也就是一个公民月），都会有一个部落推举的 50 人负责主持会议，也就是说，负责公民大会的议程安排,主持这个公民月内所有的大会会议;这些人中,有三分之一要值班,在议事会大厅内过夜。

提供津贴的做法——更确切地说是提供生存定额——对于很多议员来说,尤其是对那些居住地远离市中心的人或是那些在雅典城内没有亲友的人而言,并非奢侈,而是一种维生的手段,而且会在公元前462/461年或是之后才开始推行。这个做法一直持续,直到公元前411年爆发反民主革命才废除:支持寡头统治的革命者鄙视所有形式的公共津贴,因为这样的做法让穷人也能够积极参与到政治之中,而且他们也因穷人们无力在经济层面为公共事务做出贡献而心生愤恨。

除了要对前几年的议员进行审核,五百人议事会还要对曾经负责公共开销的官员进行审核。而且,也是议事会负责公共设施建设的政府合约分派问题,其中最大的两份合约,一个是公元前5世纪40年代至30年代间伯里克利修建雅典卫城和雅典议事广场的工程,之后又在公元前4世纪90年代重建城墙(于公元前404年被毁),另一个是吕库古于公元前4世纪30年代至20年代进行的公共工程。自公元前5世纪80年代起,雅典军队的主力一直都是海军,而决定投入组建昂贵的三列桨战船舰队(每一艘战船大约耗费一塔兰特)的军费数量,以及在比雷埃夫斯修建船坞的费用,也都是由议事会来决定。总之,参与到五百人议事会这个机构之中,确实能够让雅典公民感受到他在直接负责这个城市的运转工作。我们很容易就会注意到,诸如德谟斯梯尼这样的大政治家会设法将他们在五百人议事会中的任职时间安排在真正关键的时刻。

公民大会所做出的贡献在"德谟斯梯尼时代"得到了最好的

印证（b. 384, d. 322）。需要重申的是,《雅典人的政制》中提到的措施细节，诸如公元前 4 世纪 30 年代和 20 年代早期所使用的措施，甚至都不一定适用于二十年前的情况，更不用说自公元前 508/507 年起之后的一大段时期。例如，在公元前 4 世纪 30 年代和 20 年代早期，每个公民月都会按时召开四场公民大会会议，也就是说，每年召开四十场会议，或平均每隔九天就要召开一次会议，这是很了不起的事情。其压力也是极大的。但是这样的情况能持续多久？这个做法似乎是从公元前 350 年开始，在这之前，规定要求每个公民月仅召开三次会议。那么，比如说在伯里克利时代，究竟召开过多少次公民大会会议？这个很难说，我们中很多人可能认为每个公民月召开一次会议是完全可以的。当然，最重要的是，肯定有很多为了应对紧急情况而临时召开的非常规会议，比如如何处理与斯巴达及其盟友的关系危机，自公元前 445 年以来，危机就一直在加深，尤其是在公元前 440/439 年，战略地位至关重要的寡头统治的盟友萨摩斯岛的叛乱被极为不愉快地镇压之后。

公民大会与会人员是什么情况，人员固定还是经常发生变化，按照这些人所属民区或是居住地，其区域分布又如何？在公元前 5 世纪——除了希罗多德《历史》5.97 的荒谬问题（从表面上看，他认为有 3 万雅典公民支持了爱奥尼亚人的叛乱）——留存下来的只有一个与会人员总数，而且这个数字来源于一则修昔底德（8.27）报道的受到污染、有寡头倾向的史料。根据公元前 411 年发生的寡头反革命分子的说法，出席任何公民大会会议的人甚至不足 5000 人。当然，这些人有动机将数字最小化，究其原因，一是因为他们想以此证明，公民大会的决议只是由少数人决定的，无法代表所有雅典公民的意愿,二是因为他们自己就是反民主制的,试图将完全得到赋权的公民人数降低到5000人。但是,从考古学角度来讲,真实情况是,公元前5世纪在普尼克斯山上,每一个参与会议的人员占地约半平方米,最多可以容纳6000人(若要在集会上通过行使陶片放逐法,需要6000人参与投票)。

在公元前4世纪,尤其是在该世纪30年代,似乎普尼克斯山上用于召开会议的地方被扩大了。无论如何,至少在公元前4世纪,所有的重大事件中有一些是需要公民大会投票决议的——比如投票决定是否要进行立法(参见下文),或是投票决定荣誉公民的称号是要授予一位名叫帕西昂的人(Pasion,这个人是一位外邦居住者,曾当过奴隶,成为候选人是因为他为公共事业做出了巨大贡献),还是授予一位名叫伯里萨德的人(Paerisades,这个人是色雷斯的统治者,成为候选人是为了雅典未来能够得到经济利益)——按规定这些重大事件需要投票人数达到6000人,或者说是"正常情况下"雅典总人口3万人的20%,而这20%的人需要连续两次参加公民大会会议。考虑到普尼克斯山召开公民大会的具体人数要求(这座山的名字来源于一个动词,这个动词的意思是"挤"),出席大会的人必须被视为代表——而且也确实代表了——所有雅典公民。换句话说,出席人数达到5000至6000多人时,从来自城镇和乡村的居民来说,或是从追求相似的乡村或城市职业的人来说,其比例应该都是基本一致的。在公元前5世纪,政府认为给与会人员提供津贴的做法是没有必要的,或是没有意义的,这说明相比公元前4世纪90年代为与会人员提供津贴时,公元前5世纪时要么财富的分布更为广泛,要么人们更有公共精神,要么两者皆有。不过,最开始时,津贴数额仅仅是 1 欧宝（相当于 1/6 德拉克马，而当时手艺出众的工匠一天的收入就是 1 德拉克马），但是没过多久，由于政治对手之间的竞争，津贴数额逐渐与陪审员一天的收入持平，达到了 0.5 德拉克马。值得注意的是，阿里斯托芬嘲讽公民大会的权力、讽刺据说公民大会很容易被"打包"的情况的喜剧《公民大会妇女》(*Ecclesiazusae*)，是创作于约公元前 393 年，当时公民大会的与会人员出席情况明显是一件极其重要的事情。（我会在下一章中论及雅典女性公民的地位和发展问题。）再后来，当每个公民月的重要会议（并不一定是这个月里的第一场会议）与另外三场普通会议的重要性有所不同时，政府决定为出席重要会议的人提供额外奖励，因为按照常规，很多诸如涉及国家安全、军事、宗教等方面的事务都会在这场会议中进行讨论。到了《雅典人的政制》成书的时期，与会津贴的额度已经涨到 1.5 德拉克马了。值得注意的是，雅典并不是唯一一个提供政府补贴的民主制城邦——但确实是做得最为过头和最为慷慨的一个。

交付选票和计票的模式似乎从未发生过变化：每一次公民大会都是通过举起右手进行表决，票数不是数出来的，而是"被告知"（估计）的。这不是意识形态的问题——因为自梭伦时代起，人民的准确票数就是极其重要的（参见第三章）——而是一个实用的问题：会议要在白天举行，而且各种事务都需要在这一天之内做出决策。（当然，如果下雨的话，会议将会暂停。）公元前 427 年，公民大会在做出决议的第二天要重新讨论对莱斯博斯岛的叛乱的密提勒涅的惩罚措施，从修昔底德的笔记和记录来看，他对此感到很是惊讶。最初的净化和祈祷仪式结束之后，会议主席宣布完会议日程的第一项安排，就会有一个人大喊："谁想要发言？"（"发言"这个单词是 agoreuein，这个词的词根是"政治集会"，也就是 agora。）这是一个基本的民主原则问题：isegoria 原则，也就是每一个出席会议的有资格站在（更确切地说是"坐在"）会议之中的公民都有绝对平等的权利自由发表公共演讲；这是 isonomia 的一个重要方面。（在第八章和第十章中还有关于自由发表演讲的另一个民主概念。）但是实际上，似乎几乎从来没有几个公民会起身发表演说。这就是为什么职业政治家可以被称为演说家和全职政治家的原因。

不可能所有的公民都能胜任——无论是体力上还是精神上——在公民大会上或是在小型的议事会会议上发表有说服力的演讲。一位喜剧诗人（这里指欧波利斯，他是阿里斯托芬的竞争对手）曾经描述伯里克利是一个"说服力全在嘴皮上的人"，而佩托（Peitho，也就是说服之神）在雅典就被人奉为女神；但是伯里克利是一个极有口才的人。确实，并不是所有的职业政客都是擅长雄辩的人；其中一些人可以被我们称为技术官僚，专门从事复杂的公共财政或战争物资运输等幕后工作，或是像寡头政治论者安提丰那样，为雅典或非雅典寡头提供辩护状，帮助他们应付公民大会下属委员，或更加可怕的民众陪审法庭。将政客与演说家区分对待的方式反映了政客与将军的权职差异；从某种程度上来说，这两个职务都是自公元前 5 世纪 30 年代起的专业化趋势的产物。等到了公元前 4 世纪中期，如果说财政专家欧布洛斯（Eubulus）或是才华全面的政治参谋德谟斯梯尼是出色的军事将领，或者说最高统帅福基翁（Phocion）是一位有影响力的演说家，都是很不可思议的事情。这并不是说自公元前 403 年之后事情才开始发生变化：在公元前 5 世纪 30 年代至 20 年代时，弗尔米奥（Phormion）和德谟斯梯尼（不要与后来与他同名的那个人混淆）就已经是简单而纯粹的将军（和海军上将）了，而碰巧的是，此时已经因其热情洋溢的修辞和理财能力成了一位杰出政客的克里昂（Cleon），也担任了将军一职（当然，在公元前422年的安菲波利斯战役中，他注定是一位差劲的将军）。

克里昂是历史学家修昔底德最厌恶的人和死敌；阿里斯托芬在作品中也没有对他的形象进行美化，阿里斯托芬与克里昂都来自库达忒奈翁民区，与克里昂也有些私人恩怨。在很大程度上由于这两位有影响力的作者，以及同样有说服力的柏拉图，这样的一个观点越来越流行起来，即在政治家伯里克利去世之后，雅典政治陷入了"煽动者"之间不得体的争执状态。这些煽动者可能是低下阶层——或者至少是较低阶层——政客，是他们让民主制声名狼藉（当然也是应得的），因为他们只是在迎合大众的基本诉求罢了；而伯里克利则是领导着人民，甚至直率地告知民众他们需要做什么决策、做什么事。但是，无论是在现代还是在古代，这纯粹只是一种意识形态。"煽动者"一词的意思是"人民的领袖"；只有从寡头-保守派的立场来看待这样的领袖或潜在领袖时，这个词才指"暴动煽动者"或是误导民众的领袖。

19世纪古希腊历史研究先驱乔治·格罗特在他的《希腊史》一书著名章节（第67章）中，曾为受到柏拉图学派责骂诋毁的诡辩家正名。一个世纪之后，剑桥大学的修正主义学派古希腊历史学家摩西·芬利也同样付出努力为雅典的煽动者正名。他简明地指出，他们是雅典民主机制的一个结构性特征，当时既没有现代的党派体制，也没有大众信息媒体，如果没有这些煽动者，雅典民主制就不可能正常运行。其实从任何角度来说伯里克利和克里昂一样是一位煽动者，而且，伯里克利的地位也同样容易受到民众情绪波动的影响。这一点从公元前430年第一次发生了民众剥夺伯里克利将军一职（在过去的至少十五年中伯里克利一直连任此职），要求他上缴罚金，但是不久之后又立刻让他再次当选的事件就可以明确看出。观念保守的非民主人士修昔底德喜欢将伯里克利想象成一位超脱于尘世政治喧嚣的无冕之王，在他看来，这个事件只是在薄情寡义、无知愚蠢的民众统治下才会发生的可怕事例；在为死于公元前429年瘟疫的伯里克利书写的悼词中（2.65），修昔底德认为煽动者是导致雅典于25年后在伯罗奔尼撒战争中战败的一个关键原因。另一方面，在意识形态上的民主主义者看来，对待伯里克利的方式就是demos的kratos的方式。如果——并且当——大多数人发现伯里克利通过甜言蜜语推行的政体在实践中失败了，那么就连伯里克利都不会免于遭受民众的报复。

需要记住的是，与共和制的罗马不同（参见第十五章），在民主制的雅典，即使不就任任何公职，一个人也可以成为有影响力的政客。实际上，与希腊寡头政体下的情况不同，在诸如雅典人实行的这样的民主制下，与民众在公民大会和陪审法庭拥有的权力相比，就任任何公职及拥有职权的重要性相对低很多。这一规则有三种例外：五百人议事会、最高军事机构（十名将军组成的委员会），以及最高财政机构（雅典娜的十人司库委员会，在公元前5世纪时也是帝国司库，当时被称为希腊财政官[Hellenotamiae]）。最高军事机构和最高财政机构的就职人员通过选举产生，而不是抽签决定；从理论上讲，比起民主制下的平等主义倾向，雅典人认为务实性更为重要，但是他们对这三个特权官员实行更加严苛的问责制，其程度有时甚至有些过头。包括500名议员在内，似乎每年大约有1200个公职职位需要任职人员；如果我们相信《雅典人的政制》一书的说法（24.3），那么为了管理公元前5世纪时的雅典帝国，还要再多700个职位。多数职位不仅通过抽签决定，而且是集体行使的，一般以10人为一组，以满足普遍的部落代表性。但是公元前4世纪出现了两个新的最高政府职位，这也许就是变革即将来临的预兆：其中一个类似于财政部部长或是司库长，这个职位与当时已经存在很久的财政委员会相分离，并且职权高于财政委员会；另外一个是水务大臣，这也许是人口压力导致的，或是对将珍贵的水资源用于非必需用途的行为而做出的应对措施。

因此，最后但也很重要的是，我们要探讨 demos 的 kratos 的权责范围问题。我很久以前就记不清自己读过多少主题为"在雅典民主制中 demos 的 kratos 究竟有多大"但没有注意到或提到雅典的人民法庭或是民众陪审法庭的本科生论文了。需要明确强调的是：demos 不仅在公民大会，还在法庭行使他们的 kratos——如果我们认同在本章最开始提到的亚里士多德对"公民"的定义，并且再回想一下《雅典人的政制》41.2（上文引用过的内容），那么这就是一个很奇特的民主现象。这样我们就可以明白，在每个公民年开始时，通过抽签方式选举出来的即将成为陪审员的6000名公民在上任前发的就职誓言是多么重要：

> 我将严格按照法律的要求，按照公民大会和议事会通过的法令的要求，投出我的那一票，如果没有法律可以参考，那么我将没有任何偏私，不带任何敌意做出正确的选择。我

只会对罪名进行投票，并且会公正地倾听原告和被告的证词。

因此，法庭在雅典议事广场的建筑布局中占据着主导地位。

在公元前462/461年后，民众陪审法庭仅仅是上诉庭，还是初审法庭。而且，负责庭审的陪审员兼法官做的是正式裁定，不可上诉。原告或被告可以上诉的唯一方式就是提出对方的证人在做伪证。在案件审理当天，那6000名公民主动提出自己的名字参选，任何一场案件的陪审员都是从中通过抽签决定的。在公元前5世纪到前4世纪，在不同的时期，法庭陪审员的分配方式也有所不同；我们最了解的选择方式在时间上比较接近我们的时代，陪审员上交自己的铜质身份牌，将其放在一个石质的分配机中；白色和黑色的球分别代表被选择或是未被选择。所有的审讯都是在九位执政官中一人或多人主持之下进行的——但他们没有裁决权——负责监督的执政官职权范围都不同；国王执政官（Basileus）是主管宗教事务的，例如在公元前399年裁决苏格拉底是否不敬神明的那场审讯。自公元前5世纪40年代起，因为伯里克利改革，陪审员每参与一场审讯，就可以得到2欧宝津贴，过了一段时间之后，这笔津贴的数额就提升了50%，变成了3欧宝，相当于0.5德拉克马银币。也许这笔钱数额并不大，但是对于一个需要离开自己的农场、自己的生意或是其他日常职业的陪审员而言，这笔津贴足以补偿他们的损失。

据估计，法庭每年有150天至200天要开庭审理案件，这样陪审员几乎就是一份全职工作；平均来说，可能多数陪审员的年纪都比较大，而且生活困窘。这样也就多少能解释公元前422年阿里斯托芬创作的喜剧《马蜂》中对陪审员的刻薄言辞：这群坐在法庭的人被称为马蜂，是因为他们不停地定别人的罪，并且会为那些定罪的人选择最为严厉的惩罚。但是，在公元前4世纪60年代相当长的一段时间里，法庭审讯会因为国家财政无力支付陪审员的津贴而暂停，这不仅是经济灾难，也是政治灾难。对于一个自愿担任陪审员的人而言，铜质的身份牌是很重要的，死后他的家人也会将这个身份牌作为其陪葬品。雅典甚至因为审讯极其频繁而在希腊世界之外声名远播；部分是因为公元前475至前430年之间雅典帝国权力极盛时期，它甚至能强迫非雅典人在雅典出席法庭，并在雅典陪审员面前接受审判，如果这些人被怀疑在自己的国家密谋反对大多数雅典人认为的联盟的最大利益的话。不过，雅典的名声还是可以说明在诉讼、司法方面的民主集中性。

很多罪行（比如"不敬神"）其实并没有严格的规定。审判的程序更为重要，对于有些罪行而言，诉讼当事人需要参与不止一次审判。没有辩护律师这样的人，口头证词和书面证词是否有效、审讯程序应该如何，其界定都很模糊。没有参照先例的理念；"公平"是他们能够做到的最接近于严格的"正义"的概念。比起严格确定被告是否有罪，陪审员更在乎的是裁决对所有雅典城邦是否有好处：从这个角度来说，对苏格拉底的审讯就是很典型的例子。惩罚是针对罪犯的，而不是针对罪行的。诸如苏格拉底是否不敬神的案例，刑罚并不是固定的，这样就在最初的定罪之后可以对量刑进行竞标，也可以让陪审员有更多的机会对他们的同侪——而且也经常是社会地位更高的人——进行审判，因为大多数陪审员都生活困窘、地位低下，而一些被告则格外引人注目。阿里斯托芬的《马蜂》描述了一个国内审讯的场景，讽刺的是被告是一只被指控偷窃的狗——不过这只是一种遮掩讽刺的方式，真正想要表达的是对当时发生的一位高官涉嫌侵吞公款的审讯的态度，侵吞公款的罪名会导致被告被判死刑。

在史料记载的各种古怪案件中，有一起案件大约发生在公元前4世纪20年代或10年代，一位名叫德摩斯（Demos，这个名字非常有爱国意味，也有意识形态的意味）的雅典重要公民——其父亲是伯里克利的下属——被指控非法拥有或者使用孔雀收藏（详情参见第十章）。这场审讯的法律顾问是安提丰，他是有记载的雅典第一位会公开分发他在法庭上的演说稿的半职业演说词撰写人和法律顾问。但是，在公元前411年，他不得不在法庭上用自己的演说词为自己辩护，因为作为统治了雅典四个月的四百人寡头统治政权的领导人，他被指控叛国罪，涉嫌破坏雅典的民主制。不出所料的是，他被判有罪并被处以死刑，但是修昔底德（可能曾经是他的学生）认为安提丰当时发表的演讲是他所有演讲中最为精彩的，可惜的是修昔底德只能读到那篇演讲文，不能现场倾听，因为修昔底德因当选了统帅却未能打胜仗而遭到流放，公元前411年时他并不在雅典。

正如上文所提到的，修昔底德的死对头是当时主要的煽动者克里昂，在修昔底德被流放的那一年，也就是公元前424年，阿里斯托芬创作了著名的《骑士》，克里昂就是其中的一位主要角色。我们不知道克里昂究竟使用了什么起诉程序来指控修昔底德，但是很有可能不是私人诉讼，而是某种公开形式的诉讼。公开审讯和私人诉讼的程序差别可以追溯到梭伦时代：在没有公诉人的情况下，任何公民都可以提出"令状"，并且这么做是代表全体雅典人提出的，而只有那些与案件有直接关系的人（比如殴打侵犯人权行为的受害者）才可以提出私人诉讼。但是这个首先关于民主制，其次才关于陪审法庭体系的制度大大增加了令状的吸引力。一些职业诉讼当事人的出现就成了不可避免的副作用；这些人通常会遭到富有的被定罪的人的憎恨，也很容易受到"谄媚者"（sycophants，字面意思是"说空话的人"）的法律指控，但是毫无疑问，他们帮助陪审员所代表的民众对精英阶层进行监督，发挥了积极的民主作用。

在各式各样的令状中，有一种特别突出了其民主政治功能，这就是"反对违宪提案的令状"。这种令状最早于公元前415年得到证实，这可能并不是巧合。公元前416年，"陶片放逐法"出现了一次失败，而且这个准合法程序——介于公民大会的投票和陪审团法庭的投票之间，有一种额外的仪式化、寻找替罪羊的意味（见第四章的讨论）——再也没有被使用过。大约在公元前443年，伯里克利在与麦里西亚斯（Melesias）之子修昔底德的斗争过程中赢得了一场决定性胜利，成了"陶片放逐法"失败的一个特例。而公元前416年，曾经担任过伯里克利的护卫的特立独行的阿尔基比阿德斯，也"赢得"了一次陶片放逐法，但是与此相关的那场投票并没有起到决定性作用，因为最后被放逐的是次要的政治家希帕波鲁斯，而不是他或尼西阿斯。因此，为了将来在这些地位极高的政客的纷争之间做出裁决，并且停止内争状态，有必要找到其他的方式，而这种"反对违宪提案的令状"很合时宜。公元前4世纪，一位名叫阿里斯托丰（Aristophon）的政客曾大肆吹嘘，他曾经历至少75次这样的指控并且并未获罪，我们却觉得实在是太多了——次数也太多了。

寡头或秘密寡头总是憎恨demos通过民主法庭体系对他们行使的权力。无论是在公元前411年，当在城墙外举行的被操纵的战时公民大会投票废黜民主制时，还是在公元前404年，当斯巴达将雅典交由残酷的三十僭主统治时，司法制度都立即被废除了。需要说明的是，在公元前406年——也就是雅典在阿吉纽西海战取得不完美的胜利之后，因海战中大量贫穷公民丧生——公民大会宣称拥有法庭特权，要对犯有叛国罪的将领进行审判，而且为了进行审判还违背了雅典自己法定的程序，公民大会因此而威信扫地。八位被审讯的指挥阿吉纽西海战的将领都被认定叛国罪，处以死刑；其中有六位将领很不明智地出席了随后的公民大会——后来大会成了非法私设法庭——尽管按照法律规定，在举行正式审判之前他们每一个人都应该单独进行审判，但是这场公民大会会议要求即刻将他们处死。关于阿吉纽西海战的这场审讯因此而声名狼藉，在那些心怀寡头统治倾向或是坚定支持寡头统治的人的口中尤甚，比如被流放的色诺芬就很开心地记录了所谓暴民统治的呼声，说"如果人民不被允许做任何他们喜欢的事情，这是极其可怕的行为"。这就是公元前403年之后公民大会不被允许——是公民大会自己决定不允许自己——参与立法的原因之一。从那个时候起，公民大会颁布的法令和雅典法律就有了严格的区分，也就是说，法律具有普遍适用性，并且在原则上永久有效，必须要有一个单独的立法机构或立法者。

但是，与乍看之下不同的是，这并不是在削弱公民手中的直接权力，因为那些参与审议法案并且将其通过的立法者，其实是通过随机抽签的方式从那6000名陪审员法官中选择出来的，而这样的具有普遍效力的法律是很稀少的：据我们所知只有几十条而已。其中有一条有些不寻常，需要专门提出来。这就是公元前337/336年的《僭政法》，它既是一部法律，也是公民大会的法令。

也就是说，公民大会先通过其内容，成为法令，然后接受立法者的"审核"，最终立法者将其认定为法律。而且，在民主制彻底终结之前，法庭一直都是重要的政治决策机构，典型的例子就是公元前330年的"金冠事件"：这场审讯是针对泰西丰的，他被埃斯基涅斯指控非法提议献给埃斯基涅斯的政治死敌德谟斯梯尼一顶荣誉金冠。作为泰西丰的诉讼当事人，埃斯基涅斯和德谟斯梯尼二人的演讲内容得以出版，虽然内容并不一定很有裨益，但很有启发性（详情参见第十章）。审讯结果是德谟斯梯尼取得了胜利，埃斯基涅斯的政治生涯因此而终结，被迫离开雅典；尽管从大背景而言，在当时处于马其顿控制之下的雅典，这最多只能算作民主的空洞的最后的违抗姿态。

最后还有一个 demos 并不必然统治的司法领域，这就是在厄菲阿尔特改革之后被剥夺了政治功能的战神山议事会。象征性地来说，这个威严的机构具有重要的意义，依然有着埃斯库罗斯在公元前458年创作的《报仇神》中的那种中心作用，甚至有迹象表明，在公元前4世纪第三个25年中，当雅典深受马其顿人蹂躏时，这个由多位前任执政官终身任职的机构试图重新在政治上发挥作用；而且《僭政法》中明确提到了这个机构，表明了其重要意义正在复苏。但是总的来说，在公元前462/461年之后，战神山议事会的角色是纯粹司法性的。很多宗教指控，比如过失杀人和亵渎为泛雅典娜节提供橄榄油的圣树，都在其管辖范围之内。这就涉及了我们在下一章将要讨论的民主制在文化方面的影响。

第八章

雅典民主制

文化与社会，约公元前450—前335年

Politeia 一词是古希腊政治词汇中的一个基本词，其最初的含义是"公民身份"，意指作为一个公民（polites）的品质或属性。polites 一词第一次出现是在一篇斯巴达的文本中——公元前7世纪中期提尔泰奥斯创作的一首哀歌，其部分内容保存在出土于埃及俄克喜林库斯的一份公元前3世纪的莎草纸上。有些人认为这是非常恰当的，因为也是斯巴达产生了最早的阐明任何希腊城邦（polis）宪法安排的文件，即《大瑞特拉》，大约与提尔泰奥斯的哀歌同时。polis 是第二个由 politeia 衍生出来的词，代表着亚里士多德所说的官职以及其他这样的政治机构的有序性（taxis）。这个词的通常的英文译名"constitution"大概接近这个意思。但是，到了亚里士多德的时代（也可能很久以前），politeia 一词就已经拥有了第三个含义，强调了亚里士多德所谓的"生活方式"和伊索克拉底所说的城邦的"灵魂"或是"充满生命力的精神"——我们的"生命和灵魂"。也就是说，politeia 代表的含义已经超越了其正式的政治制度安排的意义。

修昔底德在提及——更确切地说是谴责——被他称为"他

们的 politeia 的隐秘性"时，似乎最早采用这个第三个含义的文本，"他们的 politeia 的隐秘性"是指在斯巴达的社会和政治中根深蒂固的幕后操作和隐匿性。之所以出现这样的贬损说法，是因为斯巴达人既非不可预测，也非不可原谅地不愿意向修昔底德这位雅典敌人说明，公元前418年在曼提尼亚的战场上究竟有多少斯巴达人、究竟是斯巴达的哪个社会阶层遭受了巨大的伤亡；事实上，也许有人会认为斯巴达人完全有权利不透露如此敏感的战争机密，尤其是考虑到公民人口的短缺已经在斯巴达的社会和政治发展中产生了巨大影响，而且在接下来的半个世纪里，这种情况将会更加严重。

　　修昔底德也从别的方面让我们注意到了斯巴达社会文化的另一个特点，这个特点无疑与斯巴达人的 politeia 所谓的系统性隐秘性有着密切的关系：斯巴达社会中还存在一个缺乏独立性的群体，这个群体人数要多于斯巴达的公民人数，被称为"希洛人"。这些人与古希腊大多数奴隶和其他没有自由的人不同，从其出身和文化背景而言，这些人本身是希腊人，但是他们的斯巴达主人将他们当作内部被击败的外部敌人，而且与希腊的大部分奴隶不同的是，他们是作为一个社群和民族被集体奴役的，而不是单独的个人私产。历史上，希洛人不止一次起义反抗其政治地位，不仅想要确保个人的自由，而且想要——这是他们中大多数人的意愿——作为"美赛尼亚人"取得政治独立，建立国家。为了预防暴乱再次发生，大约在公元前5世纪20年代中期，斯巴达人将认为是最有颠覆性和反叛性的约2000名希洛人处死——"没有人知道这些人是怎么死的"，修昔底德的语气很是不满，这再一次让我们注意到了斯巴达人行事不仅残忍，而且颇为隐秘。但是，我再次引用这个事件，不是为了控诉斯巴达人手段残忍，而是希望大家注意到，按照亚里士多德的定义，每一个希腊城邦都是一个"社群"或"联邦"，而斯巴达政体是一个异常强大、紧密结合和严格控制的例子，而且通过将希洛人最为极端地"他者化"，它加强了自己独特的自我意识。希洛人每年都会被斯巴达首席行政官员宣布为敌人，因此就有了将其处死或者杀害的理由。

碰巧的是，每个希腊城邦都有宗教体系，但是斯巴达人的宗教体系就算不是极端的特例，也很是与众不同。在所有的希腊人看来，宗教就是社会和政体的生命来源；宗教崇拜普遍存在，希腊人称之为"和神有关的事物"或是"神圣的东西"，无所不在且在社会中根深蒂固，以至于他们没有一个单独的特殊的词来描述"宗教"。希罗多德曾两次专门提到，斯巴达人对和神有关的事物的重视程度高于对凡人的。但是在那个时候，所有的希腊人都是同样的做法。因此，他想要引起人们注意的是，斯巴达人别具一格的虔诚态度——对宗教仪式规定的绝对遵守——其虔诚程度甚至将他们和其他希腊社群的安全和生活模式置于危险之中。在雅典民主人士看来，恰如非民主或反民主的斯巴达人一样，宗教节日是他们宗教的核心活动。在雅典每个月或是每年要举办的国家庆典或是地方（民区）庆典中，一直以来有三个节日的重要性都是排在首位的：泛雅典娜节、大酒神祭（又称城邦酒神祭）和厄琉西斯秘仪。从某种意义上讲，这三个节日都诞生于庇西特拉图时期：也就是说，庇西特拉图僭主家族（参见第三章）为了宣传自己的统治地位而斥重金举办了这三个节日。但是这三个节日也被彻底地民主化了，部分原因就是为了摆脱它们与僭主制的关系。

泛雅典娜节在公元前 566 年进行了改造。这个年份正好可以说明，这是雅典人的一种充满竞争意味的回应，因为公元前 6 世纪 70 年代开始举办泛希腊节庆（全体希腊人都可以参与的庆典活动）竞技赛会：奥林匹亚竞技赛会、皮提亚竞技赛会、地峡竞技赛会和尼米亚竞技赛会。与奥林匹亚竞技赛会和皮提亚竞技赛会类似，泛雅典娜节每四年举办一次，规模庞大，需要大量负责资金和其他事务的专员。但是，举办泛雅典娜节庆祝的是雅典娜·波利亚斯（Athena Polias）的生日，也就是雅典的守护女神。而其他希腊人拒绝承认这样一位紧密地与一个具体城市相关联的女神能跟受到更广泛尊崇的男性神祇——宙斯（奥林匹亚竞技赛会和尼米亚竞技赛会）、宙斯的哥哥波塞冬（在科林斯地峡举办的地峡竞技赛会）和宙斯的儿子阿波罗（在德尔斐举办的皮提亚竞技赛会）——有着平起平坐的地位。于是雅典人自己也不情愿地承认了这一点，在竞技赛会中包括了一些只对雅典公民开放的竞技项目：比如，某种男性选美比赛（Euandria）和在索尼翁海边举办的战船比赛，这两个竞技项目的参与者都是以部落为基础组织的。而且，泛希腊节庆中最后进行颁奖时，只会颁发象征性的奖品（这些奖品因此而受到重视，也具有了一定的价值），而与其形成鲜明对比的是，泛雅典娜节的奖品更加昂贵，是价值更高的实物奖品：特殊压制的神圣橄榄油（雅典娜的特别植物），装在形状别致、装饰精美的便携的陶罐之中，奖品的数量是按照竞技项目的重要性而精心安排的。因此，那些最精彩、最光荣、最能获得殊荣的比赛项目的赢家——也就是四驾马车比赛——获得的奖品数量是最多的。大约在公元前 500 年，也就是在斯巴达干预下建立并推行的民主制实行后不久（参见第四章），这个比赛项目的获胜者是一位斯巴达人——而且不是普通的斯巴达人，是国王德玛托拉斯（Demaratus），他与同为国王的克利昂米尼因斯巴达对雅典实行的政策而起了争执。很遗憾的是，这场胜利对政治产生的影响——无论是在雅典还是在斯巴达——我们都无从得知。

我也许给诸位读者留下了一个印象，就是从宗教的角度来看，竞技赛会的比赛项目和其他事项是泛雅典娜节中最重要的因素；如果诸位读者这样认为的话，那么我需要马上纠正这个错误的印象，因为核心的宗教活动其实是游行活动，从雅典迪普利翁门的列队厅（Pompeion）出发，途经雅典议事广场，终点是位于雅典卫城山顶的雅典娜·波利亚斯神殿。这场游行活动是为了展示每四年编织一次的装饰长袍，这件长袍是用来装饰象征性的（也就是说其面部雕刻并不清晰）橄榄木制雅典娜古神像的，并通过赋予除奴隶之外的所有主要社会阶层——也就是说，男性、女性自由民，外邦居住者和雅典公民——的代表以角色和功能，将雅典城展现给自己，也展现给雅典娜。因为泛雅典娜节要实现以上所有的目的，也许就有人想要将其与印度教无遮大会进行比较（并进行对比）：印度教无遮大会是印度最重要的国家性庆典，每十二年举办一次，其参与人数不是3万人，而是300万人。很多人都认为，我们所知的修建于公元前447至前432年之间的帕特农神庙上著名的装饰雕带，要么是直接描绘了，要么是指涉了泛雅典娜节的游行活动，而且事实也很有可能就是如此；不过还有一种说法认为，这个游行活动代表的是一个神话中的场景，而非任何实际的人类庆祝活动，很可能是人们想象中的发生在遥远的过去的雅典娜·波利亚斯崇拜行为本身，我本人认为这个说法很有吸引力。

无论如何，从宗教角度来说，在所有的活动庆典中，献给雅典娜·帕特农（即处女）的帕特农神庙的存在就是一个需要探讨的问题，因为这座神庙与希腊世界中其他所有圣殿不同，它并没有专门的祭坛。相反，雅典娜·帕特农似乎与雅典娜·波利亚斯共享了一个祭坛，这就意味着在游行活动结束时，要在一个祭坛上将那头小母牛（也就是未经交配的母牛）献祭给雅典娜，而这个祭坛更"自然"地附属于我们所知的厄瑞克忒翁神庙。自公元前5世纪20年代起，这座神庙最出名的就是具有象征意义的女像柱，每个女像柱上面都雕刻着特征明显的女性形象。但是在这座神庙中，不仅供奉着使其得名的雅典早期传说中一位名叫厄瑞克透斯（Erechtheus）的国王，还供奉着雅典娜·波利亚斯和融入厄瑞克透斯形象中的波塞冬。有这样一个爱国传说，雅典娜和波塞冬曾经为了成为雅典这座城市的守护神而竞争，最终雅典娜获胜了。将两个嫉妒心如此强的神祇与厄瑞克透斯一起供奉在雅典卫城上一个很显眼的神庙之中，是宗教和政治妥协的结果，这全靠了雅典人的智慧。但是这就使得帕特农神庙不得不执行一些其他的功能，而且不仅仅是一个或多个宗教功能，这些宗教功能其实是很容易被猜测的。新建的"伯里克利"帕特农神庙（当时伯里克利是这座建筑行政工作委员会的公职人员之一）在希腊世界以外的范围内被认为代表了雅典帝国；其地位更像是伦敦的圣保罗大教堂，而非威斯敏斯特教堂，后者则大概相当于伦敦的厄瑞克忒翁神庙。

与每四年举办一次的泛雅典娜节不同，大酒神祭（又名城邦酒神祭）每年都会举办一次，庆典活动选择在早春时节举行；这个节日是纪念相当有趣的酒神狄奥尼索斯·埃留提利乌斯

（Dionysus Eleuthereus）的。虽然这个名字看上去像"解放者"（Eleutherios）这个词，而"解放者"是雅典城给宙斯的一个头衔（雅典议事广场上有为宙斯建造的一座拱廊），但是其实这个名字的意思是指狄奥尼索斯来自一个名叫伊柳塞拉（Eleutherae）的边境小镇。这个小镇没有被并入阿提卡民区，而且这个小镇在起源上甚至都不是阿提卡的，而是彼奥提亚的，因此雅典从彼奥提亚人那里夺走了伊柳塞拉镇，但是不能也不愿意将其完全变成新的民主制城邦。然而，这个字面意义很边缘化（从地理位置上来说）的狄奥尼索斯庆典的举办地点却是在雅典城中人口最为集中的中心点，也就是雅典卫城的山坡上。大约自公元前 500 年起，这个地方被赋予了一个独特的戏剧功能，并且建有专门的剧院（最初的剧院基本都是木质结构的）。

剧目中的狄奥尼索斯不仅是酒神，还是变化之神，通常是外形和角色上的变化，这种变化通过演员和伴唱演员佩戴的面具来外在表现，夸张的装扮和角色扮演来实现。虽然经常会有女性角色，但是所有的演员都必须是男性，而且虽然角色之中经常出现男神和女神，但是演员当然都是人类；尽管经常有非雅典的角色，但是演员都是雅典人，尽管有时要扮演奴隶，但是所有演员都是自由人，有着雅典公民的身份。悲剧和羊人剧可以追溯至公元前 6 世纪，但是狄奥尼索斯剧目节似乎是在公元前 500 年左右开始重新正式举办的，那么毫无疑问，这是克利斯梯尼改革的成果之一。公元前 486 年，除了悲剧和羊人剧，剧院中还开始上演喜剧，所有的剧目都要相互竞争（也就是 agones，这就是英语中 agony［痛苦］一词的来源），获胜的剧作者、主办人和主演（也就是 prot-agonists 一词的来源）可以赢得奖品。这些奖品的颁发是由一个通过民主方式选择的小陪审团决定的,以观看剧目演出的所有雅典人的名义;尽管并非所有的观众都是雅典人,而且如果女性可以观看演出的话,也并非所有的观众都是具备全部政治权利的雅典公民,但是任何一场演出的观看人数都能达到1.7万人左右。

按照一句充满矛盾性的古谚语所说,尽管那些悲剧是献给酒神狄奥尼索斯的,但是其实剧目的内容与狄奥尼索斯没有任何关系。这个说法在一定程度上说是对的(欧里庇得斯的《酒神的伴侣》[*Bacchae*]是很典型的反例),但是这个说法并没有点明事情的关键:根据一篇我认为很有说服力的现代论文,在民主制中推行悲剧剧目的作用,或者说悲剧剧目的主要作用之一,就是对这个城市中的基本信条和理念质疑。狄奥尼索斯本质上狡猾、模棱两可、阴晴不定(时而暴躁时而狂喜),于是,对他的崇拜活动成了最好的表达方式和舞台,人们可以在无须最终引发政治动荡(在公民大会中总有这种风险)的情况下,对制度质疑。当然,剧作者或是演出团队(每一位悲剧作者都会创作一部悲剧三部曲,再创作一部羊人剧)是否有自己的政治图谋就是另外一件事了。

喜剧以另一种方式发挥了雅典民主制的独特力量。雅典人有两个单词,我们都可以将其翻译成"言论自由":isegoria 和 parrhesia。这两个单词在语义上有重叠,但是它们的核心意思有着显著差异。isegoria 是指公开发表政治言论的权利完全平等,尤指在政治集会中发表言论的平等权,而且也可以在举偶法中用来指代民主式平等以及民主制本身(如希罗多德 5.78;参见第四章);而 parrhesia 所适用的范围更广。喜剧这种戏剧类型(也就是 komoidia：源自 komos 和 ode 两个词，komos 的意思是"喧闹的宴会或庆典"，而 ode 的意思是"颂歌"）被发明出来，可能就是利用后面这种言论自由的。但是，正如我们所知的，言论自由的利弊共存，而且似乎即使在大酒神祭（又名城邦酒神祭）的狂欢活动和喜剧氛围中，也不可能在没有正式法律约束的情况下让人们恣意妄为。某些类型的喜剧式滥用行为在特定时期是法律明令禁止的，而且——至少，如果民主制的保守批评家的话可以采信的话——与其作品中常见的讽刺内容（比如阿里斯托芬的《马蜂》）相比，喜剧作者都会很小心地避免对民主制本身的攻击。而且，对苏格拉底的审判也有力地提醒我们，雅典人并没有把言论自由当作一种民主制的美德。正如我们所看到的（详情参见第十章），有一部喜剧幻想剧，甚至看上去可以与在现实世界中对苏格拉底的不敬神指控相关。最终，无论是悲剧类型，还是喜剧类型，总会有人想要知道一部剧目或是其剧作者的政治意图或是影响；比如我本人就认同很多人的一个观点，即从强烈劝说雅典人认同某一个政治观点的角度来讲，阿里斯托芬就是一位政治剧作家，但是肯定不是所有的评论家都与我观点一致。

但是需要再次强调的是，与泛雅典娜节一样，大酒神祭的中心宗教功能不仅是通过剧目演出来实现的，也是通过庆典游行来实现的，在既有神庙又有剧院的圣所祭坛屠宰圣牛献祭（公元前 333 年屠宰的圣牛数量达到了 240 头）的活动让这个节日的氛围达到了高潮。接下来要举办的就是一场丰盛的牛肉宴，在冬季过后为当地社区提供了一个重新团结、巩固关系的机会，而且，因为非雅典公民也可以参加这个节日，这样就可以向外界展示这座城市，也可以让外国人暂时融入其中。比如，在公元前 5 世纪雅典帝国时期，在3月末或是4月初举办酒神祭时，在剧目表演活动开始之前（我将会在本章后文探讨民主制中女性地位时再次谈到这些剧目的文化功能），来自附庸城邦的代表就会被邀请（或者是被要求也说不定）参加剧院的游行活动，每一位代表都要佩戴一个银质标志，向雅典人表示他们对泛希腊主义的忠诚和团结。

第三个重要庆典就是厄琉西斯秘仪，举办这个庆典是为了纪念大地女神德墨忒尔和她的女儿珀耳塞福涅（Persephone），其举办地并不在雅典城墙内，而是在西边距离雅典不远的厄琉西斯民区（也就是埃斯库罗斯所属的民区）中；一般情况下，厄琉西斯秘仪由两个世袭祭祀家族主持，但是，正如我们所了解的，雅典城中的权贵要很谨慎地对他们进行密切监督。这个庆典就像其名字说明的，是个人而非团体的秘密入会仪式，而且与前面两个庆典不同的是，这是具有泛希腊意义的，不仅仅是向希腊族群开放，而是向所有人开放——无论男女，无论自由还是受奴役——只要其希腊语的掌握程度足以明白和参与仪式即可。秘仪许诺入会者拥有幸福的来世，而且至少所有的雅典公民都会选择入会。这就是阿里斯托芬的喜剧《蛙》选择了厄琉西斯秘仪的伴唱团参与演出的原因之一。不过，这部剧目的名字来自一段具有喜剧性，而且简短易于记忆的唱词——brekekekek koaxkoax——也就是剧中蛙的第二段合唱词。雅典人拿诸神开玩笑时态度很随意，至少是在庆典举办的特殊时期中尤为如此，甚至连这个庆典的神祇狄奥尼索斯也在剧中被讽刺刻画为一个无知懦弱的人，对悲剧的精妙细节一无所知。但是这部剧在公元前405年大获成功，而且可能在第二年被重新上演，以示特殊奖励。

然而，对雅典人来说，厄琉西斯秘仪本身和对秘仪的控制，一点都不滑稽。雅典公民大会一次又一次要为这个庆典立法，并且进行法律规范——现存的保存最好的规范条文大约出现在公元前422/421年，其中雅典的demos清楚地显示了公民对意识形态和帝国主义功能的控制。公元前414年，大量雅典公民和外邦居住者因为亵渎了仪式庆典而被定罪，其中最著名的是阿尔基比阿德斯；其惩罚是死刑，不过阿尔基比阿德斯本人逃脱了这个惩罚，逃到了斯巴达（因此也就犯了叛国罪——这个罪名后来被赦免）。但是民主制的实行措施很谨慎，不会过分公开干预那两个自远古时期就主持秘仪的贵族家族的权利和特权。公元前403年，在三十僭主统治下，雅典城邦面临致命的内争，在这样一个极为严肃的时刻，是一位来自厄琉西斯的克律克斯家族（传令官）的人勇敢地站了出来，适时地发表了一次愈合性的演说，宣称民主制将要复辟，而相对和平的时期即将到来。

　　以上这些就是关于这个节日的重要内容。在我们继续讨论下一个话题之前，我们需扼要重述——提前涉及一下我们之后要讨论的对苏格拉底的审判事件（参见第十章）——无论是在公开程度上，还是从其政治角度来说，民主的雅典不仅是众神居住的城市，也是一座人类居住的城市。公元前462/461年之后，战神山议事会尽管失去了政治地位，但仍掌控着非常重要的宗教事务，其中就包括雅典城中的圣橄榄树的管理。人民法庭中登记在册的陪审员要向信奉的神发誓，如果违背了誓言，将会招致神的愤怒。在每一次公民大会会议开始前，都会举办净化仪式——如果当天下雨会议就会终止，这被认为是宙斯发出的负面信号。而且，在约公元前350年以前，每一场重要会议的最后都要对神圣的事务进行讨论，也就是与神相关的事务。

能够表现公民大会重视这个庆典的一个例子,就是我们刚才所提到的对厄琉西斯秘仪所制定的规范条文。更能说明问题的是圣域(Sacred Orgas)事件,这同样涉及德墨忒尔和珀耳塞福涅两位女神,在公元前352/351年再次爆发。在古希腊时代,邻近的城邦经常会因为小事或是边界问题而起纷争,"阿提卡邻居"就是一个众所周知的谚语,用来形容非常糟糕的邻居。但是,雅典却有两起持久的边境纷争,而且都涉及宗教问题。其中问题较小的一起边境纷争,是在东北部与彼奥提亚人就奥洛浦斯的归属问题而起的争端,在那里有一个重要的献给安菲阿剌俄斯(Amphiaraus)的神谕和治疗神龛。而另一起边境纷争涉及西部与墨伽拉城的关系,争执焦点是一大片献给德墨忒尔和珀耳塞福涅的土地归属问题,这片土地被称为圣域;按照雅典人的理解,这片土地是属于雅典人的,于是在他们看来,墨伽拉人在这片土地上耕种不仅是不正当的行为,而且是亵渎神灵的。与墨伽拉——当时是伯罗奔尼撒同盟中斯巴达的一个从属盟友——的关系恶化,成了公元前431年爆发伯罗奔尼撒战争的主要原因之一,而且,在这场战争的第一阶段,雅典对待墨伽拉手段残酷,在一年内向墨伽拉出兵两次,第一次出兵是伯里克利担任统帅。但是,在公元前4世纪50年代末期,雅典因为在公元前357—前355年的同盟者战争(也就是第二次雅典海上同盟国之间的战争)战败,其实力被大大削弱,墨伽拉乘虚而入,从圣域中移除了雅典的界碑。雅典不得不做出回应,但是这一次雅典兵力不足;于是,雅典求助了神的力量。

有一条雅典公民大会通过的冗长法令的一部分内容(大约八十多行文字)被保存了下来,这段内容被雕刻在于厄琉西斯城发现的一座潘泰列克大理石石碑的上面；这正是雅典当时在这个地区的两个主要关切。上面记录的第一起争端就是圣域的准确归属问题；值得注意的是，战神山议事会与厄琉西斯城的世袭祭司和每年当选的首席宗教事务官（即国王执政官）一起，也坐在了这起纷争的审判庭上。第二个问题是，如今用于农业的那片土地在以后究竟是要出租他人使用，还是不再用于耕种。不过，为了做出决定，雅典人觉得他们需要借助德尔斐的阿波罗的干预和权威，因此他们就派出一位使臣去寻找阿波罗的神谕。这个做法有三个好处：可以解决一些对人类实际推理而言并非一目了然、无法清楚解决的问题；做出决策的责任无须雅典政府承担，可以转嫁到神的身上；将决定权交予一个超自然的权威人物，这个决定就不会轻易受到质疑。但是雅典人在此做法上更进一步，为阿波罗提供的是只能用"是"和"否"来回答的问题。雅典人想要询问阿波罗他们是否要采取行动，答案写或刻在一张锡纸上，用羊毛包起来后，分别放在一个金质的提水罐（hydria）和一个银质的提水罐中，通过皮提亚（也就是阿波罗的神谕女祭司）给出，他们想知道应该根据哪个提水罐中的答案行动。德尔斐给出的答案是不要采取行动——针对那片有争议的边境土地"最好的选择就是他们不要在上面耕种"。但是这个程序太烦琐了。至少在我们看来是这样的。

到目前为止，总的来说，我们在此和上一章所探讨的仅限于雅典公民中的男性公民。那么女性公民呢？这是一个很好的问题，也是一个很难回答的问题。因为雅典女性公民得到的对待既是民主的，也是不民主的。她们被认为与男性公民地位平等，是男性公民不可缺少的伴侣，但是她们得到的待遇却仅仅比奴隶稍微强一点点，几乎不被当作人来看待。如果读者读过亚里士多德《政治学》第一卷的开篇部分的话，如此巨大的反差也就不那么令人惊奇了。在《政治学》第一卷中，亚里士多德试图定义究竟什么才是"城邦"（这里指的是任何的polis）的基本构成要素。定义出现在序言部分，亚里士多德认为女性是不可或缺的社会组成部分，因为她们为"家庭"（oikos）繁衍后代，而家庭是"城邦"的基本单位。但是在每一个家庭内部，男性成员和女性成员的关系——尤其是丈夫和妻子的关系——不能是"政治性"的，也就是说其地位并非互惠和平等的。女性天生的基本特性不可改变，因此男性必须处在主导地位。为了解释这点，亚里士多德使用了一个类比：生来就是奴隶的人——也就是说这个人天生就是顺从他人的（这本身就是一个需要商榷的假设）——在其思维、灵魂或是精神品质上完全缺少推理或是审议的能力；而女性公民（无论如何，这里指的是自由公民）确实具备这样的推理和审议的能力，但是与自由男性公民不同，女性公民不具备"权威性"，也就是说，女性缺乏执行能力。通过这样的说辞，亚里士多德的意思是，通常情况下，或是在正常情况下，女性都会被灵魂的情感或欲望所压倒，因此她们的行为并不是理性的。

亚里士多德关于女性在政治中的负面地位的说辞，在《政治学》第二卷中进行了进一步的证明。在斯巴达的社会政治安排中，他强烈反对的就是成年女性公民的权利和独立性：其中最重要的是，女性可以拥有独立处置权的财产，这样女性公民就占有了全国近五分之二的私有地产，这在亚里士多德看来相当于女性在统治国家，而不是男性。他认为这是有违自然规律的——会不可避免地导致灾难性的后果。因为女性会被允许放纵自己，不受任何约束，因此有一半的斯巴达城邦不受管制；而且在这个城市历史上的关键时期，斯巴达第一次遭受了外敌的入侵（也就是公元前370/369年隆冬之时由底比斯人发起的大规模进攻），斯巴达女性非常害怕看着自己的城市和土地就在自己眼皮底下被敌人毁掉，这使得她们对斯巴达造成的伤害比对敌人造成的伤害还要大。按照定义的内容，女性缺乏必要的男性的果敢特质。

我们可能会怀疑最后一个说法的真实性，在我们看来，亚里士多德对女性基本特质的判断是一种落后的观点，而且是带有强烈的性别歧视态度的。但我们可以从中得到一个信息：他通过将这些涉及女性的事情形式化，并对其进行哲学解释，非常好地反映和表达了普通雅典男性公民的观点。乍看之下，尤其是与男性公民的相关政治、法律赋权相比较，甚至与男性公民中最为低贱贫穷的人相比较，似乎雅典女性公民完全没有得到赋权，上述信息有助于我们全面看待此事。雅典是不是既民主又男权至上呢？其实是有一点的。

生活在雅典的女性公民，被称为politides，这个词是politai的阴性形式；但是她们不是任何积极参与意义上的公民，这是因为在雅典民主政治的公共领域，她们被排挤在所有政治活动之外，更不用说参与任何决策活动。因此对她们的正式称呼纯粹是地理上的："阿提卡的女性居民"，或是"雅典城内的女性居民"，但这个称呼与雅典男性居民并不是同等的。创作于约公元前392年的阿里斯托芬的喜剧《公民大会妇女》的剧名本身就是一种玩笑，完全是为了满足舞台要求：因为在理想情况下，真正的雅典女性根本不可能出现在公共场合，更不用说像这部剧开场假定的那样，身着男装在公民大会上参与决策。

这是发生在理想情况下——但实际上，正如亚里士多德不得不遗憾地承认的那样，不可能将所有雅典女性公民都排除在公共场所之外。因为贫困家庭的女性，也就是那些丈夫贫穷的女性，别无选择，只能定期离家出去挣钱，或是因为家中养不起奴隶，她们就只能亲自前往公共水池或其他水源地，将水带回家中。而且，还有另一个普遍认同的特例，使得理想情况下女性不出现在公共场所无法实现——女性要出门参与一些诸如葬礼和庆典这样的宗教活动（也包括那些只能由女性参加的宗教活动），而且在极少数的情况下，还要扮演诸如女祭司这样的公共宗教角色。在雅典民主城邦生活中有一种很具有讽刺性的做法，就是其中一位首席宗教事务官是女性，也就是雅典娜·波利亚斯的最高女祭司——而且这位女性不是普通人，通常都出身于某一个贵族家庭；与其形成对比的是，自公元前450年起，雅典娜·尼刻（Athena Nike）仪式的女祭司就是从所有具有资格的雅典女性公民中随机选择的。有时，那位成为雅典娜最高女祭司的女性的名字人尽皆知，不过这样还是违背了另一个理想典范，正如修昔底德于公元前431/430年所写的伯里克利葬礼辞（2.45.2）中所表达的那样，那些地位尊贵的具有公民身份的妻子和其他女性亲属的名字不应该在家门之外、在公开场合被提及——无论是为了赞扬还是为了责备。与伯里克利同居的阿斯帕齐娅（Aspasia）生动地从反面证明了这一规则：她不是雅典人，因此她就不能成为伯里克利的合法妻子，很多人公开用最恶毒的、小报风格的言论攻击她，尤其是在公元前429年伯里克利去世之后。

能够说明雅典女性的隐形性的一个明显标志，并与米利都的阿斯帕齐娅的恶名形成鲜明对比的是，我们甚至都不知道伯里克利的第一任也是唯一一位合法妻子的名字。另一个雅典女性地位低下的标志——或者说污点——就是即使像与伯里克利离异的妻子这样的女性，即使出身于最为富贵的家族，也只能忍受极其有限的财产权。在关于古典雅典家庭和财产法的一部标准著作的索引条目"妇女"中，只出现了一个词："残疾"。这里无须描述过多，相信读者也能想象，在涉及性别的事情上，雅典女性公民也无法与其伴侣拥有平等的地位。因此阿里斯托芬于公元前411年创作的讲述房事地位争斗的喜剧《吕西斯特拉忒》(*Lysistrata*)中要表达的——可能这部剧目的观众大部分都是男性——幽默：在房事中女性居然选择主动，并要从男性那里寻求性满足？就是这个意思！

然而，这只是一个幻想。事实上人们普遍认同的是，女性应该待在家中。这个理念在实际生活中越是被严格地实施，男性在女性被困的那个家庭之中的地位就会越高。当新娘被领进丈夫家中时，迎接她的典礼与欢迎新奴隶的仪式无甚差别。在雅典，女性在婚后要居住在男方家中：新婚妻子一般的年龄是12至14岁，通常都是在未经本人同意的情况下，听从其男性监护人（字面意思是"主人"）的命令嫁给某一位男性，并在婚后居住在丈夫的住宅中。在婚姻仪式上的程式化表达——"为了繁衍合法婚生的子女"——很明确地表明了每一场合法婚姻的主要功能；但是按照公元前451/450年有限制的可以双重继嗣的公民身份法，如果妻子表现良好，并且生下了儿子，那么她就做到了只有她——作为雅典公民的妻子——才可以做到的事情：为雅典提供了未来可能成为公民的人。身为雅典公民的丈夫最大的愿望就是自己的儿子具备合法的公民身份，这就说明了其婚姻的公开性，要符合婚礼仪典要求，要将新妻带入男方的氏族（建立一种社会认同的、拟亲属关系），最后如果诞生的是儿子，必定要大肆庆祝一番。观礼的人越多，丈夫就会越开心。

如果丈夫家境窘迫，那么让他的妻子（名字不被人所知的）生下儿子是他在物质上能为整个国家社会所做的最重要的事情；不过有一个特殊情况，就是丈夫在三列桨战船——被美誉为"民主学校"——上服役（详情参见后文关于比雷埃夫斯的内容）。这样这位丈夫就不会过于在意要贯彻名年执政官在就职演说中提到的要在任期内保证公民财产关系平衡的说法。另一方面，这位丈夫还要忍受耻辱，眼看着自己的妻子为了养家糊口而走出家门，去做其他人家的孩子的乳母或是在市场上兜卖丝带（这是德谟斯梯尼演讲57中的那位家境窘困的发言人所遭受的情况；参见第七章）。经常会有人错误地认为，在古希腊，身为妻子的人在某种程度上置身深闺足不出户，或者至少是过着与外界隔绝的生活，因为——从意识形态上讲——这是普遍具有的观念。但是这种观念只有在富裕家庭中才能实现。普通贫困家庭的雅典女性别无选择，为了养家只能走出家门。

站在社会道德角度，有些希腊社会精英为这种不可避免的社会现象深感遗憾，而亚里士多德也绝不是唯一一位这么想的人。但他立场很严苛，并带有性别歧视，因此他将女性的特性与奴隶的特性进行类比。而另一方面，亚里士多德急切地想要从哲学角度证明城邦内拥有并驱使奴隶的做法是合理的，这就说明了奴隶在实际生活中是必不可少的。这里就要提出一个需要解答的尴尬问题，"希腊文明（由此也可以说是雅典民主制）是建立在奴隶制的基础上吗？"这个问题的答案从完全否定到彻底肯定，说法不一；我本人的答案是接近完全肯定这样的说法。奴隶——在雅典有这个身份的人就意味着非人格化、失去了做人的资格、在社会意义上死亡，而且这些人通常也不是希腊人，属于动产——在社会和经济的很多关键领域都是不可或缺的，因此也就构成了雅典民主制的基础。"位置，位置，位置"——房产经纪人爱用的说辞——这个说法也表明了古代奴隶制的功能和影响：比如，劳里翁银矿中出产的银全靠那些每日工作在对健康有致命伤害的环境之中的奴隶，而需要非家族人员的劳动力长期料理庄园的雅典富人会花重金购买那些"蛮人"奴隶，也就是非希腊人。就是因为这些人，世界才得以发展。而且，从雅典公民的角度来看，想起奴隶的状态也会让他们感觉良好：根据定义，成为雅典公民就是摆脱了奴隶身份。

估算奴隶人口的大致数值——既从人数上，也从比例上——在任何时期都是一件很困难的事情。雅典的奴隶人数是40万人（亚里士多德的说法）或是15万人（政客希佩里德斯的说法），都是不可能的，也是被夸大的。更加清醒的说法是修昔底德的说法（7.27-8），参照他认为的可靠证据，在公元前413至前404年之间，逃跑并且彻底脱离雅典经济的奴隶人数大约是2万人；从稍晚一些的一则史料中可以看出，很多奴隶都被占领了狄西里亚的斯巴达人囚禁起来，被当作战利品卖给了底比斯人。有人觉得诸如尼西阿斯（公元前413年去世）这样最为富有的雅典富豪拥有的奴隶人数能达到1000人，但是其实拥有50名奴隶就已经是一笔很大的私产了。如果我们假定那400名最有钱的雅典公民（也就是按规定定期参与税收仪式的人）平均每人拥有50名奴隶——比如，政治家德谟斯梯尼的父亲——那么奴隶人数就达到了2万人。最重要的是，我们还需要假定那些可以为自己购置军械并充当重装步兵的（数量大约是1万—1.5万人）雅典人每人拥有至少一名奴隶——这样又有了1万—1.5万名奴隶，这样看来，奴隶人数至少是3万人，或者说相当于雅典总计大约25万至30万人口的十分之一。但是不仅如此，我们还需要加上外邦居住者（总计约1万—1.5万人）拥有的奴隶人数，其中最富有的外邦居住者能够拥有多名奴隶，而且考虑到探讨雅典时随处可见的奴隶和奴隶制，那么更有可能的奴隶总数大约是8万至10万人，大约占雅典总人口的三分之一。

考虑到奴隶和奴隶制在雅典民主制中的作用，我们就要记住，要想保证民主制的日常运行，就需要一定人数的公职官员（档案保管员、记账员、警察等），这样的职位是由社群内部的"公职"奴隶担任的。尼科马库斯是其中之一，在公开获释之后，他受托负责监督公元前410年后的雅典宪法修订。尽管雅典政治就是这个样子，尤其是在这样的变革时代，尼科马库斯无可避免地被控告，但是在他监督下新的修订法案得以成了法律。像他这样的公共奴隶（或是公职硬币测试员）处于奴隶阶层的顶端。地位比他们低的是那些私有奴隶，从有技能的工匠（其中有些人获有不和自己的主人住在一起的奢侈待遇）、农场管家和家庭奴隶（有男性有女性）到那些被迫在劳里翁银矿里可怜劳作的囚犯。

从上面的探讨我们可以对公民和奴隶地位的差别进行思考。在雅典，这两者的区别体现在以下几个方面：比如，被释放的奴隶不能像在罗马那样成为公民，但是可以成为雅典的外邦居住者，因此仍然需要一名公民充当其保证人、保护人。在诉讼中，一个奴隶证人的证词如果要被接受和视为有效，必须是在肉体刑罚下从他或她那里获得的，而公民证人只用宣誓即可，并在原则上免受一切形式的体罚。当然，也没有必要严格按照律法行事——实际上有时公民与奴隶之间的界限很模糊（毕竟奴隶所做的工作与雅典公民和女性外邦居住者无甚差别）。但是它们并不像一些人希望的那样模糊。只有极少数的极端特例中——一个是帕西昂（Pasion）的例子，另一个是福尔米奥（Phormion）的例子，我们都是通过审判记录才知道这两个人的——奴隶不仅得到了自由，并且最终还得到了公民身份。当那位绰号是"老寡头"的反民主制小册子作者声称在雅典街头根本无法区分谁是奴隶谁是公民时，他脑海中所设想的其实只是奴隶中得到了特权的那一部分人而已。

从整体上，以及作为一个政体来说，雅典被认为是出了名的爱打官司，不论是外人还是他们自己都这么看。在阿里斯托芬创作于公元前423年的《云》中，当有人向其中一个角色在世界地图上指出雅典时，这个角色说："这一定不是雅典！因为我没看见那些陪审员坐在那儿。"（台词第207—208行）。第二年，阿里斯托芬的《马蜂》也被搬上了舞台，这部作品也同样探讨了民主制雅典备受争议的诉讼实践。这在当时就非常有争议，并不是因为人们不普遍同意私人争端或是重大政治分歧应该通过法庭而非暴力解决，而是因为反民主制人士并不喜欢甚至厌恶的是，民众政治权力的一个关键部分是通过民众陪审法庭执行的，尤其是当他们坐在陪审法庭中受其审讯，他们的利益也受到了损害时。有些审讯案例确实伸张了正义，但是这并不会动摇反民主制人士的态度，因为雅典议事广场的法庭审讯向旁观者开放，而这些旁观者会毫不犹豫地大吼大叫，希望能够影响陪审员的最后决定——这显然是典型的在民主制下的群情煽动行径！雅典的司法程序在今天——尤其是学者眼中——是有争议的,不过是出于其他的原因。在很多问题上学者们无法达成一致,例如雅典式的诉讼是否促进了法治,以及诉讼是不是为了促进法治而设计的;再比如在零和博弈的社会关系体系中,这样的做法是不是其实就是通过合法手段延续世仇。一个测试案例是诉讼律师的职能和地位,他们被有倾向性地和有损名誉地称为"骗子"(sukophantai,英语中的sycophant 的出处),一项针对他们的法律通过了,以防他们进行无效诉讼,通过合法勒索来利用该系统获取纯粹的经济利益;另一方面,在一个看来是骗子的人也可以被其他人视为——在公共诉讼刻意缺席的情况下——热心公益的公民,无私地代表民众,并为了民众的利益起诉反民主制的罪犯。

这样的诉讼活动举行的主要场所之一就是雅典议事广场,在这里,个人事务和公共事务、政治事务和商业事务、宗教事务和俗世事务都混杂在一起。市政厅(Prytaneion)就在这个地方,还有供议员居住的忒罗(Tholos)。纯私人的小摊在这个区域,公共铸币厂也在这个区域,这里既买卖人口(奴隶),也销售各种非人类货物。曾经对日常琐事非常敏感的阿里斯托芬,在公元前 424 年创作的《骑士》的最后部分,为主角腊肠贩起名"阿格拉克里图斯"(Agorakritos,意思是"在议事广场[Agora]中出挑的人")。过了近一个世纪,在记录于德谟斯梯尼全集中的尤其有意思的一起私人案件中,讲述了一起发生在议事广场上的袭击殴打事件。据说在叙拉古的僭主狄奥尼修斯一世(公元前 405—前 367 年在位)成为雅典荣誉公民后,当他想要了解这座城市时,有人让他好好读一下阿里斯托芬的喜剧。

在讲述最后一点之前,让我们先来大致了解一下比雷埃夫斯。在公元前 5 世纪时，比雷埃夫斯仅仅是雅典拥有的第二个海港（法勒鲁姆 [Phalerum] 是第一个海港），但是随着比雷埃夫斯的发展，它几乎成了第二个雅典。从城邦管理的角度来说，它是雅典管辖范围内的一个民区。但是比起一般的民区，它的人口多样性更加丰富，多种文化交杂，而且公民人数也远远超过其他民区，它所能发挥的功能也远远超过其他的沿海民区。它不仅拥有三个商用、军用港口，还在长墙（Long Walls）的顶端建有自己的防御工事，而自公元前 5 世纪 50 年代起，长墙就将其与 8 千米以外的雅典连接了起来。这里的一些居民被批评者贬斥为"海上暴民"——有公民，还有外邦居住者雇佣兵——他们负责划三列桨战船，或是负责战船的建造和维护。有人认为在三列桨战船上划桨这项任务本身就是在"民主学校"中学习，这当然也就解释了柏拉图在《法律篇》中表现出来的对使用三列桨战船的作战方式的极度反感。这里也有多个码头，可以保证最关键的贸易活动的正常进行，将可以制作面包的小麦（主要来自乌克兰和克里米亚半岛）和其他重要商品运到雅典，并将雅典生产的橄榄油、精制陶器和白银出口海外。比雷埃夫斯的发展非常散乱——城市病的早期实例——人们从米利都（雅典盟邦）找来了擅长城市规划的希波达莫斯（Hippodamus），通过划分区域进行治理的方式，让它变得井然有序。但是，公元前 5 世纪末期，比雷埃夫斯城市规模和经济的发展在政治上产生了爆炸性影响：在公元前 403 年的内战中，被称为"城里的人"的寡头派和"比雷埃夫斯人"对峙，最后比雷埃夫斯的民主派干脆利落地取得了胜利。确实，比雷埃夫斯就已经是"另一个世界"了。

公元前 404 年后，雅典海军再也无法重现曾经的辉煌了，虽然于公元前4世纪30年代在希波达莫斯议事广场和造船厂之间修建的军械库是一个奇迹且雅典人也已经拥有了400艘三列桨战船。军费支出仍然以公私合作形式承担：修建费用来自公共开支（由五百人议事会监管），维护和军饷来自私人资金，这笔私人资金是通过税收公共服务的形式募集起来的。但是从贸易角度来讲，公元前4世纪的比雷埃夫斯越来越强大，成了整个地中海东部地区的主要贸易港口。保守的雅典雄辩家伊索克拉底在约公元前380年创作的宣传册中盛赞比雷埃夫斯，说它是雅典人为了人类的利益而创作的杰作。在商业案件中，德谟斯梯尼的那些反控告演讲（nos. 32—38）精彩地描述了在公元前4世纪第三个25年里，出入比雷埃夫斯的形形色色的商人和商品，以及那里的世界主义氛围。虽然雅典人有时会因缺少商业头脑而受到诟病，但是他们制定了新的律法，确定了新型的法律和法庭程序，以推动这样的商业活动迅速发展，而这样的商业活动的主要参与者并非雅典公民，而是外邦居住者、短期居住者或是奴隶。

最后，而且这一点放在最后讨论很是合适，我们来讨论死亡——或者说是雅典人对死亡的态度，以及如何处置死者。公元前8世纪后期，举行正式葬礼的雅典人的数量显著增加，标志着处理死者尸体的平等态度的开端，而据说这样的平等就是公元前5世纪和公元前4世纪雅典民主精神与民主制度的特征。生者的公民身份，就保证了这个人在生前死后都可以得到尊重。公共葬礼和葬礼悼词很可能始于公元前5世纪60年代，本是为了悼念战死的将士，是公开崇拜身为英雄的死者的最高荣誉。部落阵亡名单也在这个时期被铭刻在石碑之上，进一步说明国家承担了本来由死者家人承担的崇拜和纪念的作用。在梭伦时代，雅典正式立法抑制葬礼开销，不允许过分铺张，以免富有家庭为了表明自己的政治立场而挥霍钱财举办大型私人葬礼。同时还终止雅典权贵以真人大小的石像（男性石像裸体，女性石像有衣物）的形式修建墓碑，而且事实上，在公元前500至前430年之间没有出现任何奢华墓碑，由此平等主义理念得到了强化。但是自约公元前430年左右开始，也许是因为出现了很多修建卫城的技艺精湛的工匠，修建豪华大理石墓碑的做法再次盛行起来，而且即使民主制度也不能取缔修建大型墓碑的行为，比如在城市中心的克拉梅科斯墓地（Cerameicus）中为年仅20岁的骑兵德克利奥斯（Dexileos）修建的雕刻精美的大理石石碑，这个年轻人在公元前394/393年在科林斯与斯巴达人作战时被杀；但是他的家人认为确有必要明确获得荣耀的人的年龄，以免人们误以为此人可能在公元前404/403年的内战中参与寡头方。

最后再说一下关于奴隶的事：也许他们中的大多数——而且死在银矿之中的大多数奴隶肯定是——死后被主人随意地处置掉了，因此无论是在城镇还是乡村中都没有关于他们的记录。但是也有几个特例——历史上总是会有特例。受到宠爱的家庭奴隶，无论是男性还是女性，也许可以出现在雅典公民的墓地中——甚至他们的名字也可能光荣地被提上一笔。一位来自小亚细亚帕夫拉戈尼亚地区的名叫阿托塔斯（Atotas）的奴隶就为自己赢得了这种荣誉，他的名字出现在了葬礼悼亡诗之中（大约是公元前350与前330年之间），这首悼亡诗不仅褒扬了他的忠诚勇敢，还称赞了他挖矿的本事。

第九章

希腊民主制的兴衰（一）

公元前 5 世纪

那些著名评论家、批评家和专家经常会犯一个错误，要么认为作为民主制诞生地的古希腊是一个单一的政治实体，要么认为古希腊（这里指任何时期的古希腊）只存在一种民主制，也就是雅典民主制。还有一些人还大错特错地说这种唯一存在过的民主制就是伯里克利时期的民主制。可以说，即使仅是雅典，就存在过四种或是更多种民主制形式，它们差不多是连续的，一直延续至民主制在马其顿的霸权之下覆灭：公元前 508/507 至前 462/461 年；公元前 462/461 至前 404 年；然后大约是公元前 403 至前 322 或前 336 年（参见第十二章）；公元前 336 至前 322 年。事实上，正如我们将会看到的（参见第十四章），有些学者甚至准备探讨公元前 322 年至公元 3 世纪的民主制了，尽管那时"民主"一词已经呈现出不同的色彩，如果不是不同形式的话。

但是，本章的目的并非阐明"雅典民主制"或是"唯一的雅典民主制"是可以被质疑的或有争议的标签，而是想要强调——以亚里士多德在《政治学》一书中的关键分析和分类见解为基础——希腊的民主制可以，也确实应该，进一步进行区分，甚至可以分成不同的类别；亚里士多德本人分出了四大类。希腊民主制的鼎盛时期是公元前4世纪第三个25年（参见第十一章）。但是在古希腊曾经存在过的几百个民主政体中，到目前为止，大多数民主制都不能算作亚里士多德的"最后一种"民主制形式，也就是亚里士多德所谓的最极端或最发达的民主制，而且他认为在他生活的时期的雅典实行的就是这样的民主制。换句话说，与所有民主制中被记载得最好的雅典民主制相比，大多数希腊民主制都或多或少比较温和，或者说从任何角度都要更加温和一些——不那么民主，较为寡头化。但是，雅典民主制不仅是被记载得最好的，也是很特殊的，不同于任何的希腊民主制规范，也不可能与任何希腊民主制混淆。

我们可以较为安全地说，至少在公元前4世纪前半叶，希腊存在过几百个民主制形式或实行民主制的城邦，但关于这个粗略的估算，我们通过证据可以证实的也就是亚里士多德所做的一般陈述，即在他生活的时期，大多数希腊政体是民主政体或寡头政体的某种版本。不幸的是，那些在公元前5世纪或是前4世纪的一千多个希腊城邦中，我们可以相当肯定或者说有很大把握确定为实施某种"德谟克拉提亚"的城邦数量要少得多。最近，艾瑞克·罗宾森在不局限于雅典的视线范围内，去寻找那些实行被他不确切地称为"民众政府"的制度的政治实体——既有单个城邦，也有城邦联盟，他提出其数量是50多个，其中的主要城邦有雅典、阿尔戈斯、科林斯和叙拉古。我已经批评过（参见第四章），认为他将"德谟克拉提亚"宽泛地应用到公元前550年之前的城邦上并不合理；我认为，直至公元前408/407年，雅典才开始出现某种demos进行kratos的形式。另一方面，我很欢迎并赞同他对雅典中心主义的批评,他对"雅典实行的是唯一的'真正的'民主制"这个常见的观点并不认同(2011: 219-22),而且他的两本著作对于我们寻找雅典以外的早期民主制的证据(诚然非常枯燥)是极好的参考点。我将在后文中重新讨论公元前4世纪希腊世界中古典民主制的传播情况,以及公元前4世纪民主制的严重危机(参见第十一章);这里我要将我们探讨的范围限制在公元前5世纪出现的现象之中,这是一个很武断的时间段,但是这个时间点恰好和希腊民主制的一个重大危机——也就是公元前404/403年雅典的悲剧性事件及其余波——相当吻合。

雅典自公元前508/507年起开始实行民主制,并在公元前462/461年加强了民主制;在这个时间段之间,在忠诚的希腊人战胜波斯人后,雅典于公元前478/477年建立了一个全新的、由多个城邦组成的海上联盟,这个联盟被称为"提洛同盟"(因为这个同盟宣誓仪式是在基克拉泽斯群岛的提洛岛上举行的,而且同盟最初的基地也建在这里)。严格来说,这是一个霸权同盟:一个进攻型和防御型的同盟,所有的盟友都与同盟的领袖雅典有同盟关系,但是彼此之间不一定有同盟关系。雅典领头建立起这个同盟,并制定了成员资格条件——出于这个原因,这个同盟也可以被称为"爱琴海条约组织"(Aegean Treaty Organization)。提洛同盟有三个目标:向公元前490年和公元前480/479年波斯造成的破坏寻仇;解放那些仍然受波斯奴役的雅典人;只要波斯帝国依然存在,就仍会对希腊人的自由构成威胁,要让所有的希腊人都永远摆脱波斯的控制。公元前478/477年的雅典实行民主制;而在同盟的150至200个(最终)盟友中,绝大多数都没有实行民主制,当时没有,后来也没有。但是,有一些盟友——包括其中一些最有影响力的——在公元前478/477年已经是民主制国家，或是在此之后发展成了民主制国家，而且雅典干预成员国政治自主的事情至少发生过一次，要么将民主制强加于对方，要么至少对其实行民主制的行为表示了支持。

因此，提洛同盟后来很快就变成了雅典称霸世界的政治工具——雅典帝国是很少见的帝国——毫无疑问，这个同盟在公元前5世纪民主制在希腊世界的传播中产生了重大的影响。这个影响究竟有多大？从这个角度讲雅典在其中扮演了什么角色？有趣的是，亚里士多德并未明确地说雅典致力于在希腊世界到处建立民主制，而是说雅典"压制了寡头统治"，而斯巴达则相反，习惯性地推翻各地的民主制。从文献角度来说——很明显，雅典民主制与雅典的"碑刻习俗"有直接的关系——可能在公元前5世纪50年代左右订立的（参见第一章）、规范了雅典与其盟友爱奥尼亚的厄里特莱之间关系的法令内容毫不含糊：如果没有雅典的强权和干涉主义行为——至少从官方上说雅典与这个反波斯同盟的主要目标之一是一致的——那么那个时期的厄里特莱不会以这种方式成为民主国家。但是可以通过这一个事例就得出结论么？公元前440/439年，雅典与萨摩斯岛的关系或许可以充当一个测试性事例。

对于雅典海上同盟的运作和雅典对爱琴海的控制而言，萨摩斯岛的战略地位非常重要，以至于其内政从来就不仅仅是一个地方性内部事务。这个岛城于公元前478/477年加入提洛同盟时还是寡头统治，而且从最开始，它就一直是同盟中为数不多的不是缴纳金钱贡品而是提供船只和海员的盟友。大约四十年的时间里，这个岛城一直都实行寡头统治，并且为同盟提供船只，直到公元前440年夏天，萨摩斯岛在距离它最近的波斯总督（驻吕底亚的萨迪斯）的煽动支持下，公开反叛雅典和提洛同盟。雅典派出伯里克利统领这场将为期9个月的包围战；这场战役在物质、财政方面耗费巨大，并对雅典人的士气造成严重的打击，以至于伯里克利据称对战俘实施了道德上可疑的极端残酷刑罚。但是尽管史料中明确记录了雅典为了惩罚萨摩斯岛，摧毁了它的舰队和城墙，并索要巨额赔款，可我们不清楚——即使在这场重大暴乱之后——雅典是否提出条件，萨摩斯岛如果想要继续留在同盟之中，就要实行民主制。在这里，人们会怀疑雅典这么做几乎是第二天性，一种策略上和意识形态上的回应，然而，我们并没有决定性的证据。无论如何，我们必须要将公元前439年发生或没发生的事情与公元前412/411年发生在萨摩斯岛的事情区分开来，公元前412/411年，一反在伯罗奔尼撒战争的爱奥尼亚部分的常态，萨摩斯岛改为民主制，极为积极，明确反对寡头统治，并且亲雅典。当然，有所不同的是，在公元前411年夏天的短暂时间里，雅典民主制的核心不再是爆发了反民主政变（见后文）的雅典，而是变成了完全民主派的舰队所驻扎的萨摩斯岛，但是这本身无法完全解释公元前411年萨摩斯寡头派被屠杀，也不能解释为何直至公元前404年春天伯罗奔尼撒战争结束时，萨摩斯岛一直都是一个忠诚的亲雅典民主国家。

事实上，萨摩斯对雅典的忠诚拥护，以及公元前411年后对民主制的坚定贯彻，使得雅典在公元前405年史无前例地——并且之后再也没有发生过——与萨摩斯岛居民签订了市民平等权（isopolity）条约：按照条约条款，任何萨摩斯公民都可以按照自己的意愿，选择在雅典城内永久居住——并且享有雅典公民的全部权利、义务和津贴；反过来，任何雅典公民都可以选择永久定居在萨摩斯岛上。从公元前4世纪开始到希腊化时代，独立城邦之间认可市民平等权成为一个越发普遍的现象，但是在公元前405年，市民平等权仅限于同种族的城邦之间，例如都是彼奥提亚人组成的联邦成员。

当然，雅典与萨摩斯岛签订的条约最终还是被废除了，也很有可能这个条约仅仅是象征性的，并没有实际实行的动力和效果，但是它确实突出地表明，在一般情况下，雅典公民权并不是帝国扩张的一个工具，这与罗马公民权形成强烈对比，因为罗马公民权对于其盟友和附庸国都有强大的吸引力。罗马皇帝克劳狄乌斯在这一方面将雅典的方式与罗马的方式进行了对比，这就从多方面准确解释了雅典帝国为何短命。

另一个可以用来说明雅典帝国主义促进了民主制扩张的事例，就是公元前427年发生的密提勒涅暴乱及其最终被镇压，但是这里我们必须牢记一点，此时雅典及其盟友已经和斯巴达及其盟友进行了四年的艰苦战争。而且，如果修昔底德的说法没错的话，自公元前427年起，出于意识形态的干预在交战双方都更加常见，事实上已经成了一种常态：寡头（无论是否处于统治地位）向斯巴达人（原则上总会强调支持其他地方的寡头政治，修昔底德1.19）寻求帮助，反过来，民主派人则求助于雅典人。公元前427年，密提勒涅是莱斯博斯岛（和萨摩斯岛一样，一座位于爱琴海东部近海的岛屿）上的五个城邦之一，实行寡头统治，而且另外四个城邦中有三个城邦也是如此——实行民主制的特例就是麦提姆那。到了公元前428年，在进行奥林匹亚运动会的庆典活动时，密提勒涅的寡头恳求斯巴达进行干预。公元前427年，有了斯巴达舰队在附近助威,并且在另外三个寡头城邦的支持下,密提勒涅的寡头公开发动叛乱,而麦提姆那依然忠于雅典和提洛同盟。雅典与那些仍提供战船和海员的盟友一起,封锁了密提勒涅,粮食短缺使事情恶化,寡头们决定将重装步兵的武器交给手无寸铁的民众。但是,民众一拿到武器,就开始反抗寡头。不过这是因为这些穷苦民众受到了亲雅典民主制意识形态的影响吗?(那年晚些时候雅典公民大会上发言的人就是这么声称的,来表明雅典帝国和盟友的底层民众很普遍的同情心态。)还是更简单地因为饥饿、因为希望战乱能够尽快结束?总之,从雅典帝国主义的行为和态度来看,在关于提洛同盟内部推行和促进民主制的问题上,最安全的答案似乎就是罗杰·布洛克(2009:161)的说法:"雅典既没有始终如一地推行民主制,也没有在意识形态上做出始终如一的承诺。"

雅典之后,古典民主制最好的例子就是阿尔戈斯、科林斯和叙拉古。关于阿尔戈斯和科林斯我将在第十一章中进行讨论,主要是因为在公元前392年,这两个地区仿效公元前405年雅典和萨摩斯岛之间的协定,也签署了民主战线的公民平等权协定,但是这两个地区之间并没有隔着很长的海路,而且城邦领土实际上是接壤的。但是这里需要说明的是,阿尔戈斯在公元前5世纪的历史的一个重要特征是,公元前494年之后,阿尔戈斯开始实行民主制,并且为了对抗当时实行寡头统治的宿敌斯巴达,与雅典不止一次结盟。令人惋惜的是,唯一保存下来的公元前5世纪的涉及阿尔戈斯的协定,是公元前417年阿尔戈斯在实行寡头统治时与斯巴达签署的协定。

但是,对于叙拉古而言,公元前5世纪其政治形式变迁的分水岭就是发生在公元前466至前405年的叙拉古政体变革，当时其政体从僭主强权统治变成了民主制。因此，叙拉古是作为一个民主国家成功抵抗了民主制雅典人征服叙拉古（甚至是征服所有西西里希腊人）的灾难性尝试的，这就使修昔底德认为，叙拉古抵抗成功的很大一部分原因是它实行了民主制。在古代，民主制国家之间的确会发生争斗。就像雅典的民主制一样，叙拉古的民主制也成功地推翻了僭主统治，但是与庇西特拉图家族不同，叙拉古的德米特里王朝（革洛［Gelon］、亥厄兰［Hieron］、色拉西布洛斯［Thrasybulus］）不仅统治叙拉古这一个城邦——叙拉古是西西里岛上最大的城邦，于大约公元前730年由科林斯人兴建——还在西西里岛东南部及以外拥有一个小型帝国。因此于公元前466年推翻僭主统治的不仅仅是"叙拉古人"，而是叙拉古人得到了整个西西里岛上希腊城邦盟友的帮助，这其中包括阿格里真托（Acragas）、西梅拉（Himera）、格拉（Gela）和赛利努斯（Selinous）。一些希腊"殖民"城邦将本地人变成了没有自由的、类似农奴的劳动力，叙拉古就是这样的一座城邦（另一个是黑海边上的赫拉克利亚），他们将当地的西克尔人（Sicel）变成了这样的劳动力，有一个统称的名字，叫基利里人（Cillyrii）或卡利西里人（Callicyrii），这些人中的相当一部分在推翻僭主统治时起到了巨大的作用，也许是期待着（当然最终还是失望了）能够在民主制下得到比较好的待遇。

摩西·芬利在他关于中世纪前西西里岛的历史著作中正确地指出，城邦本身似乎没有像古希腊那样，在希腊人统治的西西里地区扎根。他指出，反对者不停地被没收财产并且被大量流放，甚至出现了多次人口转移，这让人想到刚刚被推翻的僭主统治下的很多做法。而且，西西里岛的僭主不仅拥有大量的雇佣兵，还喜欢授予这些雇佣兵公民身份；来自西西里岛的狄奥多罗斯（Diodorus，诚然，他是在约4个世纪后写作的）记录说，即使是在推翻了僭主统治之后，在叙拉古仍然有大约7000名雇佣兵，这些人都被剥夺了公民身份，流放出岛。我们能够看到的关于叙拉古民主制的形式和运作的证据并不多，正是这些证据促使芬利得出"其政府形式几乎和雅典相似无二"的结论；叙拉古人甚至还推行陶片放逐法。但是，议事会和政府官员是通过选举产生的，不是抽签抽选的，公职人员也没有津贴，而且从亚里士多德的《政治学》一书中来看，似乎是在公元前413年击败雅典之后，叙拉古才开始逐渐转向民主制，甚至是多少开始模仿它刚刚击败的这个敌人：亚里士多德说，在公元前412年，"帮助赢得抵抗雅典战争胜利的demos进行了革命，使得政体从politeia变成了'德谟克拉提亚'"。按照亚里士多德的独特定义，politeia是指一种混合式政体，具备民主制的一些特征，但是本质并不是民主制。

无论如何，这可以解释在公元前424年及其之后，贵族赫墨克拉底（Hermocrates）所扮演的有影响力的主导政治家的角色；而且，为了进一步解释叙拉古为何没能像雅典那样进一步发展出民主制，有些学者可能会提到叙拉古人对西克尔人的恐惧——不仅仅是那些未被奴役的自由的本地土著，更是那些没有得到自由的基利里人或卡利西里人（参见上文）；与雅典人对国内那些来自不同地区的语言混杂的动产奴隶的担忧之心相比，叙拉古人的担忧也许更甚。在公元前415至前413年之间，叙拉古成功抵御了雅典的进攻，这有助于减轻其内争状态，尽管雅典将领尼西阿斯声称，他与可能充当第五纵队的民主派叛徒有所接触。但是，demos将政体从politeia变成了"德谟克拉提亚"，包括通过抽签选出某些公职任职人员，同样引发了寡头精英伽摩罗人（Gamoroi，意思是"土地的拥有者"，也就是最初的殖民者的后裔中最富有的人）及其追随者的反抗，直到曾经支持赫墨克拉底的狄奥尼修斯展现出高超的手段，利用派系斗争，成功地让自己当上了僭主。事实上，他摆出的姿态不仅是叙拉古的解放者，还让整个西西里岛的希腊城邦摆脱了迦太基的奴役。事实上，狄奥尼修斯的统治——采用了温和的共和式头衔执政官和将军——不仅维持了近40年（公元前405至前367年），而且他还成了一个"僭主"的典型，被用来教育未来学习政治理论的学生何为"僭主"（不仅仅通过柏拉图及他的学生们）。他甚至还出现在但丁的《神曲》地狱篇中。

在叙拉古之后，关于公元前5世纪的其他民主国家的现存史料寥寥无几。接下来要提到的是从罗宾森列出的史料中摘抄的，是按照地理排列的——而非编年顺序——从东部至西部。不幸的是，在某些例子中，就连地理位置都是模糊不确定的。公元前493年，民主制雅典支持埃吉纳岛的民众革命失败时，据说波斯在西方的最高权威马铎尼斯"将这些城邦置于民主制之下"。至少希罗多德（6.43）想让他的读者们相信事情就是这样的，但是这个说法非常可疑（参见第六章）。更有可能的是，马铎尼斯选择了退让，接受了相对温和的寡头统治形式，因此也就至少同意了这些亚细亚希腊城邦可以得到它们最想要的东西——自治（autonomia），不受到外部统治的干预：无论如何，这总比他们之前享受或是遭受的那些亲波斯的僭主统治形式能享受更多的政治自由。

在波斯人看来，这样极其有限的"自由"程度并非违背了他们对爱奥尼亚人的统治目的，因为和其他所有受波斯人奴役的人一样，爱奥尼亚人要以钱财或是其他形式向波斯交付贡金，同时要通过当地的波斯总督向整个亚细亚的领主波斯大王效忠。但是，15年以后，所有爱奥尼亚人的希腊城邦都摆脱了波斯的控制，变成了向雅典领导的提洛同盟交付贡金；我们已经在本章和第一章中探讨过这个新的民主制形势下厄里特莱发生的事情。

纳克索斯岛是基克拉泽斯群岛中最大的岛屿，它的情况也很有意思。需要再次说明的是，我们的史料来自希罗多德，他描述的这些前奏和后来所谓的爱奥尼亚人叛乱有关。"当时控制城邦的纳克索斯人"是"一群普通民众"。正如这样的阶级斗争中通常会发生的那样，这群普通民众不仅推翻了政权，还驱逐了许多此前的掌权者。希罗多德将后者称为"肥猫"（fat cat，这是汤姆·霍兰德的新译法——其希腊语字面意思是"底子厚的人"）；这些人是拥有地产最多的人，是少数的有钱人。与公元前5世纪后来经常发生的情况一样，这些"肥猫"希望波斯能够帮助他们夺回他们的家园和权力，因此就向身在希腊的最有权势的一位朋友求援，也就是爱奥尼亚人的城邦米利都的代理僭主阿里斯塔格拉斯，因为他碰巧与位于萨迪斯的波斯吕底亚的总督阿尔塔弗涅斯（Artaphernes）关系不错。但是阿里斯塔格拉斯计划中的波斯远征行动最终失败了，直到公元前490年，达提斯和阿尔塔弗涅斯率领的波斯舰队——在惩罚支持爱奥尼亚人叛乱的埃雷特里亚和雅典的途中——才得以复仇成功。纳克索斯民众（或者其中大部分人）逃到岛屿的大山之中，但是波斯人"将被抓获的纳克索斯人变卖为奴，并且将宗教圣地和整个镇子都付之一炬"。希罗多德没有说明的是，波斯人还将这里的民主制变成了由富人和亲波斯的纳克索斯人统治的寡头统治，这个制度可能一直持续到公元前478/477年，当时这个岛城成了雅典人建立的反抗波斯的提洛同盟的成员，负责向反抗波斯统治的各种出征行动提供船只和海员。

即使当时政体并未发生改变，纳克索斯的统治精英一定也被要求公开软化他们亲波斯的立场。但是，在仅仅十年的时间内，纳克索斯岛就成了提洛同盟中第一个公开反叛的盟友——雅典人认为有必要杀鸡儆猴对其进行镇压。纳克索斯人不仅要交出所有的船只，推倒所有的城墙，按照修昔底德的简洁描述，他们还要"违反既定惯例被奴役"。"被奴役"一词在这里是比喻的用法，意指被剥夺了所有政治自主和独立；但是在使用"既定惯例"一词时，修昔底德想要表达的是哪一种意思——是正常的希腊城邦之间的关系，还是特指公元前478/477年提洛同盟确立的结盟条件？无论是哪一种意思，我个人认为修昔底德对雅典干预纳克索斯岛内部事务的做法持负面看法，尤其是雅典支持在这里建立或重建民主政府的行为。

公元前5世纪早期，民主运动在伯罗奔尼撒半岛进行，不仅在斯巴达的敌人阿尔戈斯，甚至在斯巴达自己建立的联盟内部也发生了民主运动。伯罗奔尼撒同盟（这是现代说法）本质上是一个霸权联盟；它既发动进攻，也合作抵御外敌，所有的成员都承认斯巴达的领导地位。但是在古希腊，这个联盟一般被称为"伯罗奔尼撒人"，或者按更正式的称谓是"斯巴达人及其盟友"。公元前505年左右，在组织伯罗奔尼撒盟友对新兴民主制雅典的进攻失败之后，这个多国构成的超城邦组织才多少得到了正式的认可。可以肯定地说，正是这个联盟形成了忠诚的希腊人抵抗公元前480/479年波斯入侵的骨干力量。而且，正是因为斯巴达是"伯罗奔尼撒人"中的霸主（hegemon），斯巴达才是抵抗波斯入侵无可置疑的领导者，无论是在海上还是在陆地上：在以"希腊人"之名团结在一起的30多个城市和民族中，约有一半都是斯巴达联盟中的盟友。

但是，在伯罗奔尼撒同盟的盟友中，曼提尼亚和伊利斯这两个盟友非常可疑地在公元前479年夏天的最终决定性的普拉提亚战役中，并未及时赶到战场参加战斗。如若将此举理解成刻意拖延，不仅仅是出于谨慎（当时希腊是否会获胜还不明确），更是出于政治上的不满，肯定算不上是过分推断的做法。这两个城邦仅仅是伯罗奔尼撒同盟的成员，虽然我们无法得知具体时间，但是他们在公元前5世纪确实建立了民主制政府，如果认为这与他们的不满有关，这样的观点也不算过分。我们在上文已经提过斯巴达对民主制的原则上的反对态度，也提到了公元前508/507年雅典初建民主制时斯巴达立刻采取的干预态度。

实际上，斯巴达反对民主制发展的态度是阻止民主制在爱琴海希腊世界发展的主要因素之一。斯巴达不止一次从实质上成功地逼退了民主制前进的脚步，效果最明显的是在公元前404年及后来针对雅典和曾经属于雅典帝国的诸如萨摩斯岛这样的城邦的行动。斯巴达想要达到的外交目标就是用一圈城市警戒线将斯巴达自己和其脆弱的希洛人基地包围起来，这些城市都是斯巴达的盟友，而且因为它们处在寡头控制之下，也是可靠的盟友。这些附庸政权都与斯巴达有私人关系，尤其是这两位国王，与斯巴达建立了宗教关系。因此，伯罗奔尼撒同盟的盟友只有在极其特殊的情况下，才会实行民主制，更不用说像曼提尼亚和伊利斯那样一直维持着民主制。

曼提尼亚是阿卡迪亚地区最大、最有势力的两大城市之一，而这个多山地区南面紧邻斯巴达所在的拉科尼亚地区，因此也就能控制斯巴达与其在伯罗奔尼撒半岛的主要敌人阿尔戈斯之间的出口。在这样的地理位置上，曼提尼亚经常与另一个阿卡迪亚城市泰耶阿发生纷争，而泰耶阿——也是因为这个原因——对斯巴达很是忠心；另一部分原因是因为地理位置彼此靠近，而且尤其斯巴达曾试图在公元前6世纪50年代将泰耶阿居民变成希洛人，却遭遇了灾难性失败，此后斯巴达对待泰耶阿尤为尊重。相反，曼提尼亚却得到了距离不远、正在发展民主制的阿尔戈斯的支持，并以其为榜样。伊利斯虽然本身并不是一个大城市，但是它控制并管理着奥林匹亚圣地和奥林匹亚竞技赛会，因此在整个希腊世界享有巨大的声望；斯巴达急于想要利用奥林匹亚竞技赛会的宗教影响，而且其居民也是竞技会上最突出和成功的竞争者。因此，在正常情况下，斯巴达并不愿意干预伊利斯的内部事务。无论是曼提尼亚还是伊利斯，其民主制类型我们都无法确定，但是有人猜测这两个地方实行的民主制都是相对温和的。

我们现在要离开伯罗奔尼撒半岛，向西来到古人称为"大希腊"（Great Greece，即Megale Hellas或Magna Graecia）的地方，它包括那不勒斯（Naples）海湾以南的南意大利地区。正如其名称的含义所表明的——其原名为Neapolis，也就是New Polis——那不勒斯与叙拉古一样，是希腊早期（约公元前8世纪50年代—前6世纪50年代）第一批海外殖民活动中建立的诸多城市之一。位于意大利半岛"鞋跟"位置的塔拉斯（也就是古罗马的他林敦，也就是现在的塔兰托——现在的塔兰台拉舞也来自这里）也是一个这样的城市，但是它很特殊，因为它是斯巴达人建立的，斯巴达不会将多余的人口向外殖民，而是在属于自己的拉科尼亚和美赛尼亚进行内部殖民，并以此方式发展自己。塔拉斯，再加上它附近的先驱萨特里乌姆（Satyrium），是真正的斯巴达殖民地，但是它并未仿效斯巴达的政体，而是选择了一条更加正式、更加先进的政治路线。事实上，史料中曾经提到过一个公元前6世纪晚期的塔拉斯人是国王，而且昔兰尼也有国王，与其共和政体并不矛盾，昔兰尼大概算是斯巴达的子邦的子邦，是后者通过锡拉岛（今天的圣托里尼岛）建立起来的城市。（大约在公元前550年，为了满足于公元前630年建立的昔兰尼的请求，一位名叫戴莫纳克斯［Demonax］的曼提尼亚人作为仲裁人被派去解决纷争。戴莫纳克斯的外交解决办法不是废除昔兰尼的国王统治，而是将国王的权力限制在某些宗教权力之内，并将其他的权力交予民众，这个做法就使人联想到了斯巴达国王或是雅典的国王执政官。）至于阿里斯托费利达斯（Aristophilidas）*和塔拉斯的国王统治形式，到了公元前5世纪第三个25年，塔拉斯的政体已演化成了某种混合政体——一个有民主制倾向的温和寡头统治形式——亚里士多德将这个统治形式称为"politeia"。

但是，亚里士多德更感兴趣的是塔拉斯的politeia转换成民主制的情况，这可能发生在公元1世纪的西西里岛编年史学家狄奥多罗斯描述的公元前473/472年的故事中。塔拉斯人和雅皮吉人间曾爆发过一场全面战争，雅皮吉人是意大利土著居民，双方之间的关系很紧张。据记载，雅皮吉人集结了2万兵力，而塔拉斯人为了应对雅皮吉人，联合了利吉姆（今天位于意大利半岛

---

* 即前面提到的塔拉斯的国王。

"大脚趾"的位置的雷焦卡拉布里亚）的希腊人。但是根据亚里士多德的记载，塔拉斯人遭遇惨败，很多"名人"都在此战中丧命。"名人"是一种委婉的说法，指的是富人和有权有势者，因此亚里士多德可能借此暗指，他认为塔拉斯损失如此多的精英，人口比例失衡，导致了其向民主制的发展。

在距离塔拉斯不远的地方，公元前444/443年，一种新的海外殖民形式于意大利半岛的脚背位置在雅典的主持下建立起来：这就是图里亚，也被称为图里伊。这并不是来自不同城邦或是不同社群的希腊人在海外组成的第一个殖民地，昔兰尼又一次提供了先例。但是很明显，按照现有的民主制度律法建立殖民地的情况还是没有先例的；民主制度律法是普罗泰戈拉（参见第六章）起草的。有些人会很容易将此认为是雅典人以在商业和战略敏感的区域建立民主制的方式输出政治影响力，是雅典人意识形态帝国主义的经典案例，但实际情况并非如此。亚里士多德讲述了一个多重政治动荡的悲惨故事，而且这些动荡往往都未能达到原来想要的结果（比如从贵族统治到民主制度，从民主制度到强权统治或是集体僭主制）。事实上，一位没有任何已知民主倾向的斯巴达政治流亡者（克利里达［Clearidas］，他是国王普雷斯托阿纳克斯［Pleistoanax］的顾问）在公元前5世纪40年代不仅在图里亚得到了政治庇护，还得到了公民身份，这样一个事实就已经令人踌躇了；另一个从图里亚人的慷慨之举中受益的被流放的人是来自哈利卡纳苏斯的历史学家希罗多德。

最后要讨论的是卡马林那这个有争议的例子，卡马林那是叙拉古于公元前600年左右在西西里岛建立的殖民地。在雅典娜神殿附近发现了一个公元前5世纪中叶的储物窖，其中有143个折叠铅片，上面铭刻着公民及其氏族的名字。起初，在解读时，这些铅片被认为是陪审团的身份标志或是公民大会出席人员的津贴记录，因此无论是不是从雅典直接借鉴过来的，这都可以被看作雅典式民主的证据；但是实际上，这些铅片更有可能有某种军事职能，或标志着向公共资金缴纳的数额，或代表着土地或者公民身份的分配形式。无论如何，尽管以书面形式记录公民姓名的做法可以表明政府部门的公开性，但是单凭此证据并不能推断出卡马林那的政体形式（politeia）。然而，公元前415年，当雅典要远征西西里岛时，卡马林那曾发生过一场辩论，从修昔底德对这场辩论的记录来看，可以推断出卡马林那当时实行的是民主制度。因为他所描述的雅典大使欧斐摩斯（Euphemus）的演讲内容，与他描述的诸如关于密提勒涅暴乱这样的雅典公民大会辩论的演讲形式很符合，而且欧斐摩斯的听众似乎确实是一个开放性、有决策权的公民大会的成员。

我们关于公元前5世纪希腊民主制的兴起的讲述就到此为止。我们要将本章剩下的内容用来检视民主制实行中出现的问题，也就是"危机中"的民主制，尤其是且不限于因此而遭受苦难的雅典。通过修昔底德这位史学大家无情的描述，我们可以知道在我们称之为——大部分都是由于这位史学家——伯罗奔尼撒战争的进程中民主制雅典的衰败过程。其实这是雅典主导的伯罗奔尼撒战争，而这究竟是持续了24年的一场战争，还是中间出现了一段勉强维持的和平时期的两场战争，现在依然还有很多争议。而且修昔底德本人的政治立场也是存在争论的一个问题：一方面，他很仰慕伯里克利，而伯里克利无疑是一位民主人士；另一方面，修昔底德曾很多次对"暴民"参与政治决策的方式进行毫不留情的批评，将克里昂——他是伯里克利之后雅典的政治领袖——描绘成一位暴民煽动者，声称在他领导时期，所谓的"五千人政权"（参见第七章）的非民主温和寡头统治形式才是雅典人得到的最好的统治形式（意思是享受到了最好的统治？）。这可不算是对伯里克利作为"第一人"主持的激进民主政权的明确支持。

而且，修昔底德本人也很难说不偏不倚。他因为犯下了重大的军事错误——这个错误并不完全是他本人的责任——被流放时，他亲自感受到了他所憎恨的克里昂教导的民众善变的愤怒（他是这么看的）。但是作为一名当时的观察员和政治评论员，修昔底德是独一无二的，主要是因为他对雅典内战中两起大型事件——也就是公元前427年发生在科基拉（科孚岛）的事件和公元前411/410年发生在雅典的事件（详见后文）——的敏锐分析。亚里士多德也不比他更客观，也不比他在意识形态上更支持民主制，然而他的《政治学》的核心两卷（第五卷和第六卷，讲述了内战是如何在城邦中出现的，并提出了如何预防或至少虑及和治愈内战）是政治社会学的大师著作。在古希腊语中，"内战"可以理解为一个部落内部的stasis。而stasis一词本身也可以表示这个含义，而且正如我们将要看到的，对修昔底德和亚里士多德来说这个词已经够用了。今天的古希腊语stasis也进入了英语中，但是英语中对这个词的使用是完全不同的，意指一种稳定的状态，静态。在古希腊语中，从政治层面来看，stasis一词是指选择立场的过程，与立场相同的人站在统一阵线一起应对竞争对手或是敌人，这个词经常被使用在非常血腥的场景中，与停滞不前的意思截然相反。

在近两个世纪（也就是从公元前508/507至前322年）的大

部分时间内，雅典民主制都非常稳定。尽管作为潜在的第五纵队的顽固寡头派（他们在公元前411/410年和公元前404/403年取得了巨大成功，但此后就不那么成功了，但他们仍旧敌视作为一种政治体制的民主制）或多或少一直存在；他们会认同归于阿尔基比阿德斯名下的观点——民主制是"得到认可的疯狂举动"。关于雅典式民主稳定性的记录很是令人惊讶，因为在公元前5世纪，民众就公开集会通过投票的形式参与决策和统治，面临的风险就是每月爆发一次的因为情绪和关系紧张而造成的暴乱行为，到公元前4世纪，这样的暴乱行为变成了每个月发生很多次。但是，关系紧张是常态，在这种民主决策模式下，政治领袖和争夺民众支持的竞争对手之间的"个人纠纷"是不可避免的，而且在缺乏党派体系的情况下会更加严重。忠诚是对个体的，在雅典，个人行为本身就是政治行为。修昔底德将雅典在伯罗奔尼撒战争中的惨败归咎于这样的纠纷，在他看来这样的纠纷非常致命，破坏了雅典公民大会制定的政策的有效实施。

伯里克利与客蒙之间就出现过这样的个人纠纷，另一场纠纷发生在伯里克利与麦里西亚斯之子修昔底德之间。从麦里西亚斯之子修昔底德被放逐的公元前443年到公元前430年，伯里克利每年都代表他所属的部落当选最高统领一职。因此，当雅典成为东地中海的帝国主义强国时，伯里克利的地位足以影响雅典的外交政策。伯里克利能够得到这样的地位，主要是因为政敌客蒙在海战中的表现直接令他在公元前461年被放逐。在公元前477至前457年之间，雅典在爱琴海建立了反波斯的海上帝国，合并了曾经敌对的埃吉纳岛，以及诸如萨索斯岛、莱斯博斯岛、希俄斯岛和萨摩斯岛等主要岛屿；自公元前457年起，这个海上帝国还很不明智地试图在陆地上发展，建立一个陆地帝国，尤其是在附近的彼奥提亚地区。但是在公元前454年，雅典在埃及遭受了巨大的挫折，公元前446/445年，雅典与斯巴达及其盟友缔结了名义上持续30年的停战协定；实际上，协定只维持了14年。

根据人们对斯巴达的行为方式和目标的看法与对爱琴海希腊总体战略的看法，伯里克利要么是通过推行无情的侵略政策，要么是通过不兑现割让领土的诺言，迫使斯巴达于公元前432/431年向雅典联盟宣战。公元前431年时，修昔底德可能还不足30岁，但是即使修昔底德年近中年时，他仍然是伯里克利的热情拥护者，认为伯里克利是雅典的"第一人"，并且到最后都相信伯里克利所倡导的是对雅典而言最为稳妥、最有远见的政策，这些政策中就包括对抗斯巴达的正确战略。其他人对此持否定态度，而且理由很充分：伯里克利的战略多是被动战略，这实际上让雅典人的作战士气严重受损，而且无可争论的是，他严重低估了战争造成的损失，尤其是海上作战的损失。在战争爆发之前以及战争最初阶段，批评伯里克利声音最大的就是克里昂，他是一位"新型政客"，意思是他没有贵族背景，其家族依靠贸易（拥有一家制革厂，工人都是奴隶）发家。克里昂提倡的是一种侵略性的外交政策，极力提倡雅典面对任何不满情绪或是暴乱举动采取坚决打击的态度，比如公元前428/427年密提勒涅人的暴乱。但是，修昔底德将克里昂描述成一个蛮人的形象，说他是一个煽动民心、自私自利的煽动者，在阿里斯托芬于公元前424年创作的喜剧《骑士》中的克里昂也是这样的形象，但是我们不能对这样的形象信以为真。伯里克利与克里昂一样也是煽动者，修昔底德称赞伯里克利的贤明政策，而在伯里克利倡导的政策并未见效之时，却归咎到民众身上，认为是民众在反对甚至解除伯里克利的职务，至少在这一点上修昔底德是非常不一致的。

大概就在《骑士》被搬上舞台的同时，另一个雅典知识分子对民主制进行了猛烈的抨击，他的这部作品《雅典政制》曾被归到色诺芬的名下，但有人称他为"老寡头"（参见第一章）。我们无法从史料中得知作者年代。从现在的语境来看，这本小册子有意思的地方在于，尽管作者非常希望能够推翻民主制和恢复寡头制，但是他完全没有提及这样的极致目标——在将来，更不用说在很短的时间内——该如何实现。恰恰相反：尽管这位作者厌恶民主制和民主人士，也会毫不犹豫地表明自己的厌恶态度，但是他也不得不承认，就算雅典 demos 很自私，道德败坏，这些人也很清楚如何促进和维护自己的利益。而自公元前 433 年与雅典结盟的科基拉的局势要更加动荡。

在促使伯罗奔尼撒战争爆发的诸多因素，也就是修昔底德（1.23）所谓的交战双方"不满和分歧的根源"之中，科基拉事件就是之一。对于公元前 5 世纪 30 年代中期至后期的复杂外交情况，这样的说法很是简略，当时的事件主要涉及科基拉、其母邦科林斯、科林斯的盟友兼领导斯巴达以及雅典。在实行民主制的科基拉提出抗议，并反对科林斯所谓的专横干涉后，应科基拉人的请求，雅典人同意与科基拉结盟。这是一个完全的防御性联盟，以免被视为违反了公元前 446/445 年与斯巴达签订的停战协定。但是，在公元前 433 年爆发的科林斯与科基拉之间的海战中，一小支雅典舰队站在科基拉一边参战，而科林斯则向斯巴达申诉，在他们看来这足以让斯巴达决定向雅典宣战。就像在公元前 432/431 年确实发生的一样。四年后，科林斯遣返了某些科基拉战俘，但是其目的是希望这些战俘能够发动政治革命,结束科基拉与雅典的联盟。

修昔底德认为,这就是科基拉内乱的开端,他之所以对这场内乱进行分析,有两个重要原因:首先,在伯罗奔尼撒战争中,这样的革命性内乱是第一次;其次,对于他之后进行的此类事件的分析,这场内乱可以作为一个典型事例。在修昔底德的记录中,他强调了民主派和寡头派双方的激情。源于贪婪和野心的对政治权力的贪恋是很多恶行——比如父子相残或是侵犯宗教圣地——爆发的原因。不过,学术上对修昔底德这段叙述的主要兴趣都集中在修昔底德对一系列(所谓的)"党派"政治口号的解构和揭示上。为了达到宣传的效果,本来含义毫不含糊的单词和短语被刻意歪曲,表达了完全相反的意思,而修昔底德认为这种对语言的曲解对希腊世界价值观和自尊是灾难性的。

从民主意识形态来看,一个口号短语有着特别的重要性:平等政治(isonomia politike)。正如我们所见(参见第六章),在希罗多德的波斯辩论中的欧塔涅斯看来,isonomia 有着"最美好的声名";修昔底德加入了 politike 一词,这让人们注意到,这个词可以用于很多非政治(比如医学)层面。在希罗多德和修昔底德两人笔下,isonomia 一词与民主制相关,尽管从正式的角度来说,"法律之下人人平等"的理念同样可以和寡头制联系在一起,但是,修昔底德认为,这只是一个民主口号而已,不能与真实的政治意图混淆。宣扬它的民主人士真正不断追求的是自己的利益和支配对手的地位,而不是城邦这个整体的最大利益。然而,修昔底德在进行批判性分析时态度客观公正。在他看来,科基拉的寡头派在表明自己想要一个"自我克制的贵族统治国家"时,同样只是在表达一个似是而非的宣言。值得注意的是，在修昔底德对公元前411年在雅典爆发的寡头派领导的远为重要的反革命动乱的详细描述中，"自我克制"和"适度合理"这两个短语再一次出现，同样有着宣传的意味。

为此，修昔底德再一次成了我们的重要证人（当然不是目击证人，因为直到伯罗奔尼撒战争结束，他一直流亡在外）；修昔底德未完成的《伯罗奔尼撒战争史》最后的第八卷留存下来的内容重点关注了这场大规模内争。在亚里士多德学派的《雅典人的政制》中有另外一份描述，因为公元前411年发生的那些事件激发了变革、逆转或是动荡（在作者看来，雅典的政制会遇到这些情形）；但是这种说法并不被人广泛认可，也缺乏洞察力，还带有严重的偏见。在公元前415至前413年远征西西里岛的灾难之后（在修昔底德作品的第六卷和第七卷中有记录），雅典民众——以他们典型的态度，修昔底德嘲讽地说——将责任归咎于那些狂热建议出战的人，而不是承担自己本该承担的责任，因为起初这些民众是出于无知和贪婪才在投票时选择支持这场注定要失败的战争。在雅典能够在接下来的爱琴海海战——斯巴达人如今已经得到了波斯人对这场海战的大笔资金支援——中取得新的成功之前，寡头派思想家抓住了这个难得的机会。通过利用了两个观点——一是民主制政权明显无力成功指挥战斗，二是只有雅典实行寡头统治，波斯人才肯为雅典人提供资金援助——他们召起了一次规模庞大的公民大会会议。这次会议的举办地点并没有选择在坚固城墙保护下的普尼克斯山，而是在城墙外面的科伦纳斯民区中，这就相当于是在斯巴达军队的鼻子底下举办会议，率领斯巴达军队的是国王阿吉斯（Agis）二世，他曾在公元前413年攻占了戴凯列阿。正如寡头们所计划的那样,只有一半左右的公民出席了这场会议——从经济能力来说,当贫苦大众离开雅典前往遥远的爱琴海东部在萨摩斯岛舰队中效力时,这些参加会议的公民都是那些有能力自备武器装备可以成为重装步兵或是骑兵的人。会议结果是可以预测的:实际上,公民大会通过投票否决了自己的民主权利。这就为政变以及随之而来的暴力举动提供了机会,寡头理论家和修辞学家安提丰带领的四百人极端寡头派已经做好了准备。

从意识形态来看,四百人政权的统治起初很成功,因为他们立即废除了那些他们讨厌的民主制做法,比如除军事报酬(比如重装步兵的军饷)以外的所有公共报酬。但是,就战争表现,这个政权混乱不堪,部分是因为这个政权所关注的问题很狭隘,致使那些温和的反民主人士的嫉妒和恐惧之心日盛,还有一部分是因为尽管情况对雅典舰队不利,但是他们还是设法在与斯巴达的海战中取得了不小的胜利。而且,这个四百人政权试图在整个帝国的盟邦中进行寡头统治革命,而他们自己稳坐雅典的权力顶峰,代表整个联盟对斯巴达和波斯作战,这样的做法简直就是适得其反。在雅典帝国的城邦中确实大规模发生了寡头统治革命,修昔底德讽刺地描述它们正在"变得节制"。但是盟邦中新建立的这些寡头政权认为自己并没有理由继续向雅典卑躬屈膝,它们选择了自主独立(并且不再向雅典上贡)。当四百人政权发现他们将要被自己人推翻时,为了紧紧握住手中的权力,他们甚至打算只要斯巴达可以保证他们可以作为傀儡寡头统权存在,就可以将雅典卖给斯巴达(8.90)。不足为奇的是,修昔底德认为这个政权不是"在他生活的时代最好的统治形式"。修昔底德赞扬的应该是四个月后替代了它的另一个政权。通常这个政权被称为"五千人政权",虽然从事实来看,它是以限制那些不包括第四阶级(也就是人口普查中的第四阶层,主要由公民中的贫苦大众组成)的重装步兵及其以上阶层的政治权利为基础的,应该被称为"九千人政权"(大约是这个数量)才合理。

新政权存在了约八个月。有争议的是,这个政权究竟是温和的寡头统治(也就是说,它其实仅仅是四百人政权未能实现的承诺中的政体),还是温和的民主制,也就是说尽管所有的公民都可以如往常一样在公民大会和法庭上正式参与决策,但是只有重装步兵及其以上阶层的人才有资格就任公职。我本人强烈倾向于前一种观点,尤其是因为身为非民主人士的修昔底德如此强烈地支持它。修昔底德宣扬了某种早期的"混合政体"统治理论,支持这个政权,因为这个政权代表了一个满足了"少数"(也就是富人阶级,主要是寡头)和"多数"(也就是穷人,主要是民主人士)的利益的"温和的混合制度",我认为他这样说,是想说按照梭伦的做法(参见第三章),分别给予这两个群体应得的东西。总的来说,这个政权确实是寡头政权。

认可这个理解方式的另一个理由,是因为泰拉蒙涅斯(Theramenes)——他曾是四百人政权的成员之一,但该政权一被推翻,他就成了五千人政权的领袖之一——并非民主人士(详见后文)。但是,这个新政权只维持了八个月,而且它解散得悄无声息,以至于色诺芬(修昔底德的后继者之一)在自己的《希腊史》(*Hellenica*)中甚至都未曾提及这个政权是怎么被取代的、公元前411年的民主制又是如何复辟的。公元前410年,除了努力打败斯巴达,雅典人还决定集中精力让雅典保持民主,不仅是在当下和为了将来要延续现有的雅典民主制,还决定要为其民众重建这座城市的过去——一个民主的过去。在其一系列措施之中，其中有一项措施是修订法律，这是一个漫长的过程，花费了十几年的时间才得以完成。法律修订的主要人物是一位曾经是公共奴隶（demosios）的人，名叫尼科马库斯，也就是公元前399年因犯了宗教过错而上庭受审的至少三名重要人物中的一位。

修昔底德（8.68）正确地指出了民主制的韧性："自僭主被推翻起，在大约一百年里，让雅典民众放弃自己拥有的自由是很困难的。"在重新实行民主制之后，雅典甚至可以赢得海战的胜利，迫使斯巴达积极考虑再一次议和。但是，这样的韧性最终还是在公元前404年失去了作用：在一场重大海战失利之后——也就是公元前405年末，在赫勒斯滂的阿哥斯波塔米，由斯巴达军事奇才吕山德（Lysander）策划的一场海战——雅典由于军粮严重不足，被迫投降。在导致战争最终惨败的过程中，公元前406年，雅典人在东爱琴海的阿吉纽西海战胜利后的行为也起到了一定作用。阿吉纽西海战是另一个修昔底德记录下来的因个人纠纷而爆发的战斗。这场战斗就是一场代价惨重的胜利；因为统帅（至少有八名最高统帅直接参与了这场战斗）缺乏正当理由，未能拯救战后因风暴而沉船的船员，好几千名雅典公民在此战中丧命。在公开的公民大会中，泰拉蒙涅斯带头控诉这几位统帅：其中几位将军（八名被告中的六名，其中也包括伯里克利与阿斯帕齐娅的儿子小伯里克利）错误地出现在现场，公民大会没有按照法律要求行事，而是变成了私设法庭，这几位统帅全被定为叛国罪，并被处以死刑。这个悲惨故事的讲述者——其立场有倾向性，其回顾的口吻也颇为轻松——是亲斯巴达且支持寡头统治的雅典流亡者色诺芬。在他的描述中最能说明问题的地方，就是普尼克斯山上与会人员喊出的那句"如果人民不被允许做任何他们喜欢的事情，这是极其可怕的行为"——不管法律如何规定——让那几位将军得到了决定性的裁定。

在以狂热支持寡头统治的吕山德为代表的斯巴达人的残暴统治之下，雅典民主制的未来将会如何？简而言之，民主制迅速终结，取而代之的是以克里提亚斯（Critias）为首的三十位极端寡头组成的军事统治集团。我们可以从色诺芬枯燥乏味、带有政治偏向性的描述中得到证据，再加上同样是反民主的著作《雅典人的政制》一书，可以反驳此证据的只有杰出的外邦居住者、亲民主人士及演说词撰写人吕西阿斯发表的演讲，他在这次演讲中攻击了公元前404年后的政权中的成员之一，就是这些参与政权的人谋害了他的亲兄弟。就是这种出于贪欲的杀戮，让这个新政权得到了"三十僭主"统治的称号。这"三十僭主"实行的是集体性僭主统治，因为他们没有宪法合法性，统治时没有依据可以称为法律的东西。他们的政权是依靠吕山德的长矛强加给雅典人的，他们的残酷统治是以斯巴达驻军——人员主要是那些被特意授予其自由身份的下层阶级希洛人——支撑的。

三十僭主的贵族领袖是柏拉图的一个亲戚（从柏拉图的母亲那边算），而且与柏拉图一样，也是一个亲斯巴达的理论家，而且比他的亲戚更甚。克里提亚斯有两部作品描述了斯巴达人实行的政体，一部是散文，一部是韵文。不难想象的是，他打算要按照斯巴达的形式重建雅典的政体；而且无论如何，三十这个数字正好与斯巴达的高级政府管理机构——长老议事会——的人数完全一致，吕西阿斯还提到了督政官，这很明显是一个斯巴达政治词语。泰拉蒙涅斯又一次在这个极端寡头统治政权中扮演了双重角色——直至最终所谓的议事会在克里提亚斯的命令下通过决议将他处死。但是，三十僭主统治最终被推翻，不全是因为这种内部矛盾，更多地是因为面对越来越多来自外部和内部的反对势力，斯巴达决定不再为其提供支持。在比雷埃夫斯，"城里的人"（是指新的寡头统治政体下的3000名左右公民）与所谓的民主死硬派"比雷埃夫斯人"之间爆发了一场决定性战斗，最终后者取得了胜利，克里提亚斯也在战斗中被杀。斯巴达国王帕萨尼亚斯，也就是公元前421年与雅典议和的斯巴达国王普雷斯托阿纳克斯的儿子，在签订和平协议的过程中起到了关键作用。大约一年之后，民主制再一次被建立了起来。

但是，与公元前410年的情况不同，这一次民主制的恢复发生在和平时期，而且由于帕萨尼亚斯采取了特殊的不干涉态度，民主制此次重建时，雅典人得以进行思考，试图从中吸取教训，因此也就避免了反民主政变的再一次发生。帕萨尼亚斯强迫雅典人发誓进行大赦（amnesty），其字面意思是"忘记"。三十僭主中幸存的领导人被排除在大赦之外，而三十僭主创建的被称为"十一领袖"的警察机构和代表他们统治比雷埃夫斯的"十人委员会"（其中一位成员是柏拉图的另一位亲戚，名叫卡米德斯[Charmides]）也不在大赦范围内。至于其他所有雅典人——尤其是那些在公元前411至前403年之间或多或少积极支持了寡头统治的人——新政体对他们曾经反民主的错误既往不咎：在法庭诉讼中，任何在公元前403年之前出于政治动机的效忠活动，现在都不能合法或正当地被用作针对个人的证据。这可能是有记录的人类历史上第一次大范围赦免行动。但是，这远非纯粹的理想主义安排。如果雅典人不愿意答应大赦条款，这只会导致斯巴达人再次击溃雅典统治政体。帕萨尼亚斯绝不是什么乏味的自由派人士，对斯巴达有好处的是，他坚持复辟后的民主政权要承认或至少不要镇压厄琉西斯的极端寡头统治，在此之前，很多在比雷埃夫斯战斗中幸存下来的"城里的人"都逃到了厄琉西斯。就这样，斯巴达使雅典城邦发生分裂，扭转了最初的统一局面，而这种统一最初由雅典之父忒修斯建立，并在一年一度的希诺克亚节（Synoikia）上得到庆祝。我也曾亲自去看过这些斯巴达人的陵墓，这座陵墓也是帕萨尼亚斯交易的一部分，公元前403年，这些斯巴达人死于发生在雅典附近的战斗中：这座陵墓很是显眼，位于克拉梅科斯墓地的入口处，至少那些名字被铭刻在陵墓外侧的斯巴达人会被雅典人记住。

在以新的三十僭主为首的雅典寡头统治的3000公民中，就有苏格拉底。雅典已经安全度过了民主制危机，但是苏格拉底的危机还没有开始。尽管苏格拉底并没有积极支持三十僭主政权，但在公元前403年他也没有加入民主抵抗组织。因此，他最初是受益于大赦的人之一，或更确切地说受益于雅典对大赦条款的遵守。所有现存的史料，无论是关于寡头还是关于某个人，都惊讶地认为恢复的民主制确实遵从了其规则。在公元前401/400年，厄琉西斯重新成为雅典的一部分，统一再次出现。但是，公元前399年，苏格拉底被推上了审判庭。我们将在下一章探讨，这场审讯是如何发生的，是谁在背后推动，产生了什么影响。我们还会讨论发生较早的公元前411年对寡头统治集团成员安提丰进行的审讯，以及后来对重要的民主人士德谟斯梯尼的代言人泰西丰的审讯。这三场审讯能够让我们清楚地了解雅典人独特的民主实践形式。

第十章

法庭中的雅典民主制
对德摩斯、苏格拉底和泰西丰的审讯

在前面的几章中,我已经强调了雅典民众不仅在公民大会,还在——而且其权威性是同等的——民众陪审法庭(Dikasteria,公元前460年开始这么称呼)行使自己的权力。Dikasteria 这个词是自梭伦时代(参见第三章)被称为人民法庭(Heliaea)的机构的新术语,从词源上讲,Heliaea 与希腊语中表示集会或是聚集的词有关联。亚里士多德就曾对城邦中的公民做出定义,指出公民就是"拥有评判权和统治权或就任公职的权利"的人,明确指出了评判权包括通过合法的法庭裁决的权利。亚里士多德学派的《雅典人的政制》的作者有点时代错误但引人注目地写道:"当民众获得了法庭的控制权,就得到了对政制的控制权。"

一直以来,民主制的雅典让司法体系尽可能地显得民主(参见第七章)。陪审员是通过随机抽签的方式进行选择的,其中大多数人来自社会学意义上的穷苦大众,陪审员的公职津贴是公元前5世纪50年代伯里克利推行的第一批政治津贴。法庭中没有职业诉讼律师,也没有现代意义的职业法官——陪审员就是法官,而且当时也没有公诉人或公诉机构:所有非个人案件中诉讼者都是志愿者。法律程序的重要性远胜于法律条文的内容，公平的重要性远胜于认真研究证据和先例中的法律规定的细节，而且一般来说罪名没有精确的定义。总之，民主制的雅典在执行陪审制时是一个业余新手，要尽可能地与日常生活经历和"普通"公民的想法一致。在重要的政治审讯中——当然，从某种意义上讲，所有的审讯都涉及政治——陪审员最关心的不一定是被告人是否有罪，而是什么样的裁决和惩罚措施最符合雅典作为一个民主城邦的最大利益。

因此，要想了解雅典人民主决策的制度机制和他们的民主思维模式的一个关键路径，就是研究留存至今的公元前5世纪末期至前4世纪末期的法庭案例。至今留存下来的大约有150个法庭演说词，与任何描述性记录相比，这些演说词更能让我们接近法庭上的实际运转。但是这些演说词通常只表达了一个案例单方面的观点，不一定与诉讼当事人在庭上所说的实际内容相符，但是表达出了演说词撰写人希望听众或读者听到或读到的内容。我在本章中选出了三起案例以作为参考，前两起案例证据更加匮乏，如果我可以这样说的话：关于雅典重要公民德摩斯的审讯，我们能够参考的只有保存下来的部分演讲内容，而其完整演讲很明显是法庭演讲，作者是当时一位地位极高的演说词撰写人；而关于苏格拉底的审讯，我们依据的主要是他的辩护演讲的两个版本（英语中的apology一词就来自希腊语的apologia一词），这两份辩护演讲的作者不是演说词撰写人，更不是苏格拉底本人（苏格拉底几乎没有出版著作，可能甚至没有在任何法庭中发表过正式的辩护演讲），而是两位认同苏格拉底哲学思想的追随者，这两个人都有各自的——不同的——目的。在第三起案例中，也就是对泰西丰的审讯，我们拥有原告和被告两方的书面演讲材料，虽然被告一方的演讲是非正式演讲，但是这也是足够珍贵的了。

我的观点是，因为对于理解公元前5世纪和前4世纪的民主制（或是多个不同的民主制），这三起案例很重要也具有核心意义，这就值得我们努力去解决证据出人意料和严重不足的问题。每一起案例都是因为雅典民主制的危机：引起前两起案例的危机大约发生在公元前5世纪最后15年，与一场重大军事失利有关，而引起第三起案例的危机是由公元前338年灾难性的军事失败造成的。这三起案例能够让我们清楚地了解雅典的上层社会和外交政策，了解雅典的宗教政治，了解重要政治人物（也就是"演说家和政治积极分子"）为了争夺民众的注意力和支持而发生的激烈竞争。接下来我们就来大致看一下这三起案例。

对德摩斯的审讯

公元前422年，从某种意义上讲，阿里斯托芬在喜剧《马蜂》中将德摩斯——也就是他所代表的雅典人民——送上了审判庭。《马蜂》是一部虚构喜剧，它认识到并且喜剧化处理了法庭行为在民主制诉讼程序中的中心地位；有争议的是，通过对这样的行为毫不留情的讽刺，它旨在用更温和的形式来表现实际情况。大约在这部作品问世的6年后（纯属个人假设，确切时间无法得知），有一位身份显赫的雅典公民，他的名字也很是与众不同，叫德摩斯，被另一位名叫埃拉西斯特拉图斯（Erasistratus）的身份显赫的公民推上了审判庭。德摩斯的家世众人皆知：他的父亲是伯里克利的亲密伙伴皮里兰佩（Pyrilampes），在第二次婚姻时娶了他的外甥女（他姐姐的女儿），成了柏拉图的继父（因此也就与未来的三十僭主统治的领袖人物克里提亚斯有了姻亲关系）。这位埃拉西斯特拉图斯的身份我们无法确定，因为当时有好几个雅典人都叫埃拉西斯特拉图斯，但是我本人认为，这个人极有可能是那个在公元前404/403年成为以克里提亚斯为首的三十僭主成员之一的埃拉西斯特拉图斯。无论如何，考虑到这起政治诉讼双方的高贵身份，能够起诉像德摩斯这样地位和声望的人，提起诉讼的人不可能来自底层社会，一定有自己的政治地位。从构成上来说，陪审员组成会偏向社会经济结构中的底层民众，但是在法庭中，就像一场肥皂剧中，在他们面前为了个人利益和政治利益发生纠纷的却是那些精英人物。确实，这就是雅典政治体中的精英和大众之间主要的交锋场所，这种交锋既有军事敌对意义上的，也有较少敌对、单纯互动意义上的。

此外，通过德摩斯雇的演说词撰写人的身份，我们也可以了解这件事所牵涉之人的深厚背景。演说词撰写人是拉姆诺斯民区的索菲卢斯（Sophilus）之子安提丰，四百人极端寡头统治的主要理论家。公元前411年，安提丰在公开审讯中因叛国罪而被处死，但是他临死前的最后一次辩护演讲得到了历史学家修昔底德的高度赞扬，而且修昔底德可能曾经就是他的学生。安提丰为此次演讲做了长时间的准备，因为他多年来一直为其他人担任法律顾问和演说词撰写人，也是第一个在审判之后发表演说词的人，大概是在他的客户成功了的情况下。除此之外，他还撰写和发表纯粹理论性的演说词——也就是说，这些演说词可以作为模板供其他实际案例诉讼当事人参考，比如毒杀这样的案例。正是这些演说词的理论性让我们更加相信，他就是那位著名的"诡辩家"安提丰——也就是说，他就是一些不易理解的哲学著作的作者，这些著作只有片段被保存了下来，其中有一篇的标题非常发人深思：《论真理》。

据说，埃拉西斯特拉图斯控告德摩斯一案的争论集中在"孔雀"上。这就是我们知道的一切，换句话说，我们不清楚埃拉西斯特拉图斯使用了什么法律程序，也不清楚埃拉西斯特拉图斯控告德摩斯的罪名究竟是什么，后者对这种鸟类做了什么还是没做什么。但是我们对孔雀多少有所了解，可以由此推论到孔雀在雅典的地位和孔雀与德摩斯的关系意味着什么，或者埃拉西斯特拉图斯试图声称意味着什么。孔雀是一种来自亚洲的鸟类，起源于波斯，买卖价格很高（一对孔雀的价格是1000德拉克马，相当于熟练工匠连续工作三年的薪水）。雅典最早的那一对（或者好几对）孔雀是德摩斯的父亲皮里兰佩代表雅典出使波斯时，某个波斯大王赠予他的外交礼物。这种动物最初到达雅典时，德摩斯会每月一次公开展示这些动物，任何想要参观的人都可以前来参观，但是在其他时候是禁止参观的。如此短的公开展示时间有可能无法满足埃拉西斯特拉图斯，他可能会认为这些鸟是雅典的公共财产，因此德摩斯无权私占并从中得利（出售鸟蛋或是鸟）。另外一个可能用于指控的理由是，就算德摩斯没有公开表明支持波斯人，他还是因为他的家族与波斯王室的特殊关系，在政治活动中受到了某些不应当有的限制。无论这场审讯结果如何（我猜德摩斯被判无罪），德摩斯直到公元前4世纪90年代依然活跃在外交事务之中。

正如上文所说的，我们无法确定这份演说词和审讯的日期，但是其时间不会晚于公元前411年，因为在这一年安提丰被处死。认为演说词和审讯出现在公元前415年或前414年的估计可以从以下情况得出：大约在公元前415/414年，雅典积极支持吕底亚总督反叛其波斯大王的统治；与此同时，雅典出现两起宗教丑闻（公元前415年多个赫尔墨斯的神像遭到损毁，而且有人亵渎厄琉西斯秘仪），城内开始进行大规模搜捕；公元前414年，阿里斯托芬上演了丰富多彩、逃避主义的喜剧《鸟》。在这样的大环境下，埃拉西斯特拉图斯看起来采取了高度煽动性的路线，反对德摩斯，要代表雅典城邦扮演一个支持民主制的志愿起诉人，但是大约过了十年，似乎还是埃拉西斯特拉图斯这个人，成了极端寡头统治的三十僭主成员之一。这样的转变并非史无前例，也不是什么出人意料的事情。派山德（Peisander）在成为四百人政权的领袖之前，曾经也是一个极端民主人士。令人感到讽刺的是，也许促使埃拉西斯特拉图斯走上反民主道路的正是他在这个备受瞩目的法庭案件中的失败，在这场诉讼中，他的对手请来的优秀辩护顾问就是一位始终支持寡头统治的幕后政治家。

总之，对德摩斯的审判让我们从侧面了解了公元前5世纪后期雅典的民主诉讼程序。阿里斯托芬在公元前424年创作的喜剧《骑士》中，将德摩斯送上审判庭：作为一个角色，德摩斯的样子迟钝、愚蠢——如果说用意良好的话——而这是他那些不受控制、立场扭曲的"奴隶"政治家所为。但是，历史上的那场审判中，受审对象名叫德摩斯，出身于上层社会，辅助他的人是当时最优秀的法庭顾问和演说词撰写人。这场审讯表明，如果雅典民众想要执行"德谟克拉提亚"中一条理论上和实用上的基本原则，即让其领导人承担法律责任，并回应他们的愿望和需求，那他们必须面对的是什么。

对苏格拉底的审讯

对于发生在公元前399年的这场反响强烈但记录不全的事件，我们的资料来源主要包括柏拉图的《苏格拉底的申辩》(*Apology of Socrates*)和色诺芬的《苏格拉底的申辩》(但是需要注意的是，无论是从风格还是说理上，它们都迥然不同)，还有原始起诉书中的内容。色诺芬的《苏格拉底的申辩》是由一位在此之后很久——公元3世纪——的作家保留下来的，但是我们没有理由认为这份材料严重不准确。阿里斯托芬公元前423年的喜剧《云》（现存的只有约公元前418年重新创作的修订版，但是这个版本并非为了演出，是在该剧表演惜败后创作的；它在比赛中第三个出场，得了最后一名）提供了关于苏格拉底及其学说极具讽刺性的描绘（我们必须如此认为）。关于苏格拉底的现代文献可以追溯至公元18世纪的启蒙运动，其数量众多。因为苏格拉底是西方世界中最著名的哲学家之一，而对于一个本人从未就自己的哲学思想写过只言片语的人而言，这样的情况很不错了。

苏格拉底在国王执政官主持的法庭上被指控不敬神，这是一个可能会判死刑的罪行——但是他的罪名不仅限于此。他还被指控腐蚀雅典年轻人的思想。同往常一样，陪审团是从那一年的6000名陪审员中随机抽选出来的。陪审员人数是501人，这是个惯常的人数规模——这个规模大到无法被贿赂，但是也足够组成一个能反映全体人民观点的小团体。最重要的是，这是一个生手陪审团，不一定能够确切知道不敬神这个主要指控意指或是暗指什么，但当他们看到一个不敬神的公民时，他们能看出来。很可能他们当中的所有人都至少在审讯之前听说过苏格拉底这个人，而且其中很多人可能看见过苏格拉底在议事广场上或广场周围高谈阔论。考虑到陪审团可能的年龄结构，相当多的人应该年龄足够大，在24年之前看过《云》的演出，甚至可能在公元前439至前432年的波提狄亚战役中与苏格拉底一同作战。而出生于公元前469年的苏格拉底，在公元前399年这年时是70岁。所有的陪审员可能也都知道，或是很快会被告知，在公元前404/403年时，苏格拉底曾被三十僭主寡头政权授予公民身份，而且在苏格拉底众多的学生和追随者中，包括在公元前414年被判不敬神的阿尔基比阿德斯和三十僭主的领袖人物克里提亚斯。

我们再来更加仔细地看看苏格拉底的罪状，首先，苏格拉底被指控在某些重要场合不认可雅典正式认可和崇拜的神，还引入了其他新的神祇。而且，不敬神之罪的后面又增加了涉及道德-政治的指控，说他毒害、腐蚀雅典年轻人。主要起诉人——这是一个志愿者，因为这项控告并不牵涉个人或是家族损失——是一位没什么名气也没什么政治影响力的诗人，名叫莫勒图斯（Meletus）。但是他的其中一个诉讼助手阿尼图斯（Anytus），是一名很重要的政治人物；在公元前403年恢复民主制的过程中，阿尼图斯曾发挥过显著作用，而且可能就是这个人大力提议要在不敬神之罪的后面增加腐蚀年轻人的罪名。另一个起诉助手莱康（Lycon）与莫勒图斯一样没什么名气，这说明这两个起讼人或许把自己展现成了被苏格拉底所谓的反宗教行为严重冒犯到的雅典"普通人"。他们肯定可以说，苏格拉底冒犯了神，结果神不再眷顾雅典人民和这座城市：因此出现了公元前430年的瘟疫、公元前415年公共和个人的不敬神事件、公元前404年雅典大败于斯巴达的战果、公元前403年的内战恐怖情形，而在那些信神的普通雅典人眼中，这些都是神的不满的迹象。

审讯使用的法律程序是一份公共的"关于不敬神的令状"。"不敬神"没有成文规定，而且无论如何，雅典宗教不是关于宗教教义和信条的，而是关于传统价值观念和（最重要的是）符合习俗的行为的；这意味着参与集体的公共崇拜活动，比如大酒神祭和泛雅典娜节（参见第八章）。因此，用来描绘不"恰当承认"（nomizein）雅典诸神的动词与表示"法律"和"惯例"的 nomos 有着相同的词根。在色诺芬的《苏格拉底的申辩》中，苏格拉底坚持说他一直恰当、按照传统地参与这样的宗教仪式，但是柏拉图的《苏格拉底的申辩》和柏拉图其他著作说明，即使苏格拉底的公开宗教行为是传统的，可他从事这种行为时的精神完全不传统。而且，还有关于苏格拉底个人的"超自然力"（daimonion）的问题，对此，他不仅不否认，甚至好像还引以为傲。因为他声称这个"内心的声音"，一种与神灵"通话"的能力，只会在不让他去做某事时告诉他。但是这没法让陪审团相信他在宗教方面是符合传统的，也没法改变他的公众形象，而阿里斯托芬充分展现过这一公众形象，将他塑造成一个脑子里有些非常古怪的、可能非常危险的宗教观念的疯老头。也许一般情况下，这并无大碍——但是当神开始对雅典表现出强烈不满时，任何非传统的宗教态度都可能被认为是会危害整个社群的，因此就需要有官方和公开的净化。

任何非传统的宗教行为也是如此，比如所谓的引入其他新神的行为。引入新神的行为本身并非对神的不敬——只要这个引入行为是公开的、正式的，由民众整体通过恰当的民主渠道进行；因为这样的话，考虑中的神祇（比如阿斯克勒庇俄斯［Asclepius］、本狄斯［Bendis］、潘［Pan］等，都是公元前5世纪新增加的神祇）虽来自其他文化背景，有着不同的性质，但是最后都进入了雅典的万神殿，而且只要这些神祇是公认的神圣存在和力量，他们最后都会如此。但是苏格拉底是要由他自己为他个人的利益，而不是为集体的利益，引入他自己的私人的神：即使这个行为不一定是非法的，它也违背了雅典的民主习惯和传统。这里所说的"其他"指的是两种完全相反的神中的一种，一种是好的，一种是坏的：苏格拉底的当然是"坏的"——最好的情况下也是反社会的，最糟糕的是损害公民群体的。希腊语中对应"新的"这个意思的词有很多；莫勒图斯选择了kaina，意思是"全新的"，隐含意思是这种新奇是有危险性的。因为雅典的宗教从总体上看是一种"祖传的"事务，传统和遵从是其重要特征，所以这样的新奇明显不是一件好事。最后，还有daimonnia：通过使用复数的daimonnia，起诉人想要指的不仅是指苏格拉底内心的声音（daimonion），还想要将雅典官方承认和崇拜的诸神（theoi）与据称苏格拉底偏好的次级的"代蒙"（demons）做对比。

在我看来，这构成了一个非常强大的宗教控诉，哪怕控方并没有义务精确地指出如何算是不敬神的，而且这也解释了为什么不敬神的指控是第一个指控，也是阐释得最充分的。但是很多学者认为第二项指控——腐蚀年轻人思想——才是"真正的"指控，但是这不能明说，因为它违反了公元前403年的大赦条款（参见第九章）。毫无疑问，起诉人（尤其是阿尼图斯？）在说"年轻人"时，心中想到的就是苏格拉底教过的两个年轻人：克里提亚斯（比苏格拉底年轻10岁）和阿尔基比阿德斯（出生于约公元前450年）。两人都有公然亲斯巴达、反民主制的不良记录；而且，阿尔基比阿德斯此前就曾被判渎神罪，而克里提亚斯也曾创作具有煽动性、违背传统的宗教戏剧。大约 55 年之后,也就是公元前 345 年,雅典主要政治家埃斯基涅斯在一次重要的公开政治审判中直率表述:"你们处死了教导过阿尔基比阿德斯和克里提亚斯的智者苏格拉底。"但我认为,与其说这是一个正式指控,倒不如说加上这项罪名,是为了说服某些陪审员的,这些陪审员可能不完全清楚什么是不敬神、苏格拉底究竟犯了什么罪,却很清楚苏格拉底曾与叛徒沆瀣一气,是民主制的敌人。

最后,是判罚的问题。因为严格来说,这是一个没有必然的、固定的判罚的诉讼案件,所以陪审团被要求进行两轮投票,第一轮投票是关于"有罪"还是"无罪",第二轮(在控方和辩方进行了进一步的争辩或抗辩之后)是关于判罚。投票是无记名投票,每个陪审员将两张铜票(一张代表"有罪",另一张代表"无罪")中的一张投入一个容器中,投票时要让人无法看到被投进容器里的是"有罪"还是"无罪"票。结果,在 501 名陪审员中,比起在第一轮投票中支持苏格拉底有罪的人,投票支持起诉人提出的死刑判罚的人要多:可能第一轮投票的结果是 281∶220,因为据说只要有 30 张票往反方向投票,苏格拉底就会获得多数票而无罪开释,而第二轮投票的结果是 321∶180。苏格拉底出了什么问题?从他自己的说法来看,他没有犯下被控诉的罪行,因此也不是一个公共威胁,他声称,他是一位公共行善者,是一种应该按照像奥林匹亚竞技赛会胜利者被尊崇的方式(比如在市政厅享受免费餐饮,在剧院拥有预留席等)那样受到尊崇的公共英雄,而这样的说法不会让他受到一些陪审员的喜欢;而对其他陪审员来说,苏格拉底最终自愿要缴纳的罚金数额——半塔兰特——是不够的(考虑到他有像克里托[Crito]这样的有钱朋友),也跟他犯下的重大罪行不相当。

尽管如此，苏格拉底不一定非死不可。我之所以这么说，是因为很可能绝大多数观察这场审讯及其结果的非专业人士，都以柏拉图为榜样，将对苏格拉底执行死刑看作雅典民主制历史上无法抹去的重大污点。比如，对于19世纪的英国哲学家和活动家J. S. 密尔（J. S. Mill，他通常愿意为了捍卫民主而驳斥反民主的批评者）来说，苏格拉底之死是最让他困扰的事情之一，是多数人的暴政，是最不可原谅的行为。在20世纪的叛逆者和积极分子I. F. 斯东（I. F. Stone）看来，雅典民主制下的陪审团犯下的罪行，是它破坏了民主制自己关于政治言论自由的基本原则。我不同意此二人的观点，因为这场审讯和诉讼方式都是符合民主制要求的（斯东假定的基本原则并不存在），而且按照雅典宗教、政治和正义的民主观念来看（不是我们的观念），审讯和诉讼方式也是完全"公正"的，而且苏格拉底之死（苏格拉底是自裁；严格来说，并非像通常所说的那样被处死）其实是不必要的，因为苏格拉底本可以在他忠诚和非常富有的朋友的帮助下被永久流放，并且我认为许多给他定罪的陪审员也是这么预期的。忠诚的柏拉图在他的《克里托篇》对话录中，让他笔下的苏格拉底论辩说，雅典法律要求他不要这样逃跑，但是陪审员中几乎无人把苏格拉底看作这样一个遵从雅典民主法律的人。如果苏格拉底因此而为宗教思想自由和政治行动自由殉道，那他也是一个自愿殉道的人。而苏格拉底的审讯中的陪审团代表着的雅典民众，就应该没有犯下破坏民主制的罪行。

对泰西丰的审讯

对于泰西丰这位不太重要的雅典政治家我们所知不多，但是对于他的审讯我们知之甚多，这场审讯的起因是他在公元前336年提议为德谟斯梯尼授予金冠，不过这场审讯一直被推迟到公元前330年才进行。这场审讯将我们带到了会在第十二章详细阐明的话题，但是最迟到公元前415年，其中涉及的法律程序就已经存在并开始实施了，而且在公元前330年它的应用方式，不仅说明了当时雅典人实行的民主制的形式，也说明了自民众被允许通过公民大会以及陪审法庭行使权力起（也就是自公元前5世纪50年代起）"德谟克拉提亚"的整个特征。

公元前4世纪30年代之所以出现"金冠事件"，是因为公元前336年泰西丰在公民大会上提议为德谟斯梯尼授予金冠，尽管这个提议被通过了，但是却受到了埃斯基涅斯提出的反对违宪提案的令状的阻挠。金冠只是一种象征性奖励，是民主制雅典能够授予公民的最高荣誉。之所以有这个提议，是因为到那时为止（自公元前4世纪50年代以来）德谟斯梯尼的事业很成功，而非——这一点是很显然的——他前几年为了反抗马其顿而提出的彻底失败的政策；而且这个荣誉也是在向马其顿发出信号，并在雅典民众中激起最强烈的民主反抗精神。自公元前338年喀罗尼亚战役失败以来，底比斯和其他希腊的主要城邦都废除了民主制，由马其顿守备部队驻守，以维护寡头政权的统治，但是雅典——当时仍然在实行民主制，仍然没有其他驻军——并不打算向新的霸权国家卑躬屈膝。因此，本案所涉及的不仅仅是德谟斯梯尼与埃斯基涅斯之间持续的个人竞争，也涉及当时希腊外交政策的主导问题，而且从某种意义上来说，也涉及雅典民主制的核心问题：究竟谁进行统治？

反对违宪提案的令状在公元前415年首次出现，在这一年之前陶片放逐法最后一次（也是失败的那次）被实施。这可不仅仅是个巧合。在公元前4世纪，这一程序是敌对的煽动者或是政治家互相攻击时的首选武器，因此埃斯基涅斯在公元前336年很自然地就选择了这个程序。但是无论出于什么原因，以此罪名对泰西丰进行的审讯被推迟到公元前330年，在开庭之前不久，斯巴达国王阿吉斯三世反抗马其顿的亚历山大大帝而遭遇惨败（雅典很明智地没有参与其中）。在这场审讯中，泰西丰是被告，但是实际上，他将辩护权交给了德谟斯梯尼，让德谟斯梯尼作为辅助辩护者。德谟斯梯尼关于金冠事件的辩护如此精彩和有效（德谟斯梯尼将此次演讲内容完整出版，而令人不解的是，埃斯基涅斯也出版了自己的诉讼演说词），最终投票时，埃斯基涅斯得到的票数甚至不足五分之一。

所有这样的诉讼都是赌注大、风险高的政治手段。但是对于埃斯基涅斯，这场诉讼失败太彻底了，他的事业因此完全被毁，他本人遭到永久流放，先是被流放到罗得岛，然后是萨摩斯岛，这两个岛距离雅典都很遥远。希腊人有一种相当悲观的说法，"看结局"：意思是如果一个人很好地结束了其职业生涯或生命，那么他的职业生涯和生命都会被回顾性和前瞻性地判定为一场成功。但如果相反的事情发生了，那么他就会得到相反的评价，无论他此前曾有多么辉煌的成就。埃斯基涅斯当然取得过巨大的成就。尤其是他曾在公元前345年成功起诉了德谟斯梯尼的另一位拥护者提马库斯（Timarchus），而随后，公元前343年，当德谟斯梯尼指控埃斯基涅斯在公元前346年与德谟斯梯尼共同出使拜访马其顿国王腓力（Philip）二世时有违法行为，这场诉讼中，埃斯基涅斯最终也获胜了。但是公元前330年的这场审讯却是毁灭性的——绝对的毁灭性。正如上文所说，埃斯基涅斯甚至都没有得到投票的最低票数（五分之一），因此他要支付巨额罚款——这是在政治处罚上叠加的经济伤害。

第三部分

第十一章

希腊民主制的兴衰（二）

希腊民主制的黄金时期（约公元前375—前350年）及其批评者

我在第三部分的开篇要提出几个会让大家怀疑的观点。我的第一个观点是，我心目中的古希腊民主制的黄金时期并非伯里克利时期，也不是公元前5世纪的其他时期，即公元前404年希腊民主制被暂时中止之前。我认为，这个黄金时期发生在公元前4世纪第三个25年（大约是这个时间）。这个世纪——世纪是公元后6世纪人们发明公元纪年时一个偶然产物——经常被人误认为是民主制继公元前5世纪的发展巅峰之后出现衰败迹象的时期。实际上，尽管民主制在这段时间中确实受到了某种或其他种类的君主制的全面和近乎普遍的压制和取代，但是这样的压制和取代是在民主制达到巅峰之后才发生的。我的第二个观点是，斯巴达尽管在其城内拒绝认可古希腊人眼中的"德谟克拉提亚"，在城外致力于扶植寡头统治政权，并预先阻止或是消除民主制，而当其势力逐渐衰落时，它却促进和扶持民主制的传播，甚至包括在那些一直努力不愿意接受民主制的重要希腊城邦之中。

在本章中，我们将试图做两件事，公正地对斯巴达的独特政体予以评价，并描绘出民主制在公元前4世纪是如何扩张到鼎盛时代的。但是首先我们需要回想一下，在我们要讲述的这个时期内，诞生了古代世界中——或者说整个人类历史中——最具革新精神的天才之一，正如他的一位最热忱的追随者（卡尔·马克思）给予他的头衔，一位"思想巨人"：这就是亚里士多德，他是希腊北部的斯塔基拉城一位名叫尼科马库斯的人的儿子（公元前384—前322年）。大约在公元前335年，亚里士多德在雅典建立了他的哲学学校吕克昂，而被我们称为《政治学》的著作就是专门为吕克昂的学生创作的。后来的学者将这部著作分成八卷，但是它有些粗糙且时有不一致之处（因为它原本是讲座笔记），因此各卷的排序一直是个争论不休的问题。我的排序和大多数人的观点是一样的。

第一卷：什么是城邦（的本质），什么是其必要组成部分。第二卷：理想的城邦，曾被当作模型但亚里士多德认为它们各有缺陷的城邦，既包括实际存在的（比如斯巴达），也包括想象之中的（比如柏拉图在《理想国》中设想的）。第三卷：何为公民？亚里士多德承认，他自己对公民——成年、自由的男性城邦成员，他积极参与裁决（包括法庭审判）和统治活动——的定义更适合民主制下的公民而非寡头制下的公民。第四卷：依然是非常理论性的，划分了不同的政权类型。民主制本身不是只有一种；而是可以被分成几个子类，而亚里士多德时代的雅典民主制被认为是最后或最极端的少数几个民主制政权之一。第五卷和第六卷：这两卷主要是经验主义的，以亚里士多德及其学生汇编的158篇《政制》（其中只有《雅典人的政制》保存至今）为基础或是与其有关。第五卷专注于内争（政治革命或是其他重大动乱）是怎么发生的及如何避免；第六卷分析了民主制和寡头制的各个子类，并且仍旧是带着这些制度怎样可以最好地维持、保持的眼光。第七卷和第八卷：亚里士多德自己理想的乌托邦的不完整草图，我们将在本章末再回到这一点。

与雅典民主制相比，大多数处于黄金时期的其他希腊民主制形式并不极端，而是较为温和。另一方面，从众人认可的政治宪法意义上来说，斯巴达所实行的完全不是民主制；但是真正的难题是如何将它实行的政体进行归类。亚里士多德在第二卷中的说法表明，古代分析者想要将斯巴达归于任何一种体制都是困难重重。究其原因，斯巴达的政体在很久之前就已经稳定下来了，可能远远早于其他的希腊城邦，因此远在民主作为一种制度实践或分析范畴被发明之前就存在了。斯巴达的政体表现出一定的君主制（或者至少是国王统治的）、寡头贵族统治和民主制的特点，曾有人因此含糊其词，避开了亚里士多德和其他人的分类，称其是一种"混合"政体。但是，大多数评论学者都将其看作一种贵族统治或是寡头统治。色诺芬是唯一称其是"国王统治"的人。而那些打算硬着头皮非要将它称为民主制的人，并不是严格参照这个城邦的政治体系和决策机构而定义的，而是因为斯巴达有两个重要的社会机构：一个是共同、强制性的并且由中央实行的养育系统，只有通过它，一个人才能获得公民身份；另一个是公共食堂，其会员资格是获取并保持公民身份的一个要求。

但是，从政治角度来看，斯巴达的政体完全不符合民主制的要求：斯巴达所有的官职，包括其中最有权的职位，要么通过选举（并非分配）产生，要么通过世袭继承（国王）。主要的执行机构督政官（由5人组成）对所有斯巴达人开放，每年一次；而长老议事会（由28位成员和两位国王组成）的席位很可能仅限于少数精英家族的人参选，实行终身制。然而，无论是选举活动，还是其他形式的（正式的）公开集体决策活动，实际上都不是建立在所有公民绝对政治平等的基础上的——也就是说，并非一人一票的原则。其投票通常使用的形式是喊票，计票并非按照人数，而是根据声音的大小；很明显，人的嗓音音量大小天生就有差异。一次得到证实的证据是在公元前432年，当时公民大会使用了分组投票而非喊票的方式，但这是主持会议进程的督政官单方面决定的权宜之计，因为国王反对与雅典开战，而这样做可以确保大多数人都赞成开战的决定。长老议事会享有主动和初步审议的权利，这实际上就是优先否决权，可以推翻公民大会的正式决议；而且，如果长老议事会认为公民大会的倾向发生了不受欢迎的反转，他们有权解散会议或推翻决议。斯巴达没有成文法律，也没有民众司法机构；督政官不通过常规的民众审计负责，因此也就无须对民众负责，他们对法律的解读和运用完全参考个人意愿。督政官和长老议事会共同构成一个最高法庭，甚至可以对国王进行审讯并定罪，因此国王是需要负责的——但不是直接向民众负责（详见后文）。简而言之，按照一份很可能真实的文本《大瑞特拉》（公元前7世纪？）中的规定，斯巴达民众的权力与公元前5世纪至前4世纪的"德谟克拉提亚"不同，而且可能根本算不上是民主统治。

斯巴达人似乎将自己的政体称为eunomia，这个词的意思大致是"合法政府"或是"服从于正确的法律"。不过，无论人们想如何具体地描述其政体，在国外，斯巴达人始终有意识地推行或多或少反动的寡头政体——即使他们要诉诸暴力或者威胁，即使强加这样的制度就意味着他们要违背自己的宗教誓言,我们在后面就会了解到这一点。考虑到斯巴达人极端且固执的宗教虔诚,他们居然愿意为此而破例,实在是很有启发性。在后文中,我们先来了解一下斯巴达与其他希腊本土城邦、大部分盟友或前盟友之间的关系,在这样的关系之中,民主统治与寡头统治的问题产生了重大影响——或者说就是核心原因。

由于波斯提供了大量资金援助,斯巴达人在公元前404年大败雅典人,摧毁了雅典帝国,此后斯巴达人就开始走上与雅典相同的帝国主义道路。但是,他们新建的爱琴海帝国只是一个由附属的寡头政体组成的帝国,事实上,最初采取的形式其实就是"强权"形式——处于统治地位的是多个狭隘的极端寡头主义的小集团,如同雅典的三十僭主政权。然而,斯巴达采取了雅典那种解放者论式的帝国主义修辞和贪婪的帝国主义野心,这让斯巴达很快就陷入了进退两难的境地。公元前404年波斯帝国的诸多臣民中就有希腊人,也就是"亚细亚"的希腊人——从表面上看,雅典帝国的一个主要目的就是要将它们从波斯的统治之下解放出来,并且维护它们的利益,而公元前412/411年,斯巴达人为了换取波斯人的资金,牺牲掉了这些希腊人的自由。到了公元前4世纪90年代前期,斯巴达与波斯关系破裂,在亚细亚代表希腊人的自由而向波斯开战,并放弃了支持强权统治形式,转而支持更传统的寡头制。

但是想要在公元前4世纪90年代中期维持伯罗奔尼撒同盟中两个寡头政权的忠心,即使斯巴达改变了制度也于事无补:这两个寡头政权是科林斯和彼奥提亚人,也就是底比斯控制的彼奥提亚联邦。在伯罗奔尼撒战争中,这两个盟友都对斯巴达心生不满,科林斯在公元前420年甚至临时与斯巴达的宿敌阿尔戈斯结盟，而彼奥提亚人此前一直保持着对斯巴达的忠心，因为他们认为，比起民主制下的阿尔戈斯，斯巴达会更偏好他们实行的寡头统治。但是公元前395年，彼奥提亚人与科林斯一起背叛了斯巴达，与雅典、阿尔戈斯组成了四方联盟，这样就爆发了所谓的科林斯战争——实际上，这场战争的时间是公元前395至前386年，既有陆地战役，也有海战，不仅在科林斯地峡附近，而且遍及整个爱琴海地区。

与在伯罗奔尼撒战争中一样，斯巴达也赢得了科林斯战争的胜利，但是这一次也同样是依靠卑躬屈膝讨好波斯人的结果，因此这场战争给斯巴达带来了惨重的附带损害。首先，公元前395年科林斯与阿尔戈斯结盟是一场地缘政治灾难：斯巴达不仅失去了主要的海上盟友，还在事实上失去了随意进出伯罗奔尼撒地区的自由。更糟糕的是，在公元前393/392年，出现了所谓的科林斯-阿尔戈斯联盟，这是古希腊城邦史上最不同寻常的政治试验之一。科林斯爆发的极端内争致使那些管理国家的亲斯巴达派人士惨遭屠杀（这与公元前525年，他们先辈与斯巴达结盟时的行为如出一辙）。科林斯开始实行民主统治，与长久以来一直实行民主统治的阿尔戈斯订立盟约。象征两个城邦领土边界的界碑被象征性移除，从此以后，科林斯公民可以在阿尔戈斯城邦内享有阿尔戈斯公民的权利，而在科林斯城邦内的阿尔戈斯公民也同样享受科林斯公民的权利。斯巴达对此做出回应，在顽固反对民主制的国王阿格西劳斯二世（Agesilaus II）的凶猛统领下，竭尽全力以打败这个联盟；但是公元前390年，斯巴达军队在科林斯的两个重要港口之一的勒卡埃乌姆附近遭遇史无前例的惨败。直到公元前388/387年斯巴达的外交态度发生了彻底转变，争取到了波斯人的资金，使得安塔尔基达斯（Antalcidas）统领的海军部可以大幅度提高斯巴达的海战能力，战争的形势才向着对斯巴达有利的方向发展。

与阿格西劳斯共同统治斯巴达的另一位国王是阿吉希波利斯（Agesipolis），在他的率领下，斯巴达于公元前388年入侵阿尔戈斯，但是最终被迫撤出，也未能给阿尔戈斯造成重大损失。但是，公元前387/386年，斯巴达与波斯签订新条约，重建军队后，仅仅靠武力威胁就迫使科林斯-阿尔戈斯联盟解体，并在科林斯重建一个亲斯巴达的寡头政体，而阿尔戈斯仍然是自治形式的民主统治。同样，斯巴达的武力威胁也足以影响实行寡头统治的彼奥提亚人，使他们脱离与雅典订立的联盟，并与科林斯一起回归伯罗奔尼撒同盟。于是在斯巴达的要求下，公元前386年出现了一个被称为《大王和约》（King's Peace）或《安塔尔基达斯和约》（Peace of Antalcidas）的条约——其中所谓的大王是波斯国王阿尔塔薛西斯二世（Artaxerxes Ⅱ），而安塔尔基达斯是代表希腊进行和谈的斯巴达人。当斯巴达人被指控（再一次）出卖了希腊人的自由——尤其是身处亚细亚的希腊人的自由——并且说斯巴达"私通波斯"时，据说阿格西劳斯用了一句箴言来作为回应，意思是说不是斯巴达人私通波斯，而是米底人（也就是波斯人）愿意"通斯巴达人"（意思是愿意亲斯巴达）——在这个"共同"和约中，斯巴达人明显是主要的受益人。共同和约意味着，所有相应地区的城市都受制于这个和约，不管它们是否主动地签约了。但是，正如我们将看到的那样，哪怕是恢复原状，将彼奥提亚人的状态恢复到公元前395年，也远远未能满足斯巴达高层政策制定者的野心。

首先，斯巴达在伯罗奔尼撒同盟中的两个盟友早在公元前5世纪上半叶就开始实行民主制（我们猜测其形式相对温和），我们必须先要考虑一下它们在伯罗奔尼撒战争之后的命运：这两个盟友是伊利斯和曼提尼亚（参见第九章）。伊利斯不仅是伯罗奔尼撒同盟中名义上的自治成员，还要每隔四年主办泛希腊的奥林匹亚竞技赛会——全希腊人都可以参加，也只有希腊人可以参加——并负责监管奥林匹亚的各类宗教场所和庆典活动，包括一个宙斯神谕所。公元前420年，也就是在伯罗奔尼撒战争中间出现的暂时休战（《尼西阿斯和约》，签订于公元前421年的春天）之后的第一个奥林匹亚年，伊利斯行使监督权，禁止所有斯巴达人参加奥林匹亚竞技赛会。伊利斯对斯巴达的不满有多方面的原因，这样的不满甚至导致伊利斯人脱离了伯罗奔尼撒同盟，但实际上，禁止斯巴达人参加奥林匹亚竞技赛会对斯巴达造成的心理打击是最大的，尤其是因为这个竞技赛会从本质上是一个宗教节日。斯巴达一直推迟到赢得了伯罗奔尼撒战争的胜利之后，才对伊利斯采取报复行动，伊利斯在公元前401/400年遭到了严重打击。阿格西劳斯同父异母的哥哥阿吉斯二世连续两年在夏天发动战争，讨伐伊利斯，不仅给伊利斯造成巨大的经济损失，还将其民主制终结，斯巴达扶植与国王有私人关系的统治者实行狭隘寡头统治。接着，阿吉斯二世去世了，引起争议的是，阿格西劳斯继承了王位，这多亏了吕山德（阿哥斯波塔米战役的胜利者）的关键支持。

曼提尼亚的情况很不一样，对斯巴达来说也更难处理。曼提尼亚是阿卡迪亚的城市，但是一直以来，它与同一区域的另一个大型城邦纷争不断，这个城邦就是在南部很远处的泰耶阿（泰耶阿自公元前6世纪中期一直与斯巴达关系亲密）；让斯巴达不安的是，曼提尼亚的位置更靠近阿尔戈斯。在伯罗奔尼撒战争期间及战争结束之后，曼提尼亚一直是斯巴达不温不火的盟友，尽管——或者是因为——它于公元前417年与斯巴达单独签订了一个为期30年的协议。也许斯巴达于公元前418年在曼提尼亚战役中战胜了雅典人之后，期望通过这个协议束缚住曼提尼亚人，以防他们也像伊利斯在公元前420年那样，变得傲慢和不服从。还有一个让事情变得更加复杂的因素是，自公元前395年起，被流放的斯巴达国王帕萨尼亚斯一直居住在曼提尼亚。

从诸多方面来看，斯巴达的法律体系都有很多瑕疵；正如我在上文中提到的，斯巴达没有公民司法机构，首席司法官同时也是国家的首席行政长官，也就是督政官，没有任何成文法律或是正规先例能够限制他们的裁决权力。如果受到审讯的是国王，督政官会与长老议事会的其他29名成员坐在一起，组成一个最高宪法法庭。公元前403年，这个最高法庭宣判受指控的帕萨尼亚斯无罪，帕萨尼亚斯的罪名是国王阿吉斯提出的，后者指控帕萨尼亚斯有违背斯巴达人利益的行为：他不仅仅对比雷埃夫斯的雅典民主人士态度软弱，甚至对民主制本身也软弱，因为帕萨尼亚斯不顾斯巴达人的反对——主要是来自狂热支持寡头统治的吕山德的反对——监督了雅典民主制的重建。公元前395年，包括阿格西劳斯（很有可能他是通过代理人参与投票活动的，因为他当时正在亚细亚指挥战斗）在内的那些支持已故国王阿吉斯和吕山德的人终于找到了机会，对帕萨尼亚斯进行报复，帕萨尼亚斯再次走上审判庭，其罪名与公元前403年一模一样——在涉及严重罪行或不法行为时，斯巴达的法律体系支持第二次指控。这一次，帕萨尼亚斯被判有罪，但是并没有被处死（处死会引发敏感的宗教争端，因为从一定意义上讲，斯巴达的国王是神圣不可侵犯的），斯巴达人选择将他永久驱逐（这与公元前445年斯巴达人永久驱逐了帕萨尼亚斯的父亲普雷斯托阿纳克斯的裁定如出一辙）。帕萨尼亚斯决定在曼提尼亚度过余生，这个决定也是有一定政治考量的，至于他是在意识形态上同情民主制，还是他在原则上尊重斯巴达盟友在宣誓条约中得到的真正自治，我们就无从确定了。

无论如何，公元前385年帕萨尼亚斯的存在感非常强，此时斯巴达人以《大王和约》的名义，在帕萨尼亚斯的儿子兼继承者阿吉希波利斯一世的率领下，决定因曼提尼亚的不忠——以及曼提尼亚所实行的民主制——使用最为强硬的政治手段，出兵讨伐曼提尼亚。也就是说，他们要彻底将曼提尼亚城邦解体，最终使其变成最初的五个村落。这不是斯巴达第一次实行解体城邦的行动：在公元前403至前401年之间，斯巴达人将厄琉西斯民区从雅典城邦分割出去，将其单独承认为阿提卡地区内一个实行寡头统治的国家。但是这一次，斯巴达人的手段更加极端，牵涉面积更广。曼提尼亚再也不是一个联合的实行民主制的国家，如今每一个曼提尼亚村落都处于寡头统治之下，政治中心的围墙被象征性地拆除。对此，色诺芬的态度很虚伪，他认为曼提尼亚那些主要财产所有者对这样的安排很是满意，因为这样他们才能离为自己提供财富的庄园更近一些。实际上，这样的状态仅仅维持了15年，不到一代人的时间：公元前371年斯巴达在留克特拉战役中失败，紧接着伯罗奔尼撒地区的多个城邦都开始出现叛乱，公元前370年，曼提尼亚重建了自己的城墙，实行民主制，变得更加自主。

斯巴达与实行民主制的曼提尼亚之间发生的摩擦，在斯巴达与弗利奥斯之间重演了，弗利奥斯城市本身不如它的地理位置重要：它所在的那片广漠的平原可以为伯罗奔尼撒同盟的军队提供集结地。大约在公元前4世纪90年代末期，弗利奥斯与科林斯一样，开始实行民主制。公元前381年，在对曼提尼亚和底比斯的事务进行干预之后，在阿格西劳斯的煽动下，斯巴达积极响应一群弗利奥斯寡头流亡者的请求。公元前381至前379年，弗利奥斯被围困了长达20个月之久，直至最终因饥饿而开城投降。寡头们不仅回到了自己的城市和庄园，还在斯巴达国王阿格西劳斯的亲自策划下，成了统治势力。但是，即使是色诺芬在回顾此事时，也觉得有必要在《希腊史》中记录一段发生在斯巴达军队中的对话："我们在做被人憎恨的事情，"有些斯巴达士兵这样说，"被一个有着5000人的城市憎恨。"

弗利奥斯城中处于民主统治时期的公民人数是一个双重相关的话题。当时斯巴达的公民人数仅仅为2500至3000人。但是对阿格西劳斯来说，最吸引他的不是弗利奥斯的人口数量，而是这并非一个不忠实的民主国家。因此，他竭尽所能为那些少数流亡寡头提供支持和安抚，并鼓励他们尽可能地按照斯巴达人的方式行事，以便赢得围攻弗利奥斯的斯巴达士兵的尊重——这样的策略最终并不是很成功。在色诺芬的另外一部作品《阿格西劳斯传》（*Agesilaus*）中，阿格西劳斯的这种复辟主义、在政治上倒退的态度被赋予了一种完全积极的道德意味：不管这在政治上是多么可疑，在他的称颂者看来，这都是阿格西劳斯对亲密政治战友的爱的典型范例。这种做法的政治回报是实行寡头统治的弗利奥斯对斯巴达的绝对忠心。尤其是在公元前4世纪70年代，这个城邦特别积极地支持斯巴达对抗民主制的底比斯，甚至在公元前371年斯巴达在留克特拉战役中失败、公元前4世纪60年代中期伯罗奔尼撒同盟解体时，弗利奥斯依然坚定不移地站在斯巴达的阵线一边。这样无可否认的忠诚得到了色诺芬的极高赞誉。

然后让我们将目光放到底比斯，自公元前404年起，底比斯与斯巴达、雅典（而且这三个城邦会被锁在一个致命的三角关系中）一样，是希腊大陆政治的主要参与者。自公元前6世纪末期开始，底比斯就与斯巴达结盟，而且，作为实行寡头统治的彼奥提亚联邦（成立于公元前447年，在彼奥提亚人摆脱了雅典人的控制之后）中的主要城邦，在整个伯罗奔尼撒战争期间底比斯一直都忠于——也仅仅是忠于——斯巴达。但是在公元前404年，因为斯巴达没有彻底摧毁雅典，底比斯表示对斯巴达极其不满。公元前403年，虽然底比斯仍然是寡头统治，但是它支持雅典恢复民主统治，这样斯巴达就无法再通过一个驯服的寡头制雅典来对付底比斯。公元前395年，实行寡头统治的底比斯与彼奥提亚联邦一起背叛斯巴达，与雅典、阿尔戈斯、科林斯建立了四方联盟。因此，公元前386年，底比斯成了斯巴达的主要报复对象之一，而斯巴达缔结并宣誓遵守《大王和约》的主要动机就是让底比斯保持在阿格西劳斯——据说他本人很讨厌底比斯——认为合适的附庸城邦的位置。

从表面上看，和约中的自治条款保证所有的城邦都不会受外部干预或控制，但是实际上斯巴达不止一次违背了这一条款，其中最为无耻的一次是公元前382年对待底比斯的事情。那时斯巴达强迫实行温和寡头统治的底比斯建立——正如公元前404年斯巴达强迫民主雅典一样——一个由亲斯巴达寡头组成的军政府，由一支斯巴达守备部队（驻扎在城市最高处的卡德梅亚卫城中）占领。但是，这样的干预行为不仅非法，还亵渎了当时为了巩固《大王和约》而发的誓言。色诺芬虽然是亲斯巴达派，但也异常虔诚，谈及此事时深感恐惧，他认为这种违背和约规定的行为是斯巴达自公元前404年试图在爱琴海希腊世界建立的霸权或是帝国走向终结的开端。在他看来，11年以后，也就是在公元前371年留克特拉战役期间及战役结束之后，斯巴达应得的报应通过底比斯而实现了。

但是——在这里这是一个很大的转折——公元前371年底比斯的政体并不是公元前382年及随后几年的政体，甚至也不是公元前447至前382年较为温和的寡头政体：在公元前378年早期，在以佩洛皮达斯（Pelopidas）为首的一群政治流亡者让底比斯摆脱了斯巴达的控制之后，在雅典的鼓励、启发和帮助下，底比斯第一次实行"德谟克拉提亚"。不仅仅是底比斯，就连整个彼奥提亚联邦（参见色诺芬的《希腊史》5.4.46）也开始转向民主制：中央、联邦财政以及日益高效的联邦军队（由高吉达斯［Gorgidas］、伊巴密浓达［Epaminondas］和佩洛皮达斯统领）现在都实行民主管理，并最终都处于联邦公民大会的司法监督之下。完全积极和参与性的公民身份向更多人开放，一直扩展至骑兵和重装步兵阶层以下，而在之前实行的寡头统治之下，哪怕只是在市场上做手工艺活或者从事商业交换这样的事情都会让底比斯人和大多数彼奥提亚人失去公民权。

因此，从宪法上来讲，尽管与雅典发生了外交上的冲突（为了遏制态度猖狂的底比斯，雅典在公元前371至前362年与斯巴达结盟），彼奥提亚人和底比斯人继续实行民主制，直到底比斯犯下了无可挽回并最终被证明是致命的错误，与正在发展壮大的君主制马其顿成了敌人。在公元前4世纪60年代底比斯短暂称霸期间，底比斯还可以让马其顿国王的弟弟在底比斯做了三年的人质（大约从公元前368至前365年）。但是当这个弟弟在公元前359年成了马其顿国王腓力二世，并于公元前338年在彼奥提亚的喀罗尼亚战场上击溃了包括底比斯及其重新恢复的盟友雅典在内的整个希腊南部地区的军队时，腓力二世借鉴了斯巴达的经验：他终结了底比斯的民主制，代之以寡头制，并派驻了一支守军以保证新的统治秩序。但是，当底比斯爆发起义，反抗腓力二世的儿子及继承者亚历山大三世时，那被认为太过分了；公元前335年，亚历山大下令对底比斯实行公元前404年底比斯想对雅典实行的做法：彻底摧毁。

公元前378年底比斯实行民主制时，不可能想到会有这样的一天。当时的底比斯非常热心，与雅典关系亲密，即使雅典主导成立的新的反斯巴达联盟只是一个海战联盟，但是底比斯愿意作为六位初建成员国之一加入这个联盟，也就是第二次雅典联盟。除了底比斯和雅典，联盟中还有罗得岛（兴建于公元前5世纪末期）、拜占庭（也就是后来的君士坦丁堡）、麦提姆那（莱斯博斯岛的五大城邦之一，公元前427年已经是民主制国家，对雅典极其忠心）和希俄斯岛（也是位于爱琴海东部的岛国）。彼奥提亚地区确实拥有海岸线（包括在荷马史诗中有名的奥立斯），但是地处内陆的底比斯与斯巴达一样不习水战。联盟中另外五个成员国都是擅长海战的国家，而且全部实行民主制。因为罗得岛占据重要的战略位置，在伯罗奔尼撒战争末期和公元前4世纪初期，罗得岛一直都是意识形态内部争斗和政治纷争频发的地方。我们不很了解拜占庭的内部政治，但是拜占庭位于博斯普鲁斯海峡的入口处，因此对雅典意义非凡，同时也是雅典和斯巴达争夺地中海地区霸权地位的关键。麦提姆那早在公元前5世纪末期就已经开始实行民主制了，并且正如我们提到过的，在公元前427年莱斯博斯岛另外四大城邦在当时寡头制的密提勒涅的带领下背叛雅典时，只有麦提姆那对此并未表示出兴趣。但是希俄斯与底比斯一样，直到公元前4世纪初期才开始实行民主制；修昔底德特别称赞过希俄斯岛，认为它实行的寡头统治有很好的自我节制，堪称典范城邦（8.5-6, 9, 14, esp.24）。作为雅典战船的主要提供者，希俄斯岛在公元前411年脱离雅典联盟，致使雅典在爱琴海东部的海战陷于不利情况。但是公元前384年，希俄斯第一次与雅典结盟——此事发生在曼提尼亚被分裂之后的第二年，当时斯巴达正在公然利用《大王和约》中自己的地位，试图实现扩张领土和保守寡头统治的企图——时，希俄斯就成了民主国家，并且在公元前378年依然如此。

新建立的以雅典为首的联盟与创立于几乎整整一个世纪以前的公元前478/477年冬季的提洛同盟有所不同。首先，这个新联盟肯定是实行某种双院制的：也就是说，任何雅典公民大会通过的决议，都需要得到联盟代表议会的批准才可以执行，而在这个联盟代表议会中雅典没有投票权。其次，考虑到公元前5世纪爆发的多次叛乱，雅典人认为有必要事先公布联盟建立之时签订的协议条款；尤其是，这个所谓的联盟章程阐明了雅典人如何约束自己、不会再重复公元前5世纪雅典帝国的错误的条款和条件。最重要的是，除了上文提到的正式规定以外，雅典人——无论是作为集体还是作为个体——不允许拥有或是以任何方式直接或间接利用属于盟邦的土地。这样就保证了各个盟邦的政治自主,避免出现试图强迫任何盟邦实行民主制的行为。雅典人还认为有必要免除盟友被迫向雅典缴纳的"贡金",但是恳求它们自愿为雅典提供"捐赠"。

起先,一切进展顺利:盟邦的数量很快就增加到75个,其中很多盟邦实行民主制,其形式要比雅典的更加温和一些。这样的发展,使得公元前4世纪第三个25年成为古希腊民主制的黄金时期。(当然这并不是唯一的原因,例如,大希腊的洛克里伊壁犀斐里就独立发展出了民主制。)但是,没过多久,联盟纲领中的缺陷与不足就开始表现出来。盟邦发现自己被传讯到雅典法庭,所谓的捐赠其实并非全然出于自愿,而雅典与其他主要盟邦的外交政策目标的根本分歧带来了致命的后果。一个很明显的例子就是公元前371年之后,雅典害怕主要盟邦底比斯在内陆的势力坐大,便与斯巴达另立盟约——从表面上看,这个联盟就是为了反对斯巴达而成立的。而且自公元前368年起,雅典急切地想要重新获得对它最初建立的安菲波利斯(雅典于公元前437年建立该城邦,公元前424年被斯巴达夺走,此后雅典一直未能夺回安菲波利斯)的控制权,因此给联盟的盟邦带来极重的负担,而对于这些盟邦而言,雅典恢复对安菲波利斯的控制权并非它们的首要任务。最终,在公元前357至前355年,很多盟邦选择背叛雅典,领导这次叛乱的是两位联盟初建成员希俄斯和拜占庭,它们从效忠于波斯的卡里亚省督(也就是哈利卡纳苏斯的摩索拉斯[Maussolus])那里得到了钱财和道德支持。在因此而爆发的同盟战争(Social War)中雅典战败——雅典想要通过海战称霸的梦想就此湮灭,更不用说曾经想要增强自己的海军实力。而且,到了公元前355

年，雅典不仅要和亚细亚的摩索拉斯竞争，还要与位于欧洲的一个距离它更近并更加强劲的敌人竞争——这个对手不仅成功控制了安菲波利斯，还对雅典从黑海进口谷物的生命线造成了巨大的威胁。这个对手就是曾经在底比斯做人质的马其顿国王腓力二世，而他的王国不仅将要决定雅典国外霸权的命运，还会对雅典城内的民主制造成毁灭性的打击（可参见第十四章）。

我们最后来看一下阿尔戈斯，这是希腊大陆上仅次于雅典，第二重要的民主制政权。阿尔戈斯于公元前5世纪早期开始实行民主制，虽然其内部时不时出现寡头派的叛乱纷争，但是民主制还是一直维持了下去。它的立场是反斯巴达的，因此它总是乐于与同为民主制的雅典结盟，这两个城邦在公元前5世纪60年代末适时地结盟了，此时正是雅典民主制发展的重要时期。埃斯库罗斯在公元前458年创作的《俄瑞斯忒亚》三部曲中，将阿伽门农的所在地从传统观点认为的迈锡尼挪到了阿尔戈斯——在某种程度上，但是也仅仅是在某种程度上，因为从冷峻的史实来看，阿尔戈斯在公元前5世纪60年代时已经彻底摧毁了小小的迈锡尼。在伯罗奔尼撒战争期间（从广义上来说，包括公元前421至前414年的短暂休战时期），阿尔戈斯经历了从民主制向寡头制之间的转变，但是在公元前4世纪时仍然实行民主制，正如上文所说，它已经在公元前395年与雅典一起参与到四方联盟中反抗斯巴达。斯巴达在科林斯战争中击败阿尔戈斯，但未能终结阿尔戈斯的民主制——科林斯的民主制却惨遭终结——不过斯巴达在公元前386年还是结束了阿尔戈斯与科林斯之间具有重大政治意义的市民平等权。与对所有希腊城邦内部政治的了解一样，我们对在公元前5世纪早期至前4世纪早期之间阿尔戈斯民主制实行细节的了解也很少。但是近期的一项重大考古发现让我们至少了解了其中一方面：公共财政。

在这次考古发现中，出土了约150枚有铭文的铜片，几乎所有铜片上面都是关于政治宗教组织在祭祀赫拉（阿尔戈斯守护神）和雅典娜（国库奉献给她）的官方开销记录。这些铜片是一笔名副其实的宝藏，涉及多种金钱交易：房租、地租、充公财产销售所得、贷款利息、战利品、罚款及多种金钱处罚、祭牲兽皮的销售收益，甚至还有波斯人的贿款（用于支持反斯巴达活动）。铭文中记录了多笔大宗开支，涉及战争、赫里亚节（每年为纪念赫拉而举办的庆典，包括一些竞技比赛）、祭典物品制作、赫拉神殿和赛马场修建、公路修建、祭典举办、工匠工资，以及相关的铭文。很多这样的开支数额庞大：比如有一笔开支的费用是217 373德拉克马银币（约729个熟练工人一年的工资），或是重达700德拉克马的金子（按照优卑亚的标准）；这些铜片上甚至可能还有关于砂金的记录。多数政府官员的任期是6个月，这是为了遵守民主制的要求，实行轮流任职，防止有人能够不当地获得这些如此诱人的大笔款项。从意识形态上看，将这些内容记录在不易腐烂的材质上并将其公开的做法，也是很民主的。

但是，民主制阿尔戈斯与公元前427年的科基拉一样，也体现出希腊式政治的诸多缺陷：咄咄逼人、黑白分明、零和游戏。公元前370年发生了一场臭名昭著的事件，大约有1200至1500名寡头派被民主派暴徒用棍棒打死（狄奥多罗斯15.58）。这正是温和的非民主人士亚里士多德在《政治学》一书中强烈谴责的狂热、极端的行为，并睿智地提出如何才能避免或者预防这样的行为。而且，也正是这样的行为，让那些坚决反对希腊民主制的人士去想象尽可能远离民主现实——他们所认为的现实——的"理想"政体。其中这样一位反对者的成就远超其他政治理论家，尤其是在此方面：这个人就是雅典的柏拉图（约公元前428—前347年）。身为三十僭主政权领袖人物的亲属，同时也是苏格拉底的忠实门徒（参见第十章），他并非一帆风顺的人生经历让他决定不再积极公开参与雅典的政治活动，而在他80多年的人生中，雅典除了一两年之外都是实行民主制的。

但是，这并不是说柏拉图放弃了所有的政治野心，而且确实有理由认为他致力于——通过他在其学园（其名称源于学院所在的位置，一个雅典公共竞技场）中教授的学生——以间接的方式，不仅仅对雅典，甚至对远至黑海和西西里岛的其他希腊城邦产生影响。他关于其政治思想和理论最著名的两部著作是《理想国》（约公元前375年）和《法律篇》（约公元前350年，这是他晚年的作品），都采用了对话的形式。"Republic"其实是拉丁书名 *Res Publica* 的英文简写形式，原书的希腊文书名是"Politeia"或是"On Justice"。这部作品讲述的内容并非反君主制政治意义上的"共和制"。《法律篇》这个名字则更恰当，因为其中参与对话的三个人——一个克里特岛人、一个斯巴达人、一个匿名的雅典人（类似于柏拉图的代言人）——对一个他们希望在克里特岛上某地建立的理想城邦马格尼西亚的立法程序进行了深入彻底的讨论。对于像他们这样的"理想国专家"而言，岛屿总是最好的选择——比如托马斯·莫尔（Thomas More）于1516年创作的同名作品《乌托邦》，"Utopia"是莫尔新创造的词，意思是"不存在的地方"。相比之下，《理想国》中苏格拉底和谈话者所描述的理想城邦名字更具有积极意义，"美丽、精致和美好的城市"（也就是卡利波利斯，参见第六章），不过我们不清楚的是，他们是否有任何严肃的意图，把他们理论上构想或想象的美丽城市在地球上某个地方转变为物理现实。

亚里士多德是柏拉图学园众多学生中最杰出的一位（亚里士多德曾经在学园学习了 20 年，也就是从公元前 367 至前 347 年），无论是从理论上还是从务实性上讲，他对于理想国的看法与柏拉图的卡利波利斯有诸多不同之处——他在《政治学》第二卷中公开表达了自己的不同观点。但是他和其导师一样，极为关注他们认为困扰城邦的罪恶，也就是内争。正如上文所说，尤其是在《政治学》的第五卷和第六卷中，亚里士多德简要说明了对症这个政治毒瘤的解药或预防措施。在第七卷和第八卷中，他甚至试图描述他自己的理想城邦，按照他的说法，这是一个"值得为其祈祷的城邦"。但他更多地致力于不那么理想化和更可能实现的城市的理论构建和具体实现，他将这样的理想体制称为 politeia——这个名称与柏拉图那部理论巨著的标题一样。

但是，那是他们唯一的共同点。亚里士多德的理想政体是混合政体，建立在他认为当时实际存在的寡头统治和民主统治的道德上最好和实践中最可行的多种要素之上，而柏拉图的理想体制则设想了一个理论上的白板，一个从头开始的蓝图和全新开始的地方。公正地说，如果柏拉图愿意，他可以像亚里士多德一样成为一个头脑冷静的经验主义者：他让他笔下的苏格拉底直言，一个由寡头统治的城邦其实不是一个城邦，而是两个城邦——一个是富人的城邦，一个是穷人的城邦，两个城邦彼此仇视。但是公元前 375 年，当要为希腊世界中存在的政治问题提供解决方案时——大致是阿尔戈斯发生用棍棒伤人事件的时间——他开始了一场幻想之旅：他让他笔下的苏格拉底断言，只有让现有城邦的统治者成为哲学家，或是只有哲学家变成统治者，我们现有的问题才能得以解决。他所谓的"哲学家"是指那些柏拉图式哲学家，只有他们才能凭借天赋和接受的良好教育获得真理和善的知识（可以恰当地这么说），因此也只有他们才能将这样的知识应用于政治统治事务之中；关于"统治者"（这里他意指的是寡头甚至是僭主，而不是民主人士中的领袖人物），柏拉图毫无顾忌地使用了"国王"来替代，这是一个古老而过时的观念，任何有点自尊的希腊共和派或民主派人士都会认为，希腊城市早在很久之前就已经过了国王统治的阶段了。

为了防止任何还未信服（与他的理想解决方案和补救措施截然不同）的读者对他（是柏拉图，而不仅是他笔下的苏格拉底）关于希腊政治现状的观点依然心存疑虑，柏拉图在《理想国》的第八卷中描述了一个理想化而典型的恶化过程，以说明在他看来，众多政体都是先从内部开始腐朽，然后相继从一个好的形式变成一个不好的形式。最后，柏拉图把民主制和相应的性格类型民主人士，放在道德、政治滑坡最低处的位置，排在贵族统治、荣誉统治或财权统治（按照"荣誉"进行统治，所谓"荣誉"就是出身和财富的结合体）、寡头统治之后，比民主制差的只有僭主统治。在民主制度下，他认为——或者说他指控说——自由被错误地理解为放纵，地位不平等的人得到了平等的对待，而民主人士的内心充满了不该有的满足感，他们的不合理要求得到了满足，而且他们还被内心不必要的欲望所支配。在民主制度下，就连驴子（显然不是动物世界得到最高尊重的成员）居然都开始装腔作势了！

柏拉图晚年的作品《法律篇》与《理想国》完全不同。从表面上看，这部作品更加接近现实，长篇累牍地描述一个更加世俗化的政体形式，但是其中也包含了一些相当明显的反动的方案（将同性恋描述成"违背自然规律的"），以及同样明显的革命性的内容（正式提出一种基要主义的神权政治形式，配以严格的处罚机构，以便使用强硬手段应对任何无神论说法）。然而直到公元前347年柏拉图去世时，从理论概述和实用性的角度来说，在雅典，他并非唯一一个对民主制进行批判的人物。但是值得注意的是，与公元前5世纪后半叶诸如安提丰这样的批判者不同，对民主制的批判之声再也不能公开表达。相反，批判的言论必须被包装起来：最为公开的一次就是出现在长寿的伊索克拉底（公元前436—前338年）的诸多宣传手册之中，这成了呼吁"更好的体制"回归的工具，这里所谓"更好的体制"是指据称被抛弃了的民主制的较为古老的形式。从这个方面来讲，伊索克拉底发表于约公元前355年的《关于战神山议事会的演说》（*Areopagiticus*）就是典型的范例，让人回想起曾经由战神山议事会为国家做出重大决策的美好时光。

当然，到了公元前347年，从外交政策来看，民主制表现得一点都不好，这一点我们将在下一章中得到更为详细的了解，而在雅典城内，这种失败可以用实际的术语来衡量：公共财政偶尔不足，无法为陪审员提供津贴，或者相反，需要推行公共补贴（节日基金），以促使雅典底层民众参与各种戏剧节。但是矛盾的是，柏拉图去世的那一年，开启了一个新时代（对我们来说），这是雅典民主制所有时期和时代中，相关记载最为充分的时代，大约是从公元前350至前322/321年。在下一章中，我们将会为这个说法提供解释。标题中的"吕库古时代"有点突兀的引号是为了挑战这样一种评估的有效性,这种评估用个体所谓的决定性影响力来衡量一个时代的重要性,并提醒人们注意这样的情况:尽管吕库古经历了这个时代的大部分时间,但是直到这个时代的中期,他才成为一个家喻户晓的人物,而且即使在那之后,他也不得不和雅典城中其他截然不同类型的政治家竞争。

第十二章
"吕库古时代"雅典民主制的影响

关于谈论"吕库古时代"的理由,我们已经在前面简要地阐述过了。但是吕库古,这个于约公元前390年出生在一个最高祭祀贵族家庭之中,死于公元前323年的人,本人认为,很有可能他成年后人生的大部分时光都活在德谟斯梯尼时代。德谟斯梯尼(公元前384—前322年)是与吕库古几乎完全同时代的人,而且德谟斯梯尼的名气更大,出身也远远低于吕库古:德谟斯梯尼的父亲也叫德谟斯梯尼,是一个从事制造业的工匠。然而,从政的德谟斯梯尼无疑受到民众敬仰,被认为是一位爱国英雄,与吕库古相比,德谟斯梯尼身上的争议性更大,尤其是因为与吕库古不同,德谟斯梯尼漫长的职业政治家生涯最终以失败而告终,而且被判处死刑。但是,德谟斯梯尼是一个自诩的爱国主义者,坚定且不知疲倦地呼吁他的同胞和公民反抗腓力二世(公元前359—前336年在位)和他的儿子亚历山大三世控制的马其顿王国,亚历山大三世死后(公元前336—前323年在位)被人尊称为"亚历山大大帝"。德谟斯梯尼还是支持民主制的爱国者,或是热爱国家的民主人士,绝对配得上他自己的名字,这个名字的含义是"人民的——或者是赋予人民的——力量"。

为了能够从更广泛的背景来阐述吕库古——和德谟斯梯尼——的成就，本章开头我们就先简单回顾一下吕库古生活时代前不久的那段时间的雅典政治历史：从公元前403年雅典重建民主制到公元前401年雅典城邦重新统一，再到公元前338年雅典在喀罗尼亚战役中遭遇决定性惨败。令人稍有些惊讶的是，这最后一次彻底的惨败居然没有终结德谟斯梯尼的政治生涯，却为吕库古提供了崛起的舞台，也为他负责雅典经济、政治甚至精神财富的复苏提供了最基本的背景条件。但是"吕库古式"民主是否与雅典式民主有所不同？如果确实不同，这就会是雅典实行过的第三种或是第四种民主制，但不一定是最后一种（参见第十四章）。

公元前403年恢复的雅典民主制为了重新实现内部政治势力平衡，花费了很长的时间，在这之后才又一次开始将触角伸向爱琴海地区（不过这一次雅典实力弱了很多）。公元前399年对苏格拉底的审讯（参见第十章）很好地说明了公元前404/403年的内部纷争所带来的持久影响。公元前4世纪90年代中叶，通过雅典前任海军统帅科农（Conon）的努力，波斯的援助资金并没有提供给斯巴达，而是源源不断来到了雅典，以支持雅典和比雷埃夫斯的城墙重建工作；公元前4世纪90年代末期，在内战英雄色拉叙布卢斯（Thrasyboulus）的领导下，雅典海军实力开始复苏，效果显著。但是公元前405/404年与前387/386年一样，在波斯人的援助下，斯巴达控制了赫勒斯滂附近海域，也就因此扼住了雅典的喉咙。雅典每年从今天的南俄罗斯、克里米亚、乌克兰的谷地进口的小麦都要通过赫勒斯滂才能进入雅典。因此，雅典与其他三个主要盟友（阿尔戈斯、科林斯和彼奥提亚联邦）很快就发现自己不得不屈从于《大王和约》中的条款。但是这个和约也可以说是以斯巴达国王阿格西劳斯二世（约公元前400—前359年在位）而命名的，因为正是这位国王按自己的理解，以最有利于斯巴达利益的方式，积极在希腊大陆推行这些条款。

公元前378年，为了对抗盛气凌人、致力于领土扩张、推行帝国主义的斯巴达国王阿格西劳斯，雅典成立了一个新的多城邦军事政治联盟，也就是第二次雅典联盟。这立刻就取得了成功，到了公元前375年，联盟中已经有了约75个成员，并取得了一些显著的海战胜利。这个联盟的创始成员甚至还包括新民主制国家底比斯，而且底比斯又领导着新实行民主制且军事实力增强的彼奥提亚联邦。但是，公元前371年，在留克特拉战役中，底比斯大败斯巴达及其盟友；尽管这场失败象征着斯巴达作为强权走向末路的开端，但是底比斯的崛起也让雅典甚为不安，于是雅典再次与斯巴达结盟。然而作为盟友，内陆城邦斯巴达对雅典人自公元前368年起就确定的压倒一切的外交政策目标没法起到什么作用。这个目标就是从海上重新控制希腊北部的安菲波利斯，这是一个在地理上具有战略优势且资源丰富的城市，是雅典人于公元前437年自己建立起来的，但是他们在公元前424年失去了它——结果是永久失去了。雅典在第二次雅典联盟中的盟友本以为他们建立的是一个共同防御战线，旨在阻止斯巴达扩张的脚步，确保公元前386年签订的和约中的自治条款能够顺利执行，如今他们越发开始质疑，为什么他们的兵力和人力都投入在——或者浪费在——安菲波利斯这样一个纯粹是雅典的、造成分裂的对象上。

在雅典人看来，为陪审团成员提供津贴是自公元前5世纪50

年代起雅典民主制的最重要特征,但有时公共资金严重不足,因此津贴的发放暂时搁置。同样,按照法律规定,雅典最富有的公民和外邦居住者被要求强制执行公共服务(liturgy,相当于一种超级税收),他们所承受的资源短缺所带来的压力也达到了顶点。公共服务分为两种:一种是军事服务,更确切地说是海军服务,也就是为一艘三列桨战船提供军资和人力;另一种是庆典服务——这是指为每年举办的各种庆典活动的各个方面提供资金支持,其中最重要的庆典就是酒神祭和泛雅典娜节(参见第八章)。每年大约有一百多项公共服务需要执行。到了伯罗奔尼撒战争后期,公共服务的负责人认为有必要将三列桨战船上司令官的人数增加一倍;自公元前378年起,为了给第二次雅典联盟提供资金,由纳税者组成的捐助团(symonries)规模变得更大。但是即使这样可能更加公平、更加有效的体制也引发了诉讼,在这些诉讼中,雅典的陪审员就被召集起来,为那些极为富有而且还不一定是民主人士的雅典公民之间的竞争主张做出裁决。

在公元前371至前362年之间,底比斯在希腊大陆事务方面占据着支配地位,甚至未来的马其顿国王腓力二世也在底比斯做了三年人质,以保证马其顿表现良好。公元前362年,在(第二次)曼提尼亚战役中,底比斯和彼奥提亚联邦击败雅典和斯巴达联军。但是这场战役并没有巩固底比斯的支配地位,而是"在希腊造成了更加糟糕的混乱局面"(这是色诺芬在《希腊史》的结尾做出的令人绝望的最后评语)。直到一个远为强硬的马其顿霸权建立之后,城邦之间的复杂关系才变得简单了一些。

从公元前359年起,尤其是从公元前357年起,腓力二世统治的马其顿王国成了雅典外交政策中要应付的主要对象;公元前

357年，腓力二世靠计谋和武力夺取了安菲波利斯，这象征着新的势力平衡的建立。如往常一样，腓力二世选择了极佳的时机。因为就在同一年中，第二次雅典联盟剩余的成员发动叛乱，也就是众所周知的"同盟战争"；这场战争的发动者是实行民主制的希俄斯岛（联盟的一个初建成员国）和拜占庭，他们得到了卡里亚的摩索拉斯的大力支持，摩索拉斯是一名波斯地方总督，他将以希腊人为主的城邦哈利卡纳苏斯作为自己的新首都。公元前355年雅典在同盟者战争中失败，其想要成为海军强国——或是其他任何类型的强国——的愿望就此湮灭。因为海战的失利，伊索克拉底创作了态度保守的宣传册《关于战神山议事会的演说》（参见第十一章），色诺芬也创作了态度激进的宣传册《雅典的收入》（*Poroi*），后者主要探讨的是提高公共收入的方式和手段。雅典民主制当时的情况颇为危急。

对于30岁的德谟斯梯尼而言，这实在算不上他首次在政治舞台上亮相的最佳时刻，但是毫不奇怪的是，他会在尤布鲁斯（Euboulus）这样一位保守技术官僚的庇护下登场，比起推行或是追求任何民主议程，尤布鲁斯更加关注的是恢复并保留雅典的公共财政。但是，德谟斯梯尼与导师之间的分歧越来越大，德谟斯梯尼认为雅典首先要做的事情就是攻打腓力二世后方的北部领地，而不是在腓力二世向南方扩张势力——推行寡头统治甚至是僭主统治——时瑟缩在围墙之后怯懦旁观。公元前352年，德谟斯梯尼似乎经历了某种类似于意识形态皈依的经历，观点严重左倾，他认为应该将观剧（宗教性节日）基金（Theoric Fund）用于发展军事，正是因为这个观点，他与尤布鲁斯彻底决裂。没过多久，在雅典的文书浮雕中就开始出现典型化的 Demos 形象，这既代表着专业性的增强，也代表着民主制日益增强的自我意识。

在这之后，虽然雅典公众并不总是对德谟斯梯尼做出回应，但是他还是坚持提出，腓力二世对希腊大陆，尤其是对雅典的支配，将意味着雅典的民主制的终结。因为腓力二世更有可能像很多古代独裁者和帝国主义者一样，倾向于在统治的城邦中推行寡头统治，甚至是僭主统治，而非任何形式的民主制，无论它是多么温和。事实上，腓力二世确实这么做了——只是没有在雅典这么做。德谟斯梯尼对内强烈呼吁推行民主制，对外提出坚决反对腓力二世的外交政策。公元前349/348年，刚刚重建的卡尔基狄克联邦的领袖城邦奥林索斯告急，腓力二世对奥林索斯的独立造成了威胁，事态发展到紧要关头。但是，尽管德谟斯梯尼竭尽全力说服民众，雅典派出的援兵少而又少，而且也错过了时机。公元前348年，腓力二世消灭了奥林索斯和其他卡尔基狄克村镇与城邦，这其中就包括亚里士多德的家乡斯塔基拉城；很多卡尔基狄克人要么被杀，要么在国外被变卖为奴。腓力二世想要传达的信息很明确：要么臣服，要么毁灭。两年以后，在腓力二世已经取得了多场军事胜利，雅典遭遇了更多的挫折甚至更糟的情况后，腓力二世与雅典进行谈判，狡猾地劝说雅典接受了和约条款，也就是《腓罗克拉底和约》（Peace of Philocrates），对此雅典别无选择，只能被迫接受，但是雅典在德谟斯梯尼的鼓励下试图回避条约的控制（可并未成功）。

来自雅典内部的压力巨大，一个明显迹象是公元前346/345年雅典做出的决策，审查和修订所有民区由其选举出来或分配的市长保管的公民名册。随着一些个人或政治上的宿怨得到清算，一些相当重要的人倒了霉，其中有一个曾担任哈利莫斯市长的人，他请求德谟斯梯尼在案件中发表演说，反对决定拉他下马的人（理由可能是他出身奴隶或是外来人士）。像往常一样，我们无法得知这件事的结果，但是很有可能要付出的代价极大：如果他没有说服中央陪审法庭，他就可能会被变卖为奴，前往远离阿提卡边境的地方。

德谟斯梯尼和他的主要对手，曾当过演员的埃斯基涅斯，为此而下的赌注都很大。除了相互竞争的政策，两个人的政治生涯也处于危险中。德谟斯梯尼认为《腓罗克拉底和约》就应该被废除（尽管和埃斯基涅斯一样，他也曾经是《腓罗克拉底和约》谈判过程的主要参与者），而在这一点上，埃斯基涅斯主张，雅典人基本没有或者根本没有机会与腓力二世达成更好的协议，因此应该充分利用这份并不称心如意的和约；在埃斯基涅斯带有严重偏见的观点看来，德谟斯梯尼不过就是一个为了自己的利益而危言耸听的人。起先，埃斯基涅斯在争斗中占据上风，尤其是在法庭上，但是自公元前343年起，形势开始向着对德谟斯梯尼有利的方向转变，而且是决定性的转变。公元前339年，德谟斯梯尼作为底比斯驻雅典的代表，为两个城邦的和解付出了努力，由此雅典的海上力量与底比斯强大的陆地力量结合在了一起。但是公元前338年，在彼奥提亚土地上发生的喀罗尼亚战役中，腓力二世和他的儿子亚历山大将骑兵和重步兵结合起来，这样的战术让希腊联军毫无还手之力。腓力二世大获全胜，掌控了整个希腊大陆，如今他的目光转而投向了东部，下定决心征服波斯。

腓力二世象征性地派遣他18岁的儿子兼继承者亚历山大，带着仪仗队，将雅典士兵的骨灰送回雅典。这是亚历山大一生中唯一一次到访这个城邦，而他曾经的导师亚里士多德很快就会在这里建立一个高级研究学院。但是这绝不是亚历山大最后一次与雅典做政治交易。可能完全出于务实的原因（也就是"分而治之"），不过可能也有一定的情感因素，腓力二世实际上并没有——像德谟斯梯尼曾经预测的那样——终结雅典的民主制，也没有派出军队驻扎雅典，没有给雅典的政治带来灾难。但是对底比斯他确实这样做了。而另一方面，在喀罗尼亚战役之后适用于整个希腊大陆的条款中，雅典也同样受制于甚至屈从于腓力二世。在古希腊历史中，这是整个希腊大陆在科林斯同盟（其命名来源于成员宣誓的地名）中，第一次也几乎是最后一次实现政治统一。

这个联盟是一个进攻性和防御性的军事联盟，领导者是腓力二世；联盟中希腊代表做出的第一个决策就是要向波斯宣战，委任腓力二世为希腊联军的最高总司令，负责入侵、征服和占领至少一部分波斯在亚细亚地区的领土。除了这个传统的军事工具，还有一份被乐观地命名为"共同"的和约，因为按照和约规定，无论是否参与了正式的宣誓活动，所有希腊城邦都被认为是和约的签订方，由此也就受到制约，不可以对彼此有任何侵犯行为。但是，与先前的《大王和约》或是《安塔尔基达斯和约》的条款不同，腓力二世没有假装它是为了保证任何形式的自治。希腊城邦不可以爆发内战，尤其不可以出于政治原因就随意取消债务、重新分配土地或是释放奴隶——所有这样的行为都是严重违反传统意义上的自治原则的，即使在实际情况中自治原则总是通过违背行为才得到尊重的。

在接下来的大约15年中，雅典式民主遇到了第一次危机，然后复苏，之后再一次遇到新的危机——最终遭遇了灾难。虽然雅典并未像德谟斯梯尼预测的那样，遭遇腓力二世任何直接或者间接的政治干预，但是大多数雅典人都很害怕这一天的来临。这也就解释了公元前336年初夏时雅典通过了一项针对僭主统治（参见第一章）的法律（不仅是公民大会通过的一项法令，还是通过公元前403/402年开始推行的特殊立法程序生效的正式法律）。从意识形态上来讲，公元前508/507年民主制最初是建立在刺杀（两位）僭主的基础上的，从这个角度来说，这也是民主制的经典行动。民主人士，只要他们接受任何民主理论，都喜欢将民主制描绘成僭主制的对立面，正如反民主人士往往将民主制说成一种僭主统治（民众的僭政或暴民的僭政）形式，或是一种特别容易导致一人僭主统治的政治形式。但是公元前337/336年颁布的法律服务于一个更重要的意识形态目的和功能，那就是压制战神山议事会的政治野心。厄菲阿尔特于公元前5世纪60年代推行的第二波民主改革的一项关键内容，就是剥夺雅典最古老、最庄严的议事会的所有实权。但是从一种解读这项反僭主统治法律的方式来看，也许自公元前346年起，而且肯定自公元前338年起，这些前官员组成的政治实体一直在经历着一种政治复兴。也许就像在公元前413年西西里岛的灾难那样，保守派的声音产生了影响，他们提出，在危险的政治环境中，国家大事的决策权应该再一次交予有经验的前执政官（战神山议事会的终身成员），而不是交予公民大会和陪审法庭这样容易一时失去理智的机构。

我们来讨论吕库古，他于约公元前390年出生在一个世袭贵族布塔代（Boutadae）家族，这个家族喜欢自称爱特奥布塔代（Etoboutadae），也就是布塔族长（Boutas）的真正后代。布塔代家族所在的民区也来自他们的家族名，从公元前508/507年起，他们就一直登记在这里。他们所拥有的特权还包括为两个极其尊荣的终身祭司职位提供人员，其中一个是男性祭司，另外一个是女性祭司，也就是分别侍奉波塞冬·厄瑞克透斯和雅典娜·波利亚斯的祭司。这样的做法显然违背了关于公民特权的民主法律的平等和反贵族精神，但是与主导传统宗教庆典的保守主义观念一致。如果吕库古年轻时确实在学园中学习过，那么他最终对民主制（任何形式或类型的民主制）都不甚热情也就不是太令人惊讶的事情了；而且更不出所料的是，他很可能是一位支持伊索克拉底的秘密寡头主义者，甚至和柏拉图一样（至少在理论上如此）坚决反对民主制。在很长一段时间中，吕库古都是保证民主制稳定实行的关键人物之一，而且，在所向披靡且反民主制的马其顿王国不断追求霸权的时候，任何积极的或是极端的民主做法都被认为是不可行的，在这样的时代中，吕库古也是一位爱国者和道德重整者。

我们主要从三个方面对吕库古的成就进行探讨和评价，这三个方面可能会有一些内容是重复的：经济、道德重整、公民宗教。所有的这些成就都是建立在雅典内部、外部收入大幅增长的基础之上，（据说）其收入增长至每年大约1200塔兰特币。需要注意的是，在一个没有被恶性通胀污染的古代世界里，这个增长量大约相当于一个世纪以前雅典在公元前5世纪第三个25年的总收入，当时的雅典帝国正处于巅峰时期——也就是伯罗奔尼撒战争和提洛同盟盟友的叛变给雅典造成惨重损失之前。大约在公元前336年5月，吕库古经过选举，得到了一个类似于最高财政长官的职务（大概相当于英国的财政大臣，或是财政部长）。这个职务的任期是4年，他通过代理人续任两次，最终的有效任期是12年，也就是从公元前336至前324年。吕库古这样的做法曾经有过一次不起眼且不完全一致的先例，也就是公元前4世纪50年代至40年代的尤布鲁斯，当时雅典人表现出从未有过的意愿，愿意将财富交给一个技术官僚来掌管——当然这位官僚还是要接受民主审计并且要对民主制负责的。虽然算不上什么先例，但实际上与吕库古这个职位更接近的是公元前5世纪就已经出现的伯里克利的方式，除了担任最高军事统帅，推行民主立法，伯里克利还非常小心地让自己有权负责多个重大财政项目，比如担任监管帕特农神庙修建工作的委员会成员。

在吕库古的领导下，如果我们可以这样称呼它的话，很多类似于"胡萝卜加大棒"的法律措施得以推出并执行；这些措施主要用于确保谷物的定期进口，且让价格能被负担得起，尤其是来自黑海北岸的可用于制作面包的小麦（还有少量这样的小麦来自其他地区）。从亚里士多德学派的《雅典人的政制》中我们可以得知，谷物供给是雅典最基本的政治问题之一，按照法律规定，大约自公元前350年起，这样的重大政治问题要在每个公民月需要举行的全国性会议（每年至少有40场这样的会议）之一的公民大会主要会议上进行讨论。每次出席主要会议的人得到的津贴不是普通的1德拉克马，而是1.5德拉克马，这个数额大概可以保证出席人数多于普通会议，尤其可以保证两次连续会议的出席人数都可以达到6000人，因为这是诸如上文提到的《僭政法》这样的法律得以通过的法定会议人数。

为雅典谷物供应服务的绝大多数商人都不是雅典公民，而且不一定是希腊人，而为雅典谷物供应提供资金的是雅典人、外邦居住者甚至是奴隶银行家。为了保证谷物贸易顺利进行，雅典采取了一系列措施，强迫那些合法居住在雅典的商人要先将谷物进口到比雷埃夫斯港。另一方面，雅典引入了新的司法、法庭程序，以加快涉及这些商人和提供资金者的商业诉讼的解决速度，并且会指定专门官员前往比雷埃夫斯，负责按照法律收取进出口税和船只停靠费用，并且在任何冲突发展成为耗时耗力的法庭诉讼之前，对其进行预防或调解。因为雅典——与其他地中海东部希腊城邦一样——在吕库古当政时期似乎不止一次出现谷物短缺情况，很明显，即使是这位金融奇才也无法通过简单地挥舞魔杖，来解决自然歉收和人们谋求暴利或是逃税结合造成的问题。有一位现代学者甚至提到过"隐藏经济"这个说法，也就是吕库古无力解决的黑色经济。

因此，有时雅典人并没有采取强制行动，而是给予外来非居住者超过绝对必要的最低限度的鼓励，允许他们在雅典的领土上确立永久性的非希腊宗教仪式——我们又一次可以预料的是，这里说的雅典领土指的是比雷埃夫斯，这个地方既是雅典民区，也是一个国际性交易场所，事实上是整个地中海地区最大的交易场所。因此公元前333/332年，来自塞浦路斯岛季蒂昂城的腓尼基人得到许可，可以在一个仪式圣地崇拜他们的女神阿弗洛狄忒（阿施塔特），正如在此之前埃及人也得到许可崇拜他们的女神伊西斯。来自外国的个体——那些拥有大量可支配收入的外国人——也被鼓励自愿捐款，以帮助提高雅典的公共收入和减轻国家财政的负担（取决于一个人的观点）。反过来，他们可以得到象征性荣誉，比如来自公众的尊重，也可以是实质性荣誉，包括雅典荣誉公民的身份。

在我时代错误地称之为"道德重整"的这一方面，我要讨论一个并不直接归功于吕库古，但是完全与他的观点一致的措施，我很确定他就算不是发起者，也一定是主要的支持者。雅典的这个叫吕库古的人碰巧（或者根本不是碰巧）与斯巴达更著名的吕库古同名，关于斯巴达的吕库古——前提是这个人确实曾经存在过——有一层浓厚的寓言和神话外壳，让我们无法看清他这个人的真实情况。但是就算斯巴达的吕库古并非（而且极有可能不是）真实的历史人物，斯巴达诗人提尔泰奥斯肯定是真实存在的，在一次法庭演讲中，雅典的吕库古大量引用了提尔泰奥斯的战争哀歌。这个演讲的目的是起诉一位战场逃兵，指控他叛逃和懦夫的行为——正好是提尔泰奥斯诗歌赞美和鼓吹的品质的对立面。这个诉讼演讲背后的战争情绪和爱国情绪同样主导了公元前336/335年通过的准军事改革措施。埃费比系统是一个国民服役系统，对其进行制度化改革要归功于一个名叫伊庇克拉底（Epicrates）的人，但是我肯定他是吕库古的副手，也是吕库古计划中的合作者之一。

埃费博这个词意思是"即将成年"，在雅典，埃费博的年龄是18、19岁，严格说已经是成年人（已经年满18岁），但是并没有得到全部的雅典公民权。我们不确定是否有规定要求或者至少是鼓励所有雅典年轻人都要作为埃费博登记在册——或者更确切地说，也许由他们的父亲或是其他男性监护人为他们登记，或者说只有那些出身于重装步兵及以上阶层的年轻男性才会这样——也就是说，从经济收入角度来讲，社会中收入属于前三分之一的人。我们确定知道的是，雅典官方对于这些新兵投入了大量的精力，对其进行意识形态教育。自公元前4世纪30年代中期起，按照民主制的公开模式，埃费博的姓名清单被刻在石碑或是铜柱之上公开展示，其风格和样式多样。成书于公元前4世纪30年代末期至20年代早期的亚里士多德学派的《雅典人的政制》,用了大量的笔墨来记录这个新制度及其征募模式。在18岁时,刚刚得到公民身份的人通过了市长和其助手对其进行的审查之后,就可以将自己的名字登记在自己所在民区的官方文件之中。原有的139或140个民区按照特里提斯体系被重新分为10个部落,正是这些部落推选三名年龄在40岁以上的公民担任这一年新登记的埃费博的监督者(也就是"下达命令的人");但是由公民大会任命那一年的埃费比系统的最高领导者。

埃费博要在埃费比系统中接受两年的训练。第一年,由长官带领,在阿提卡游行结束之后,这些埃费博被派往比雷埃夫斯完成守卫任务。在那里,他们会学习如何熟练使用护甲上装配的弓箭、标枪、石弩。国家会为他们提供大量的财政拨款,由埃费比的最高领导进行管理。第二年初,训练的重点从轻甲作战训练转变为重甲步兵战斗训练。国家财政会为每位埃费博提供整套重装备,他们身着这样的重装备参加宣誓活动。吕库古在演讲《反列奥克拉特》(*Against Leocrates*)中,对埃费比誓言进行了概括,使其符合他想要发表的观点:按照他的说法,埃费博不仅要发誓不会侮辱他们身上神圣的铠甲,在重装步兵阵列中不会擅离职守,还要发誓要保卫自己国家的土地,把一个更好的国家交付给他们的下一代。其他更晚时期的文献资料提供了更完整的版本或引用的条款,没有其他资料佐证,但是在1932年,在当时的梅尼济(古代的阿卡奈,后来重新更名为阿卡奈)出土了一座刻有铭文的石碑,上面刻有埃费比誓言的一个版本和普拉提亚誓言(参见第一章)。

埃费比誓言具有各种直接的——公元前4世纪30年代及以

后——文化意义。例如，它认为公民身份意味着保家卫国的义务。这种义务与拥护国家法律的义务是一致的；身为雅典公民，这两项义务都是不可摆脱的。普拉提亚誓言的重要意义不能简单地从其字面内容来理解。因为除了涉及喀罗尼亚战役失利后雅典军队和政体所面临的危机，普拉提亚誓言还涉及斯巴达与雅典之间的一系列意识形态冲突，双方争执于在公元前480至前479年击败波斯人、解放希腊大陆的过程中，雅典和斯巴达谁的功劳最大。实际上，雅典和斯巴达都取得了关键性的胜利，但是雅典人并不满足于仅仅得到萨拉米斯的功劳；他们也想在斯巴达参加的普拉提亚战役胜利中分一杯羹。因此阿卡奈这座石碑就将埃费比誓言与普拉提亚誓言刻在了一起：要面向未来。

关于道德重整，我最终要谈到的是吕库古采取的一些支持或加强雅典公民宗教的重大措施。整个雅典都会参与的泛雅典娜节每年都会举办，以庆祝雅典的守护神雅典娜的诞生（参见第八章）。公元前566/565年重新组织之后，泛雅典娜节每过四年，庆典就会极其盛大，被称为"大泛雅典娜节"。在另外三年的"普通"年中举办小规模的泛雅典娜节，公元前335年，雅典推行了一项措施，对小规模泛雅典娜节中的动物牺牲品实行新的财政管理，很快经公民大会通过成为一条法令，同时也成为一条成文的法律。我们不知道这条法律对庆典牺牲或是资金辅助的哪方面进行了革新；不过无论如何，涉事官员的职位很传统：公共拍卖师、负责整体监管节日庆典的财务官，以及几个次级会计人员。但是值得注意的是，不仅雅典娜·波利亚斯需要供奉牺牲，另外两位雅典娜化身也需要供奉，也就是雅典娜·赫基埃（Hygieia，健康之神）和雅典娜·尼刻（胜利之神）。在公元前4世纪30年代末期和20年代早期，雅典的经济状况并不乐观，而且海外谷物供给也出现了问题，因此雅典公民中的底层公民的健康状况无疑开始恶化。任何时候胜利都应该是好事，但是在喀罗尼亚战役惨败之后，雅典无疑更需要一场胜利。另一场革新（看起来似乎是）并非宗教方面或是经济方面的，而是政治方面的。牺牲肉类的分配在参与庆典的公民之中是不平等的：五百人议事会中有五十位负责部落事务的"主席"，他们每人得到的份额是最大的（五份）。这看起来是对严格民主制原则的违背，虽然不算严重，但却很明显，对那些碰巧担任这一年公职的雅典人有利。

同样重要的是，旧式民主制下的公众资助节日和战舰的公共服务机制也显著地发生了转变，开始偏好富人的自愿捐赠。公共服务机制继续存在，在这种制度下，那么即使是非公民的外邦居住者可能也要承担一部分资金负担，但是在公元前4世纪30年代，一位来自普拉提亚的外邦居住者欧德莫斯（Eudemus），自愿向"体育场和泛雅典娜剧院的修建工作"捐赠了1000头公牛（也许石匠放错了"泛雅典娜"的位置，可能本应该铭刻的文字是"泛雅典娜体育场和剧院"）。每四年一次的"大泛雅典娜节"就是在这座体育场中举办的。铭文中提到的剧院就是狄奥尼索斯剧院，用于举办一年一度的勒纳亚节（Lenaea）庆典和大酒神祭/城邦酒神祭庆典（参见第八章）。根据考古发现，雅典的第一个石制剧院正好建于公元前330年左右；和这一永久性的纪念活动相关联的是，所有现存公元前5世纪剧作家的文本都是在吕库古的委托下有了官方文本的：埃斯库罗斯、索福克勒斯（Sophocles）和欧里庇得斯。当从西西里岛到遥远东部的印度都在上演雅典悲剧作品时，希腊世界需要被提醒，这些是雅典人首先出产的。但是现在这更多地是一个遗产的剧院，而非一个关于批判性反思和创造力的剧院。再一次地，回到未来。

吕库古试图在一个健全的财政基础上重建主要公共礼拜和节日，并试图促进它们的持久延续，上面就是两个具体例子。正如上文所提到的，旧式的公共服务体系中为庆典提供资金的做法仍在实行，而且当时比赛获胜者为自己竖立一座纪念石碑也不是什么新鲜事。但是李西克拉特（Lysicrates）所竖立的那座纪念石碑很华丽也很持久，直到今天仍然可以在雅典看到这座石碑，一定与"吕库古时期剧院项目的紧迫性，以及其为了确保悲剧被认为是独特的、本土雅典的工作"（Hanink 2014: 194）多少有所关联。上文提到的对个人捐赠的强调无疑可以被解释为是经济危机的紧迫性造成的，但它也可能对 demos 的自我认知产生某种负面的象征性影响。我认为，在公元前 4 世纪 20 年代和 10 年代中，使用公共铭文记录并表彰个人对民区或部落所做贡献的方式开始成倍增加，并非全然出于偶然。表彰理由中所采用的措辞——"道德典范"和"渴望荣誉"——谨慎回避了商业和雇佣性质，但其决定性因素依然是财政性的。亚里士多德很有先见之明地阐明了脱离或削弱民主政治对私人财富的公共配置的控制权的下一步：将为公共服务付款与担任公职联系起来，且此举明显是寡头式的。在随后的希腊化时代中，这成了资助公共项目的典型方法（参见第十四章）。

但是，吕库古领导下的雅典并没有采取这种做法，他本人的姿态一直是明确的民主派。事实上，公元前 331 年或是公元前 330 年，吕库古对列奥克拉特发起了一场完全民主式的诉讼（参见上文）。在喀罗尼亚战役惨败之后，列奥克拉特选择自我流放，在罗得岛和墨伽拉生活了七八年,但他认为流放时间已足够长,可以让他平安地回到祖国,哪怕算不上荣誉行为,如果他被起诉的话,法官也会对他的不怎么光彩的战场行为做出宽大处理。这样的判断是正确的,但是也仅仅是正确而已:他被判无罪开释,但是仅有一票之差,这样吕库古成了道德获胜者。我们对吕库古的重要性和有效性的最终评价是很复杂的,但是道德与政治之间肯定是道德多于政治。在吕库古的治理下,雅典是否已经转变成另一种性质的民主制,还是民主制被削弱了,总的来说,我对此问题的答案也同样是倾向于后者。

在这之后没过多久,发生了一场远为重大的政治审判,也就是涉及金冠事件的对泰西丰的审判(我们已经在第十章中讨论过此次审判)。这场审判的主要目标——和受益人——并不是泰西丰,而是德谟斯梯尼,而且德谟斯梯尼那天在法庭上对埃斯基涅斯的彻底胜利,让德谟斯梯尼可以在接下来的6年中继续享有近乎奉承的尊重,而此前获得的这种尊重是因为他从民主角度反抗独裁的马其顿。但是,在公元前4世纪20年代早期,是马其顿王国处于发号施令的地位,而且谷物供应不足的问题让雅典对外无能为力的状况愈加恶化。

雅典德谟斯梯尼式或吕库古式的民主制的结局来得很快。因为公元前324年(吕库古去世前一年)的哈帕卢斯(Harpalus)事件,结局突然到来。自喀罗尼亚战败之后,雅典不敢与马其顿实力强大的军队进行正面作战,虽然一些雅典人希望如此。这在公元前331年或前330年表现得最为明显,雅典对阿吉斯三世领导的叛乱持冷淡态度,虽然这场叛乱无论从任何方面来讲都是注定要失败的,但肯定也与雅典不愿意出力有关系。雅典没有参与其他境外的军事行动，而是参与了境内的政治斗争——同样涉及马其顿，但是其范围要宽很多。哈帕卢斯是亚历山大的童年玩伴，也是亚历山大庞大帝国的前任财政主管，然而，公元前324年，他携带着5000塔兰特的巨款投诚雅典——这笔巨款足以让那些想要对马其顿采取直接军事行动的人拥有巨大的政治优势。但是，这些坚定反对马其顿的人物很快就陷入了内乱，这让我们想到修昔底德对那些追求内斗以致对雅典造成巨大损失的伯里克利"继任者"的严厉批评（2.65）。因此，希佩里德斯虽然长久以来一直支持德谟斯梯尼，但是这一次却反对德谟斯梯尼，德谟斯梯尼被判盗用哈帕卢斯的钱财，并被处以50塔兰特的罚金（回想一下公元前489年米提亚德需要缴纳的罚金）。德谟斯梯尼被流放，然后被召回，但是很快再次与他在雅典的对手闹翻了。公元前322年，德谟斯梯尼认为在雅典反抗马其顿的行动失败后，马其顿会派出一队行刑队来刺杀他，于是就在卡洛里亚岛（也就是现在的波罗斯岛）服毒自尽。当时德谟斯梯尼62岁，他一生过半数时间都战斗在民主政治的前沿。

雅典并没有直接与马其顿发生冲突，而是首先利用哈帕卢斯的钱财征募了一支雇佣兵军队替雅典人作战，统帅是雅典人列奥斯特涅斯（Leosthenes），他自公元前325年起在拉科尼亚南端的战略要地泰纳伦招募军队。但是亚历山大于公元前323年6月在巴比伦去世，这是雅典人期待已久的信号，雅典人终于可以实现德谟斯梯尼自公元前4世纪50年代就一直倡导的"亲自上阵"——尽管雅典仍然在继续征募雇佣兵——这是自公元前355年以来雅典第一次除了在陆地上作战以外，还使用庞大的三列桨战船舰队在海上作战。与马其顿的最终对决规模庞大，总共有20个城邦参与其中，因此这场战争又被称为希腊战争。但是无论是海战（在基克拉泽斯群岛的阿莫尔戈斯岛附近）还是陆战（塞萨利的克兰农），雅典都不敌马其顿的摄政安提帕特（Antipater），这样的结果让雅典民主制的命运只能任由马其顿来决定。

公元前321年，旧式的雅典民主制的终局终于到来了。安提帕特最关键的举措是为拥有雅典公民身份的人设定最低财产标准：2000德拉克马，也就是熟练工人连续三年的工资。任何对公民身份加以限制都是寡头统治的做法，不过安提帕特的举措一下子就将雅典公民人数减少了三分之一——这个比例相当于在一个世纪以前非人为因素造成的大瘟疫中损失的人口比例。我们无法得知究竟多少人被剥夺了公民身份。狄奥多罗斯和普鲁塔克一致认为，公民总数被减少至大约9000人这样一个大致的整数（与公元前480年的斯巴达相当，但是只是公元前5世纪处于巅峰时期的雅典公民总数的五分之一）；但是狄奥多罗斯说3.1万名公民中有2.2万名被排除，而普鲁塔克认为是2.1万名公民中有1.2万名被排除。在雅典，或是在古希腊世界的其他地方，民主制——或者至少它的名字和影响力——还没有彻底死亡，但是遭到了致命打击。

第十三章

古典希腊民主制的离奇死亡

回顾

本书的主要目标之一就是要说明，并没有一个单一的古希腊民主制。而是像亚里士多德所说的，有多种古希腊民主制，而且形式迥异。仅仅是雅典在公元前322/321年之前就至少实行过三种民主制（参见后文），而这之后又至少出现过一种（参见第十五章）。而且，作为一种政治自治制度，民主制在古希腊世界的经历起起落落。大多数非专业人士以及很多专业人士都将所谓的伯里克利时代——大约是公元前5世纪下半叶——想象为民主制的黄金时代。实际上，直到公元前4世纪，尤其是第二个25年，民主制才如此兴旺发达，以至于亚里士多德可以声称，在他的那个时代（公元前4世纪30年代至20年代），所有的希腊城邦要么是民主制要么是寡头制。

我们对古典希腊——不仅仅是雅典式的——民主制的简要回顾要从这个问题开始，即公元前4世纪，也就是公元前403年之后的雅典民主制，究竟与公元前5世纪的民主制有多大的差异？有些学者强调，公元前403年不仅标志着定量上的差异，还存在定性差异，而其他学者则认为这是一个持续变化的过程。我本人不会像一个德国的研讨会那样，在 Vollendung（"完成，完美"）和 Verfall（"腐朽，衰败"）之间做出解释性选择。但是"公元前 4 世纪的民主制"和"公元前 5 世纪的民主制"的说法本身都是有争议的。一些德高望重的同事认为，在雅典，能够称得上民主制的制度出现在公元前 462/461 年，在厄菲阿尔特（和伯里克利）改革下形成，虽然有些民主制度（比如陶片放逐法）很明显在这以前就已经存在并且一直被沿用了下来。我本人毫不怀疑，公元前 508/507 年及以后，以克利斯梯尼的名义，也许也是在他的支持下的一些改革举措，使雅典政体发展为早期的，而且是已知最早的"德谟克拉提亚"形式。但是，即使是我也不得不承认，"德谟克拉提亚"这个单词——直到公元前 5 世纪 20 年代才有明确的证据——肯定是在公元前 508/507 年之后才出现的，虽然几乎可以肯定是在公元前 462/461 年之前。还有一些同事会争辩说，"吕库古式"民主制（公元前 336—前 322/321 年）与公元前 403 至前 336 年的民主制在质上有所不同，但是我——出于前一章中提到的理由——并不认同他们的观点。

然而，没有争议的是，雅典的民主制——无论是什么形式的——在公元前 411 年和公元前 404 年曾经被终结过，第一次是因为内部革命，第二次是因为外部的、由波斯财力支持的斯巴达强制力。但是公元前 462/461 至前 411 年这持续了半个世纪的雅典"德谟克拉提亚"本身是否就是一个不复杂、始终如一的事物呢？修昔底德——确实绝非一个不偏不倚的观察者——的一段著名的文字，甚至质疑将"德谟克拉提亚"应用于伯里克利统治时期的适当性或准确性。修昔底德似乎是在声称，实际上真正重要的并不是 demos 的正式 kratos，而是雅典"第一人"伯里克利的

"统治"。而且就是如此,即使他让他笔下的伯里克利在葬礼演说中说到了"德谟克拉提亚"这个词。而且,在修昔底德看来,甚至伯里克利担任公职的这段时期都不算是他一生中雅典所经历的"最佳"治理模式。相反,修昔底德将这一荣誉授予了五千人政权,这个政权于公元前411/410年在四百人政权之后出现:在修昔底德看来,这个五千人政权是一个"将少数人和多数人的利益完美结合的温和政体"。换句话说,从意识形态上讲,修昔底德并非民主人士,但是他也绝不是一个彻头彻尾的寡头主义者,实际上,他是历史记载中最早拥护"混合体制"理论的人。从这个角度来讲,他的理论预见了后来亚里士多德(参见第十一章)和波利比乌斯(参见第十五章)所提出的更精良的"混合体制"版本。

修昔底德如此看待民主制和伯里克利,是有个人原因的。但是即使是在公元前411年的反革命事件之前,至少有一个主要迹象可以表明,厄菲阿尔特-伯里克利式民主制其实承受了重重压力,并且正在发生重大变革。自公元前431年起,雅典在27年的时间里断断续续地与斯巴达及其盟友进行着一场近乎世界大战的战争。雅典政治领袖之间的个性和政策差异巨大,使得自公元前443年就从未被使用过的被认为是清理政治风气的陶片放逐法,于大约公元前416年再一次被公民大会启用。但是这一次,陶片放逐法并没有产生预期的效果:牵涉其中的两位主要的领导人物都没有被放逐,而且在雅典发动灾难性的西西里岛征讨那一年,即公元前415年,一种新的司法程序(不过这个司法程序可能在此之前就曾经被引入且实行过)开始推行:也就是"反对违宪提案的令状"。这个新的司法程序不仅仅是司法方面的革新尝试,也使得民主政治领袖之间的斗争出现了新的形式。

作为一项令状，这个新程序是公众的，而非私人的；这是一种"任何想要提出的人"——任何公民，无论这个公民是否有公职——都可以提出的诉讼。在实践中，当然是出于设计，只有某些雅典人会考虑对同属一个类型的其他人提出这样的诉讼：也就是那些后来被称为演说家和政治家或者被贬义地称为煽动者的非正式小群体的成员——换句话说，职业政治家。这些人是拥有智力、空闲时间和财富的雅典公民，这些条件让他们可以投身于政治，站出来并发挥作用，（而且考虑到雅典民主政治的特性，最重要的是）经常走上普尼克斯山的演讲台去宣传或反对某一政策或是对重要政治对手提出诉讼。除了其他事物，这种新型政治诉讼满足了人们使用法律手段阻止公民大会做出任何不可更改的政治决策的需求。人们认为，达成那个目标最好的方式，就是能够在民众陪审法庭（正常情况下有 501 名陪审员）中对公民大会的决策（由 5000 或 6000 名或更多与会人员的多数票决定出的决策）进行审议。

对于重要人物而言，这是一种风险极高的诉讼；埃斯基涅斯在公元前 330 年的经历（参见第十章）充分显示了风险有多高。但是这种诉讼怎样很快地融入了正常的民主实践中，我们可以从以下事实中看出：四百寡头在公元前 411 年立即暂停了这种诉讼，作为他们反民主、反革命纲领的一个重要组成部分；持极端寡头立场的三十僭主在公元前 404 年将这种诉讼程序彻底废除。还有一则逸事也可以提供佐证，一个名叫阿里斯托丰的人按这个司法程序被起诉了不少于 75 次，但是这些起诉从未成功。公元前 403 年之后恢复的民主制清楚地感到，如果没有反对违宪提案的令状，它根本无法生存下去，尽管也有其他为了控制公民大会的 kratos

的变化被引进。

在几次造成动乱、血腥和分裂的寡头统治之后，雅典人在公元前403年决然地重新拥抱民主制。他们相当不符合历史事实地将民主制说成是他们的"祖制"，并同样错误地将其建立归功于梭伦，如果不是神话中的国王忒修斯（Theseus）的话。根据成书于公元前4世纪20年代早期的亚里士多德学派《雅典人的政制》的作者的观点，公元前403/402年，伴随着民主制的重新推行，雅典政治体制进行了其十一次"变革"中的最后一次变革。这样的说法是存在争议的（从两个角度来说都是如此）。但是对于那位作者进一步提出的这样的政体在不断"增加民众的权力"的说法，我们该如何理解？除了越来越频繁地诉诸反对违宪提案的令状和陶片驱逐法的完全消失，我们来回顾一下公元前5世纪和前4世纪的民主制之间无可争议的其他差异。这些差异包括：对雅典法律的重新编纂，这一过程始于公元前410年民主制恢复，但直到公元前403年才完成（另一次恢复民主制之后）；在法律和法令之间做出正式区别，因此公民大会就不再拥有立法权；公元前4世纪90年代开始对公民大会与会者提供津贴；提高每月举行的公民大会重要会议的次数，从最初每月一次，变成公元前350年的每月四次。这样的变化重要吗？如果重要，又是如何（以及在多大程度上）发生的？

对于法律与法令分开，并配合编纂成文的法典的做法，一个极为现代主义的观点认为，只有在公元前399年之后，"法治"——而非demos的kratos——才得以建立。但这是一种时代错误的观点。雅典人总是生活在法律之下的，制定法律的始终是雅典人，而且因为法律从定义上来说就是普遍的，也是雅典人在解释并使用法律——而且自公元前508/507年起，是以民主方式解释并使用法律的，虽然中间出现了一些中断。而且，也有人认为，公元前403年之后，雅典的政体从"人民主权"变成了一种"法律主权"。但是"主权"也是一个有时代错误之险的概念，在公民大会行使的"直接"主权和陪审法庭拥有的"最终"主权之间做出区分并没有什么帮助。正如在古典雅典民主城邦中没有现代的分权的概念，也不存在最高法庭一样，主权是一个最好留给古代之后的国家的概念。demos在公元前4世纪依然像在公元前5世纪一样"统治"，行使着自己独特的kratos；仅仅是方式不同而已。

但是如果有人在论说时用到了定量而非定性的标准，那么他不得不将胜利授予公元前4世纪的民主制。公元前400年之后的雅典公民人数（即使我们采用3.1万人这个较高的数字，而非公元前322/321年的2.2万人），明显比公元前5世纪的雅典公民人数（在约公元前430年，雅典公民人数达到最多，可能达到了5万至6万人）要少得多。但是公元前4世纪，这个人数较少的公民群体必须——而且在法律上有义务——在两次连续的公民大会会议上满足6000人的法定出席人数，以开启制定法律的程序或是授予公民权等。因此，公元前4世纪90年代引进的公民大会津贴虽然不多，但不仅可以被理解为一种伪装的济贫方式，还可以被理解为一种鼓励普通公民出席公民大会的必要激励手段。阿里斯托芬创作于约公元前392/391年的讽刺喜剧《公民大会妇女》证明了这种做法带来的好处，而且到了公元前350年，公民每隔9天左右就会被要求去参加一场公民大会会议。而他们确实去参加了，而且人数众多——或者说，从考古发现来推断，在公元前4

世纪30年代或20年代，在吕库古的制度之下（参见第十二章），普尼克斯山上用于集会的场地被大大扩大了。

伯罗奔尼撒战争之后，公民总数下降也意味着可进入五百人议事会的公民总数也变得少了，他们的服役被限制在每个成年人（30岁及以上）最多两年任期，且不是连续的。因此，在公元前4世纪，为了满足民区和部落的既定指标，大多数雅典人都要参与到五百人议事会之中。其他公职并没有这样的时限，而且其中多数都是抽签决定的，很容易就可以想象得到，对就任执政官一职的人（雇工等级仍然被排除在外）的财产限额经常是，或是在一般情况下都是被放宽的。对于通过随机抽选成为陪审员出席公民大会的6000人也没有任何时间或身份的限制。真正受到限制的是要支付给他们的津贴，这既要对公众表示尊敬，又能为公民提供实际的好处。

从这样的定量方面来讲，可能会有人认同《雅典人的政制》作者的观点，即总的来说，民众的权力在公元前403年之后一直在增加。但是也有一两个明显的迹象表明，在70年左右的时间里，尤其是在吕库古时代，民主制的精神正在发生重大变革：民主制变得更加"可经营"或是钻营，越发由上至下，越发不自发合作，也越发不平等。牵涉其中的一个问题就是雅典式的"大炮还是黄油"的讨论：如果公共资金有所剩余，这些剩余资金应该投向军事还是应该投向节日庆典？另外一个问题更加具有一般性：从雅典人理解或是希望理解国家预算的角度来讲，该如何分配预算，或者更加关键的是，由谁来进行分配？雅典公民有两次严重倾向于提高个人权利的做法，通过选举指派一位相当于财政部长的官员——比如公元前4世纪50年代和40年代的尤布鲁斯，以及公元前4世纪30年代和20年代的吕库古。但是即使如此,他们也不会牺牲掉所有选举(以及抽签决定)产生的官员要对民众负责这一民主制基本原则,要么直接通过公民大会和陪审法庭,要么间接通过五百人议事会以demos的名义进行定期审计。另外,新建的水务部长这一职务既不属于财政部门,也不属于军事部门,而且为了支持个人自愿捐款以在短期内增加公共资金而削弱公共服务制度的强制性,这两点都是时代的象征,而且从事后看来,也是未来雅典走向非民主制的标志。

在本章的结尾,我想要将我们对民主制下的雅典的讨论扩展到整个希腊世界民主制,甚至更广泛地扩展到即将失去(我们凭借后见之明可以清楚地看到)自己珍贵的独立自主权时期的希腊城邦,夺走它的是一个新的时代——后古典时代,希腊化时代——中几个领土庞大、由多城邦组成的君主制国家。正如上面所提到的,公元前4世纪民主制扩大了其影响范围,但更多地也可能意味着更糟——或者至少没有更好。混合体制是避免最糟糕的政治内乱——全面内战——的一种解决方案,甚至是一种预防性措施,这也许就是修昔底德希望雅典实行混合体制的一个原因,而且这肯定是亚里士多德认为混合体制是最可行的政体的关键原因。据估计,在公元前404至前403年的12个月中,雅典的三十僭主政权杀害了大约1200至1500名公民和外邦居住者。公元前370年很短的一段时间内,大约相同数量的阿尔戈斯的民主派人士用棍棒打死了寡头派对手。尽管这两起事件都是极端事例,但是无可否认的是,较低层次的内争——就算不涉及重新分配土地和取消债款,有时也为了煽动或进行战争而释放奴隶——或多或少一直是希腊城邦世界中惯有的事情,以至于马其顿国王腓力二世控制爱琴海后立即实行的一个措施就是,在他所控制的城邦中全面禁止这些内争。

但是这样是不是就导致了"希腊城市的危机"?这一提法曾经流行过一阵子,尤其是在20世纪70年代受苏联控制的民主德国。亚历山大大帝在公元前332年为亚历山大里亚奠基,当时他一定认为希腊城市没有陷入危机,甚至还有未来,尽管这个未来并不属于民主制。他会傲慢地拒绝现代的观点,也就是出于意识形态的原因,或是经济和政治原因,希腊城市只是一个进化上的死胡同。就算城市真的是垂死,那它的垂死过程也有很多运气成分。

我认为,更有意思的是由A. N. W. 桑德斯(A. N. W. Saunders)提出的对公元前4世纪失败这个问题的探讨方式。他详细罗列了分析公元前4世纪(当然世纪本身就是一个人为构建的时间结构)可能被认为是失败的五个方面:(1)政治方面,按照字面意思,在与非城邦制的马其顿王国作战时,无论是单独的城邦,还是城邦联盟,都输掉了这场战争;(2)族裔方面,尽管经济繁荣发展,但是希腊人并未实现整个希腊世界的团结;(3)社会方面,生活富足的公民未能维护或传播民主制;(4)文化方面,持续依赖奴隶劳动阻碍了科学创新;(5)心理方面,总是回顾过去就代表着失去了前进的勇气。

对于上面提到的每个方面,可能会有人对精确的表述质疑;比如,希腊化文明(将会在下一章中进行探讨)同样依赖奴隶劳动,但它产生了巨大的科学创新,至少在理论层面上;而"希腊世界的团结"——只有公元前480至前479年这样一个显著但不完整的特例——与其说是一种现实情况,不如说是一种理想。但是至少第三个方面（也就是社会方面）的失败确实直接与本书要探讨的问题相关，并且本书会对任何过分简单地赞扬古希腊民主制成就的说法质疑。即使如此，从长远角度来看，比起民主制的种种问题，我仍然很欣赏古希腊民主制所达成的巨大成就。同时也很欣慰，因为这个时代的思想巨擘亚里士多德最终对积极公民身份做出定义，并提出了可行的理想混合宪法版本，而这个混合宪法是民主制变通出来的，也倾向民主制。

第四部分

第十四章

希腊化民主制？

前途暗淡的民主制，约公元前323—前86年

A. H. M. 琼斯是一位伟大的古代史学家，专门从事晚期罗马帝国的研究，但是在他的诸多优秀著作之中，他或多或少地描述了整个古希腊罗马世界，包括雅典民主制。在一篇探讨生活在罗马帝国统治下的希腊人的文章中，他写道："希腊化时代的主导宪制形式是民主式的，而国王更多地是通过总督和驻军实行控制，而不是通过在宪法上限制民主式自由实行控制。"这个说法是充满矛盾的——拥有民主和民主式自由，但是却被国王通过总督和驻军控制？但是就是这个矛盾的说法，很好地说明了一个事实，即从全球历史的角度来看，希腊化时代（琼斯对此也做出了非常好的总结）是一个或多或少独立的希腊城邦世界和罗马帝国世界之间的过渡时期。将独立希腊城邦时代和罗马帝国时代连接在一起的枢纽，就是马其顿的亚历山大大帝（公元前336—前323年在位）的征服，以及他死后庞大的帝国被其继业者瓜分并且建立了短命的继业者王国的过程。

希腊化时代通常被认为从公元前323年亚历山大大帝于巴比伦去世开始，到公元前30年埃及的托勒密王朝覆灭于罗马人之

手。"希腊化"这一术语已经有了不同的词义，但是19世纪德国历史学家约翰·古斯塔夫·德罗伊森（Johann Gustav Droysen，1808—1884年）率先用它来指代一个历史时代。他之所以这样称呼这个时代，是因为它的文化已经不完全（不纯粹）是希腊风格的，而是希腊和（东方的）非希腊的混合体，甚至是结合体。而且，在有神秘主义倾向的德罗伊森看来，这样一种文化的创造是人类历史上更宏伟的神圣计划的组成部分：希腊化文化传播到圣地巴勒斯坦，导致了基督教的出现和扩散，而基督教这个宗教有着希腊-犹太起源，具有从罗马帝国东部的希腊化地区向全世界传播的普世传播可能性。塔尔苏斯（位于安纳托利亚东南部）的保罗（Paul，出生时名为扫罗）从出身和成长方式来看是一个正统的犹太人，他也是一个罗马公民；最早的基督徒"Christians"（这个称呼第一次出现很可能是在叙利亚新建的希腊化城市安条克）这个称呼来自Khristos，这个词是希伯来语词汇Messiah（"受膏者"的意思）的希腊语翻译。这些基督徒使用古希腊共通语（koine）编纂、阅读《新约》。他们的《旧约》是希伯来圣经，于公元前3世纪在托勒密王朝治下的亚历山大里亚被翻译成希腊文。被归到保罗名下并收录于《新约》中的书信，在早期的基督教社群之中广泛传播，甚至远到在意大利的罗马、在希腊的科林斯和腓立比（Philippi）、在小亚细亚的歌罗西（Colossae）。

对于德罗伊森的天命式观点，研究希腊化时代和希腊化世界的现代学者即使有人认同，其人数也是极少的。人们一直观点不一并且始终存在争议的是，希腊化文化在多大程度上是真正的混合或融合，或者希腊主义是否仅仅是一个上层行政建筑，在其薄薄的表层之下其实仍然是充满活力的——并且是抵抗的——本地文化。在这里我们无须费力为这些问题而争论。我们要努力理解的是,从理论和实际意义上,在一个由国王或是其他形式的君主统治的世界中,民主究竟意味着什么。民主制是从什么意义上,又是如何,成了"希腊化时代的主导宪制形式"?近期出现的一系列关于希腊化民主制的引人注目的成果让一些学者甚至开始讨论"后古典时代希腊城市的复兴",那肯定需要我们的重新调查研究。在民主制的整个发展历程中,唯一一次,也是第一次,雅典不需要站在舞台的中央,而且尽管雅典具备可敬的民主制传统、传承民主制的意愿,雅典只会在本章末尾被讨论,而不会在本章开头。而且也是唯一一次,碑铭文字会起到和文献资料一样重要的作用。

亚历山大在公元前336年继承了其被谋杀的父亲马其顿的腓力二世的王位。此时腓力二世在亚细亚地区的反波斯战役正在进行中,但这场远征在政治上和地理上的确切限度依然不清楚——只知道远征的目的是将腓力二世打造成希腊的真正捍卫者、扩张他的权力与荣誉,至少在腓力二世自己看来是这样。亚历山大是马其顿王位唯一公认或可想象的法定继承人,但是后来他与腓力二世发生了争执,在征战波斯的战役中被其父完全忽略了。亚历山大利用父亲被谋杀的机会,尽最大力量恢复自己的权威。仅仅征服小亚细亚——附带将亚细亚希腊城邦从波斯的宗主权中解救出来——根本无法满足这个二十岁的年轻天才的野心。亚历山大花费了两年的时间整顿希腊和巴尔干事务,安定了后方之后,他才与在安纳托利亚西北部的先遣部队会合。但是以为腓力二世的去世可能就意味着希腊城邦会重新获得真正的自由和自治的老式或是怀旧的希腊人,很快就会被纠正这个错误认识。公元前335

年，亚历山大无情地下令惩治叛乱城邦底比斯，从政治上阉割它，从实体上消灭它，只保留了几个具有宗教意义或是其他象征性意义的场所。从表面上看，马其顿人在亚细亚的反波斯远征是一场泛希腊的解放战争。但是从一开始，对于亚历山大而言，忠诚和安全的重要性要远远大于希腊文化的纯粹性，甚至大于希腊文化认同；亚历山大允许或强制其希腊臣民实行的确切宪制形式，在很大程度上是一种战术问题，而不是意识形态问题。

公元前334年，亚历山大跨越赫勒斯滂（今达达尼尔海峡）进入亚细亚地区，在格拉尼卡斯河赢得了第一场事先精心安排的胜利，此后他继续沿着安纳托利亚海岸南进，抵达爱奥尼亚的重要希腊城市以弗所。按照阿利安（Arrian，他的作品是现存的最完整的关于亚历山大远征的作品，虽然这部作品成书于公元2世纪）的记录，亚历山大大帝在这里推行民主制度，推翻了亲波斯的或者至少是顺从波斯的寡头统治。但是，与此同时，他还理智地采取了一些措施，以防止得到权力的民众对那些支持寡头统治的人和无辜者实施报复。并且，他宣布支持在所有曾经处于波斯奴役之下的希腊城邦——包括海岛——推行民主制；能够说明此事的是后来的一份文件，它保存了亚历山大大帝写给希俄斯岛的一封信（其实是一份诏书）。希俄斯岛自公元前336年起一直处于寡头派和民主派的内争之中，而亚历山大大帝选择支持民主统治。

但是，这并不意味着身为马其顿王国世袭君主和独裁者的亚历山大会在意识形态上转而支持民主制。这仅仅是因为亚历山大机会主义地发现了一种让这些亚细亚希腊城邦从效忠波斯转而效忠于他的简单方式——推翻寡头统治政权，支持城邦内反波斯的民主人士。如果我们将目光放到后来的公元前324年，此时的亚历山大大帝已经完成了对波斯帝国的征讨,开始认真思索他该如何治理如此庞大的帝国,我们就会看到一个完全不同的景象。与那年的奥林匹亚竞技赛会相符的是,身在亚细亚的他向希腊发出一道强制令,也就是《放逐者召回法令》(Exiles Decree),下令希腊人接收所有放逐者,并且归还属于他们的财产。他这个做法最主要的动机是摆脱大量过剩的雇佣军军队,但是他使用的这个方案就表明他有多——更确切地说少得可怜——支持希腊城邦中的民众自治,更不用说民主统治了。例如,从一份同时期的位于希腊大陆阿卡迪亚的泰耶阿的文件,我们可以看出,这份法令本来想要解决政治、经济和社会动荡的问题,但非但没能解决,反而激化了这些问题。

亚历山大在巴比伦去世之后,他的主要将领之间发生了持续半个世纪的血腥战争,他们每一个人都想要从亚历山大的帝国中分得一块领地。其结果就是整个帝国被分为三份,分别是以马其顿的佩拉为中心的统治旧希腊的安提柯王朝,以亚历山大大帝新建的亚历山大里亚为中心的埃及托勒密王朝,以底格里斯河畔新建的塞琉西亚(今伊拉克境内)和叙利亚奥龙特斯河畔的安条克双首都为中心的亚细亚塞琉古王朝。所有人都自称为国王,这是一种退回荷马时期甚至是荷马时期以前的举动。还有其他较小的王朝兴衰起伏,其中存活时间最长的是阿塔利德斯(Attalids)王朝,以小亚细亚西北部的古希腊城邦帕加马为统治中心。但是塞琉古分得的领土面积最大,基本上占据了亚历山大大帝当时在亚洲统治的全部领土。

公元前3世纪70年代至60年代,一位塞琉古国王曾经提到利西马其亚城实行的民主制,这座城市是赫勒斯滂地区另一个次要且短命的王朝的首都；但是公元前278年的另一份文件称，塞琉古王朝"很想推翻实行民主制度的诸城邦"。后面这份文件更加准确，更加符合君主制的做法。在此之前，也就是公元前313/312年，独眼的安提柯（Antigonus）一世曾谈论过在米利都恢复民主制，他是亚历山大大帝手下重要将领之一，也是安提柯王朝的创立者。但是他的做法可以被解释为与公元前334年亚历山大在同一地区宣布实行民主的行为如出一辙：只是一种为了挫败对手（也是一位原属于马其顿王国的王朝建立者）的权宜之计，即利用时常被使用的希腊人的"自由"这个口号。然而，一部副标题为《在一些东部希腊城邦中的自由、独立和政治程序》*的书中提到了四个希腊化时代民主制的例子，米利都（和迪迪马一起）就是其中一个，另外三个是爱奥尼亚的伊阿索斯、卡里亚的卡利那和近海岛城科斯。那么这种民主制究竟算是什么样子？是不是仅仅因为缺少君主直接统治而出现的，就像公元前155年克里米亚的克森尼索城一样——这个城市之前曾经实行过的某种形式的民主制度而已？

公元前5世纪末和前4世纪初，米利都模仿雅典民主制建立了自己的民主政体，也使用了民区和部落的形式。在公元前4世纪末期出现了一段时间僭主统治之后，公元前259/258年，（根据卡尔松［Carlsson］的说法）米利都的自由、自治——以及民主制度——再一次得以恢复。现在有大量保存下来的希腊化时期的题刻法令，它们很可能代表着两种在时间上和政治上截然不同的

---

* 即下文提到的 Susanne Carlsson 的 *Hellenistic Democracies: Freedom, Independence and Political Procedure in Some East Greek City-States*。

决策流程。在公元前3世纪80年代之前，指定的个人提出法令提案（主要是关于国内事务），而关于法令制定的惯用语会提到议事会和公民（公民大会中的）。在公元前3世纪80年代之后，被称为 Epistatai（意思是最高管理者、监管者）的官员定期提出其法令提案，关于法令制定的惯用语只会提到公民，不过这可能是因为 Epistatai 本身就是议事会成员。但是什么人可以成为议事会成员，又是如何成为？而公民又真正有多少独立性，更别说主动性了？如果认为这就是公元前5世纪末至前4世纪初意义上的民主制，那么有两点可以对此提出反驳。首先，就我们所知，官员的任命模式是选举式的（而不是典型的民主制抽签），而名年官还有另一个可疑的不那么民主的称号"桂冠佩戴者"，这个称号一般是希腊化时代主办节日礼拜仪式的官员的正式头衔，这种官员就是"仲裁者"，他被赋予解决冲突的唯一权力。其次，没有证据表明在任何法令中存在真正的修正，这表明公民大会中几乎没有对法令进行过讨论。如果这对于由 demos 构成的公民来说，也可以算得上是民主的话，那么他们在国内实行的 kratos 着实有限，而且从外交政策的确定方式来看，demos 所能期待的充其量也就是与真正的权力掮客，也就是国王，保持良好的关系而已。

但是，在爱奥尼亚的厄里特莱，真正的民主情感一直延续到公元前3世纪。大约在公元前300年后的某一年，也许是最迟在公元前280年，议事会和 demos 通过两项法令，这两项法令被铭刻在石碑之上，对反寡头统治的刺杀僭主的——也就是有隐含的民主制意味——原则进行再次肯定。其关键内容如下：

> 因为寡头们撤掉了……弑僭主者菲利斯（Philites）雕像

上的自由之剑……人民决定……将雕像恢复原样……

大卫·蒂加登（David Teegarden 2013a）研究了针对反僭主或支持弑僭行为的六项法令，从公元前410年雅典通过的德莫菲特斯（Demophantus）法令，至伊利厄姆（特洛伊）的一项法令，以及大约同时期的厄里特莱法令，上面的这条法令就是其中的一个。亚历山大大帝解放诸如厄里特莱这样的希腊城市并且征服波斯帝国之后，在随后的混乱中，一位名叫菲利斯的厄里特莱公民刺杀了一位有亲波斯倾向的，并且一定是反民主的僭主。因为这一刺杀行为，城中为他竖立起一尊他手执自由之剑的铜像。没过多久，寡头重新控制了这座城市，并且公开表示了他们的立场，"撤掉了雕像上的自由之剑"。上面的那条法令是民众统治恢复之后得以通过的，他们很有可能将恢复之后的民众统治称为民主制。

这条法令的后文是：

让在任的检查官把工作承包出去……让财政长官每个月都能履行自己的职责，让负责监督议事广场的人确保这尊雕像不会生锈，并且要在每个月的第一天及其他节日庆典之时为这尊雕像授冠。

铭刻在同一石碑之上的第二项法令涉及的是维护雕像产生的费用该如何解决，尤其是涉及头冠的费用——从引发德谟斯梯尼与埃斯基涅斯争执的金冠事件（参见第十章）之中，我们都明白头冠在雅典民主制中具有多么重大的意义。约翰·马（John Ma）正确地指出："与寡头统治的私密性相比，这是民主制价值观中的问责制与透明性的公开表现。"而且这也是——这是马的主要观点——一个刻意地创造社会记忆的例子，以不断重申当前实行的（民主）制度，并且保证民主制度能够传袭下去。不过在我看来，想从以上法令就得出蒂加登的结论，还是有些牵强，即这样的反僭主举措有助于亚历山大大帝在小亚细亚推行民主改革。相反，厄里特莱似乎是众所周知的证明了规则存在的民主制特例。

让我们离开厄里特莱，向南来到罗得岛，这里既是一个岛也是一个城市，是少数几个能够真正做到脱离希腊化国王统治，甚至是摆脱（后来的）罗马人，实现真正自治和独立的城邦之一。罗得岛人说他们的宪法是民主制。但是希腊地理学家和历史学家斯特拉波（Strabo）在公元前1世纪即将结束时写道："尽管罗得岛人并非生活在民主制度之下，但是他们关注普通人民（demos）的利益；他们希望能够保持穷苦大众的善意。"那么究竟谁的说法是正确的？人们可以有力地论证，这是一个依靠贸易的（无情的、机会主义的）海军贵族的非民主统治形式，他们不愿意让demos掌权，但是却愿意和他们分享贸易和抢劫得来的收益。

在希腊大陆，新的重大政治发展是有着大陆野心的城邦同盟的崛起。其中最大的两个同盟是亚该亚同盟和埃托利亚同盟，前者新成立于公元前3世纪早期，后者最初成立于公元前5世纪末，但是现在又重新组建了起来。组建这样的同盟背后的道理很简单：集体的力量大于单独分散的小城邦，可以抵制马其顿帝国统治者的不受欢迎的干预行为。和早期彼奥提亚联邦（从公元前6世纪末起）与阿卡迪亚联邦（在斯巴达的允许下，自公元前5世纪初开始断断续续地存在）一样，种族同质性的原则也是其成立的基础。但是民主制在这些联邦之中出现仅仅是公元前4世纪的一个现象，尤其是在彼奥提亚（自公元前 378 年起，参见第十一章）。雅各布·拉尔森（Jacob Larsen）是一位研究早期古希腊联邦制的杰出专家，他提到希腊化联邦制中的民主制和"代表制"，但是至少这样的说法对于这两个最大和最重要的联邦有些过于乐观了，民主制在这两个联邦中充其量也就是不完全地推行而已。

希腊人波利比乌斯（生于约公元前 210—前 200 年，卒于前 120 年）的作品是研究这两个城邦同盟的重要史料，同时也是研究从公元前 220 至前 145 年整个希腊化时期希腊历史的重要资料。波利比乌斯来自阿卡迪亚的麦伽罗波利斯，这座城邦建立于公元前 368 年，其目的是防范斯巴达，也是当时的阿卡迪亚联邦的首都。这座城邦中有伯罗奔尼撒地区最大的剧院，用于举办城邦聚会，剧院的遗址留存至今，其规模着实令人印象深刻。波利比乌斯也是我们下一章要探讨的话题的主要证人，所以关于他和他政治观点的进一步细节讨论我们都将在下一章中进行。但是为了不留太多的悬念，我们可以先说明他并非民主人士——从任何一个亚里士多德对民主的定义来看。他的一般史学原则的一个令人震惊的例子是，在涉及亚该亚同盟时，他可以让爱国主义免除一般的客观性和公正性的要求，因为他的家乡麦伽罗波利斯是亚该亚同盟一个关键成员："在这个世界上，再也不会找到一个政体，会像亚该亚同盟这样喜欢完全平等，拥有言论自由，并实现真正的民主。"亚该亚同盟处于诸如波利比乌斯这样的富人或贵族地主精英阶层的控制之下，这个联盟的建立与发展，与贫困人口的经济贫困化以及随之造成的贫困人口信赖的精英人物的减少，正好发生在同一时期，并非一件偶然的事情。公元前 3 世纪后期的愤世嫉俗的诗人科尔基达斯（Cercidas）反对越发严重的财富分配不均的问题，他是麦伽罗波利斯城公民，也不是什么巧合。

在伯罗奔尼撒半岛，贫困人口的负担确实很重，在公元前3世纪50年代至20年代，他们找到了一位出人意料的拥护者——或者说是一位有权势的政客，愿意并且也有能力将这种沉重的负担变为自己谋利的工具。公元前4世纪60年代，斯巴达已经不再是霸权国家，甚至不再是任何形式的强国；随着美赛尼亚的希洛人的解放和美赛尼的建立，斯巴达损失了一大半的领土，使得斯巴达在后来的一个多世纪中不再拥有曾经的权势，变成了伯罗奔尼撒地区的只会吵吵闹闹的小角色。斯巴达的问题部分是内部贫富悬殊，早在大约发生在公元前400年的斯巴达一场流产的政变（"基那敦[Cinadon]阴谋"）中就已经显现出来。但是直到公元前244年，斯巴达的穷人和无产者——而且经常是没有社会地位的人——才找到了一位领袖，这个人物不仅希望改变他们的现状，而且似乎也有一定的实力可以实现这个愿望。这位领袖人物就是欧里庞提德（Eurypontid）家族的国王阿吉斯四世，他于公元前244年即位，宣布了在希腊世界其他地方都会被认为是激进的经济改革方案：免除所有的债务，重新分配所有私人地产。如果这个方案得以实施，这将是一场政治革命。但是尽管他在免除债务方面取得了一定的进展，书面债务证明都被象征性地烧毁了，可他在处理外交事务方面手段拙劣，公元前241年，他被暗杀了。

不过，另一个王室（亚基亚德[Agiad]家族）的国王克列奥蒙尼三世娶了阿吉斯个性坚强的寡妇阿吉娅缇丝（Agiatis），在她和她富有家族的支持下，克列奥蒙尼于公元前235年继续推行改革者阿吉斯被迫中断的改革方案。而且，他确实取得了巨大的进展。他不仅取消了很多债务，还将一些土地进行了重新分配——

不仅分给了贫穷的斯巴达人，还分给了非斯巴达人，其中就包括珀里俄基人和雇佣兵，甚至还有曾经有希洛人身份的人。不过，需要注意的是，那6000名拉科尼亚希洛人的自由是克列奥蒙尼用金钱赎来的，解放他们实质上是为了扩大斯巴达新建的马其顿式军队的规模。但是，改革的性质和规模还是证明了我们提到的斯巴达"革命"，即使这场革命并不是民主革命。

尽管如此，克列奥蒙尼的态度还是让亚该亚同盟的领袖们感到恐慌。这一点，再加上克列奥蒙尼于公元前223年对麦伽罗波利斯的掠夺，不幸地预示着这个同盟即将向斯巴达寻仇，而最终复仇行动于公元前2世纪前半叶开始。首先，斯巴达的内部改革被废除，然后一个被驯服的斯巴达成了亚该亚同盟的一个附庸盟邦，这样，斯巴达持续了近800年的独立自主就此终结。更不用提自称斯巴达国王的纳比斯（Nabis）了，他实际上不过是个僭主，公元前207至前192年之间，他试图在斯巴达内重启克列奥蒙尼的改革举措的同时，还想讨好两个主要希腊同盟和在希腊大陆刚刚崛起的罗马。无论在内政还是外交上，他都一败涂地——这也没什么可惊讶的，即使他解放了大部分剩余的希洛人，在斯巴达的社会经济史上留下了自己的印记。

然而，尽管有人认为克列奥蒙尼在斯巴达实现了社会经济变革，但是我们不可以说他同时也实现了可以称之为民主制的政治变革：变革的动力来源于社会顶层，克列奥蒙尼恢复推行并重新建立的公民身份也绝不是民主式的。而且，他将自己的弟弟推上欧里庞提德的王位，废除了斯巴达近8个世纪一直运作良好的双王制（diarchy），这样他就将自己变成了一位类似于希腊化世界君主一样的人物。这样的观点可以从他与托勒密三世的往来得到佐证，而且公元前219年他去世时，并非死在斯巴达王庭中，也不是死在境外的战场之上，而是在亚历山大里亚的一场街头打斗之中丧命的，这也许并非完全不恰当。公元前222年斯巴达在其北部不远的塞拉西亚战场遭受了最终的惨败，这场耻辱的失败是希腊宗主安提柯三世（许诺者）造成的，此后克列奥蒙尼三世流亡到亚历山大里亚。

最后，我们来探讨一下在公元前322/321年马其顿霸权终结了吕库古式民主制度（参见第十二章）后雅典的状态。彼得·罗兹（Peter Rhodes）是一位专门从事雅典和希腊政体研究的杰出学者，在我看来他的工作很好地阐释了研究这个问题的诸多困难和疑虑。一方面，罗兹认为公元前322/321年之后的雅典政体算得上"民主制"，正如他的标题"公元前287年，民主制恢复"所表明的那样，这指的是卡利阿斯（Callias）领导的反对马其顿的一次起义（我们将在后文中再次提到这次起义）。另一方面，罗兹在后来的另一篇文章中，提出了一个更加严格的标准：真正的民主制不仅应当拥有纸面上的民主结构，在真实运作时也应当是完全按照民主制度精神的，也就是说，在各个层面上demos都有"很大程度"的参与。但是就在文章的结尾，他似乎倒退了，并从总体上强调了民主制的连续性而非不连续性，虽然他也承认希腊化世界的雅典与古典雅典有"明显的差异"，这一差异表现在公民大会更为被动，并且参与政治决策的富有公民所占人数比例更高。

人们可以提出一些有利于几种不同立场和不同解释的论点和证据。福基翁（Phocion）出生于公元前402年，被任命为军事统帅的次数不少于45次，他漫长的政治军事生涯的最后四年就可以作为佐证的例子。（普鲁塔克认为他值得在《希腊罗马名人传》中占有一席之地。)公元前322/321年雅典民主制终结,马其顿派兵进驻雅典,公元前318年福基翁被处以死刑,在此期间,福基翁是雅典的实际领导人,按照他认为的对雅典最有利的方式与马其顿进行交涉。毫无疑问他是马其顿的代理人,手段温和、个人诚实,但是无论如何毕竟是代理,因此他要承受的压力既有来自马其顿的领导地位导致的政府人员变动,还有来自民众对他深切的厌恶,因为他推行的绝不是彻头彻尾的民主方式,他与马其顿明显共谋的举动激起了雅典普通民众的公愤。他被迫服下毒芹,和之前一位哲学家的死法相同。

另一方面,公元前3世纪70年代民主话语的无处不在却提供了相反的看法。尤其是在公元前317至前307年之间,雅典处于哲学家法勒鲁姆的德米特里的控制之下,他曾是福基翁的朋友,据说他宣称福基翁并未破坏民主制,而是纠正了民主制。作为卡山德(Cassander,安提帕特的儿子)的门生,德米特里并不支持民主制。我们无法得知他以何种身份统治雅典:是监管者、军事统帅,还是法律制定者?无论是哪一种称谓,从实质上来说,他是一位僭主,或者用更现代一些的词语,他是一个"卖国贼"。在他的统治下,安提帕特强加的雅典公民身份的财产资格被减半(从2000德拉克马变成了1000德拉克马),但限制依然保留,不仅如此,雅典还进行了第一次人口普查,这样的做法在曾经实行民主制时被认为是没有必要的。据说,亚里士多德吕克昂学院的提奥夫拉斯图斯(Theophrastus)的前学生著名喜剧诗人米南德(Menander)就是德米特里的密友。如果事实如此的话,那么我们就有必要指出,米南德在《英雄》(*Hero*)中,将故事背景设置在了同时代的普忒勒亚民区,作品讲述了一对兄妹为了清偿债务而变成了"债务奴隶"(妹妹的情人就说她"像奴隶一样")。公元前 600 年,梭伦就立法禁止了"债务奴隶"这一身份,而且在雅典旧民主制中,个人自由与公民身份及民主权利之间的等同是不容置疑的。

从另一个方面来讲,身为哲学家的德米特里重申了民主制推行之前梭伦的观点,也确实推行了禁止葬礼奢侈的规定,以扼制富人的无节制挥霍行为,同时可能也是为了安慰一下拥有民主倾向的贫苦大众。但是在德米特里控制的十年之中,大部分时候公民大会并不主动采取行动,"反对违宪提案的令状"也被废除,公共服务被终止,从而削弱了民主制正常推行的关键经济基础之一。而埃费比反而成了雅典最重要的社会机构,越来越——或者说倒退地——成为社会精英的领地,事实上也不完全是雅典精英。

马其顿的德米特里取代法勒鲁姆的德米特里,成为雅典的统治者。马其顿的德米特里后来又被人称为"围城者",他得到了巨大的并且史无前例的多个荣誉。他新设置了两个雅典部落,加入克利斯梯尼当年划分的十个部落体系中,为了表示纪念,这两个部落以德米特里和他的父亲独眼安提柯一世的名字命名,这两人在活着时就被人当作神来崇拜。将在世的统治者敬奉为神的做法在当时并不新鲜。这个做法可以追溯至公元前 5 世纪末的萨摩斯岛(敬奉吕山德为神),并且在亚历山大大帝和他的继业者的统治下成为一种常规做法:公元前 305 年,这些继业者无论出身是否高贵(大部分不是),都单方面宣布自己是国王,因此可以得到国王这个头衔该有的敬奉。

另一个破坏民主制的做法就是在雅典议事广场弑僭主者雕塑(哈尔摩狄奥斯和阿里斯托盖通)的旁边,竖立起安提柯一世和德米特里的雕像。强权就是这样建立起来的！而且，从最直接的实践层面上，这些"王家"统治对雅典体制的干预总是会先一步压制真正的民主做法。例如，通过发布所谓的王家信件，德米特里就可以推翻雅典法庭和公民大会的权威。德米特里最大的恶名，就是他在谄媚的斯特拉托克利斯（Stratocles）的提议下，通过一个简单的入会仪式就加入了厄琉西斯秘仪，公然无视了要参加阿格斯小秘仪的先决条件。对于如此严重违背习俗的做法，雅典喜剧诗人菲里皮德斯（Philippides）嘲讽了斯特拉托克利斯（说他"把一整年的时间压缩成了一个月"，或者是类似的话），但是这种无力的嘲笑实际上就是雅典人反抗马其顿宗主国的极限了。

从公元前300至前295年，雅典有一段我们知之甚少的拉哈雷斯（Lachares）僭政时期；无论这次统治实际上是什么形式，它都是对旧式的、免于内争的古典民主制的进一步腐蚀。但是旧式民主制的火花并没有完全熄灭。正如上文所提到的，公元前287年，来自斯法托斯民区的卡利阿斯领导了一场反对马其顿的起义。随后（公元前270/269年）就以他的名义颁布了一条法令，"demos革命就此开始"，卡利阿斯因为捍卫民主制的行为而得到了盛赞。但是，意识形态与真实行动之间出现了巨大的差距，因为卡利阿斯曾经为埃及国王托勒密二世担任哈利卡纳苏斯的总督，而托勒密二世并不支持民主制。

同样，我们也应该用纯粹的姿态意义，来解释其他类似的民主制火花：在福基翁和法勒鲁姆的德米特里两个统治政权之间，曾经出现过一个短暂的民主统治插曲，在这期间的公元前318/317年，雅典出现了纪念西库昂的尤弗伦（Euphron）的运动；公元前307年将雅典从德米特里的统治之下解救出来的解放运动；公元前280/279年在雅典议事广场上竖立起伟大的德谟斯梯尼的雕像。雅典在绝望之中，与阿莱乌斯（Areus）统治下的已经失去战斗实力的斯巴达结盟，发动了所谓的克雷莫尼迪恩战争。按照（卡利阿斯的）法令内容，这是由"demos决定的"，但是却未遵循旧式的民主式程式，即"由议事会和demos决定"。在我看来，至少这就证明旧式的民主体制正在濒临崩溃。

现在我来简要地描述一下雅典人最后一次政治革命：也就是公元前88至前86年，雅典人不是在反抗任何希腊王朝，而是在反抗罗马帝国。相关史料——记录者并非雅典人，此人立场是亲罗马的，而且绝对不是民主人士——当然非常不令人满意。因此当我们发现两个著名的反罗马领袖——亚里斯提翁（Aristion）和雅典里昂（Athenion）——被称为"僭主"时，我们需要格外谨慎。但是，他们领导的起义不仅在反抗罗马统治下无自由的状况，也在反对罗马人一直在他们的帝国中推行的非民主或是反民主的体制（参见第十五章）。无论如何，雅典人的起义很快就被镇压了，并且是被人称"菲利克斯"（"幸运者"）的罗马贵族卢基乌斯·科尔涅利乌斯·苏拉（Lucius Cornelius Sulla）残暴地镇压了；5年后，苏拉就将自己任命为罗马的独裁官，也结束了"自由"的罗马共和国——无论我们该如何准确理解这一体制（这是我们下一章要探讨的主题）。

总之，希腊化时代民主制的历程为解释上的困惑提供了充足的空间。尽管城邦的形式保证了它的合理性和延续性，但是政治现实中的宪法发展的趋势还是走向了多种寡头统治。为了煽动宣传和自我确认，"德谟克拉提亚"在希腊化时代的希腊新老城邦中依然是标准的说法，是宣扬共和制——不是君主制或僭主制（详见第十五章）——和独立自主（不受强国的控制）的口号。寡头统治者提出一种新说法，强调所谓 demos 是指"人民"，而非贫穷的公民群体，同时强调不受外国直接的统治。这也就是谈论"自由的"希腊化时代的希腊城邦的意思（以及所有可能的意思）。总的来说，毫无疑问，这样的希腊化民主制模式的特点是有一定的持久性，但是比起之前的充满活力的民主制度要衰退很多。无论是从内部还是从外部，希腊化时代的"德谟克拉提亚"或多或少都缺乏关键的自由要素，没有实现公民的政治平等，与亚里士多德在公元前 4 世纪 30 年代末 20 年代初《政治学》一书中确定的哪怕是最为温和的民主制相比，希腊化时代的"德谟克拉提亚"都完全是另外一回事。在这样的历史背景下，"德谟克拉提亚"一词的任何用法的力量和意义必然有所贬值，如果不是实际退化的话。

第十五章

罗马共和国

也是一种民主制吗？

在这一章，我首先要探讨的是一种古希腊观点（也就是当时的历史学家波利比乌斯提出的），即共和国时代中期（公元前287—前133年）的罗马共和国政体是一种混合政体，它包含了众多民主制要素。在本章第二部分中，我要分析一种现代观点（主要是弗格斯·米勒［Fergus Millar］的观点），即无论是共和国时代的中期还是末期（公元前133—前27年），罗马共和国实行的都是一种民主制。

英语单词"republic"源于拉丁语中的"respublica"，这个拉丁语单词本身是由两个词组成的："res"（意为"事物"）和"publica"（意为"人民的或是属于人民的"）；大致翻译过来，这两个词组合起来的意思是"人民的事物"。这里的"人民"，指的是登记在册（这些名册掌握在最高级的民选官员罗马监察官［Censor］的手中）的罗马公民整体。从军事角度来说，他们包括那些拥有某个最低限额财产并因此有义务服兵役的人，还包括那些拥有少于这个规定的最低限额的财产的人。按照财产数额，拥有财产的公民分为五个等级；很可能到公元前200年时，这些公民的人数就已经被无产者超过了。我们将在后文中（尤其是在本章第二部分，也就是"米勒的观点"这一部分）讨论这些等级是如何在政治实践中变现的。

与在英语中一样，在拉丁语中的共和制一词在本质上也是指一种以没有君主为特征的政体；或者说，在罗马共和国这个例子中，这个词是指刻意拒绝并且随后小心避免国王（rex）出现的政体。罗马共和国的诞生与一段漫长的——并且在很大程度上被视为神话的——君主制时期的终结时间相同，一般认为，这个君主制时期因罗慕路斯（Romulus）始于公元前753年，终于公元前509年，当时罗马最后一任国王（民族上来说并非罗马人）被逐出罗马。按照传统纪年方式，罗马共和国早期的起止时间是从公元前509至前287年；传统上认为的罗马共和国中期和末期的起止时间在前文已经提到过了。

实际上，正式来说，并不存在罗马共和政体——拉丁文中的constitutio指的是完全不同的东西。但是我们很难避开"宪法"一词，关于宪法的准确定义和理解对于我们从各个方面研究各个时期的民主制历史都是至关重要的，主要有以下三个原因：首先，到公元前30年，罗马人的帝国已经吞并了整个希腊化世界；其次，在罗马帝国的建立过程中，罗马故意去消除所有古希腊民主制度和民主精神的痕迹；最后，即使古典时代已经结束了很久，为整个欧洲的人民生活和政治生活奠定基调的依然是罗马的律法和习俗以及罗马政治思想，这样的状态一直持续到公元18世纪末期甚至更靠后的时间（参见第十八章和第十九章）。

从另一个重要角度来看，由于罗马帝国的地缘政治问题，实行共和制的罗马与民主制之间的联系很复杂。尽管共和时期的罗马是希腊意义上的城邦，并且保留了公众可以直接参与自治的城邦型政体，但是罗马的疆域却发展得过于庞大，成了地中海地区前所未有的庞大帝国，将其公民身份或其变体扩展到远远超出亚里士多德可能认可的任何城邦的正常或规范性界限。在亚里士多德看来，如果城邦中男性公民人数大于1万人，这个城邦就已经超越了其应有的规模，但是共和国末期人口普查登记在册的罗马公民人数已经达到了几万人之多。到了公元前2世纪中叶，已经有很多罗马公民长期定居在希腊和小亚细亚地区。

罗马帝国主义力量在意大利之外的增长——开始于公元前220至前145年——是修昔底德之后的希腊下一位伟大的历史学家麦伽罗波利斯的波利比乌斯的重要研究课题；我在本章要探讨的内容就是从他的生平经历和毕生著作以及这些经历和著作背后更广泛的历史背景出发的。与希罗多德和修昔底德一样，波利比乌斯也是先提出了可能是最大的历史问题：罗马为什么可以实现这一独特的帝国主义扩张，而它又是如何做到的？罗马具备了什么特质让这样的扩张成为可能，甚至是不可避免的？我们将会看到，波利比乌斯对此问题给出了一个典型希腊式的——也就是说涉及政治体制的——答案。

波利比乌斯的罗马体制

公元前264至前241年，罗马及其盟友对迦太基（Carthage，位于现代的突尼斯）发动了第一次布匿战争（布匿战争一共有三次）。与"伯罗奔尼撒战争"一样，"布匿战争"（Punic War）这个术语给了某一方的观点更多的权重：这是一场罗马人针对迦太基人（这个词在拉丁语中是Poeni，其形容词是Punicus，因此在英文中是Punic）的战争。希腊人，尤其是但又不仅仅是西西里岛的希腊人，非常熟悉这个充满活力的民族；亚里士多德甚至撰文谈论迦太基人的政治体系。但是起初曾因墨西拿海峡的控制权而与其发生摩擦的罗马人，逐渐将迦太基视为一个必须要彻底消灭的威胁。波利比乌斯简单地回顾了第一次布匿战争的情况，但将关注重点放在了第二次布匿战争（公元前218—前201年）上。在第二次布匿战争中，罗马于公元前216年在坎尼战役中遭遇了其有史以来最惨重的失败之一，而正是罗马的这次惨败及在此之后的复原促使波利比乌斯对罗马共和国中期的政治安排进行了详细的比较性反思。

在这两次布匿战争期间，亚该亚同盟和斯巴达为了争夺伯罗奔尼撒地区的控制权发生了争斗，波利比乌斯的家乡，也就是阿卡迪亚的麦伽罗波利斯，也被卷入其中，并在公元前223年惨遭国王克列奥蒙尼三世的蹂躏（参见第十四章）。这就是波利比乌斯始终仇视斯巴达的原因；这种与生俱来的爱国主义，还受到他的父亲吕科塔斯（Lycortas）是亚该亚同盟高级官员这一偶然因素的进一步影响。这样的爱国主义在波利比乌斯的历史作品中留下了不可忽视的印记。他认为，在历史学家直截了当叙述事实的前提下，原则上他们在解释这些事实时带有一定的爱国情绪是完全正当的。

第二次布匿战争爆发的原因并不像伯罗奔尼撒战争那样复杂——更没有第一次世界大战那样复杂。迦太基一方想要发动战争的是汉尼拔·巴卡（Hannibal Barca），他利用迦太基在西班牙东部地区的领地和关系为跳板，于公元前218/217年率领有大象做辅助的军队越过阿尔卑斯山，入侵意大利北部。汉尼拔征战的高潮在战争开始不久就达到了，他于公元前216年在坎尼会战中大败罗马军团。之后他又取得了多场战斗的胜利，但是形势渐变，罗马逐渐占据了上风，从意大利打到了西班牙，之后在迦太基位于北非的后防线上，大西庇阿（Scipio，因为此战他之后被人尊称为Africanus，意思是"阿非利加征服者"）于公元前202年在扎马击败汉尼拔。

坎尼会战对波利比乌斯的观点影响很大，他将罗马在这场惨败之后的恢复当作他的"通"史的出发点，这主要有以下两个原因。第一，正是从公元前216年这个最糟糕的时刻起，在其中期阶段的罗马共和国开始走上征服之路，并最终于公元前146年称霸整个已知世界，也就是中地中海和东地中海的许多地区。第二，尽管波利比乌斯很谨慎地没有声称他是第一个撰写通史的历史学家，但是他确实说过他写下的是第一部真正的通史。这是因为自公元前217年起，意大利和非洲的事务就已经与希腊和亚洲的事务"交织"在一起，而这种"交织"伴随着——实际上是通过其完成的——罗马的称霸。但是究竟是哪个因素或是哪些因素使得罗马能够崛起并征服整个地区呢？波利比乌斯坚决地认为，是罗马的国家政体（politeia）。在我们了解了波利比乌斯非凡的一生以及他生活的非凡时代之后，我们将会详细分析这一点。

波利比乌斯出生于公元前200年左右，最早可能是公元前210年，父亲是吕科塔斯。罗马对希腊内陆事务感兴趣并进行干预的历史可以追溯到二三十年以前，但是在第二次布匿战争中，罗马面临的风险变大了，因为公元前215年马其顿的腓力五世决定与罗马的敌人，也就是迦太基的汉尼拔结盟。到了公元前200年，汉尼拔造成的威胁已经消除了，因此罗马通过选举产生的统治机构元老院决定推翻腓力五世。第二次布匿战争的胜利使得他们做到了这一点，而且在第二次布匿战争中，波利比乌斯的父亲领导的亚该亚同盟选择与罗马结盟。公元前196年，前任执政官提图斯·昆克蒂乌斯·弗拉米尼乌斯（Titus Quinctius Flamininus）代表罗马——遵循希腊化时期希腊的权力政治先例——宣布希腊获得了"自由"。这个说法的意思是希腊摆脱了任何（其他）诸如马其顿国王这样的希腊君主的统治，但绝非摆脱外来权力的控制。无论如何，这都不是亲希腊的做法，甚至根本都没有摆出亲希腊的姿态。实际上，罗马承担起了充当希腊自由的仲裁者的责任，并且在几代人的时间内就彻底和永久地摧毁了希腊原有的政治自由。

公元前195至前192年，罗马与其在亚该亚同盟中的盟友接下来要做的就是推翻僭主纳比斯，自公元前207年起，纳比斯就作为僭主统治斯巴达，但是却自称国王。与克列奥蒙尼三世类似的是，他也通过社会经济干预手段在伯罗奔尼撒其他地区，尤其是在阿尔戈斯，造成了大面积的混乱和麻烦（对主要的财产拥有者来说）。纳比斯的死亡也意味着斯巴达对拉科尼亚的控制结束了，而且无论是从外部（失去所有剩余的独立残余部分）还是从内部（著名的斯巴达社会经济和文化教育政权被终结）来看，都可以说旧斯巴达已经不复存在。斯巴达被迫加入的亚该亚同盟成了最大的赢家，但是它的影响力并不长久，9年以后同盟的强人麦伽罗波利斯的菲洛皮门（Philopoemen）去世，却没有留下任何一个可以继承他衣钵的人。波利比乌斯在后来为菲洛皮门撰写的颂词也是在纪念亚该亚同盟本身。公元前181年，刚刚20出头的波利比乌斯就被选为同盟的大使，出使托勒密王朝，但是他并未到访亚历山大里亚。

公元前172年，罗马与马其顿再一次爆发战争，这一次的对手是马其顿国王珀尔修斯（Perseus）。不出所料，罗马又一次取得了第三次马其顿战争的胜利，在这场战争中，波利比乌斯于公元前170至前169年担任了亚该亚同盟骑兵统帅这一高级职务。但是，回顾以往的经历，罗马感觉到亚该亚同盟并非全心全意支持罗马，也没有尽全力，因此罗马认为，亚该亚同盟如果继续存在下去，可能会对罗马统治的马其顿南部的希腊半岛造成威胁。于是公元前167年，波利比乌斯与亚该亚同盟中另外1000名高级成员一起被迫前往罗马和意大利为质。然而，波利比乌斯交了好运，他被托付教导小西庇阿（生于公元前185年），他比小西庇阿年长15到20岁，成了后者的精神导师。与对菲洛皮门一样，在小西庇阿死后，波利比乌斯也发表了一篇赞颂的颂词。但是在公元前167年至小西庇阿去世的公元前129年之间，发生了诸多事件。

最终，在公元前150年，波利比乌斯得到了允许，返回了自己的家乡麦伽罗波利斯。但是就这些么——仅仅是释放而已么？还是说其实是有一个交换条件的，一个波利比乌斯很乐意交换的条件，也就是充当罗马的代理人，参与下面5年里异常激烈的政治斗争？无论如何，公元前149年，罗马决定结束与迦太基的战争。第三次布匿战争爆发，而且正如很有影响力的元老加图（Cato，这里指老加图）长期以来一直宣扬的那样，迦太基被摧毁了，不仅从军事经济强国和罗马的敌人意义上，而且在物理意义上也被摧毁了：正如腓力二世摧毁了奥林托斯，亚历山大大帝摧毁了底比斯一样，迦太基从此消失了。执行罗马对迦太基的无情意志的不是别人，正是20年前波利比乌斯的学生小西庇阿，而伴随小西庇阿前往迦太基焚城的人员之中，就有波利比乌斯。

与此同时，回到旧希腊，罗马于公元前147年再一次击败马其顿，这一次罗马正式吞并这个曾经辉煌的王国，将其设立为正在扩张的罗马帝国的一个行省，由罗马直接管辖。如此罗马便长期涉足希腊事务，这也就是希腊又一次爆发反罗马起义的重要原因之一，这一次起义发生在希腊南部，由表面上顺服的亚该亚同盟领导。起义的爆发不仅仅有政治动机，还有社会和经济原因；亚该亚同盟宣布其要达到的政治目标受到了罗马的憎恨，这些政治目标包括要在某种意义上恢复民主制，这也就给了罗马元老院充足的理由要对希腊南部地区实施与背信弃义的迦太基一样的惩罚。在卢基乌斯·穆米乌斯（Lucius Mummius）的率领下，罗马于公元前146年对科林斯进行破坏和掠夺，其无情的程度仅次于几乎同时对迦太基采取的手段。波利比乌斯在沿着北非和葡萄牙南部海岸向西航行之后，设法及时返回了希腊，目睹了科林斯惨遭洗劫的过程。

公元前147年，马其顿已经成为一个完全的罗马行省，由一位总督和一支罗马驻军监管，名称依然是马其顿。公元前146年，位于马其顿半岛的希腊南部地区并没有得到同样的地位，而是成了一个附庸摄政国；直至公元前27年才完全成为罗马行省。但是，这个地区得到了一个新的名字"亚该亚"，这是为了再一次羞辱公元前145年解散的亚该亚同盟。那么在这个尴尬的政治过渡时期，谁要在罗马与希腊内陆之间扮演关键的调停者角色呢？这一任务落到了波利比乌斯肩上，或者更确切地说，他欣然接受了这个任务，因此他在帮助确定伯罗奔尼撒城邦的地位问题上起到了关键作用，尤其是他的家乡麦伽罗波利斯的地位。

公元前167年，波利比乌斯在意大利和罗马为质期间就已经开始创作《历史》，并希望以这一年为结束日期。但是鉴于公元前146/145年发生的事件，他决定继续创作这部伟大的作品，尽管用他自己的话说，这增加出来的20年是"混乱和剧变"的时期——这是一个不祥的用语，让人想到色诺芬在《希腊史》中总结公元前362年希腊状态的说法。续写的这一部分内容也让波利比乌斯可以阐述他在这个新秩序形成过程中的作用，而这个新秩序显然不是民主制。

波利比乌斯生命中后来发生的任何事都不及公元前167至前145年期间发生的重要。公元前140年，他去了埃及、叙利亚以及土耳其西南部的奇里乞亚。公元前133年，年逾七旬的波利比乌斯再一次出现在惨遭洗劫的敌人的城市（既是罗马的敌人，现在也是他的敌人），即西班牙的努曼提亚，践行了他认为的历史学家必须亲历历史事件的原则。公元前129年，小西庇阿去世，波利比乌斯彻底失去了与罗马内部共和派精英的联系。此后不到10年，波利比乌斯自己也坠马身亡了。

在波利比乌斯的巨著《历史》的40卷中，只有前5卷或多或少完整地保存了下来，第6卷的大部分内容也保存了下来，其内容探讨的是罗马的政体。第7卷至第40卷留存下来的仅有片段，甚至说是片段都算是客气的了，因为这只是后来作家不很准确地引用的内容，这些作家中几乎无人具备波利比乌斯的史学编纂理想或批判精神。从历史编纂角度来讲，这些只言片语中最有意思的是第12卷，这一卷关注于如何书写——和如何不要那么书写——历史。这一卷内容主要针对的是西西里人陶洛米尼姆的提麦乌斯（Timaeus of Tauromenium），尤其是因为此人居然胆敢写作一部通史。此外，波利比乌斯还批判了雅典的菲拉尔克斯（Phylarchus）：这人的罪行主要是风格上的（他沉溺于用一种不恰当的悲剧风格写作历史），另一部分是他的意识形态问题（在支持亚该亚同盟的波利比乌斯看来，此人的态度过于偏向斯巴达了）。那么，按照波利比乌斯的观点，应该如何记录历史呢？历史学家一定要了解史实，包括那些有影响力的演讲背后的事实，并正确无误地报道它们——从这个角度来看，他是修昔底德的继承人。但是真正的历史一定是对起因进行探讨，对因果关系进行探讨的——从这个角度来看，他又同时继承了希罗多德和修昔底德的衣钵，尽管与这两位大家相比，他都更明确、更富有哲学精神地涉及了不同的因果概念。他与修昔底德的第三个共同点是，他相信历史学家的任务是为当下和未来的政治家做出预测。因此，波利比乌斯写作的是所谓的"实用的"（或"务实性的"）历史，一部为实用目的而创作的、避免了单纯娱乐功能的关于事迹（praxeis）的历史。再一次地，在这方面他继承更多的是修昔底德，并非希罗多德。

波利比乌斯的另一个历史编纂怪癖——除了上文提到过的历史记录要迁就爱国情绪的做法——是他坚信所谓"机遇"或是"时运"（tyche）的作用。"机遇"或是"时运"的叫法很容易让人产生困惑，一部分原因是在希腊化时代的希腊，提喀（Tyche）是广受崇拜的女神，而且在有些城邦，提喀是可以与雅典的雅典娜·波利亚斯比肩的守护女神。这样的发展说明在那个纷争不断的乱世，希腊城邦的公民愈发感觉到，在那些统治者之间的他们根本无法理解的区域政治博弈中，他们自己只是任人摆布的棋子而已，而且他们根本无法掌控政治结局，更无法掌控自己的命运。但是，波利比乌斯使用 tyche 一词既想表达"机遇"或是"时运"的反复无常（这是修昔底德的用法），也想指代更高的、支配性的天意——由于人力或神力的内部必然性，那些注定会发生的事情。例如，他因此就明确说明，罗马的崛起不仅仅是偶然的。

要理解波利比乌斯对罗马共和国中期体制的阐述，整个第 6 卷都与此相关，但是具体专门探讨罗马的是其第 11—18 章和第 43—57 章。在波利比乌斯看来，能够解释罗马存活下来并且崛起为霸权国家的关键就是它的 politeia，或者更确切地说，是波利比乌斯理解的 politeia。他的理解无疑受到了小西庇阿和密友的巨大影响。因为公元前 216 年（这是罗马在坎尼会战中遭遇惨败的那一年）的政体处于"最佳发展状态，也是最完美的形式"。它的完美就体现在它结合了君主统治、寡头统治和贵族统治，以及……民主统治的特征上。君主统治体现在设立执政官上，只是在任何时期都有两位执政官同时执政，并且至少在罗马城内，任何一位执政官的权力都会受到元老院及共同掌权的另一位执政官的限制（参考斯巴达由两位国王同时执政的做法）。贵族统治体现在设立元老院上，无论是出身还是财富，元老们都被认为是"最上等的"。民主统治体现在"罗马人民"上，也即 Populus Romanus——希腊语中的 demos。这个政体被视为"公平公正并且秩序井然"，也就是说，处在均衡的状态。

混合政体的观点并非波利比乌斯的首创。修昔底德就曾在探讨公元前 411/410 年的雅典五千人政权时提到过这样的说法。但是修昔底德提出的混合政体只涉及两个要素：相互排斥和对立的少数派（富人）和多数派（穷人）这两个群体，而且对于他所谓的混合政体，我们最好用"布丁"这个比喻来理解。也就是说，当这两种因素结合在一起时，就形成了一个新的政体形式。亚里士多德也曾正式描述过一个布丁式的混合政体结构，尤其是在他描述他认为的最佳政体形式时，他将这个政体称为politeia（参见第十一章）。在这一点上，墨西拿的狄西阿库斯（Dicaearchus）已经失传的《三城对话录》（*Tripolitikos*）中似乎遵循了亚里士多德的说法，他与亚里士多德一样，也将斯巴达作为了参考范例。但是我们将会看到，关于波利比乌斯的阐述，我们最好将其理解为"跷跷板"，或是制衡制度的模型，而且美国开国元勋们在以此为灵感来源设计美国宪法时，一定也是这么理解的。

主要的阐释问题如下：首先，波利比乌斯是否正确识别了罗马共和政体中起作用的三种要素或力量，以及它们之间的相互关系？其次，即使他做到了，这些力量导致的是可以被理解为或多或少还算和谐的混合物，还是说这三种力量中的一种或某种处在如此的支配地位，以至于赋予了罗马宪法特有的形状或基调？有人认为，波利比乌斯对罗马politeia的理解是他本人原创的，而且之所以是原创的，是因为他采用了希腊式的政体分析和分类方式。也许确实如此，但是这本身并不能保证他的说法是准确的，或是切中要害的。我们也可以认为，波利比乌斯对罗马宪法的理解之所以严重错误，就是因为他试图将希腊式的政体分析和分类方式应用在罗马政体上。对于这个问题，我想要说的是，无论波利比乌斯的观点是对是错，他的动机和影响都既有毫无私心的知识角度，也有个人和意识形态的原因。

我们主要关注的是第三个部分，也就是上面提到的民主统治这一部分。毫无疑问，罗马共和国自治和决策有一个至关重要的民众层面。与民主制雅典一样，罗马共和国的政体在意识形态上是反僭主的，并且也就因此自然而然地反对任何自称为国王或是带有国王统治性质的政治人物。针对斯普里乌斯·梅利乌斯（Spurius Maelius）这样的激进派或者至少是改革派的政治家，罗马保守派的惯用手段就是指控其意图推行国王统治。这个神话想象看上去很受大众认可，甚至通俗易懂。同样，从官方和正式上来说，正是罗马人民来通过法律、选举官员以及决定是否宣战。自公元前287年起（也就是罗马共和国中期开始的时间），代表广大公民利益的平民议会也可以通过对所有公民、贵族和平民都有约束力的法律，并且公民诉讼某一位公职人员的基本权利就是通过民众陪审法庭实现的。

但是，在罗马共和国这些民众的面貌和意识形态面前，我们必须设置一些相反指示物。罗马共和国首字母缩写是SPQR（Senatus Populus Que Romanus）；按照顺序，其意思是"罗马元老院和罗马人民"，而并非PRSQ，"罗马人民和罗马元老院"。元老院由级别高于财务官的现任行政长官和具备良好的道德和经济基础（是否有资格入选元老院参考的是很高的个人财产标准）的前任行政长官构成，在公共财政和外交事务方面拥有有效的主动权和控制权。严格来说，由平民投票进行选举的十位保民官，并不算是行政长官（因而也不是元老院成员），其功能和希腊意义上的demagogoi也不完全相同。公元前287年后，保民官也不再是激进的反元老院的民粹主义政治家，而是处在政治阶梯第一级的野心勃勃的平民，他们希望凭借眼前的这个政治阶梯走进愈发保守反动的元老院。保民官拥有对所有法律的否决权，但是按照惯例和先例，任何立法提案都要提前交由元老院进行审议，而元老院中的关键人物甚至会利用一位保民官来否决另一位保民官的提议：公元前133年就有人这样做过，其目的是阻碍提比略·格拉古（Tiberius Gracchus）过于激进的改革措施。公民审理委员会（tribunal）和法庭实际上都由少数的富有公民构成；这与民主制雅典通过随机抽选低收入的处于社会底层的陪审员进入陪审法庭的方式完全不同。

所有的行政长官和保民官都是通过选举产生的；在罗马的选举制度中，不存在抽签这样的民主机制。而且，选举最高行政长官和通过选举确定立法或是和约都是通过集体投票的形式实现的；换句话说，在罗马共和国的民主制中，不存在一名公民一张选票的说法或是做法，而且集体投票的方式从体制上就是倾向少数人的。选举最高行政长官（例如监察官、执政官、财务官等）的公民大会本质上其实是财权政治的，也就是说，投票的资格和权利取决于一个人的资产，这样的标准在希腊的民主人士眼中是绝对违背民主精神的。任何一位想要将纯粹的（希腊）民主观念引入罗马共和国统治的罗马政治家——肯定会有人马上想到活跃于公元前123年和前122年的保民官盖乌斯·格拉古，他是提比略的弟弟——往往都会死于非命：当然这样杀人的方式是违法的，不过在案发之后，杀人者的行为会由元老院控制的法庭判为合法。在对外关系上，最典型的就是面对希腊时，罗马与斯巴达的做法是一致的，总是会选择支持寡头统治，而鄙视大众和他们的政治理想。无论是在波利比乌斯时代之前，还是在其之后，罗马的外交政策一如既往地支持希腊城邦中的少数富人，而不是大多数穷人。

换句话说，不仅希腊语中的demos（无论是这个词的什么意义）与拉丁文中populus的含义完全不一样，而且波利比乌斯也高估了罗马人民的力量和权力——尤其是与元老院的权力相比。如果说罗马的共和制可以被归类为某一种"德谟克拉提亚"，也就是说从任何意义上讲都不是君主制，那么普通公民的能动性和权力也受到了太多的制衡，而且在公元前1世纪古罗马历史学家萨鲁斯特（Sallust）称之为"少数的有权势的人"手中积聚了太多的权力。

但是，波利比乌斯并非仅仅或是简单粗略地从内部政治概念方面来研究罗马的政体。他还将罗马政体与多个其他实际推行的或是理想中的国家政体进行了比较，他总是得出罗马的政体更占据优势的结论，因此也就表现出他本人的反民主式的偏见：与底比斯和雅典进行对比（6.43-4：这两个政体都没有任何优点，因为在这两个城邦中"群众可以随心所欲，按照自己的意愿就可以做出所有的决策"），与克里特岛（6.46-7）、柏拉图的《理想国》（6.47）、斯巴达（6.48-50）、迦太基（6.51-2）进行对比。这样的对比让波利比乌斯更加相信罗马政体的优越性（6.52-6），他在6.57的结论中表明了这样的观点。不仅如此，他还引入了另一个文化参考标准，参照"两个基本要素"，也就是习俗和法律，对所有政体的"真正形式和本质"进行了评价（47.1）。参照这个参考标准，他认为"在我看来，罗马共和国最决定性地显示其优越性的领域就是宗教信仰领域"，因为正是"笃信宗教的行为让罗马人团结在一起"。他这样说的意思是，罗马的统治精英为了让民众——"这是一群浮躁的人，内心充满了各种无法无天的欲望、不讲道理的愤怒和对暴力的痴狂"——顺从，充分利用了人们对宗教的敬畏之心。

因此，结论就是这样的：按照波利比乌斯的说法，罗马 politeia 的优越性不仅在于——或者说并非主要在于——它优越的管理程序。因此，值得一提的是，波利比乌斯是首位在政治探讨中引入贬损概念（okhlokratia）——暴民统治（mobocracy）的历史学家。就连修昔底德或是柏拉图都没有走到这一步。修昔底德确实对雅典公民中的"海军兵士或是暴民"表现出了同样的鄙视态度，而柏拉图在《法律篇》中让代表他参与对话的雅典人嘲笑了"旁观者统治"的方式——剧院观众式的权力；但是，即使是他们，也未曾将雅典的"德谟克拉提亚"嘲讽为暴民统治。

总而言之，对于罗马政体中的民众统治要素，波利比乌斯的态度是鄙视而且严重高估了的。对于他提出的混合政体分析，还可以提出一个基于更普遍理由的反对意见，即没有任何一种混合政体理论可以合理分析或是解释罗马共和国实际运行的方式。这似乎是罗马历史学家和元老院领袖塔西佗（Tacitus）在公元 2 世纪撰写罗马统治政体时表达的观点。塔西佗是历史学家，生活在罗马共和国结束后不久的时期，他在表面上反对一人独裁，因为这剥夺了元老院曾经在共和国时期拥有的权力自由。但是如果塔西佗认为共和政体是一种混合政体的话，那么他就一定不会把混合政体批评得一无是处：这是一个很容易得到褒扬的政体却根本无法推行，而且就算得以推行，也根本无法维持。然而，从长期来看，波利比乌斯的观点确实产生了巨大的影响。文艺复兴时期及此后的学者也认为罗马的政体是一种民主制或一种混合政体。但是我们是否赞同这个说法呢？还是说罗马共和国其实只是一种有着重要的民众参与的元素的贵族-寡头政体，这种元素更多的是意识形态上的而非实践中的？

米勒的观点

从公元前146年起,尤其是从公元前133年起,出于不在我们讨论范围内的各种原因,在公元前1世纪40年代至30年代那场规模更大、历时更久的内战拖垮罗马共和制之前,公元前1世纪80年代爆发的大型内战就已经让罗马承受了难以忍受的压力。

共和国后期的政局如此动荡,其剧烈程度甚至让一位著名现代分析学家拒绝在分析这段历史时使用"政治"一词。这样的做法确实是有些极端了。但是我们又应该如何理解另一位著名学者呢?他对共和国中期和末期体制的看法和我截然相反。弗格斯·米勒认为:"波利比乌斯是正确的……罗马共和国展现出了明显的民主制特征,这些特征在共和国最后的一百多年的历史中占据了主宰地位。"还有一些人,虽然没有明言罗马共和国政体就是古典希腊的民主统治,但是认为民众的权力巩固了政治,所以他们也仿效米勒,将重点更多地放在了共和政体的民主特征上。因此我们就有必要重新回顾一下这个问题,不仅要看一下古代学者的认识角度,还要看一下现代学者的观点。

如果可以简要地总结一下米勒的观点,他进一步提出了以下四个说法以支持他的观点:(一)在罗马,获得并保留公民身份的规定内容很广泛,即使曾经身为奴隶的公民(得到了具有罗马公民身份的主人的正式授权)也拥有公共投票和私人(符合法律要求的)投票的权利;(二)投票权利没有财产限制,按照亚里士多德探讨希腊城邦时的说法,这是民主制的特征,而且公元前2世纪末期开始举行匿名投票,这是相对希腊式投票活动的巨大进步;(三)以民众集会为特征的希腊式民主制或政府,充其量也就是一种竞争性修辞表演，最差不过是政治煽动——亚里士多德曾批评过这点，而罗马的决策体制避免了政治煽动的发生，并且还出现了修辞大师西塞罗；（四）罗马公民确实拥有 potentia（这是拉丁语中最常用的表示权力的词，相当于希腊语中的 dunamis）。罗马公民对是否发动战争拥有最终决策权，可以选举最高行政长官，也可以选举级别最低的行政长官，还可以通过法律。

我接下来要对上述说法进行反驳，而我的说法无论从单个来看还是从整体来看，都可以算得上普罗泰戈拉所说的"给予致命一击的观点"。有些说法不仅仅针对米勒的观点，也针对波利比乌斯的观点（参见前文）。

1. 按照亚里士多德对于城邦（polis）的完整定义，罗马既是一个公民邦，也不算是一个公民邦。确实，罗马公民身份的范围很广，而且罗马也没有对公民身份进行严格限制，而相对来说，希腊对于授予公民身份很是吝啬；然而在人口普查时正式登记在册的几万罗马公民中，就算他们很乐意参与，真正在罗马城中出现，参与公民大会讨论、参与投票活动的能有几人？更不用说像亚里士多德关于公民的看法所要求的"彼此认识"了。数量不能说明一切，但是确实能说明问题，无论从绝对数量来看，还是从地理分布来看，罗马的 populus 的人数都要远多于希腊最大城邦的 demos。亚里士多德曾有一句著名的话："对于居住者、植物和使用工具而言，城邦都应该有一个适当大小的规模。"他认为城邦的最佳规模是 1 万公民。

2. 在罗马，对于行使投票权确实没有财产的限制，但是个人投票绝对不会得到平等的对待。选举最高行政官员的公民大会明显是寡头性质的：一共有 193 个投票"百人队"，每一队可投一张票，这是集体投票的形式。但是在这193个"百人队"中，有88队隶属于一等公民（人口普查按照财产数量将公民分为五等），而且富人组成的百人队的人数要少于穷人百人队的人数；更有甚者，相比希腊式的民主，令人感到滑稽可笑的是，罗马那些无产的穷人被集中到一个百人队之中。除此以外，尽管出台了一系列无效的反行贿受贿的律法，但是在选举和立法过程中行贿与腐败依然比比皆是。公元前2世纪30年代罗马引入匿名投票方式，这是一种较为实用而并不只是理论性的措施，但是似乎收效甚微。

3. 在希腊式的"通过公民大会进行统治的政府"的民主决策中，煽动者确实是具备很高的职业风险和结构性危害，但是煽动者也确实是雅典民主基本的组成部分，使雅典的民主得以顺利推行。而且，煽动宣传活动发生在定期举办的公民大会中，并且最终的决定是由公民大会做出的；而在罗马，最接近雅典式公民大会的机构是一个无实权的委员会（contio），只能由行政长官主持召开（或是解散），而且无法做出任何有意义的决策。罗马根本没有雅典的公民大会式的决策机构。另一个主要的投票集会由35个部落组成——其中4个部落居住在罗马城中，其他的分布在罗马城外。这或多或少与平民议会的形式类似，自公元前287年起，平民议会就可以参与立法，并且有权每年选举十名保民官。但是投票前没有常见的公开讨论活动，也不会告知要举办投票活动，而且尽管每一个部落（就像每一个百人队）都有一张集体票，但是投票者和票数的分配情况并不能公平地按照相应比例反映出投票者的组成情况或是分布人数。最明显的是，所有曾经身为奴隶的公民，无论他们居住在哪里，都自动被算入居住在罗马城内的4个部落之中，这样就最大限度降低了或稀释了他们人数上的优势。

一部分是因为这些内在的不平等和不公平,自公元前2世纪中叶起,罗马式的煽动宣传者出现频率越来越高,他们宣称平民议会才是罗马真正的管理机构。但是这些政治家在决策过程中并非基本的构成要素,而且我们可以预料到,在元老院精英民主人士眼中,这些政治家其实对他们构成了潜在的威胁——而且,通过各种违法手段,这些政治家最终都被清除了:比如格拉古兄弟(Gracchi)(分别于公元前133年和前121年)、萨杜尔尼努斯(Saturninus,公元前100年)、德鲁苏斯(Drusus,公元前91年)、苏尔皮基乌斯(Sulpicius,公元前88年)、克洛狄乌斯(Clodius,公元前52年)。他们都是平民议会选出来的保民官,也都被谋杀了。不仅如此,在罗马城中出现了真正的暴民群体,这在民主制雅典从未发生过,而且暴民的存在和扮演的政治角色被用于很多学术研究之中,用来反对那些认为罗马共和制其实是一种民主制的观点。因为这群暴民由罗马公民组成,他们造成的大型有组织动乱影响了主要官员的任命和立法程序,影响了罗马的治理。暴民的存在是因为社会、政治和体制因素:从社会因素方面来看,罗马城中的底层民众穷困潦倒;从政治因素来看,暴民中有很多曾经是奴隶的公民,当这些人(参见上文)获准进入公民群体之中时,并没有得到应有的平等和认可;从体制因素来看,(波利比乌斯式的)制衡手段过多,而且无论是从经济角度还是从政治角度,这些手段基本都是用来限制穷人利益的。

4. 在罗马共和国政治的最后两百年历史中,并不存在民主统治与寡头统治分裂的现象,但是根据同时代的史料,比如西塞罗的著作,这一阶段罗马政治的特点还是体现了一定的意识形态,而且占多数的穷人与占少数的富人之间的利益之争也没有发生变化（Wiseman 2002: 302, cf. 296）。萨鲁斯特在其论述叛乱贵族喀提林（Catiline）的阴谋（*Bellum Catilinae* 20.7）的专题论文中提到，真正统治罗马的是"少数有权势的人"，他们的统治是通过元老院进行的，而元老院规定了罗马公民参与政治的形式。罗马人民至多也就是可以在参与竞争的权贵或是工程项目上进行选择，在所谓的"显贵派"（optimates）和"民众派"之间进行选择。但是他们没有主动权，尤其没有任何能够定期监管行政长官、保证这些官员对选民负责的合法方式；按照希罗多德笔下的欧塔涅斯的说法（参见第六章），这在古希腊民主制中是最基本、最不可或缺的要求。也许最重要的是，在共和制的罗马，根本没有类似于民众陪审法庭这样可以让雅典 demos 直接行使 kratia 的机构。

5. 我将一个涉及语言学的绝杀牌留在最后。到了公元前 1 世纪，对于希腊单词 demokratia 的标准理解是将其看成一个内部自治的共和体制（参见第十四章）。但是西塞罗很了解希腊、希腊人、希腊政治思想和希腊世界，他在他的重要政治分析巨著 *De re publica*（《论共和国》）中的措辞很谨慎，完全避免使用 D 开头的这个单词（也就是 demokratia）——即使是当他要探讨的是旧式的、希腊化时代之前的希腊民主制。相反，他使用 liber populus（意思是"自由人"）或直接使用 populus；当他想要表达一种人民全都拥有权力的状态，他使用的是 civitas popularis。当然，西塞罗本人并不是煽动者——也幸亏他不是。尽管他在事业早期，曾经做出一些姿态试图让处于统治地位的精英阶层负更大的责任，但是在那场拖垮共和制的漫长动荡的内战中，他还是选择坚定投身并致力于显贵派的事业，而并非民众派的事业。值得一提的是，罗马没有修昔底德这样的人物来告诉我们，或是为我们分析这场经典的内争。

总而言之，想要对波利比乌斯生活的或是在他死后的罗马共和体制的本质和特性进行分类和评价是很困难的。罗马的共和体制自成一格。但是在我看来，米勒支持它是一种民主制的解读方式并不客观，受到了波利比乌斯混合体制观点的误导。无论如何，我们将会在下一章中了解到，没过多久，在经历一场血腥杀戮之后，罗马的共和制走向了末路，被实际上的独裁统治替代——虽然罗马的第一任皇帝奥古斯都（Augustus）采用了大量的共和制元素作为烟幕弹。

第十六章

被否决的民主制

罗马帝国与早期拜占庭帝国

在犹太历史学家约瑟夫斯（Josephus）创作于公元1世纪末的《犹太古史》（*Jewish Antiquities*）中有一段文字，可能是最早的用希腊语将罗马共和国称为"德谟克拉提亚"的文字。这段文字代表了贬低"德谟克拉提亚"一词的意义的两个阶段的第一个阶段：从用来指代底层民众独裁（参见序言），到用来指代"任何类型的体制性、共和制政府，无论具备多少寡头统治的特征"。这样的用法的早期阶段就是前两章我们主要探讨的问题。而本章探讨后期阶段这一词的含义。自公元2世纪起，直到我们所说的安东尼王朝（公元96—180年），"德谟克拉提亚"实际上被用来指代罗马帝国的体制。这种用法中所指的政体不仅接替了罗马共和政体，而且就算不与共和政体完全相反，也是一种完全不同的政体。

要想理解这种灾难性的语言崩坏的全部力度，我们必须先要描述一下这种全新的统治模式的本质。罗马帝国并不仅仅一个罗马的，而是一个真正普遍意义上的政府：这个体制的衍生体制和回响仍然伴随着今天的我们。人们在2014年纪念它的创立者奥古斯都去世两千年。可以说，奥古斯都的养父尤利乌斯·恺撒（Julius Caesar）是罗马第一个未成功的皇帝。但是如果公元前44年3月望日（15日）那天恺撒没有在元老院被元老们刺杀的话，那么他想要实现什么程度的君主制仍是值得商榷的事情。然而，奥古斯都的统治无疑是君主制的，尽管他费尽周折地将其伪装成共和制。在奥古斯都漫长的一生之中（公元前63至公元14年），他大部分时候被称为恺撒（Caesar），有些历史讽刺的是，"Caesar"逐渐演变成了"Kaiser"（德语中的"皇帝"）和"Czar"（俄语中的"皇帝"或者称"沙皇"），而奥古斯都并不希望自己被人认为是皇帝。同样具有讽刺意味的是，他的养父恺撒曾经一语双关地说——因为一个亲戚的姓氏是Rex——他不是"Rex"（"国王"）而是"Caesar"：然而正是因为人们认为他有意成为国王，他才会在元老院门前被那些刺客杀害。

奥古斯都一直试图避免这个致命的错误，为此，他使用了几种不同的策略。例如，无论何时出席元老院会议时，他都会佩戴胸甲。他大肆宣扬自己是旧罗马共和国的救星、旧有的共和制的修复者，并强调自己不是任何新的、非共和或反共和政权的煽动者，而任何形式的君主制，不管是立宪君主制还是温和形式的，都会被视为共和政体的反对者。尽管奥古斯都愿意接受"最高统治者"（Imperator，英语中的"emperor"［意思是"皇帝"］就来源于这个词）这个头衔，但是他通过这个头衔想要告知的信息是他是共和国权力（imperium，意思是"权力"）的拥有者，尤其是军权，通常情况下元老院和罗马公民按照法律规定只会将军权授予两个级别的行政长官：按照职位从低到高是财务官和执政官。奥古斯都选择在统治罗马世界时不是作为一个皇帝，而是作为共和国的最高执政官，在罗马城（Urbs Roma）内和罗马城外皆是如此。

另一个最重要的支持奥古斯都拥有包括军权在内的所有权力的支持者是罗马平民阶层（the plebs Romana）。这个群体确实非常重要，以至于奥古斯都在公元前23年获得了一种作为贵族的他本来按照法律不可以拥有的（终身）权力：保民官的权力。这个权力为他提供了多种象征意义的好处，有一些好处是虚设的，还有一些好处是实实在在的，这其中就包括人身不可侵犯的权利。对于罗马的平民阶层，他的貌似慷慨的做法被后来的讽刺作家尤维纳利斯（Juvenal）轻蔑地称为"小恩小惠"：发放救济粮和举办规模宏大的战车比赛。但是奥古斯都的慷慨赠予不仅限于此。除了偶尔发放的救济金，长期以来他还不断改善穷人的住房条件，并配备基本的消防人员和警备力量。然而正如一位后来的帝国官员生动地观察到的，粮食和娱乐活动不仅填饱了罗马人的胃口让他们开心，还控制了（字面上是掌控了）罗马人；或者用另外一种方式来解释，这些举措"远不仅仅是福利计划"。

与我们关心的体制问题有最直接关联的是，奥古斯都为了炫耀自己的保民官权力，在记录他发布的官方法案时，还将他被授予保民官权力的那一年也记录了下来。这些记录广泛地分布在他统治的各处臣民中：例如，公元前9/8年，一个得到罗马公民身份的高卢王子就在仙尼斯峰隘口的最高处附近修建了一座拱门，在上面为奥古斯都题词"奥古斯都得到保民官权力十五年纪念"。不仅如此，奥古斯都很明智，将这个权力授予了其他人，这样他就抬高了他最亲密的同僚和自己的继承人，也就是阿格里帕（Agrippa，卒于公元前11年）和提比略（Tiberius，公元14—37

年在位)。在一个世纪之后,也就是图拉真(Trajan,公元98—117年在位)和哈德良(Hadrian,公元117—138年在位)时期,历史学家和元老塔西佗在回顾这段历史时,敏锐地指出奥古斯都的保民官权力其实是他权力处于"巅峰时刻的头衔":也就是说,这个头衔很大程度上——但是这一点很重要——是象征性的,相比之下,他手中的至高权力是建立在真实有效的法律基础上的,是他军权和非军权的权力(imperium)的表现而已。

对奥古斯都的"作为"或是"功绩"进行记录宣传的,除了官方文件,还有奥古斯都的自传,这部自传的标题就是《行述》(Res Gestae)。这部自传创作于他生命的最后时光,最初是铭刻在他于公元前28年在罗马为自己和家人修建的陵墓入口的铜碑之上的。可以预料的是,这座铜碑已经消失在历史之中了。但是奥古斯都还将这部自传的副本传播到了罗马城外,并且铭刻在整个帝国范围内的公共场所内。然而,最终只有四个副本保存了下来,全都来自帝国东部的希腊地区:一个小块残本来自亚细亚行省,另外三个残本来自加拉太省,其中保存最为完整的——内容使用希腊文和拉丁文双语形式——如今保存在安基拉(也就是今天的安卡拉)的一座纪念"罗马和奥古斯都"的神殿之中。

尽管奥古斯都是军队唯一的统帅和发薪者,但是在这部自传中,他对于这样的至高、独一无二的权力的基础只字未提——他的权力可决定生死,在罗马城内(相当于执政官的权力)和城外(相当于地方总督的权力,凌驾于任何人之上,以防出现权力冲突)都有效。与此相反,他大肆宣扬的内容只有麦迪逊大道*的那

---

* 美国很多著名广告公司的总部都集中在这里,这里逐渐成为美国广告业的代名词。

些"疯子"才不会感到羞耻,他强调,是他结束了内战,是他开创了罗马的和平局面,从某种意义上讲,也是他恢复了罗马的共和制。但是究竟是从哪种意义上呢?如他这样接受过罗马修辞学教育的聪明学生,他把高潮部分留在了自传的结尾部分,也就是关键的第34章和第35章。

为了能够正确理解,我们得到的建议是要与后来的奥古斯都传记进行比较和对比,这部传记创作于哈德良在位时期,作者是苏维托尼乌斯(Suetonius),曾是一位帝国行政官员,可以接触到现在已经失传的众多文献。苏维托尼乌斯将对奥古斯都生平的研究作为自己的主攻方向,而且他在立场上从时代和政治两方面都保持了距离,这样就可以揭开奥古斯都宣传内容的面纱,显露出背后那不怎么得人心的真相。在《行述》中,奥古斯都将自己描述成终极爱国者和宪法保守主义者,他仅仅是作为"第一公民"(Princeps)在公元前28年通过他的权力(potestas)将共和制变为罗马元老院和罗马人民(SPQR)的arbitrium(参见后文),他从未拥有超过就任任何公职的任何同僚的权力,而且他在公元前2年通过元老院的法令被授予"祖国之父"的荣誉称号。

potestas一词的含义很明确,因为自公元前28年起,尽管严格按照共和制的规定,他的权力的法律基础是受到质疑的,但是奥古斯都确实手握着控制罗马和整个帝国的实权。然而arbitrium这个狡猾的说法是什么意思?这个词的字面意思接近于"自由处置",因此也就意味着决策权,很可能狡猾的奥古斯都想要表达的是,在公元前44年尤利乌斯·恺撒得到"终身独裁官"(Dictator Perpetuus)头衔,以及由此引发的公元前43至前31年的罗马内战之前,SPQR所做的事情都是无效的。但是苏维托尼乌斯敏锐地观察到，奥古斯都仅仅有两次"考虑过"恢复真正传统意义上的共和国——但两次他都决定不这么做。不仅如此，在传记结尾，苏维托尼乌斯彻底揭露了奥古斯都的说辞背后的真相，明确说出了这样的"被恢复的"共和制的真正权力所在。权力并不在罗马人民手中，甚至不在改变的元老院手中，而是在奥古斯都和他的大法官法庭的手中。这个大法官法庭并非隶属元老院，而是由奥古斯都本人亲自任命，并且这些人直接对他负责，主要都是曾经属于他的已经获得自由的释奴。这些刚刚得到罗马公民身份的权力掮客无法成为元老，也不可能有人想象得到他们能成为元老，但是这些人才是了解、管理和控制帝国领导权和财政的大大小小所有细务的人。

除了这样赤裸裸的揭露，苏维托尼乌斯还提到了一个重要的细节，这个细节能够表明公元前2年授予奥古斯都"祖国之父"荣誉头衔的真正内涵，奥古斯都还将得到这个头衔的事情作为《行述》自传的高潮部分内容记录了下来。正如那位为了献媚讨好而提出授予这个头衔的没有什么存在感的元老院傀儡所说的，这样的做法不仅仅是为了满足奥古斯都的个人利益，更重要的是还可以满足他整个"家族"的利益。换句话说，在经历了一系列不断修整公元前28年起开始兴建的陵墓工程之后，到公元前2年为止，奥古斯都已经设法诱导元老院，或者更确切地说是强迫元老院，正式承认了他的家族是某种王室家族：这就是在罗马的权力中心建立起了一个王朝，统治一个实际上已经不再"自由"的共和国（res publica）。因此，就在同一年，家族王朝式的玛尔斯·乌尔托（Mars Ultor，战神，人称尤利乌斯·恺撒谋杀案的复仇者）神殿被兴建，这也并不只是巧合；这座神殿由奥古斯都提议兴建，为了纪念他的列位祖先，一直追溯到女神维纳斯。对于奥古斯都而言，最能说明他恢复共和制的说法和他掌握至高统治权的事实之间的矛盾的问题，就是"继承问题"。

从法律上来说，严格而言，在非君主制政权下是没有继承人一说的：要是出现了继承人问题，那就说明有需要继承的至高权力。但是实际上，在奥古斯都时代，没有继承人就很有可能会再一次引发内战。公元前23年，奥古斯都就曾试图解决这个问题（将自己的女儿朱丽娅［Julia］嫁给了他的外甥马塞卢斯［Marcellus］），但是没过多久，马塞卢斯去世了——他也因此成为第一个入住奥古斯都陵墓的人。公元前17年，奥古斯都再次尝试解决，这一次解决问题的态度更加坚决。他不仅将朱丽娅与阿格里帕的婚姻诞下的两个儿子盖乌斯（Gaius）和卢基乌斯（Lucius）收为自己的养子，还大肆宣称这一年是新纪元的开始，就连贺拉斯（Horace）都专门撰写诗文为其赞颂。但是事情的发展依然不尽如人意，盖乌斯和卢基乌斯未及成年而夭折。因此，公元4年，奥古斯都终于解决了他与罗马之间的问题，极其不情愿地、也很不满意地收养了自己的继子（他妻子莉薇娅［Livia］的儿子）为养子，同时也收养了朱丽娅和阿格里帕唯一还在世的儿子，也就是不完全正常的阿格里帕·波斯图穆斯（Agrippa Postumus）。也许这样的共同收养行为对于共和制共同掌权的做法并没有什么意义，但是，就算确实没有意义，也永远不可能实施，提比略继位之后颁布的法案之一就是下令杀掉他这位共同被抚养的兄弟。

要是对自公元前28年起奥古斯都的事业进行总结，我认为爱德华·吉本（Edward Gibbon）将奥古斯都称为一位"狡猾的僭主"是很准确的。为了得出这样的结论,吉本大量参考了历史学家塔西佗的作品,其中塔西佗的《历史》(*Histories*)和《编年史》(*Annals*)两部作品主要讲述的历史时期是公元14至96年。学者们已经注意到塔西佗对奥古斯都保民官权力的圆滑态度,而在《编年史》开篇(1.9-10),塔西佗想象中的奥古斯都的国家葬礼也是同样尖锐。当看着刚刚去世即将化为神明的皇帝的火葬柴堆时,那些所谓的"明智审慎"之人开始对这位皇帝的统治品头论足。塔西佗为了强调,在描述完这些之后就开始了他的负面评价,相比于正面评价,负面评价字数要更多,也更容易记忆。最重要的是,他谨慎的分析撕开了奥古斯都的虚伪面具,暴露出他无情的机会主义和野心是建立在他直接或间接夺去的那些生命之上的,而关于这些,奥古斯都本人在《行述》中却只字未提。在这些负面评价中,有一个评价特别能够说明问题:当然,在可怕的血腥杀戮的内战之后,奥古斯都为罗马世界带来了和平;但是,他所带来的和平本身就是"血腥的"。内战可能在公元前31年结束了,但是对外战争并没有结束,政治刺杀也没有结束。

当然,塔西佗这样的做法只是事后诸葛而已。罗马帝国在奥古斯都之后的五十年里,经历了八位统治者,元首制终于在韦帕芗(Vespasian)的统治之下,被永久地写入罗马律法之中,真正变成了有法可依。在诸如大不列颠(公元43年由克劳狄乌斯[Claudius]变成了罗马行省)这样的罗马其他地区,出身军伍的提图斯·弗拉维乌斯·维斯帕西安努斯(Titus Flavius Vespasianus,韦帕芗本名)接受了标准化的军事训练,被他忠诚的军队推举为罗马皇帝。但他不得不为这个地位而战斗。更准确地说,在公元68年罗马皇帝尼禄(Nero)自杀而引发的内战中,他获得了胜利，成为"四帝之年"的第四位也是最后一位皇帝。韦帕芗的统治一直延续到公元79年，成功地建立了以他的名字命名的弗拉维（Flavian）王朝。但是在继承他王位的两个儿子提图斯（Titus，公元79—81年在位）和图密善（Domitian，公元81—96年在位）中，后者实质上是一位暴君，他的统治让元首制臭名昭著，而塔西佗的叙述则让其遗臭万年。

公元68至69年的内战给元首制带来了严重的冲击。现在需要一个公共的姿态来重申皇帝的权力。在韦帕芗统治下的法律要求的内容——奥古斯都绝不能也不会这样做——其实自公元27年起就一直在实行："皇帝可以拥有……交易权和做任何涉及神明、人权、公职或是私人事务的权力，只要是为了国家着想、为了维护国家的利益——就像奥古斯都、提比略和克劳狄乌斯所做的那样。"塔西佗并没有被这样的说法所欺骗。无论披着什么样的合法外衣，本质上韦帕芗与他的儿子图密善一样都是专制统治者。但是，即使是塔西佗也不能免俗，他也开始制造神话。在图密善被刺杀之后，塔西佗成为执政官，很可能这是图密善亲自提名的。为了遮掩，塔西佗宣称在位时间短暂而且手段残忍的元老涅尔瓦（Nerva，公元96—98年在位）的统治开创了另一个黄金时代：这是元首制和"自由"（一位罗马元老所理解的那种自由）的第一次结合。而在塔西佗之后的苏维托尼乌斯在创作传记系列作品《罗马十二帝王传》时，以恺撒为开篇，和塔西佗一样，以图密善为结束。但是与塔西佗不同的是，苏维托尼乌斯在评价图密善统治后期的有效举措时避免使用过于乐观的语言。"自由"仅仅是一个名义上的说法而已。

与拉丁作家塔西佗和苏维托尼乌斯同时代的还有一位希腊

知识分子，与这两位具备同样的才华，而且更为博学，这就是普鲁塔克（Plutarch，在希腊语里是 Ploutarkhos，意思是财富的统治者），生活的年代大约是从公元46至120年。他是罗马公民，因此他的拉丁名字是卢基乌斯·马斯特里乌斯·普鲁塔库斯（Lucius Mestrius Plutarchus），无论是在罗马还是在希腊，他都是学术界的顶尖人物。部分是莎士比亚的缘故，今天他最为人所知的身份就是传记作家，其中最有名的是他为那些"伟大的"希腊人和罗马人撰写的"对比列传"。在亚历山大大帝和恺撒的对比列传的开篇，他强调了他并不像当时希腊化时代的罗马世界的理解那样是一位历史学家："我写的是人们的生活，并非历史。"在学术方面，他的首要任务是提供哲学道德思考，这样的纲领性声明让他可以不必对他文中主角的政治军事成就进行公正的评价。尽管他带着强烈的感情了解几乎所有的事情，也包括那些对大事件的记录，但是真正让他感兴趣的是那些能够展示主角道德性格的特殊，甚至独一无二的特征的故事。

当然，我们也有可能不按他的设想来阅读《希腊罗马名人传》，可以得到一些只在他的著作中保存下来的政治家的事迹，例如伯里克利（参见第七章）。但是更能满足我们的目的的是一篇著于约公元100年的论文，其标题可以翻译为《治国之道》（*Precepts for Statecraft*）或是《关于公共生活的忠告》（*Advice on Public Life*）。这篇文章出自普鲁塔克另一部系列巨著《道德论集》（*Moralia*）。普鲁塔克创作这部作品是为了警示那些即将涉足政治的年轻希腊人，指导他们该如何在罗马帝国时代在政治舞台上取得成就。其中表达的清晰而明确的信息是，亚历山大大帝和罗马征服活动之前人们普遍理解的自由希腊城邦的政治已经完全变了模样。"城邦"这个词仍然在使用，但是任何处于主要说希腊语的东部罗马帝国行省内的城邦——说得难听一些——其实都是处于代执政官（proconsul）的监管之下（普鲁塔克的说法是被代执政官的军队踩在脚下）。代执政官指的是像塔西佗这样具有元老身份的行省总督，他以代执政官（代替或是职权相当于执政官）的职级成为亚细亚行省的行省总督。一位专门研究此时期和地区的专家就曾评价："普鲁塔克的建议切实有效……这说明他关心的是实实在在的事情。他使用了大量的文学、档案资料，这说明他的建议是适合于他的时代的。"

普鲁塔克通常被认为是第二诡辩家时代的主要人物之一。（第一诡辩家时代是指公元前5世纪至公元前4世纪，其中包括备受柏拉图非议的民主人士普罗泰戈拉；参见第六章。）这些诡辩家喜欢以公共演讲和宣讲的方式，或是通过在那些拥有相同思想的可能成为学术大师的人之间散播论文，来传播自己的思想。其中比较显眼的是希腊演说家兼宣传者埃利乌斯·阿里斯提德（Aelius Aristeides，公元117—约180年），他为安东尼王朝增光添彩。安东尼王朝的文学成就可以这样来概括："哲学家爱比克泰德（Epictetus）。历史学家阿利安（Arrian）和阿庇安（Appian）。朗戈斯（Longus）和阿基里斯·塔蒂乌斯（Achilles Tatius）的希腊语小说。帕萨尼亚斯的游记。讽刺作家琉善（Lucian）。还有一些优秀诡辩家，包括埃利乌斯·阿里斯提德、法沃里努斯（Favorinus）和波列蒙（Polemo）。基督徒作家查士丁（Justin）和克莱门特（Clement）。皇帝马可·奥勒留（Marcus Aurelius）的哲学思考作品。盖伦（Galen）的医学著作。"

埃利乌斯来自密细亚（位于今天土耳其的西北部），他和未来的皇帝马可·奥勒留有一位共同的导师，凭借于此，他与罗马帝国宫廷建立了极其密切的关系。他的处境很安全，因此他就采用了客观的，准确来说是比较的方式对罗马帝国的统治体系进行了评价。但是公元143年，在安东尼努斯·庇护（Antoninus Pius）的统治下，埃利乌斯超越了自己。他朗诵了一首充满华丽辞藻的赞歌《致罗马》（罗马不仅是地名，也是一位女神的名字），说"民主制已经在全世界建立了起来——这都是一个人的功劳，这个人是最好的统治者和管理者（kosmetes）"（sec. 60）。选择kosmetes这个词是很明智的，这既表达了罗马是一个庞大的统治四方的帝国，又借助了希腊语中意为"秩序"的kosmo。（kosmetes同时也是监管雅典埃费比的官员的称呼；参见第十二章。）但是，将明显的君主制说成民主制，即使是埃利乌斯，也应该为出现如此夸张的逻辑矛盾而感到羞愧。

但是这还不是最糟糕的事情。希腊语中"德谟克拉提亚"的基础是公民的平等与自由。公民身份，尤其是民主制下的公民身份，是希腊人引以为傲并始终坚守的。正如前文所说（参见第十五章），与古代希腊世界和古典希腊世界的城邦相比，在罗马城外和意大利境外，罗马人对公民身份的授予很是慷慨；公元47/48年，当罗马皇帝克劳狄乌斯想要允许高卢人进入元老院时，就曾经尖锐地指出过这一点。但是公元212年，罗马为此而投入了全力。罗马皇帝卡拉卡拉（Caracalla）发布了一条法令，即《安东尼努斯敕令》（Constitutio Antoniniana），宣布罗马帝国境内所有拥有自由出身的人都是罗马公民。乍看之下，这条法令就算不是在倡导平等主义，但也似乎具有自由主义的风范，有着一副慷慨和包容的面孔。实际上，这种表面的姿态最清楚地表明，到此时公民身份已经一文不名。重要的是一个公民是否拥有财富，而且罗马帝国的这个举措并非为了提高或确认公民地位，而是为了增加国家的税收。很久之前，在公元前1世纪，包括那些拥有拉丁特权的意大利人都认为，为了从罗马统治者那里得到拥有实际政治意义和经济利益的完整罗马公民身份而流血斗争是值得的。3个世纪以后，那些数量庞大的新罗马公民——但也同样没有任何权利——就没有了这样的想法，他们的公民地位仅仅是皇帝施舍的。

公元324年，开始信奉基督教的罗马皇帝君士坦丁（Constantine）在君士坦丁堡，也就是曾经的拜占庭，建立了新罗马。在君士坦丁堡和拜占庭帝国，也就是曾经的东部罗马帝国，占据优势地位的语言是希腊语，但是拜占庭人（我们暂且这样称呼他们）骄傲地自称罗马人。在罗马帝国和早期的拜占庭论述和意识形态中，我们都可以看到民主制在走向没落的证据，也就是说，无论是民主制机制，还是"民主制"这个说法，其衰退已经超过了埃利乌斯·阿里斯提德提到的最糟糕的时期。公元325/326年，对早期后君士坦丁基督教进行记录的伟大史学家凯撒利亚主教优西比乌（Eusebius），为君士坦丁创作了一首颂词。在这部表示虔诚的作品中，他将他认为好的君主制（mono-archia）和可怕的poly-archia（也就是多数人统治政体）进行了对比：后者未能在等级上做出或承认适当的区分，因此不可避免地沦落为了"无政府行为和内乱的状态"。最终，在拜占庭皇帝查士丁尼一世（Justinian，公元527—565年在位）统治时期，《编年史》（Chronographia）的作者就随意使用"德谟克拉提亚"一词指代动荡、暴乱、造反等行为；也就是说，绝不是这个词在公元前5世纪至前4世纪的希腊世界中原有的含义。

查士丁尼为人所知的事迹是他委派特里波尼安（Tribonian）负责监管、编纂了罗马法典。在这部法典中，我们可以看到公元2世纪后期至3世纪初，罗马法理学家乌尔比安（Ulpian）的经典之语，它完美地概述了这一章中讲述的民主制的境况："元首（也就是皇帝）的决定拥有法律的全部力量。"至少从亲民主制的角度来看，与诸如雅典民主制的情况相比，事实已经不能再明显了。在雅典，民众在法律领域和其他领域一样，行使了几乎不受任何约束的 kratos；也就是说，他们通过民主的、多数表决通过的方式，在公民大会和陪审法庭中做出决策，并且在推行这些决策时也是采用民主的形式，以此来实现民主统治。"古代世界的荣光就这样消散了（sic transit gloria mundi antique）"。

第十七章

民主制的消退

古代晚期、欧洲中世纪和文艺复兴时期

在这一章的开端,在描述漫长的后古代、中世纪接近结束时的民主制境况之前,我们必须先要讲述两个情况。首先,在埃利乌斯·阿里斯提德曾经自相矛盾地夸赞公元 2 世纪的罗马帝国推行的是"德谟克拉提亚"(参见第十六章)之后,直至 17 世纪,后罗马帝国时代的西方在民主制作为一种潜在可行的政治制度的问题上,一直存在着一个沉默的黑洞。我们可以说,民众权力意义上的民主制已经是奄奄一息了。而且在后古代的拜占庭帝国中,也就是东罗马帝国中,这样的说法都有些乐观了。在拜占庭人看来,"德谟克拉提亚"不断地为国家带来产生消极影响的政治动乱,甚至导致暴乱的发生,在 6 世纪(参见第十六章)他们已经这么看了,尽管在拜占庭帝国最后的几百年中,也出现了一些迹象,当时完全的专制和彻底的贵族统治开始出现了一些民众统治的元素。

其次,包括封建土地所有制在内的严格的等级森严的地位关系和天主教/东正教结合在一起,几乎不支持大众政治,或者说任何政治(这个词的恰当意义),更不用说大众的影响力或权力

了。在基督教新约全书的所有三部同观福音书中，耶稣都告诉他的信众："上帝的归上帝，恺撒的归恺撒"，以此就将宗教政治和世俗政治区分开来，而且鼓励人在面对世俗权力和宗教权力时选择被动的态度。（圣）保罗——有人认为他才是基督教的真正创立者——甚至更进一步，在隐含的命令中混淆了宗教和政治领域："凡掌权的都是神所命的"*。

尽管如此，在文艺复兴人文主义运动之前的几百年中，新生的国家概念，再加上以公民意志或是以公民认可为基础的主权观念，使得最初的民主制有了复苏的可能，虽然这种民主制与古希腊的民主制完全不同。

后古代的中世纪西方

在大约公元1000至1500年期间，在意大利北部（伦巴第、托斯卡纳和韦内托）有几个繁荣发展的政治实体，这些政治实体被泛泛地归类为城邦，它们都有一个活跃的大型广场（popolo），有着密集的城市生活历史，虽然它们的规模比20世纪早期的牛津大不了多少。从11世纪早期起，这些地区就出现了公民政治的迹象或是思想；事实上，有人认为这是一个"广场集会时期"。这样的复兴有三个原因：一些旧罗马公民身份的持久残余，这是指在文明或公民意识的意义上的公民身份，而不是任何积极或消极的公民身份概念；封建领主掠夺财富的野心；最后，庞大复杂的贸易联系。到了1200年，这些社群已经联合在一起，组成了类似于

---

*《罗马书》13：1："在上有权柄的，人人当顺服他，因为没有权柄不是出于神的，凡掌权的都是神所命的。"

国家城市（stato-citta）的政体形式，其中商人阶层是社会的主要政治力量，而非精英阶层也可以更直接地、更大程度上地参与到政治活动之中。但是这里所谓的"政治"更应该被理解为顺利举办的公民集会和通过管理城邦的议会（commune，由市长 podesta 领导）达成的可施行的妥协举措；而且这些活动会不时出现不愿意妥协的情况，甚至是无视法律的行为，这就逐渐导致专制独裁（signoria）的出现。我们需要再次申明的是，曾经的公民身份已然不复存在，即使在后《安东尼努斯敕令》时代的苍白无力的意义上也是如此（参见第十六章）。

但是，城邦制度本身确实挑战了基督教君权神授的主导理念，而且市民中支持共和制的人确实时不时试图推行大众主权的理念。因此，选举最高行政官员的选举活动就会偶尔仓促地推选出一个公民代表，比如西蒙·波卡涅拉（Simone Boccanegra，又称"黑嘴"），他是一位在1339年被选举为热那亚总督（doge）的平民海盗；不久之后，这样的罕见事例就会为反对僭主统治和专制统治的人提供启发。但是，讨论民主制依然是在犯严重的时代错误。公元1250年起，拉丁文中的"民主制"一词是从亚里士多德的拉丁译作中借用来的，但丁有一句著名的评价亚里士多德的话："一切有识之士的老师"；而且"民主制"一词是在"混合体制"的讨论中出现的。但是这个词是被用来对亚里士多德对公元前4世纪他所知道并且并无热情的民主制的否定说法表示支持的。

有一句格言式的话对不同时期和不同地点的各种不同类型的城邦形式进行了评价，"在希腊城邦时代，没有中世纪意大利的主教和神职人员的对应事物"。比较典型的是托马斯·阿奎纳（Thomas Aquinas，《论君主政治》，约1270年）的观点，他认为民主制是穷苦大众对少数富有人口的僭主统治（老寡头的思想影响，第六章）。但是得到神授的国王和教会权力在现实中遇到了更加强烈的挑战。在1300年，多米尼克会修士卢卡的托勒密（Ptolemy of Lucca）创作了《论君主政治》（*de Regimine Principum*），在这部作品中托勒密赞成他通过（他自己认为的）罗马共和国的角度了解到的亚里士多德的观点。尽管他本人并不认可共和制，但是他从专制独裁者对共和体制的憎恨中看到了共和制的价值，然而与他同时代的更加年轻的帕多瓦的马西利乌斯（Marsilius）的观点更具革新性。在进行广泛的世俗政治分析中，他所提倡的大众认可的观念有着巨大的前景。

在意大利之外，在这样漫长的没有民主制身影的几百年中，我们不能不提到不列颠群岛的两份重要文件：一份是1215年的《大宪章》（Magna Carta）及其后来的各种修订版，另一份是1320年发布的《阿布罗斯宣言》（Declaration of Arbroath）。这两份文件各涉及一位国王（分别是英格兰国王和苏格兰国王），并且都是在他的贵族和（罗马）教皇的主导下出台的，而且相比对当时的影响，这两份文件对后世产生了更大的影响。即使到了今天，这两份文件依然在民主制历史中占据重要地位，是民主制发展中里程碑式的重要文件。但是需要说明的是，即使是最温和的任何亚里士多德意义上的古希腊德谟克拉提亚的支持者，也不会在法庭上援引上述任何一份文件，而且我们现在（也就是1850年之后）所理解的这两份文件与民主制之间的关联即使并非刻意为之，但是也甚是微弱。

1215年，英格兰国王约翰被迫与贵族签订《大宪章》，这份文件在1225年亨利三世统治时期被大幅度修订之后重新颁布，它的名声一部分来源于它离奇的传世之旅；13世纪和14世纪早期的德意志、西西里岛和法兰西都颁布了类似的宪章，但是这些宪章都没有保留下来。但是更主要的原因是，《大宪章》是美国《人权法案》参照的文件。不过，无论是从内容来说还是从背景来说，这份文件都存在很多问题，为了能够正确理解，我们就要抽丝剥茧，去掉那些为了其他目的而包裹在外的神话外衣和改编内容。比如，爱德华·科克爵士（Sir Edward Coke，卒于1634年）就曾时代错误地援引这份文件，将英格兰古老的宪法和英格兰人民自古以来拥有的自由神圣化，这些声称与17世纪40年代的政治动荡不无关联（参见第十八章）。在《大宪章》的六十三条规定之中，有三条规定至今仍然有效，其中最著名的就是"人身保护法"（habeas corpus）："未经与其地位平等的人审判，或是未经法律允许……任何拥有自由的人（此处是参照大英图书馆提供的文件进行了概括性的翻译）……都不得被扣押或监禁，不得被剥夺权利或财产，不得被取消公民身份或是被流放……我们（这里是）也不会对其采取武力措施。"但是这份原则声明"深藏在《大宪章》之中"，在"1215年时并未得到重视"。这份文件真正的意义在于提出了一个重要原则，就是国王与其臣民一样受到法律的约束，因此国王的权威就受到了限制。这样的说法没错——作为对原则的声明文件而言；但是按照亚里士多德坚持认为的观点，法律具有通用性，需要被合理地解读；古希腊人，尤其是支持民主制的人，都很明白，只有民众在法庭之中并通过法庭行使自己的政治权力，才可以被称作民主制度。

与此类似的限制国王拥有绝对权力的做法，是苏格兰的8位伯爵与31位男爵集体签署的写给教皇约翰二十二世的拉丁文件

《阿布罗斯宣言》。有时这份文件也被称为《阿布罗斯独立宣言》，其本质就是针对解除国王罗伯特·布鲁斯（Robert the Bruce）和苏格兰民众教籍的行为。签署者于1320年4月6日在阿布罗斯修道院所宣布的内容，主要是"只要我们还有一百人活着"，就会拒绝"向任何英格兰统治者屈服"。因此这些人恳求一位君主能够逆转局势。同样，这里原则至关重要，但是严格来说这并不是民众的，更不是民主制的原则。

文艺复兴时期

14世纪至16世纪的欧洲文艺复兴（按照19世纪历史学家儒勒·米什莱[Jules Michelet]和雅各布·布克哈特[Jacob Burckhardt]不谋而合的定义）是对古希腊罗马文化（包括异教神）的复兴、恢复或再生。金属活字印刷术的发明很快就被用于这项事业，著名的例子是15世纪末威尼斯的阿杜斯·曼尼修斯（Aldus Manutius）。但是文艺复兴运动更多是对古罗马的重新发现，而非对古希腊的，在政治层面而言尤其是这样。一个早期的可以用文字描述的例子就是1338至1339年，管理托斯卡纳的锡耶纳城邦的九人委员会委任安布罗吉奥·洛伦泽蒂（Ambrogio Lorenzetti）创作的大型壁画。最初这幅壁画被认为是在描述与战争带来的恶行形成对比的和平的美好，而现在通常被认为是指涉好政府和坏政府的寓意画。

到了1500年，以拉丁文为母语的人已经消失了，但是拉丁语仍然是学术通用语言，这样的情况更加将学者的注意力引向了罗马的历史和政治，而非古希腊。那些认为罗马实行民主制的文艺复兴时期及之后的学者关注的是主权问题；也就是说，他们认识到,"人民"正式拥有主权,或者反过来说,如果他们认为罗马政体是混合体制,那是因为他们关注罗马的实际政府管理方式,或是"人民"究竟可以拥有多大的权力。直到 18 世纪,而且是在 18 世纪较晚时,与公元前 5 世纪或是前 4 世纪相似的民主城邦形式才得以恢复。

在 15 世纪末,也是在托斯卡纳,一场重大的语言革命在佛罗伦萨发生:"共和制"(这个词被用来指代"民主制")开始被理解为民众政府。马基雅维利(Machiavelli)的著作最有力地表明了这种语言学转向。除了他更为著名的 1513 年的《君主论》(*Il Principe*。充其量不过是一部贵族统治启蒙的宣传册),他还于 1519 年出版了《论李维罗马史》(*Discourses on Livy's First Decade*),围绕着李维《建城以来史》(*Ab urbe contita*。这部著作中讲述了罗马列位国王[公元前 753 至前 509 年]以及罗马共和国时代早期的历史)开头的前十卷。马基雅维利对作者和政体的选择非常说明问题:他根本不关心希腊或民主(希腊意义上的)的问题。而且,尽管马基雅维利对古希腊世界并非不感兴趣(从他对波利比乌斯的解读及他顺便对斯巴达宪制的持久性和稳定性的赞扬尤其可以看出来),但他并不太关注宪法的细节问题,而是更关注完全贵族式的概念 virtù 和公民的伟大,他将后者和自由联系在一起。有一位学者过于乐观地谈论"马基雅维利式民主",但是他也很清醒地提供了准确的评价:"马基雅维利说,共和制……或是民主制最好的地方就是,在公民中,统治与被统治的关系总是在不停变化。"但是,对于一个古希腊政治评论家来说,这其实只是建立城邦的一个条件,并非专指某一个特定的民主制形式。

马基雅维利所阐释的"公民人文主义"(civic humanism)在

广义上的罗马共和——而非希腊——传统中蓬勃发展。例如，16世纪伟大的荷兰学者尤斯图斯·利普修斯（Justus Lipsius）按照罗马斯多葛学派的传统创作了《论政治》（Politica）。这是一部宣扬"公民学说"（civil doctrine）的作品，一共分为六卷（1589年）。与马基雅维利一样，利普修斯非常崇拜怀疑论者、清醒看待事物、非宗教人士而且明显是"支持共和制"（反对元首制）的塔西佗。事实上，当马基雅维利被列入《教宗禁书目录》中时，引用塔西佗的作品就可以代替引用马基雅维利的作品，这种学术倾向很是普遍，甚至可以将其称之为"塔西佗主义"了。这种通过对理论和哲学的文献基础进行考察来对宗教和世俗思想进行的重新评价，可以被称为"人文主义"。人文主义的"公民"维度表现为罗马公民权利和特权观念的复苏，但是还需要很长的时间，这个观念才最终引出了法国大革命中的《人权和公民权宣言》（参见第十八章）。

# 第五部分

第十八章

复兴的民主制

17 世纪的英国、18 世纪末 19 世纪初的法国

17 世纪的英国

经历了漫长的沉睡之后,民主制——作为一种思想,从名字上,还未在实质上——在 17 世纪的英国终于开始苏醒。17 世纪是一个充满意想不到之事的世纪,这其中当然也包括有些人马上就会想到的那场著名的英国革命。无论如何,这肯定是一个政治大规模动荡的时代。自 1642 年开始的英国内战时期被称为"动荡的年代",并算不上不合理,而且没有哪个制度能够与斯图亚特君主政体和形同虚设的议会经历的动荡相提并论。事实上,这个震荡的短语可以适用于从 1649 年的弑君到 1688 年的光荣革命再到奥兰治的威廉三世于 1689 年继位这整个时期。

17 世纪 40 年代的英国内战既有陆军方面也有海军方面的维度,但是奥利弗·克伦威尔(Oliver Cromwell)的"新模范军"成员,正如我们即将看到的,在政治上起到了带头作用。在探讨究竟什么体制或政权形式才可以替代世袭君主制时,尤其是探讨在新的政治秩序下人民(广义上的说法)应该被赋予或是承担什

么角色时，他们位于这场意识形态辩论的核心。在两极化时期，理论家们要么选择支持共和制，要么站在君主制一边。经典人文主义有一个可以追溯至欧洲大陆文艺复兴末期的传统，通常观点有分歧的人都会利用这个传统。但是在 1647 年 10 月和 11 月，在新模范军内部由克伦威尔主持、在圣玛丽教堂（位于泰晤士河边）中举行的几次普特尼讨论会（Putney Debates）在当时是很具革新性的做法，事实上也再没有发生过。保存在牛津大学档案馆的会议内容速记直到 19 世纪才被誊录并出版，这也算是这个国家的反精英政治传统的意外之喜了。

普特尼讨论会也被称为平等派讨论会（Levellers' Debates），因为这样的说法可以（让平等派的对手）贬低那些支持共和制的人和想要扩大公民选举权的人。平等派领袖约翰·李尔本（John Lilburne）自然更倾向于利用鼓吹者（Agitators）。无论这些人究竟代表谁的利益，即使是他们当中支持右倾的杰拉德·温斯坦利（Gerrard Winstanley）的掘土派（Diggers），也还是站在新模范军的左倾战线上的。在当时，掘土派积极主张废除以政治或参与的名义而产生的土地私有制。在讨论会中，托马斯·雷恩巴勒（Thomas Rainborough）上校提出"最贫穷的同最富有的英国人有同样的生存权利"，这是从古至今关于平等主义最言简意赅、最响亮的口号；因为这些工作，雷恩巴勒于 1648 年被谋杀。但是他的精神得以在 1685 年理查德·兰伯尔德（Richard Rumbold）在断头台上发表的演讲中再现："我确信……没有人生来就应该背负枷锁，也没有人生来就应该受人压迫。"严格来说，平等派并非支持民主制，但是普特尼讨论会确实促使詹姆士·哈林顿（James Harrington）发表了关于民主制（这个词是 16 世纪从法语引入英语的）的讨论。

哈林顿1656年出版的《大洋国》（*Oceana*）是献给自1653年起就已经担任护国公（Lord Protector）的克伦威尔的，并且呼吁克伦威尔成为新的（斯巴达的）吕库古——需要注意的是，不是雅典原型民主人士梭伦，更不是支持民主制的克利斯梯尼。这是因为，哈林顿是一位"贵族和上流社会统治的坚定支持者"，不过他也认同"古人的审慎"（Ancient Prudence），这种审慎造就了诸如吕库古的斯巴达和威尼斯共和国这样的混合式城邦。克伦威尔本人表面上倾向自由，而非暴政，他认为斯图亚特王朝临时被终结了的统治、天主教会以及偏向富人的法律体系就是暴政的典型例子。但是帝王意识形态的吸引力——比如1649年出现的《国王的圣像》（*Eikon Basilike*）一书，这部作品就是在查理一世死后呼吁恢复国王的"神圣的权力"——在当时仍然很大，使得克伦威尔在1657年考虑是否要接受"国王"这个头衔。另一个从古代世界中寻找先例和启示的例子就是马查蒙特·尼德汉姆（Marchamont Nedham）的《自由国家的优越性》（*The Excellency of a Free State*，也是创作于1656年）一书，这部作品采用了更加传统的方式，并未参考古希腊，而是从古罗马中寻找共和制的先例。

还有一位更加不同寻常的共和派人物，是诗人和思想家，在君主制之后建立的共和国中担任克伦威尔拉丁文秘书的约翰·弥尔顿（John Milton）。托马斯·巴宾顿·麦考利（T. B. Macaulay）在1826年创作的《论弥尔顿》中描述弥尔顿其人，"他生活在人类历史上最难忘的时代之一，面对着自由与专制、理智与偏见的激烈斗争带来的危机"。弥尔顿热情支持议会制反对君主统治，同时也支持1649年斩首国王的做法，对《国王的圣像》这部作品进行了猛烈抨击。但是尽管他确实在他1644年出版的支持出版自由的小册子的标题页上引用了欧里庇得斯的《乞援人》，但是他将这部宣传册命名为 Areopagitica，这就将人们的注意力引向了所有雅典民主制度中最不民主的制度*（参见第十二章）。而且他创作的《建立自由联邦的简便之法》(The Ready and Easy Way to Establish a Free Commonwealth，1666年)，参考更多的是他熟知的罗马经典作家，尤其是尤利乌斯·恺撒的门客，历史学家萨鲁斯特，而并非认同欧里庇得斯的民主制雅典共和制。

失败的共和派试验的反对者们同样激烈，表现也同样优异，而且在这些人中尤为突出的就是托马斯·霍布斯（Thomas Hobbes，1588—1679年）。他出版的第一部作品（1628年出版）是修昔底德《历史》的英译本，这是这本书第一次直接从希腊语翻译成英语，而非从拉丁语转译。在他最后的几部作品中，有一部是包含了拉丁文六音步诗的自传（1672年），在这部自传中，他明确地说，在与无知混乱的民众统治相比较时，是修昔底德"让他明白了一个智慧的人处于统治地位的优越性"。但是尽管——或者说是因为——他熟知多种古代语言，他在自己的政治哲学巨著《利维坦》(Leviathan，1651年)中断言："从来没有什么东西"比"学习希腊语和拉丁语"更有价值了：因为通过阅读这样的文字，"伴随着血腥杀戮，可以从儿时起就养成一种喜爱动乱、肆无忌惮地控制君主的行动并控制这些控制者的习惯（这是一种自由的错误表现）"。

---

* 即战神山议事会。弥尔顿作品的中文译本为《论出版自由》。

霍布斯提到这样的人,当然意指弥尔顿和那些惹人讨厌的共和派。因此这样的说法多少带一些讽刺意味,让一些现代学者甚至在霍布斯身上都看到了一些原民主主义倾向,或是争辩说在霍布斯的另一部作品《论公民》(De Cive,1642 年;英译本于 1651 年出版)中,他描述了一个建立在公民普遍满意基础上的民主国家,这个国家——只要是出于实际性原因——被推翻以便建立君主独裁政体。但是我们当中有很多人仍然倾向于认为霍布斯是坚定的专制主义者,而且他确实第一个提出充满生机的国家主权的多种需求,并且认为这样的主权至关重要,而"人民"完全不配得到这样的权力。可以想象,雅典的陶片放逐法肯定会激起他的愤怒。

1660 年的君主统治复辟结束了英国共和主义的短暂生命,然而在意识形态方面,虽然斗争激烈程度有所减弱,但是依然在继续。1688 年的光荣革命——实际上这根本不是一场革命,而且更算不上光荣——确实建立了一个新型的现代的参与式政体,因此也就间接为议会民主制铺设了发展的道路。在这个重大时期的主要思想代表人物就是约翰·洛克(John Locke),他的《政府论》(Two Treatises of Government,1690 年)强调个体拥有生命权、自由权和财产所有权,以及自愿缔结的社会契约的必要性。一般情况下,洛克被视为自由议会民主制的思想之父,其影响遍及大西洋两岸。但是,这部专著仍然引发了议论,有人认为这部专著想要表达的并不是这样,专著的作者的认同方式是消极的,不是积极的,因此任何涉及公共政治、社会或其他方面的契约的观点就无可避免地是片面的,只是站在国家的角度上,而并非人民的角度。

无论如何，如果说自洛克起，就或多或少正常的现代国家常规政府行为而言，只有很少的著名的思想家或是务实的政治家希望提倡无产阶级专政式的纯正古希腊民主制，而非某种自由民主制（参见后记），这样的说法也并不是错的。但是，在1690与1850年之间，古希腊民主制，尤其是古雅典民主制如何在现代西方政治世界、欧美政治世界中找到出路，仍然尚待观察：尤其是对于我们而言，充满矛盾的"民主制"一词将会带来什么样的启示（详见后文，以及第十九章和第二十章）。

18世纪末19世纪初的法国

民主作为一种值得欲求且可实践的理念的复兴或重生的历史，也是美国和法国的革命的历史（这么说还算合理）：这是民主制历史中的重要时刻。但是，将美国和法国最直接联系在一起的人，既不是美国人，也不是法国人。出生在东英吉利亚地区塞特福德的托马斯·潘恩（Thomas Paine）先是支持美国革命（成了美国开国元勋托马斯·杰斐逊［Thomas Jefferson］的朋友），然后又支持法国大革命。但是我们将会看到（参见第二十章），从任何古希腊民主制角度来看，潘恩都并非民主人士。

按照时间顺序，美国革命比法国大革命早了十几年，但是二者的思想意识形态都来源于法语著作，那么我对这两次革命的讨论就从法国启蒙运动（les Lumières）及其在欧美政治世界的影响开始。在这一章后半部分和下一章中，我们主要关注的是，古希腊民主思想在引发或是激化大型政治革命中究竟起到了多大的作用。

从整体来说，无论是在欧洲国家还是在美国的部分地区，相比较于古希腊，启蒙运动更多地探讨罗马（包括罗马共和制和元首制）。我们先从伟大的孟德斯鸠（Montesquieu），也就是夏尔-路易·德·塞孔达（Charles-Louis de Secondat），孟德斯鸠男爵说起，他在1743年曾有一部不是很成熟的作品，探讨了罗马的"宏伟与堕落"（grandeur and decadence）*——探讨了罗马共和国的盛衰。在他的主要政治理论著作《论法的精神》（De l'esprit des lois，1748年）中，他使用了"民主制"这个词，并承认了它源于古希腊。但是——因为实践和学术之间存在着巨大的鸿沟，这也并不令人惊讶——他对雅典的民主制的理解并不充分。尽管如此，当他称雅典和罗马的民主制是"好的民主制"时，其实他指的是梭伦时代的财权贵族统治的雅典，而不是伯里克利时期真正民主制下的雅典。而且他对独特的（从两方面来讲都很独特）英国"宪政"也没有深刻的认识，不过这一点存在争议。但是从他留下的思想遗产和影响来看，其中重要的是他将1688年后政府推行权力相互制衡（立法权、行政权和司法权）的三权分立方式看成关键的区别特征和推动因素，而不在于他是否对其有正确的解读。三权分立的制衡方式区别于古代混合政体理论的两个范例（比如"布丁式"或是"跷跷板式"；参见第十五章），与现代混合政体理论也不同。这种制衡方式对美国革命后期的政体产生了间接却巨大的影响。

　　瑞士出生的让-雅克·卢梭（Jean-Jacques Rousseau）更支持类似于古希腊民众统治思想的政体。他提出了人人平等，并宣扬公众决策的重要性，他将其称为"公意"，从这两方面来看，他的

---

* 即《罗马盛衰原因论》。

思想是原民主主义的。但是，在18世纪针对以雅典和斯巴达为范例的备选政体优点的大争论之中，卢梭坚定地认为自我否认、面向集体的斯巴达政体优于奢靡放任的雅典民主制。这样的观点可能与他认为理想国家的公民必须是被动自由的想法有所关联。

从某些方面来看，卢梭的老战友兼对手弗朗索瓦-马利·阿鲁埃（François-Marie Arouet），人称"伏尔泰"，也发起了一场思想斗争，既要反对处于牢固地位的思想权威天主教廷——他提出的口号是"粉碎一切不名誉"（ecrasez l'infame!）——也要反对专制主义的法国君主的权力。伏尔泰强烈支持个体的思想自由，反对卢梭，坚定地站在了"奢靡"一边，但是他否认雅典比斯巴达更优越是出于文化原因而非政治原因。不过，需要补充的是，伏尔泰对于从古代世界中寻找政治启示完全没有兴趣。在"古今之争"（也有人将其称为"书籍之战"）之中，伏尔泰毫不犹豫地站在了现代派的一边。思想家伊奥西奥斯·莫伊西奥达（Iosipos Moisiodax）也采取了同样的态度，在他的很多作品中我们都可以看到希腊共和主义的源头：他拒绝援引任何古希腊共和制范例。

但是，有两位激进思想家对古代和古希腊很感兴趣，一位是马奎斯·德·孔多塞（Marquis de Condorcet），另一位是荷兰哲学家、地理学家兼外交官科尼利厄斯·德·鲍（Cornelius de Pauw），也就是《对希腊人的哲学研究》（*Recherches Philosophiques sur les Grecs*）的作者。孔多塞赞成伏尔泰对于宗教和罗马教廷的观点，但是却是一名古代派。他激进的政治观点引起了美国第二任总统约翰·亚当斯（John Adams）的不满。德·鲍几乎是唯一一个不仅从文化方面，还从政治方面认可雅典的学者，他认为雅典优于其他希腊城邦，尤其是优于斯巴达；并且他也几乎是唯一一个贬低孟德斯鸠和卢梭的人，因为他认为孟德斯鸠根本不了解古希腊，而且他认为卢梭根本是个"不合理的"的思想家。

但是，尽管孟德斯鸠、伏尔泰、卢梭和德·鲍的言论令人振奋，但是相较于德尼·狄德罗（Denis Diderot）和公开支持无神论的霍尔巴赫男爵（Baron d'Holbach，他是1750至1780年巴黎文学沙龙的组织者），他们还是逊色一筹，这两位人物的知名不仅仅是因为他们参与撰写了《百科全书——关于科学、艺术和工艺的基于理性推理的百科辞典》（*Encyclopédie, ou Dictionnaire raisonneé des Scierces, des Arts et des Métiers*，1751—1772年）。至少，如果狄德罗和霍尔巴赫男爵真的是被挑衅性地称为"民主启蒙"的思想的代表，上述四位就只能退到一旁，变得无足轻重。不幸的是，《百科全书》中démocratie这一词条（vol., 1754, 816-18）并没有支持这一主张：其作者谢瓦利埃·德·若古（Chevalier de Jaucourt）并不认为民主制是一个宽泛或稳定的政府形式，也不认为它优于其他国家体制；他将民主制简化为"一个简单的政府形式，作为统治主体的人民拥有统治权"。

但是，有人说有一种源自巴鲁赫·斯宾诺莎（Baruch de Spinoza）的思想——涉及民主、宗教宽容性、人权，以及社会、种族和性别平等——它被进一步发展，最终导致我们简称为"法国大革命"的一系列重大复杂的动乱，对于这样的说法还有什么可说的吗？其实无论是从经验还是从理论角度，这样的论调都是站不住脚的。然而，它确实有一个优点，那就是提醒人们注意卡米尔·德穆兰（Camilles Desmoulins）和乔治·雅克·丹东（Georges Jacques Danton）所发挥的重大作用，也让人们看到了马克西米连·罗伯斯庇尔（Maximilien Robespierre）与路易-安托万·德·圣茹斯特（Louis-Antoine de Saint-Just）在其中扮演的角色——他们都是务实的革命家，尽管最初只是少数左翼派，彼此分裂，但是在1791至1792年冬天法国大革命达到高潮时，他们曾短暂地统治了法国。他们的思想都受到了卢梭的影响，而且他们都会回到古希腊和古罗马为革命寻找借鉴，其中有一些人更甚。比如，1794年2月，公共安全委员会的一份题为"政治道德原则"的报告中提出，对积极的、参与性的公民身份的推行要与民主制一起进行，声称"民主或共和：这两个词是同义的"。但是，众所周知，革命吞噬了自己的产儿。

首先，罗伯斯庇尔下令将丹东和德穆兰处死；然后1794年，罗伯斯庇尔被控实行暴政，也被处死。著名的格拉古·巴贝夫（Gracchus Babeuf）和他于1796年成立的"平等会"（Conspiracy of the Equals）继续领导左翼斗争：虽然巴贝夫的名字是罗马名，但是他试图推行的是表面看上去像真正的古希腊式政治公民平等的制度，而且可能这也是他想要推行的制度。然而，就连与他同是左翼战线的人都认为这样的理念太有威胁性，因为古希腊式民主的主要问题（按照其古代做法和现代的评论来说）就是要同等对待那些本就不平等的人。不过，任何推行公民政治平等的做法，无论是参照古代的模式还是现代的模式，很快就都被拿破仑·波拿巴（Napoleon Bonaparte）的专制统治推翻了。拿破仑的宫廷画师新古典主义者雅克-路易·大卫（Jacques-Louis David）在1814年完成了温泉关之战的大型历史绘画，而拿破仑对这幅画作古怪的厌恶态度，就有力地说明了拿破仑正在思考古典传统和他的历史地位问题。皇帝简直无法理解为什么大卫要如此耗时耗力，将列奥尼达（Leonidas）和他手下战死的三百勇士这些失败者描述成英雄的样子。

在众多对民主制不断发生变化的含义和模式的精彩短篇论文中，有一篇的作者是约翰·邓恩（John Dunne），他提出一个问题："为什么……从巴贝夫时期到托尼·布莱尔（Tony Blair）时期，民主制这个词的含义发生了如此巨大的变化？"这个问题的答案中的一个关键内容，就在瑞士改革派自由思想家及作家邦雅曼·贡斯当于1819年发表的题为《古代人与现代人的自由》（*The Liberty of Ancients Compared with That of Moderns*）的演讲中。与孟德斯鸠一样，贡斯当也没有完全正确了解古雅典民主制，而且，与当时和后来的很多人一样，他把雅典当作了"古代人"的代表，并且雅典实际上是他唯一的对比对象。相比古代雅典的自由，也就是公共-政治的自由，他强烈偏向他所理解的现代自由，也就是私有化和资产阶级化的自由，而在当时很多人有同样的偏好。从回顾的角度来看，人们可能认为这个区分预见了以赛亚·伯林（Isaiah Berlin）对自由的"两个概念"的区分：消极自由（免于某事的自由）和积极自由（去做某事的自由）。今天的民主制的空洞化与自由理念的私有化和个体化有着直接的关联，我将在后记中再次谈到这个问题。

本章最后我要提到两位思想家，尽管此二人有着明显的不同，但是他们都完美地代表了欧洲大陆主导的政治思想日益增大的古今差异。1791年，C. F. 沃尔涅（C. F. Volney）出版了颇具预见性的作品《废墟：关于帝国革命的研究调查》（*The Ruins: A Survey of the Revolutions of Empires*）；作为早期的全球主义者，他强烈反对被他视为希腊城邦特殊主义的东西。他也是第一个赋予"革命"一词以包括社会经济在内的政治意义的人——这样，相较于亚里士多德的变革（metabole，参见第二章），这个词具备了更加广泛更加丰富的内涵。

最后要提到的是卡尔·马克思。他受过古典学教育，他的哲学博士论文是一篇将原子论者德谟克利特和伊壁鸠鲁（Epicurus）的哲学思想进行比较的简短论文。在他创作的大量著作中，无论是新闻类还是科学类，他要么大量引用了众多古典作家的言论（他称亚里士多德是一位"伟大的思想者"，但是他最喜欢的是埃斯库罗斯），要么就是充满了对古代世界的指涉。例如，在他的《路易·波拿巴的雾月十八日》中，他令人难忘地写道，法国大革命依次穿上了罗马共和国（宣称为了"自由"，要终结君主和君主制）和罗马帝国（拿破仑被看成罗马第一任皇帝奥古斯都）的服装。但是马克思使用的意象和参考都自动是罗马式的，这本身就很能说明问题。而且与那些可以与他比肩的英国学者以及德国同胞不一样的是，马克思没有以任何形式呼吁古希腊式的民主制，这一点也说明他是认可罗马民主制的。

对马克思来说，正是奴隶制度的存在，使得古希腊城邦被排除在理想政治模型之外。但是，我们将会在下一章中看到，在当时处于革命后的美国，民主制和奴隶制的共存并没有那么格格不入，更不用说彼此矛盾了。

第十九章

民主制再造

18世纪末19世纪初的美国以及托克维尔的美国

美国

一位美国学者认为，对美国开国元勋，以及对法国贵族孟德斯鸠和阿历克西·德·托克维尔（Alexis de Tocqueville）来说，古希腊的知识遗产与古罗马的一样重要，甚至更重要。实际上，在那几位美国开国元勋中，了解古希腊历史或历史学家以及政治思想家的人寥寥无几，更不用说受到他们的影响了。至少，产生的影响也不是积极的。他们对希腊仅有的了解——主要是从修昔底德（霍布斯的译本，参见第十八章）和普鲁塔克（参见第十六章）那里了解到——证明了他们对罗马共和国"秩序"有着天然的或是通过了解而建立起来的偏好。而且，因为"图利"（Tully，指西塞罗）的作品无所不在，比起共和国末期的社会秩序，他们更倾向于共和国中期的社会秩序（参见第十五章）。这就解释了很多事情，比如为什么华盛顿特区有国会山（Capitol Hill），美国宪法有参议院（Senate），而不是有卫城（Acropolis）和议事会（Boule）。

《联邦党人文集》的三位作者就是美国革命的主要意识形态

的代表人物:他们分别是詹姆斯·麦迪逊(James Madison)、亚历山大·汉密尔顿(Alexander Hamilton)和约翰·杰伊(John Jay)。紧随汉密尔顿的《联邦党人》第九篇,麦迪逊的《联邦党人》第十篇(1787年),对他戏称为"内讧"的现象进行了猛烈抨击。他沿用了拜占庭对古希腊直接民主制的看法,也就是由懵懂无知、反复无常的民众管理精英阶层的"暴乱"或是暴民统治,并且采用了罗马式的修辞,认为"就算每位雅典公民都是苏格拉底,每个雅典集会都会是一群暴民"。考虑到未来的美国政府的形式,他推断的结论就是政府中绝不可以有任何积极的或直接的"民众的集体力量"。作为一种抽象理论概念,人民主权可能会得到口头上的支持,但是它不应该更进一步走向具体的实现。因此了解那些"普通"美国创立者——尤其是那些在1774至1776年间参与革命的人——如何看待这样的精英主义观点是一件很有意思的事,但是按照通常的情况,就算有对普通民众的想法的记录,也是不可靠的。

美国创立者对于约翰·洛克认为拥有财产是一种权利的观点(详见第十八章)很是热衷。因此作为《独立宣言》大部分内容的作者,托马斯·杰斐逊在其中将"生命权、自由权和追求幸福的权利"定义为"不可分割的权利"。这三项权利中的最后一项与财产所有权密不可分,而财产所有权并未排除人类财产——人们可能会觉得,这点相当自相矛盾,并且来自弗吉尼亚的杰斐逊本人也大度地容忍了这一点。而且,无论是分别来看,还是作为一个整体,这些权利都被理解为凌驾于任何版本的人类平等理想之上。杰斐逊坚决反对被称为暴君的乔治三世统治,他最崇拜的古代历史学家也并不令人惊讶,这就是塔西佗——杰斐逊认为,塔西佗批判罗马元首制下的专制君主统治，而且塔西佗当然不是民主人士（参见第十六章）。

然而，就算源自古希腊的"民主"一词如今已经完全不是当时古希腊的含义，甚至与古希腊民主完全相悖，但是至少它还是再一次被提上了政治议程。最能体现这一点的是在1791年，杰斐逊与麦迪逊决定要成立一个新的政党，他们称其为"民主共和党"（Democratic-Republican Party）。（我很清晰地记得，当我第一次了解存在这样一个政党时，我有多惊讶，因为自我开始了解美国政治时起，我的意识和潜意识中反复被灌输的是民主党和共和党的区别和对立。）当然，自那以后的两个多世纪中，这些政党的特征、职能和口号都发生了变化，有时变化的程度还很大，而且在美国以外普遍认同的是，因为它们自身的限制和失败，这些政党已经不再有用。但是这里想要强调的是，不管是从组织上，还是从意识形态上，这样的政党与任何古希腊公民理念都是完全对立的：也就是说，从积极意义和参与性角度来说，公民身份既有法律性，也有实用性，在统治和做出判决方面拥有天然的参与权。在现代政治体系中，现代党派具备几种实际或是潜在的职能：可以召集群众，使其整体成为这个党派参与定义的更大的不可再细分的结构中的一部分；可以发挥准军事组织的功能，主动采取行动或是进行干预，并且具备赢得大部分（虽然不可能是全部）舆论支持的能力。但是，在面对非唯意志论的独特的古代民主理念中的权利、授权方式和参与规则时，现代政党也会避开。

现在的民主党前身的建立基础和形式要归功于第七任美国总统安德鲁·杰克逊（Andrew Jackson），或是他的继任者马丁·范布伦（Martin van Buren），或者也可以说是这两个人共同的功劳。

但是我们需要回忆一下，当美国在19世纪60年代遭遇内战蹂躏之时，民主党人选择了保守阵线，努力将奴隶制保持为一种合法的人类剥削形式，对抗亚伯拉罕·林肯（Abraham Lincoln）的主张人身解放的共和党。但是无论如何，从这个方面来讲，他们的想法并不符合现代，而是更符合古代：古希腊民主派也曾经捍卫过奴隶制，只要他们认为这样做是有必要的或是值得考虑的。确实，古代（动产）奴隶制度和古希腊民主制可以说是关系密切，民主人士之所以坚决主张自由的思想信念，是因为他不受奴役身份的束缚，之所以坚决主张平等，是因为他仅仅被认为与他同为（男性）公民的人平等，而不是与更广大的没有自由的社会成员平等，从法律和政治角度来说，这些社会成员是一群无关紧要的人。

托克维尔的美国

最早以正面意义使用"民主"（以其法语形式）一词，是在一部两卷本著作的标题中，其作者是一位脱离了自己阶级出身的法国贵族阿历克西·德·托克维尔（1805年在巴黎出生，1859年在戛纳去世）；在他经历丰富的一生之中，他经历了1848年的革命，并且对此进行了反思，1849年他成为外交大臣，效力于路易·波拿巴，也就是后来的拿破仑三世（也是马克思《路易·波拿巴的雾月十八日》的主人公；参见第十八章）。托克维尔的《论美国的民主》（*Democracy in America*，1835—1840年）是以1831至1832年之间他与古斯塔夫·德·博蒙（Gustave de Beaumont）一起在美国9个月的游历见闻为基础的。此行的目的就是研究美国的刑罚制度，并回国进行报告；他们二人经历了很多引人深思的奇闻，他们目睹了巴尔的摩的奴隶制度，在俄亥俄河遭遇沉船。

但是这次旅行最大的收获是这部具有标志性意义的作品，其独特之处就在于它既是一部政治报道，也是一部现代美国的历史记录。在英语学术界，这部作品被广泛研究，并被多次翻译成英文出版。在我们研究民主制历史的过程中，这部作品绝对值得我们重新研究，并重新评价。

众所周知，托克维尔对自己作品中民主制的确切定义语焉不详，他将民主制大致定义为"每一个公民能够拥有的最大程度的自由，无论这个公民是富有还是贫穷，是权贵还是低贱"，从这个意义上得出"平等的自由"这一结论。他所谓的（政治）平等，是指没有世袭的贵族权力，他之所以这样认为，是因为与很多同时代贵族不同，他并没有将其等同于无政府状态或暴民统治。他的反思文章被人视为"美国人给法国共和党人提供的经验教训说明"。其中的重要章节标题有《美国推翻多数人暴政的基础》《宗教在美国对民主意识的利用方式》及《平等权就会使得人们尝试建立自由机构》。但是，我们很快就会看到，作为一本手册，它存在很大的缺陷。

托克维尔合理分析了美国人民的性格和精神，也就是在美国这个"城邦"（politeia）中可能会被亚里士多德称为 bios 或是 psyche（意为"精神"）的社会层面。比如，他提出与他的祖国同胞不同，美国的革命者将宗教精神与自由精神结合在一起。托克维尔对特权提出尖锐的批评，认为美国社会要比法国社会更加开放，并且赞扬美国社会的社交生活（"公民社会"）可以作为一种缓冲，以保护个体的自由不会受到国家强制力的约束。与此相反且密切相关的是，他还提出自治政府就是一种（道德的、个体的）发展方式，同时他还强调了资产阶级化的进展。例如，他写道：

"狂热的政治激情,很少能够打动也以同样狂热追求［个体和个人的］幸福的人。"这个说法受到了邦雅曼·贡斯当的影响。但是托克维尔也深受卢梭的法国大革命思想的影响(参见第十八章),相信个人主义本身具有局限性,追求个人主义就会忽略群体的价值。亚里士多德可能会赞同托克维尔反对"极端"经济均等化的看法,但是即使是亚里士多德可能也会认为法国对失业者毫无怜悯。最后,我们很快就会了解(参见第二十章),托克维尔坚决反对集权,因此对可以追溯至英国激进派托马斯·潘恩作品的新生的社会主义或社会民主制,他也充满了厌恶。

托克维尔因未能讨论美国负责立法的国会而受到了尖锐的批评,尤其是因为他没有"正确地"理解美国政治。但是不可否认的是,正是因为他的作品,"民主制"这个词才得以出现在现代美国的政治术语中。1863年,在宾夕法尼亚州葛底斯堡的内战战场上,当时的美国总统亚伯拉罕·林肯在演讲中超越了自己的时代,提到了《独立宣言》,称民主制是"民有、民治、民享的政府",是一种民众自治的政体形式,这样的说法是永载史册的。但是实际上,美国革命之后民主制的经历是矛盾的。一方面,坚持奴隶制使得民主制变得片面保守,让任何宣称并确保个体平等的说法都成了空话(更不用说其他方面的平等)。另一方面,因为没有君主,美国也就无须像所谓的"议会之母"*那样,费心费力地拿出一套类似于"君主立宪制"这样的自相矛盾的方案。

需要提醒的是,尽管美国19世纪的政治发展大致与英国类似——考虑一下,英国1832年和1867年的议会改革法案,分别

---

* 英国是最早产生议会的国家,素有"议会之母"之称。

与19世纪30年代安德鲁·杰克逊成立民主党、19世纪60年代美国内战北方胜利同时发生——不过两个国家之间依然存在着巨大的差异。因此,在下一章也是最终章中,我将回到英国,更确切地说是回到英国的民主制,从托马斯·潘恩谈到约翰·斯图尔特·密尔。我们将会了解到,英国或是大不列颠的民主之路与法国或是美国很是不同。

第二十章

被驯服的民主制
19 世纪的英国

在大不列颠联合王国，反对法国大革命的主要思想和政治力量——稍微让我们惊讶的是，并不是反对美国革命——是出生在都柏林的英裔爱尔兰人爱德蒙·伯克（Edmund Burke，1729—1797 年）。与伯克同为塞缪尔·约翰逊（Samuel Johnson）文学俱乐部成员的议会党人爱德华·吉本曾在私下里表达过，伯克是"我所了解的最擅雄辩的人中最为理智的疯子"。长久以来，伯克为民众代议制政府进行辩护，反对通过选举产生的官员代表组成的政府；早在 1774 年他发表的题为《投票结束时致布里斯托选民》(*Speech to the Electors of Bristol at the Conclusion of the Poll*)的演讲中，他就已经表明了自己的立场，并将其作为毕生的追求。但是，对于代表民主制，与之前反对采用古希腊最原始的直接民主制一样，伯克也提出了三条反对的理由。第一，"人民"——指非精英阶层、非贵族阶层的普通人——缺少统治国家的必备的智慧和知识。第二，普通人——据推测是相对社会政治精英而言——天生就无法抵制那些煽动者提出的简单危险的好处，而这样的好处可能直接与已有的传统和机构对立，尤其是与传统宗教对立。第三（在这里能看到色诺芬和柏拉图的思想痕迹），在伯克看来，民主制本身其实就是一种集体多数统治僭政——对那些观点不受大众认同的少数人毫无同情怜悯之心。

与伯克在《对法国大革命的反思》(Reflections on the Revolution in France，1790）中的观点不同，托马斯·潘恩在1791年写下了著名的《人权论》(Rights of Man）一书，为自由民主制和代表民主制做出了雄辩的辩护。他完成了表达他对激进政治改革的态度的三部曲的最终曲——《常识》(Common Sense）已经于1776年出版——这就是《理性时代》(The Age of Reason），全书分为三部分出版（分别是1794年、1795年和1807年），这是个关注宗教问题的宣传册。更确切地说，这部作品的副标题是《对于真实且具有寓言性的神学的研究》，其实在进行反宗教宣传。正如爱德华·汤普森（Edward Thompson）曾经的评价，潘恩"讲述了唯一神论者的礼貌态度和吉本的怀疑态度，使用了平实的语言，将其介绍给那些没什么教育背景的底层民众。他取笑《圣经》的权威，其说辞就连矿工或乡下姑娘都能理解"。当然，想要成为一位合格的民主人士，不一定非要是无神论者或自由思想家，但是，如果要想以平等兼容的方式允许当时没有选举权的工人参与到政治中，那么潘恩的秘方提供了一个可行的——如果不是无痛的解决方案。

潘恩主张，所有公民都可以而且应该受到国家的保护，财产和安全免受伤害，通过这样的主张，潘恩与法国的德·孔多塞侯爵一起，都算得上是社会民主制之父——这里指的是自由民主制社会化（或是社会主义）的形式。但是如果按照古希腊的标准，潘恩并非民主人士。无可争议的是，他相信并倡导的民主制形式是一种代表民主制,不过是一种间接性的代表民主制。法国革命家埃马纽埃尔-约瑟夫·西哀士(Emmanuel-Joseph Sieyès,1748—1836年)并不赞成潘恩的观点,他在1791年用温和的文笔恰到好处地表达了自己的观点,他所提倡的不是也绝不可能是潘恩的民主制,因为在潘恩的民主制下,民众只有通过代表才能发表言论或是采取行动。与潘恩一样,他支持代议制政府,但与潘恩不同的是,他希望在代议制和共和制之间,应该做出理论性和原则性的区分——共和制也是他本人极其推崇的。

但是,潘恩本人从未就任任何公职,因此也就错过了在议会中实现自己的政治理想的机会,或者说错过了这个必要环节。与他同时代且同为英国人的乔治·格罗特(1794—1871年)经历了这个必要环节,而且还做到了更多。即使算不上英雄人物,格罗特也是我们本章要探讨的民主制发展中的主要人物。格罗特曾在七橡树中学和切特豪斯公学接受古典文学的教育,但是并未上大学。相反,他在1826年帮忙建立了一所大学,也就是伦敦大学,最初被称为大学学院。格罗特出身于一个银行业家庭,在家族银行中工作了一段时间,但是在1832至1841年间,他担任威斯敏斯特的议会成员,在这里他加入了党内极端派别,这个派别有时被称为"哲学激进派"(Philosophical Radicals)。

这是一个至关重要的时刻:《1832年改革法案》在他的任期内通过,这项法案极大地扩大了选举权的范围。自19世纪30年代至50年代,人民宪章(People's Charter)运动——提倡男性公民的普选权、要为议会成员提供薪酬、投票活动应该秘密进行等内容——轰轰烈烈地进行,最终在威廉·琼斯(William Jones)的领导下运动发展到高潮。1839年,琼斯也是其中一员的威尔士宪章运动成员领导了一场反对纽波特的武装起义，导致20多人死亡。即使宪章运动成员甚至影响了卡尔·马克思和他于1848年发表的《共产党宣言》(Communist Manifesto)，但是他们的思想在当时还是超越了时代。不过，到了此时，格罗特明显松了一口气，他放弃了历史学家兼议员先驱爱德华·吉本所谓的"民事审慎学派"，再一次投身于书卷研究之中。他最终以12卷的形式出版（1846—1856年）的《希腊史》(History of Greece)，最初构思于1822年，当时他还不足30岁。

把这本《希腊史》置于英国古希腊史学的更广泛背景下，能够算得上格罗特的前辈的人包括约翰·吉利斯（John Gillies）、奥利弗·戈德史密斯（Oliver Goldsmith）、威廉·米德福德（William Mitford，见后文）、E. 布尔沃·利顿（E. Bulwer Lytton），以及最重要的康诺普·瑟尔沃尔（Connop Thirlwall）。从最严格的角度来说，格罗特都是古代历史编纂学的先驱人物，他从自己的角度为史学证据提出了全新的标准。这在当时激起了一位名叫理查德·施莱托（Richard Shilleto）的人的强烈反对：施莱托在题为《修昔底德还是格罗特》(Thucydides or Grote，于1851年在伦敦出版）的三十页宣传册中，指责格罗特是个惹人讨厌的傲慢家伙，居然将自己标榜为凌驾于修昔底德之上的权威。这个做法又逐渐引来另一个人更有分寸的回应，这个人并不是格罗特本人，而是他的兄弟约翰。

但是，最重要的是从我们的角度来看，格罗特本人也是一位重新评估古典雅典民主制的先驱者。从这个角度来说，对于威廉·米德福德从特洛伊角度记述古希腊历史的四卷作品（1796—1820年），格罗特的《希腊史》其实也算得上是很有力的回应。

例如，自亚里士多德时期起，陶片放逐法就招致了很多非议，面对处于如此情况的陶片放逐法，格罗特并未表示退怯。他还为雅典人对待领袖的方式做出了辩护。作为古代哲学方面专家，格罗特在书中用了整整一章的篇幅（第67章）针对诡辩家的主要批评者（或者可以说是诽谤者）柏拉图而为诡辩家辩护；这还是他的19世纪民主制与知识进步的联系的不可或缺的组成部分，他还维护了修辞作为一种能让普通民众下定决心并因此发自内心地认可政治决策的手段的必要性。

而且，《希腊史》的第67章紧跟在格罗特对阿尔基比阿德斯于公元前404年离世的描述之后。阿尔基比阿德斯是雅典两位最位高权重的人物之一，另一位是柏拉图的亲戚克里提亚斯，据称苏格拉底在这两个人年轻时腐蚀过他们的思想（参见第十章）。而第67章之后就是专门探讨"苏格拉底"的第68章。格罗特急切地想要为雅典公民的腐蚀指控辩护，在第68章结尾部分，他为公元前399年雅典公民判定苏格拉底有罪并处以死刑的决定提出了一系列理由。用格罗特这个激进派自由主义的、支持民主制的历史学家的尖刻的话来说，苏格拉底本人"对此事结果所起的作用，跟指控他的那三个人一样大！"在这方面，格罗特的观点不同寻常且与瑟尔沃尔强烈冲突，瑟尔沃尔认同苏格拉底的观点，反对诡辩家。

从对后世学术和反思的影响来看，格罗特的一些辩护比其他辩护更有说服力。然而尽管格罗特为恢复古雅典民主制的名誉做出了更多的努力，但是他这样做是因为他是一位历史学家，而不是因为他提倡回归雅典式的统治形式。格罗特认可代表制民主这样的间接民主制，这点与潘恩类似，甚至更像他的朋友和门生约翰·斯图尔特·密尔（1806—1873年）。格罗特的《希腊史》在十年的时间内断断续续地出版，立刻引来了一片批判之声。密尔马上在《爱丁堡评论》(*Edinburgh Review*)上发表了一系列文章，从学术方面和政治方面为格罗特辩护。例如，密尔写道："我们听到很多关于雅典的多数群体的敏感易怒和疑神疑鬼，但是当我们回想一下这个群体中那些一看到机会就想要颠覆民主制的人，这个群体从容善良的自信才是更容易受到指责的。"这是意指在公元前404至前403年实行恐怖统治的三十僭主政权（参见第九章），但是这个说法也同样可以用来指代公元前411年持续时间较短且统治手段不那么残忍的四百人政权。

密尔本人不仅支持格罗特对古代雅典民主制的观点，而且与他的导师不同的是，他追溯古希腊民主制，是为了建立他自己的关于民主政府的理论。因此就在无意之中出现了古雅典"神话"——也就是今天民主制的原型（详见后记）。但是，实际上密尔（与托克维尔和伯克一样）很害怕他所设想的那些愚昧无知且反复无常的多数群体的暴政，因此他按照格罗特的方式，更倾向于代表民主制，而并非直接民主制。他对代表民主制的倾向，使得他在《代议制政府》(*Representative Government*，1861年)中，长篇大论地阐述了议会代表制——并非委任制——的理论和形式。这部作品还发展了他在1859年的《论自由》(*On Liberty*)中提到的"自由"民主制的理念：提出了自由的观点并进行了探讨，限制了社会对个人的权威，倡导个体性。以赛亚·伯林提出的消极被动自由理论（参见第十八章）有多个理论基础，这篇文章就是其中时间上最近的理论基础。

一个多世纪以来，密尔的民主制形式——也许我可以这样说，这个词从希腊语变化而来，但是却并非承载了希腊的理念——占据了主导地位，在当前的背景和自由的代议制议会民主制的定义及其越发全球化发展的趋势下，它是唯一一个解决方案。或者按照1947年11月11日（停战日）温斯顿·丘吉尔在英国下议院中那段著名的演讲所说：

> 在这个充满了罪恶和麻烦的世界中，我们已经尝试了很多政府形式，并且还会继续尝试。没有人会装出一副认为民主制是完美或无所不能的样子。民主制确实是最糟糕的政府形式，但是要把那些我们已经尝试过的其他政府形式排除在外。

但是，我们将会在后记中了解到，我们现代社会中的事件已经破坏了——也就是埋下了隐患——这个甚至相当谨慎的表达方式。

后 记

现代民主制
回顾与展望

在这次探索性尝试描述民主制发展史的过程中，我要在结尾简单地探讨一下真实世界各种民主制的未来。探讨的出发点是古代民主制与现代民主政治的相关性，以及对"作为一个社会群体我们如何决定优先事项，并着手实现这些优先事项，也就是政治"的正确理解。我们这里还有很多悬而未决的问题，而且可能这些问题是没有答案的，但是在我们的时代，这依然是个至关重要的话题。尽管有点矛盾的是，在18世纪末期和19世纪早期建立民主制的人坚定地认为他们所建立起来的体制与古代民主制绝对不同，也坚信——愉快地坚信——他们并没有让民众直接行使统治权，这才是他们倾向于这个体制的原因，但是我们其实还是生活在民主制之中。对于我们现代人来说，这个矛盾是，或应该是，一个重大的问题。

我先来谈一下对民主制未来的悲观主义观点，再谈乐观主义观点，最终我们将会得出一个令人难过的结论，权衡这两种观点，悲观主义观点更为理性。

悲观态度

2000年，在联合国192个成员国中，有120个国家被称为民主国家。但是，如果按照这样的分类方式，它们都能算作民主国家，那么民主制这个标签的意义呢？更不用说无论是在阿布格莱布监狱、关塔那摩湾监狱，还是在北爱尔兰的梅茨监狱，西方民主国家为了捍卫民众的自由和民主制度而使用的各种酷刑（有很多令人咋舌并且手段下作的酷刑方式，如关禁闭、严格的人身限制、水牢、水刑、灌肠等）。总之，今天的民主制充其量也就是古典拉丁文中共和制（res publica）的含义；也就是说，从议会到武装力量，民主制被用来标榜所有形式政府的合法性，但是却不清楚明白它到底是什么。

尽管如此，在大西洋两侧的陆地上和世界的其他角落，稳定政权所推行的民主制都是代议制民主和自由（反大国家）的民主：绝对不是"纯粹的"古希腊式民主。从任何民众角度所述的"我们人民"都没有直接——更不用说日常——行使统治权。2011年，希腊前总理乔治·帕潘德里欧（George Papandreou）突然提出要就欧元区为希腊提供紧急财政援助的方案举行全民公投时，舆论一片哗然，都认为这似乎仅仅是一种政治手段，一句用来威胁的空话，当然事实证明的确如此。

这并不是什么出人意料的事情。在任何现代形式民主制中，都没有雅典或其他古代直接民主制的直接的制度遗产，而那些希望以其作为灵感来源的现代人通常不可避免地在借鉴时都有很强的选择性（例如，是要随机抽选，还是要使用新的通信技术来模拟面对面的决策活动，详见后文提到的例子）。一些纯粹积极的参与性的直接民主制理念被摒弃，但是那些认可这样的民主制的人总是惦记着我们已经不再使用的民主制，或紧盯着我们实际上或将会实行的已经成为空壳的民主制。甚至有些人还会提到古雅典民主制的神话。

还有两种考虑因素都具备同样的悲观主义特征。首先，现代世界，尤其是从高度发达的全球化角度来说，远比任何古希腊城邦要复杂。纯粹的规模并不只是微小的变量：瑞士德语地区的州民大会（Landsgemeinde）直接民主制这样的现代世界特例肯定只能实行在——当然也是因为——人口数量小的地方，而且这是因为他们拥有同根同源的小型社群传统和观念。其次，按照保守社会主义学家罗伯特·米契尔斯（Robert Michels）和其追随者所说的，社会中存在一条"寡头政治铁律"，按照这条铁律，出于各种实际操作的原因，任何级别和规模的政治组织最终且必然会由寡头支配。因此，这一章开篇探讨的第一个话题的结论就是最现实的结果，从结果来看待民主制，而并非从原则来看，似乎是最好或是唯一可行的选择。

乐观主义

但是，如果这样的观点是唯一的观点，那么我就不会拥有创作这本书的想法或是行动了。从积极主义的角度来看，有一些研究古希腊的现代著名学者提出多种说法，比如就算古代（古希腊）民主制与现代（议会制、代议制）民主制之间并不具备连续性，也存在相关性；再比如，无论这二者之间存在怎样的客观决定性的或是无可争议的差异，但是确实是因为这些差异，古希腊民主制形式直到今天都仍然在为我们提供实际意义上的借鉴。我要提出三位拥有这样观点的历史学家：已故的摩西·芬利（美裔英国人)、摩根斯·赫尔曼·汉森(丹麦人)和乔塞亚·奥伯(美国人),他们的观点都可以最终追溯至乔治·格罗特(参见第二十章)。

摩西·芬利是20世纪50年代美国麦卡锡主义政治迫害及反智主义镇压活动的受害者;在他看来,民主的概念事关重大。因此,在1972年——在罗格斯大学,而20年前他就是被这所大学解雇的——他选择了古代民主制与现代民主制作为演讲主题,这一点都不奇怪。(这三次演讲内容第一次使用这个标题出版是在1973年,第二版以此为标题的增补版出现在1985年。)这三次演讲的内容可以用不同的方式解读——尤其是第二版,其中补充了许多论文。但是无论其内容是什么,或是想要表达什么,这三次演讲其实都是情绪激动的指责性演说,批判了芬利认为在20世纪50年代及以后处于主导地位的"无聊的"民主制理论。其中尤其针对的是约瑟夫·熊彼特(Joseph Schumpeter),尽管熊彼特提倡的是一种极简主义的责任制模式的民主制,但是对认为决策权归属于非精英阶层的多数群体而并非少数精英人士的民主"经典理论"(参见第三章),熊彼特也持反对态度。熊彼特解读民主制时,选择通过结果角度而并非原则角度,并预测说通过民主制进程,资本主义最终将会被社会主义替代。

芬利为了反驳熊彼特和与熊彼特观点一致的人,引用了格罗特和密尔(参见第二十章)的言论,使用雅典"多数派"的成就作为反例。诚然,雅典多数群体确实犯过很多错误,至少他们错误地容忍了不肯屈服和妥协的反民主少数群体的存在。这个群体不止一次在其他希腊和非希腊人的帮助下,推翻了雅典民主的自治体系,并且也最终导致了"西方思想中的反民主传统"。但是我们要再一次指出,还有一位现代学者为了反驳那些贬低雅典民众的人,为雅典民众辩护道:"没有任何一部宪法能比雅典人的宪法给予普通人的决定更多的权重。"以此推测,如果芬利在世,他可能会将矛头指向专家政治论者、国际银行家和其他未经推举就自称专家的人,强烈反驳由专家提出的柏拉图式知识分子的反民主呼吁:

> 如果我租了一条船,或是买了船票,我会把驾驶船只的任务交给船长这位专家来完成——但是必须是我来决定船只的方向,绝不是船长。

1989年是法国大革命二百周年纪念,丹麦学者摩根斯·赫尔曼·汉森——他是研究古希腊和古雅典民主制最多产的专家——在创作的题为《雅典是民主制吗?》的著作中提出了与书名相同的问题。乍看之下,这个问题有些古怪,但是他想提出的问题并非古代雅典的统治是否符合德谟克拉提亚的标准,而是从我们现代的民主制角度出发,古代雅典实行的体制是否还算得上是民主制。他的答案是积极肯定的,因为按照他当时的——而且也是现在的——观点,从古代雅典体制理念的基本方面来看,雅典区分公共事务和个人事务的标准与今天自由民主制的区别标准并没有太大差异:这也就是说,在满足社会或是政治需求的同时,允许个体和家庭拥有相对大的隐私与自由空间。在这一说法上,汉森得到了众多的支持者,这些支持者中有些认为,使用"作为公平的正义"和政治自由主义这样的概念解读古代雅典民主制是有益的,他们还认为,雅典人更加认真地对待公共政治义务,正是因为他们要捍卫自己的集体和个体自由。而我本人认为，从这个关键角度来看，古代民主制和现代民主制并不存在可比性，而且也不可这样进行区分，因为我远没有汉森那样的自信，认为曾经在雅典公民心中有一个"国家"的概念，值得每个雅典公民去捍卫它的自由。但是我尊重做出这种比较的严肃性——并且欢迎任何这样的比较做法得出的结论所带来的启示。

在我看来，更具启发性的是我的这部作品要致敬的那位学者的作品。同样是在1989年，乔塞亚·奥伯出版了他的获奖专著《古典雅典民众与精英：修辞、意识形态及人民权力》(*Mass and Elite in Classical Athens: Rhetoric, Ideology and the Power of the People*)。在这部作品中他指出，按照古代的标准，民主制雅典拥有庞大的规模和复杂的社会及政治组成，而且完全可以看作米契尔斯"寡头政治铁律"的特例。同年，奥伯发表了关于雅典民主制性质的评论性文章，这篇文章依然可读性很强，自此以后，他不断地就这个议题进行探讨。但是随着时间的推移，他的讨论重点在发生变化：从历史到政治学，从试图按照民主制本身的定义来理解雅典民主制，到从对雅典民主制的理解中得到借鉴以便改善我们这个时代的民主制。

奥伯想要传达的总体信息是，尽管古代民主制与现代民主制存在巨大的结构和背景差异，但是我们还是可汲取古代人的经验，通过吸收希罗多德3.80中的启示性内容（指的是领导者责任制，这个观点来自"波斯辩论"），改进并变革现代民主制（被定义为"同时稳定有效但有限的集体自治形式"）。或者，更一般地说，我们可以更好地认识到，民主知识——也就是通过民主制的主动性和问责制机构而获取并传播的知识——比其他类型的知识更加"有效",主要是因为它产生了某种有益的功利主义观点,即政治最终应该是什么。对于将古代雅典民主制城邦看成仿佛有灵魂的社会集体的做法,我仍然持怀疑态度,但是对于认为古代——和现代——独裁者无权置喙雅典式民主优缺点的观点,我予以赞同。

但是可以说,即使奥伯的现代化的方式也远远不够。理论和实践两方面面对的关键问题是民主制的全球化问题——或者说是对全球化进程进行民主化。当然,有些人会说,这完全是本末倒置的做法:我们尚未让本地的(国内的)民主制展现出一个全新的面貌,就可以从全球的角度去考虑了吗?如果哪怕在经济定义的欧元区中我们都无法实现政治民主,那么民主制走向全球又有什么希望呢?这样的反对合情合理,但是现代技术并未给我们提供"远程民主化"的方案:强迫现代数码信息技术与古代民主制做法结合在一起。这个概念应该也可以在全球《数字权利法案》中找得到。当然,这个方案一定是对 21 世纪政治学本质及其改良后的观念进行了反思,而且也是建立在这个反思之上的。

丹麦学者马科斯·施密特(Marcus Schmidt)确实在原则上进行了卓有成效的反思(1993),而且另一位丹麦学者摩根斯·赫尔曼·汉森对他的成果进行了充分的肯定,这主要是因为它囊括了"雅典民主制的五个最基本层面":对所有重大事件进行公民普选、抽签选择、实行轮流制、提供政府津贴、在选举时议会中职业政策制定者与业余决策制定者进行协作。而这样的纯理论自那以后得以在冰岛实行。冰岛的公民被邀请参与重新编写国家宪法,取得了明显的成功:有 523 名候选人参与选举了名额为 31 名成员的"宪法大会"。还出现了一个更加温和的提议,在选择公职人员时，至少是在分配政府津贴时，要重新实行使用随机抽选的古希腊式民主理念。还有一些人提出要建立一个以公民参与和咨询为基础的复兴的民主制形式，这些人中就包括本杰明·巴伯（Benjamin Barber）和詹姆斯·费希金。

结论

即使有这样的迹象和奇迹，而且新型民主制也遇见了微弱的希望之光，但是即使是我，也不得不承认在现在和可预见的未来，民主制仍然会失败，主要有以下三个原因。

首先，政治权利，或者是公民特权，通常被认为是人权的附属权利，事实上是与人权相对立的。在我本人任教的大学中，有一个"治理与人权研究中心"（Center of Governance and Human Rights，CGHR），其目的就是将相关专家聚集在一起，"从批判和革新两方面对世界上媒体管理和人权问题进行思考"，并且其关注核心就是非洲问题。但是古希腊并没有发明所谓普遍人权的理念，而且也不会对这个理念有认同感——即使前提是我们让他们理解了"权利"一词。"权利"是一个启蒙运动之后在近代才发明出来的概念。有一个很有意思的测试事例，可以表明应用于民主制操作中的现代人权理念之间的联系，这就是欧盟内持续不断的关于服刑人员选举权的问题。2012年6月12日那期《泰晤士报》的法律专版中报道，欧洲人权法院议事厅（the Grand Chamber of the European Court of Human Rights）提出，"第一议定书第三条规定的权利对于在法律监管下建立并维护有效和有意义的民主制基础有着至关重要的意义"。但是，投票权并非绝对不可废止的权利，这样一来，"如果剥夺服刑人员的投票权在执行时并非自发行为且不具有歧视性,那么这样的刑罚就不是剥夺人权"。这是现代英国政府的依据,而彻头彻尾支持民主制的人却认为剥夺投票权就是剥夺了自由。

其次,尽管我很希望在简要介绍完民主制的发展历程之后,能够给出一个和谐的说法,但是在我看来,与这个如歌般的时代(希望我这样一语双关的说法还算合适)更加一致的是一部令人不寒而栗的题为《他们不能代表我们!:重塑希腊民主以执掌国家政权》(*They Can't Represent Us! Reinventing Democracy from Greece to Occupy*)的著作。这部作品很发人深省,不仅是因为其书名展示了值得称赞的意图,而且这个书名反映的是一个极度不民主或反民主的世界和时代的政治现实——这一点无论是从现代观点还是从古希腊观点来看都是显而易见的。这部作品中包含了五个现代研究案例——希腊、西班牙、美国、阿根廷和委内瑞拉——而且作者为了充分体现其书名和想要表达的主张,使用了随机采访的方式。在其中序言部分第二章中,有一个小节的标题为"参考案例",其中对所谓的"[古代]雅典民主制的几个基本概念"进行了准确的描述。这是为了表明"古代雅典民主制和新的全球民主制运动在很多原则性问题上具有明显的多个相似之处"(这是我从中理解到的重点内容),而且当前的民主制做法已经完全违背了古人的理想。为此,这部作品的作者从 1996 年出版的题为《激进民主》(*Radical Democracy*)的作品中引用了一段话:

> "民主制"曾经是一个人民的词,一个至关重要的词,一个革命性的词。这个词被那些想要统治人民的人盗用了去,让他们的统治变得有理有据。现在是我们将其夺回,恢复这

个词原本的激进力量的时候了。

好,好。回到未来。最后,悲观主义更为合理还有第三个理由。也许,在21世纪,对于任何对古希腊民主制与现代民主政治之间相关性或是其他方面的探讨,其最大的变化就是,"9·11"事件之后,宗教问题重新进入一个全球问题辩论中:无论是在东方还是在西方,以先验主义、非经验来源为基础的政治辩论已经屡见不鲜。从这个方面来说,我们确实是在走下坡路。在美国革命后,宗教已经在原则上——尽管不可否认并非在实践中(参见托克维尔)——被排除在政治范围之外,或者至少与政治学脱离,而且宗教也与政治完全不同。在法国大革命之后,出现了一种类似的世俗化进程,而且宗教思想自由和实践自由已经成为所有西方自由民主制的一个基本原则。但是在现实中,情况绝对不是这样的。

正因为还有像我这样希望能够"彻底地说明民主制理念"的人,我们一定要不断地提醒自己,还有其他很多人,尽管他们生于并长于西方自由民主制度之中,就算我们中的有些人认为他们无足轻重,但是他们确确实实对于民主制理想丝毫不关心。比如,已故的英国圣战分子梅迪·哈桑(Mehdi Hassan)在2012年11月发表推文:

> 我们应当支持为伊斯兰教教法而战的圣战者,而不是为了民主制。

自那以后,达伊沙(Daesh,也称为ISIS、ISIL或是伊斯兰国)以上述道德和宗教法律的名义,犯下了无数滔天罪行,既违背了人类的道德,也背弃了他们视若珍宝、无可替代的文化财富。

　　在古希腊,事情完全是另外一番景象。确实,苏格拉底曾因为渎神行为受到审判并判刑,但是当时宗教并不是阻碍力量,而是被看作对积极的、参与性的、平等的、民主制下的公民身份理念的补充。如今,我们非常脆弱的民主自由所依赖的恒久警惕又要付出怎样的代价呢?　*

---

* 华盛顿纪念碑入口处刻有:"永恒的警惕是自由的代价"(Eternal vigilance is the price of liberty)。

注释及参考文献

序言

关于古雅典民主制的著作有很多；在这些作品中，我认为颇有见地的是 Jones 1957；Hansen 1999；Ober 1989a, 1996, 1998, 2008a；Sinclair 1988；Osborne 2010。

有一本著作在尝试用古今对比的角度来分析雅典民主制，即 Held 1996；如需进一步了解古代民主制和现代意识形态的探讨，可参考 Ober & Hedrick eds. 1996；Rhodes 2003a；Hansen 2005。Marcaccini 2012 是一种全新的尝试，该书试图讨论在 19 世纪和 20 世纪的探讨中，民主制雅典是如何转变为一种大胆的具有革命性的范例的。

第一章

古代史料及史籍

剑桥大学出版社翻译典籍系列丛书包括 Fornara 1983，Harding 1985 和 Burstein 1985，但是其中被娴熟翻译和添加注释的内容并不是都严格参考典籍的。对于公元前 403 至前 323 年这段历史，可参见 Rhodes & Osborne 2003。关于民主制的观点和现实情况，可参见 Rodewald 1975；Asmonti 2014。关于从荷马到亚里士多德的早期希腊政治思想，参见 Gagarin & Woodruff 1995。

关于在古典雅典的社会价值观念，参见 Fisher 1976。Camp 1986, 1990 完美地讲述了雅典城内的考古情况。Kagan ed. 1966 (e.g., Section Ⅸ on 'Periclean Athens—Was It Democratic?', Section Ⅺ 'The Unpopularity of the Athenian Empire', and Ⅻ 'Demosthenes vs Philip of Macedon'), Robinson ed. 2004, and Samons ed. 1998, 均包含古代文献译文以及相关的现代作品。

亚里士多德

《政治学》：有用的译文包括 T. A. Sinclair, rev. T. J. Saunders (Penguin Classics, 1981); E. Barker, rev. R. F. Stalley (Oxford World's Classics, 1995); cf. Cartledge 2009b。关于更笼统的古代政治遗产，可参考 Vlassopoulos 2009a; Vlassopoulos 2007b，通过在更加广泛的地中海和近东世界互连的历史中重新定位"城邦"这一概念，也主张古代历史学家在思考、对待古希腊政治思想和行为的方式时应有重大转变。

《雅典人的政制》: trans. P. Rhodes, Penguin Classics 1984；关于此书的成书时间、创作目的、作者情况、与《政治学》的关系及其作品价值，可参见 Rhodes 1981/1993。如需进一步了解亚里士多德笔下记录的民主制及其评论，参见 Ober 1998; Ste. Croix 2004；如需了解亚里士多德多城邦研究的社会政治研究，而并不仅仅是民主制城邦，可参见 Ste. Croix 1981: 69–80。

关于亚里士多德对古文物的收藏及研究：Huxley 1979。

关于亚里士多德对贫穷和财富的研究 (penia kai ploutos)：esp. *Politics* 1279b16ff, esp. 1279b34–80a3, with Ste. Croix 1981: 69–80 at 72–3。关于亚里士多德与马克思：Ste. Croix 1981: 55–6,

74, 77–80。

关于内乱或内战（stasis）：Lintott 1982；Gehrke 1985；Hansen 2004；Gray 2015；cf. Funke 1980。

关于民众文化水平：Harris 1989 认为其民众文化水平相对较低；反对观点：Missiou 2011；cf. Harvey 1965, 1966。

关于公元前 336 年的欧克拉底法令：Rhodes & Osborne 2003: no. 79；还可参考 Blanshard 2004a；Teegarden 2012, 2013, 2014。

公元前 453？/452 年的《厄里特莱规定》：Fornara 1983: no. 71（根据受损石头的不同复原结果和解读方式，提供了两种不同的译本）；Samons 1998: 122–3。关于雅典的帝国官员等问题，参见 Osborne 2000；有关诠释，主要参见 Ste. Croix 1954 (repr. in Low ed. 2008); Ste. Croix 1972。

托里库斯石碑：Daux 1983。雅典宗教：Mikalson 1987；Parker 1996, 2006。

阿卡奈的普拉提亚誓言柱：Cartledge 2013。

公元前 420？年的《标准法令》：Fornara 1983: no. 97，Samons 1998: 125–7。这条法令经常被人称为《钱币法令》，但是其内容也涉及度量衡，因此叫"标准法令"更为准确。关于此法令的探讨，包括 Starr 1970；Figueira 1998。

猫头鹰币：Samons 1998 的封面可以看到有关例子。

公元前 5 世纪 40 年代？或公元前 5 世纪 20 年代？的《克勒尼亚斯法令》：Fornara 1983: no. 98；Samons 1998: 127–9；Ramou-Chapsiadi 2009。

弑僭主者：如需了解相关史料证据，了解两座人像后来的大理石复制品的标志性姿势，参见 Webb 1997, www.brynmawr.edu/

archaeology/guesswho/webb.html; cf. Anderson 2003: 198–206；2007；Azoulay 2014。关于"弑僭主行动"的描述：Thucydides 6.53–59: Thomas 1989。

如需从总体上了解"官方的"雅典（民主的和公共的）艺术，参见 Castriota 1992；如需了解民主制、帝国主义和艺术，参见 Raaflaub & Boedeker eds. 1998；关于帕特农神庙及其政治意义，参见 Meiggs 1963；Connelly 2014。还可参见 Neer 2002。

《审判雅典：西方思想中的反民主传统》：good rev. by E. Robinson, *Bryn Mawr Classical Review* 95.02.08。

关于意识形态民主人士的稀缺问题：Maloy 2013。

第二章

古迪关于字母文字与民主的关系的见解：Goody & Watt 1962/1963。

哥本哈根城邦项目：Hansen & Nielsen eds. 2004; cf. Hansen 2006。

关于"城邦是国家吗？"这一问题，支持方观点：Hansen 2002；反对方观点：Berent 2004（即认为是无国家政治团体）。

城邦的崛起：Snodgrass 1980; Starr 1986。

城市国家文化：see an excellent review of Hansen ed. 2002 and 2004 by K-J. Hölkeskamp, *Bryn Mawr Classical Review* 2004.04.03。

荷马史诗中有城邦吗？：Cartledge 2009: ch. 3。

赫克托耳的"爱国主义"：Greenhalgh 1972。

赫西俄德的《工作与时日》：译本包括 G. Most (Loeb Classical Library, Cambridge, MA, 2006)。

赫西俄德的"半贵族身份"：Starr 1986。

关于泰奥格尼斯：Figueira & Nagy eds. 1985；关于寡头统治：Ostwald 2000a；Winters 2011: 72ff。

重装步兵及其崛起：Kagan & Viggiano eds. 2013 包括了主要的争议点。

斯巴达《大瑞特拉》的政治背景：Cartledge 1980/2001a。

Eunomia：Andrewes 1938。如需了解斯巴达"另一种僭主制度"：Andrewes 1956。

德雷罗斯城的城邦法律：Fornara 1983: no 11。关于古代克里特岛的法律：Gagarin & Perlman 2015。如需了解早期希腊 agorai：Kenzler 1999, with the exhaustive review by K-J. Hölkeskamp, *Zeitschrift der Savigny-Stiftung für Rechtsgeschichte. Romanistische Abteilung* 2002: 389–96。

第三章

《雅典人的政制》：Wallace in Raaflaub, Ober, Wallace et al. 2007；Hansen 2010a 过分信任 Robinson 2001 等的说法。

"试验的时代"：这是 Snodgrass 1980 的副标题。僭主时代：de Oliveira Gomes 2007。

关于"强烈的均等原则"：Morris 1996。不过也可参见 Cartledge 2009a。

如需了解《雅典人的政制》中关于梭伦的内容：第 5 至 12 章是关于梭伦的；尤其可参见后来被冠以 Eunomia 的诗歌，*Ath. Pol.* 12；梭伦在 2.2, 3.5, 13.1, 14.1, 22.1, 28.2, 29.3, 35.2, 41.2, and 47.1 也被提及。Freeman 1926 仍值得阅读；如需了解梭伦的"劝诫政治"，参见 Irwin 2005；R. Wallace in Raaflaub, Ober, & Wallace 2007（梭伦被看作真正的民主制之父）；Lewis 2008（关于梭伦是像亚里士多德那样的道德-政治哲学家）；Poddighe 2014（亚里士多德学派《雅典人的政制》中的梭伦）。

如需了解梭伦在公元前 4 世纪作为护身符的情况：Mossé 1979, repr. in translation in Rhodes ed. 2004。关于哪些是梭伦改革的问题，哪些不是：Hansen 1999: 288-9。

雅典公民身份的后梭伦时代定义：Manville 1990。

计票的重要意义及其可能的起源：Larsen 1949。关于按照多数人意见进行决策的原则：Flaig ed. 2013。

希俄斯岛石碑：Fornara 1983: no. 19。

Nikos Birgalias 2009 对 isonomia 的探讨：第一章 isonomia=社会主体向政治主体的转变，一种精英和民众之间的折中；第二章《Isonomia 与希罗多德》探讨了公元前 479 至前 462 年雅典 isonomia 的发展过程；第三章《从贵族统治到 Isonomia》提供了公元前 600 至前 470 年的几个例子：希俄斯岛、赫拉克利亚·本都卡、埃雷特里亚、公元前 470 年的伊利斯和公元前 494 至前 470 年的阿尔戈斯，公民大会的公民人数显著增加，他们现在有资格竞选管理职位；第四章《从僭主制到 Isonomia》引用了四个例子：昔兰尼、迈加拉、厄里特莱和安布拉基亚；第五章《Isonomia：几个有争议的例子》——其中提到了四个例子：公元前 580 至前 570 年的利帕里、公元前 580 至前 525 年的密提勒涅、公元前 506 至前 446 年的哈尔基斯和公元前 506 至前 500 年的纳克索斯。

罗宾森认为——无法证实——公元前 550 年出现了几种民主

制政体（2011: 219–22; cf. Robinson 1997），反对有误导性的雅典中心主义学说"雅典实行的是唯一的'真正的'民主制"。

关于庇西特拉图的文献包括 Herodotus 1.59–64; 5.62–5, 90–1, 93–5; 6.35ff, 39, 103, 108–9, 121, 123; 7.6.3; Thucydides 1.20; 2.15.5; 3.104.1 (Delos); *Ath. Pol.* 13–19; Aristotle *Politics* 1310b3–11a8; 1313b18–29; 1315b21–2; 29–34; 1314a25–15b10; Plutarch *Solon* 8; 13; 29–32。现代作品包括 Andrewes 1956; Boersma 1970 (buildings); Shapiro 1989; Thomas 1989: ch. 5; McGlew 1993。

如需了解公元前 525/524 年身为名年执政官的克利斯梯尼：Fornara 1983: no. 23（其中包括公元前 527/526 至前 522/521 年所有名年执政官的姓名，这个名单大约是在一个世纪之后才题写的，但是我们没有理由怀疑其准确性）。

如需了解"弑僭行动"及其相关故事：Azoulay 2014。如需了解"民众僭主制"，参见 Morgan ed. 2003；如需了解民主制与僭主制的斗争，参见 Teegarden 2014。

第四章

韦尔南的"思想革命"：Vernant 1982；1985; cf. Snell 1953; Lloyd 1979; Seaford 2004; Cartledge 2009b.

关于色诺芬：Gagarin & Woodruff 1995。

关于克利斯梯尼的史料包括：Herodotus 5.66, 67.1, 69–70, 72–3; 6.131.1; *Ath. Pol.* 13.5, 20–22, 29.3; Arist. *Politics* 1275b34–7, 1319b19–27。

克利斯梯尼的民众转向：Camassa 2000。

"德谟克拉特"一名的重要意义：Hansen 1986。

作为雅典民主制"基础"的民区：Hopper 1957; cf. in great detail Whitehead 1986; Paga 2010（民区剧场）。

关于陶片放逐法：Fornara 1983: no 41；其他古代文献译本：参见 www.csun.edu/~hcfll004/ostracis.html；其实施过程：*Ath. Pol.* 43.5; Plutarch *Aristeides* 7。现代讨论尤其可参见 Lang 1990; Ste. Croix 2004; Forsdyke 2005。

关于雅典民众的读写能力：Goody & Watt 1962/1963; Harvey 1966; Harris 1989; Pébarthe 2006; Lagogianni-Georgakarakou & Buraselis eds. 2009; Missiou 2011。

对克利斯梯尼的现代诠释作品包括：Lewis 1963（家族骗局）; Andrewes 1977; Cartledge 1996（平等）, 2007; Ober 1996; Lévêque & Vidal-Naquet 1964/1996（在后来出版的版本中，作者并不认为很多改革是克利斯梯尼个人做出的）; Anderson 2003; Ste. Croix 2004; Hammer 2005（"投票表决政治"）; K. Raaflaub in Raaflaub, Ober, & Wallace 2007。如需了解概述，参见 Osborne 2009b: ch. 9; Azoulay & Ismard eds. 2011。

第五章

关于埃斯库罗斯《波斯人》的所有文化–政治层面内容，参见 Hall 1989；关于希腊文化概况，参见 Bridges et al. eds. 2007。

如需了解厄菲阿尔特和伯里克利改革：*Ath. Pol.* 25–28, with Rhodes 1981/1993; Raaflaub et al. 2007。

如需了解陪审法庭津贴：Markle 1985/2004（但是直到公元前4世纪90年代出席公民大会的人才有津贴）。我们无法确定其他形式的公共薪酬出现的时间，但是一定不会晚于公元前411年：Thucydides 8.69.4, with Rhodes 1981/1993: 304, 691–2。

伯里克利的《公民法》：Patterson 1981; Blok 2009。

本地神话：Loraux 1993; Sebillotte Cuchet 2006: ch. 9; Blok 2009: 150–4。

第六章

苏维埃社会主义：Eden & Cedar Paul (1920) 将布尔什维克之后的革命政权称为"ergatocracy"（工人统治），解释说"就像在现代英语中的常见情况一样，这个词一定可以追溯至内涵丰富、表达生动的古希腊语"；具有讽刺意味的是，这部作品是由在1908年成立的"平民联盟"（Plebs [这是拉丁语！] League）出版的。

关于古代帝国主义思想：我强烈反对 Finley 1973/1985; cf. Robinson 2001; Ma et al. eds. 2009。

关于民主理论匮乏的问题：详细阐述此观点的是 Davies 2003。

关于古希腊政治思想：Raaflaub ed. 1993; Schuller ed. 1998; Rowe & Schofield eds. 2000; Balot 2006; Balot ed. 2009; Cartledge 2009b（涉及其实际应用）; Salkever ed. 2009。

亚里士多德关于理论就是最高美德的说法：*Nicomachean Ethics* book 10。

A. H. M. Jones' 'The Athenian Democracy and Its Critics' (1953) 在 Jones 1957: ch. III 中重印。

学者们认为古民主制理论存在的著作：Ober 1996, 1998; Raaflaub 1989b; Roberts 1994。

希罗多德的"波斯辩论"：Cartledge 2009a。责任原则：Roberts 1982; Landauer 2012。

关于作为政治作家的希罗多德：Thompson 1996。

修昔底德的演讲：Thucydides 1.22; cf. Connor 1984。关于后文艺复兴时期对修昔底德的认可：Harloe & Morley eds. 2012。

Isonomia：Vlastos 1953, 1964; Cartledge 1996; Rausch 1999; Lombardini 2013。关于唯理智论平等的主张，参见后文柏拉图版的普罗泰戈拉民主理论。

抽签：Taylor 2007a; Birgalias 2009b。

柏拉图版的普罗泰戈拉民主理论：*Protag.* 319b–324c；对普罗泰戈拉民主理论的解释，就目前能找回的，参见 Farrar 1988; cf. Hall 2010: 178–81; Denyer 2013。柏拉图反对诡辩家：Grote 1846–1856: ch. 67。关于柏拉图作为政治"持异议者"：Ober 1998。

所有古希腊政治哲学中关于民主制的说法：Farrar 1992: ch. 2；还可参见 Brock 1991, Ober 1998; Cartledge 2009a: ch. 6。关于西方政治传统中占主导地位的反民主思想：Roberts 1994。

为民主制辩护的演说：Demosthenes 20.106, 21.67, 24.59, 76, 39.10–11; Aeschines 1.4, 3.6; Lycurgus 1.4。

修昔底德的"叙拉古的阿萨那戈拉斯"，公元前414年：Thucydides 6.39。

葬礼演说：Loraux 1986。

吕西阿斯演讲的第二部分就是他的葬礼演说；他冒着巨大的风险参与了公元前403年的民主自由和重建活动中，而他支持民主制的言论（2.18–19）毫无疑问是真诚的。

"老寡头"（吉尔伯特·默雷起的绰号）是伪色诺芬《雅典人的政制》的一个熟悉的称谓：Osborne 2004, with review by J. J. Sullivan, *BMCR* 2005.07.79；J. Marr & Rhodes 2008；另一份译本出自 G. Bowersock (Loeb Classical Library Xenophon Vol. VII: *Scripta Minora*, 1968)。其作者一定是一位支持寡头统治的人，但是他并不一定年龄很大；他阐述观点的方式未经挑选地呈现在 Cartledge 2009a: Appendix 1。关于应受指责的阶级叛徒可参见 2.20。

两种平等：Harvey 1965, 1966。

色诺芬反民主对话：*Memorabilia* 1.2.40–6; cf. Ste. Croix 1981: 414–15, Cartledge 2009a: 96–7。关于反民主的僭主制：Morgan ed. 2003。

乌托邦主义：Cartledge 1996b。Eu-topia = place of well-faring= 好的地方。Ou-topia = no-place= 不存在的地方。托马斯·莫尔在 1516 年创造了 utopia 这词，主要代表的是后面这个意思。

亚里士多德的政治思想：他生活的时期的多数古希腊政体要么是某种民主制要么是某种寡头统治：*Pol.* 1296a22–4。民主制和寡头统治各自的四个子类：*Pol.* 1291b31–92a38, 1292a39–b10, 1292b2–93a34, 1318b6–19b32; cf. also Rhodes 1981/1993: 11–12; Ste. Croix 1981: 69–81; Lintott 1992, 2000; Ober 1998; Hansen 2010a。"最末一种"民主：*Pol.* 1292a28ff。民主制 = 穷人统治，寡头统治 = 富人统治：*Pol.* 1279b8–9, 1281b–82a, 1291–93a。亚里士多德的"中等公民统治体制"：*Pol.* 1296a37–8；亚里士多德的"完美混合的寡头政治"：*Pol.* 1320b20。

自公元前 5 世纪 20 年代起的希腊世界内乱：Thucydides 3.82。

暴虐的反民主宣言：Aristotle *Pol.* 1310a8, with Ste. Croix 1981: 81。

修昔底德的"温和的结合"：Thucydides 8.97.2。

第七章

"雅典民主"的概括：Jones 1957: ch. I；Gomme 1962；Forrest 1966: ch. 1。

"伯里克利时代"：Azoulay 2014 是有益的纠正；还可参见 Ferrario 2014。

公元前 403 年之前和之后的民主制之间的差异：Rhodes 1980；Hansen 1990b。

"德谟斯梯尼时代"：如 Hansen 1987。亚里士多德对"公民"的定义：*Pol.* 1275, at 1275a32–4。近几年（有争议的）观点：Woods 2014。

民区居住情况：这样的证据表明，尽管总会不可避免地有人离开自己出生的民区，但是也存在着相当高的民区居住稳定性：Osborne 1985；cf. Taylor 2007b。

生殖器官检查：Davidson 2006。

法定成年年龄：Golden 1979。

埃费比誓言：Blok 2009: 159–60；Cartledge 2013；Kellogg 2013。

反对剥夺公民权的演讲：Demosthenes 57。另一起欺诈案例是"鲁莽的保证人"Myrrhinous 的 Meixidemus：Osborne 1985；Osborne 2010: 185。

关于行善者的民区法令：如 *IG* ii.2 1175 = Fisher 1976: 156–7；*IG* ii.2 1187 = Fisher 1976: 157–8。

作为"雅典民主的根基"的民区：Hopper 1957（的作品标题）; cf. Whitehead 1985（不过要注意第 313 至 326 页：有极少几位重要政治家似乎在他们的民区中得到了从政的基本经验）; Jones 1999: chs 2–4；关于公民身份问题，Manville 1990。

希腊城邦人口规模：Hansen & Nielsen eds. 2004; Hansen 1985。公元前 5 世纪后期到公元前 4 世纪早期雅典承受的严重人口损失：Strauss 1987: 70–86。

与五百人议事会相关的所有事务：Rhodes 1972，repr. 1985; cf. Taylor 2007a（抽签社会学）。

责任制：Roberts 1982; cf. Ostwald 2000b。"分权"：Pasquino 2010。

荣誉公民投票：Vlassopoulos 2013: 116。

公民大会：Hansen 1987; cf. Hansen 1983 and 1989; Ruzé 1997: 525–38（已知的法令和修正案提案人员名单）; Saxenhouse 2006: ch. 7（修昔底德）。公民大会津贴（及陪审员津贴）：Markle 1985。

雅典城外的政治津贴：Ste. Croix 1975。

（说服之神）女神佩托：Buxton 1982。

"新型政客"克里昂：Connor 1971。

雅典的"煽动者"：Finley 1962, 1985; with Lane 2012。demo 的陪审权：Cartledge, Millett & Todd eds. 1990; Todd 1993; Blanshard 2004。法律变革：Schwartzenberg 2004, 2007。

陪审员誓言：Christ 1998; Lanni 2006。雅典议事广场法庭：Boegehold 1995。陪审员的铜质身份牌：Kroll 1967（雅典体制传播到了锡诺普、萨索斯、伊庇鲁斯和哈里斯）。

修昔底德论安提丰叛国罪的辩护演讲：Thucydides 8.68。关于修昔底德本人被流放：Thucydides 5.25。

雅典的法律程序：Todd 1993。

"谄媚者"：Harvey 1990；Darbo-Peschanski 2007。

阿吉纽西审讯：Xenophon *Hellenica* 1.7（一份极其片面的描述）。

战神山议事会：关于其所有方面，参见 Wallace 1989。

第八章

提尔泰奥斯提到 polieteon（"公民"一词复数的所有格形式）：*P.Oxy*. XLVII.3316, ed. M. Haslam (Oxford, 1980)。

Politeia 与亚里士多德所说的有序性（taxis）的关联：Pol. 1278b8–11, 1289a15, cf. 1274b26, 1289b27。

《大瑞特拉》：相关作品数量庞大；比如 Cartledge 1980/2001。

"他们的 politeia 的隐秘性"：Thucydides 5.68.2。这是 Michell 1952 的副标题。一个很重要但是斯巴达式的社会机制是"克里普提"，或者说是"秘密行动"：Cartledge *Der Neue Pauly* s.v.。

关于斯巴达公民人数减少的问题：Cartledge 1979/2002: 263–72。

斯巴达人与希洛人，按照修昔底德的说法：Thucydides 4.80（对含糊的希腊文本有不同的解读：他的意思是说，就与希洛人的关系而言，斯巴达人优先要保证的是安全问题吗？或者，更广泛地说，斯巴达人优先要保证的是针对希洛人的安全问题吗？）。关于希洛人生活的各个方面：Cartledge 2011。

"他者化"：Cartledge 2002。

关于斯巴达人非同寻常的宗教虔诚：Herodotus 5.63, 9.7; cf.

Richer 2010。

关于雅典人的宗教庆典：Parker 1996, 2006。

泛雅典娜节：Neils ed. 1992，Neils 1994；Wohl 1996。帕特农神庙雕带的含义：Connelly 2014。关于帕特农神庙的政治隐喻：Meiggs 1963；cf. Fehr 2011。总体讲述"伯里克利"建筑工程：Azoulay 2014。

大酒神祭：Cartledge 1985。剧目的民主功能：Goldhill 1986；cf. Winkler & Zeitlin eds. 1990；Cartledge 1997a；Cartledge 1990（阿里斯托芬）；Pritchard 2004（酒神赞歌）；Villacèque 2008；Boedeker & Raaflaub eds. 2009；Burian 2011（悲剧）。反对观点：Rhodes 2003b, 2011a。一段对古代人对民主政治的悲剧理解的精彩现代描述：Johnston 2015。

公元前 422/421 年？的厄琉西斯秘仪规范：Fornara 1983: no. 140；cf. Gagné 2009。

公民大会关于"圣域"的法令：Rhodes & Osborne 2003: no. 58。

亚里士多德笔下的女性，以及关于斯巴达女性和妻子：Cartledge 1981/2001。

关于雅典不仅是一种（男性化的）民主社会，而且是一种男性统治社会，参见 Keuls 1985/1993。女性与宗教：Jones 2008；cf. Jameson 1997/2004。

雅典女性的财产权：Ste. Croix 1970。索引条目：Harrison 1968。

富有的雅典家族：Davies 1971, 1981。雅典的住宅：Nevett 1999, 2010。家庭生活：Katz 1998。女性与民主制：Jameson 1997/2004。

在被称为"民主学校"的三列桨战船上服役：Strauss 1996。

被称为希腊文明"基础"的奴隶制：Finley 1959/1981；cf.

Wood 1988（雅典民主制"基础"之一）；Garlan 1988；Bradley & Cartledge eds. 2011。关于奴隶，最好再参考：Cartledge 1993。劳里翁银矿：据说尼西阿斯向承包商派了自己的 1000 个奴隶去做这份奴隶工作。

公共奴隶：Ismard 2015。色诺芬在其关于收入的宣传册（《雅典的收入》，公元前 355 年）中提倡由雅典社群直接大量购买奴隶以在银矿劳作。奴隶制、自由和公民身份：Vlassopoulos 2009a。主张公民与奴隶在经济方面地位差异极其模糊：Cohen 2000。雅典的社会地位概述：Kamen 2013。关于雅典"制度外公共领域"：Gottesman 2014。

尼科马库斯：参见 Lysias Speech 30。"老寡头"：Ps.-Xenophon *Ath. Pol.* 1.10–12。

雅典人爱打官司：Cohen 1995（feud by other means）；Christ 1998；反对观点 Herman 2006: 199–201。法治：Lanni 2007. Generally Todd 1993; cf. Cartledge et al. eds. 1990. 法庭：Boegehold et al. 1995。

骗子：Harvey 1990；Darbo-Peschanski 2007。

雅典议事广场：Camp 1986, 1990；Millett 1998；Vlassopoulos 2007a。还可参见美国古典研究学院的议事广场发掘队（发掘活动自 1931 年起）成员出版的雅典议事广场精美图册。还可参见 Ehrenberg 1962 对雅典旧喜剧（阿里斯托芬及与他同等地位的人）的社会学探讨。

比雷埃夫斯：Garland 1987/2001；比雷埃夫斯民区：Whitehead 1985: 394–6。三列桨战船兵役：Strauss 1996。比雷埃夫斯建筑发展：Wycherley 1978。"另一个世界"：von Reden 1995。伊索克拉底对比雷埃夫斯的描述：4 (*Panegyricus*) 42; cf. Old Oligarch 2.7;

Thucydides 2.38.2（伯里克利葬礼演讲）; Hermippus fr. 63 Kassel-Austin（from Phormophoroi, 'Basket-bearers'）。沿海商人: Reed 2003。

死亡: Humphreys 1993; Patterson ed. 2006。公元前8世纪处理尸体的平等: Snodgrass 1977。公共葬礼: Loraux 1986; cf. Pritchard ed. 2010。

骑兵德克利奥斯纪念碑: Low 2002, cf. 2010; Ferrario 2014: 179–81。

阿托塔斯的悼文: Bradley & Cartledge eds. 2011: 132。葬礼纪念仪式概述: Ferrario 2014（授予奴隶的荣誉: 第211页）。悼文与公民身份: Meyer 1993。

第九章

Ober 2011将公元前508/507年"克利斯梯尼式"民主与公元前4世纪20年代亚里士多德学派《雅典人的政制》中的雅典民主进行了对比; cf. Azoulay & Ismard eds. 2011. Raaflaub et al. (including Cartledge) 2007争论关于雅典政体被称为第一个民主制的说法。

雅典以外的民主制形式: Robinson 2011; cf. O'Neil 1995。

提洛同盟: Osborne 2000; Low ed. 2008; Ma et al. eds. 2009。

公元前5世纪雅典在其他地区支持建立民主制: Old Oligarch 1.14, 16, 3.11, Thucydides 1.115, 3.27, 47（狄奥多罗斯演讲）, 8.24, 38, 这两份史料均为公元前5世纪; Lysias 2.56; Isocrates 4. 104–6, 12.68; Aristotle *Pol*. 1307b23–5。

雅典"碑刻习俗": Hedrick 1999。

公元前440/439年的萨摩斯岛：总的来说，我认为雅典的确在公元前439年在此建立了民主制：Cartledge 1982。

公元前405年的雅典-萨摩斯岛市民平等权条约：Osborne 2000: no. 183（该条约于公元前405年通过，公元前403/402年刻在石碑上）。

克劳狄乌斯在元老院发表的关于公民权做法的对比演讲，公元46年：Tacitus *Annals* 11.24。

因为意识形态导致的干预行为：Thuc. 3.82.1。

斯巴达与寡头统治：Thuc. 1.19。

雅典发言人（狄奥多罗斯）宣称雅典盟友支持雅典：Thuc. 3.47。

布洛克的思路：Brock 2009: 161；也可参见Ostwald 1993；反对观点Ste. Croix 1954/1972; Hunt 2010: 90。关于铭文证据，包括厄里特莱法令，参见Lewis 1984/1997。

公元前417年的阿尔戈斯-斯巴达协定：Thuc. 5.77, 79。

公元前5世纪叙拉古的政治情况：Herodotus 7.155; Thuc. 6.34–41, 72–3; Diodorus 11.68.5–6, 11.86.3–87.6, 13.91.3–96.4; Aristotle *Pol.* 1302b, 1304a；民主制度插曲：Finley 1979；还可参见Berger 1992; O'Neil 1995; Robinson ed. 2004: ch. 3（《公元前5世纪叙拉古的大众政治》）; Camassa 2007b（《公元前5世纪叙拉古痛苦的政治生活》）。叙拉古与雅典的相似性：Finley 1979: 61。公元前413年后的转变：*Pol.* 1304a28–9。

古代民主政体间的争斗：Robinson 2001.

希罗多德对纳克索斯岛的描述：Herodotus 5.30, 6.96。修昔底德对纳克索斯岛的描述：Herodotus 1.98。

民主制下的曼提尼亚：Thucydides 5.29, 47，还有铭文证据作为佐证；伊利斯早期民主制的证据也有铭文佐证。

"伯罗奔尼撒同盟"：Ste. Croix 1972: 101–24; Cartledge 1987/2000: 242–73; Funke & Luraghi eds. 2009。

塔拉斯"国王"阿里斯托费利达斯：Herodotus 3.136。曼提尼亚的戴莫纳克斯为昔兰尼立法：Herodotus 4.161。

塔拉斯变为民主制：Aristotle *Politics* 1303a3–6; cf. Diodorus 11.52。

图里亚 / 图里伊的基础：Diodorus 12.11; cf. Diogenes Laertius Lives of the Philosophers 9.8.50（普罗泰戈拉）。图里亚的政体变化：Aristotle *Politics* 1307。

卡马林那铅片：Cordano 1992；还可参见 Shipley 2005: 400 n. 143。卡马林那辩论，公元前 415 年：Thucydides 6.75–88; cf. Calabrese 2008: 192–212。

修昔底德对伯里克利的描述：Thucydides 2.65；关于五千人政权：Thucydides 8.97。关于修昔底德的所有问题，参见 Connor 1984; Hornblower's Commentary 1997–2004–2008。算得上最好的译本的是 J. Mynott (Cambridge, 2013) 的译本。

部落内斗：Herodotus 8.3.1；关于内斗现象，参见 Lintott 1982; Finley 1983; Gehrke 1985; Loraux 1997/2002; Gray 2015。

"得到认可的疯狂举动"：Thucydides 6.89（但是据说亚西比德在公元前 414 年向斯巴达人发表演说，被公认为是叛徒）。关于公民大会决策行为是有威胁性的内乱：Loraux 1997/2002。

修昔底德关于 idiai diaphorai：Thucydides 2.65。

伯罗奔尼撒战争的起因及战略的所有方面：Ste. Croix 1972；伯里克利事业和名望的所有方面：Azoulay 2014。

"新型政客"克里昂：Connor 1971；"煽动者"克里昂：Finley 1962/1985。

修昔底德对"科基拉事件"的描述：Thucydides 1.24–55；关于科基拉内乱的描述，公元前427年：Thucydides 3.71–84。

雅典民众对西西里岛灾难的反应：Thuc. 8.1.1；雅典民众的贪婪和无知：Thuc. 6.24。

"变得节制"的盟邦：Thucydides 8.64.5。四百人政权试图出卖雅典的行为：Thucydides 8.90。五千人政权统治下雅典得到了"最好的统治"：Thucydides 8.97.2。

公元前411年反革命行动：Andrewes in Gomme 1981 (on Thuc. 8.45–97); Rhodes 1981/1993；Raaflaub 1992（意识形态后果）; Grigoriadou 2009; Shear 2011: 19–69。

公元前410年后的民主制修订：Shear 2011: 71。尼科马库斯受托修订法律：Todd 1996。

色诺芬对阿吉纽西事件的描述：*Hellenica* 1.7。

吕西阿斯（来自叙拉古的雅典外邦居住者）演讲20：Piovan 2011。

三十僭主：Krentz 1982; Piovan 2010（色诺芬）; cf. Bultrighini 1999（克里提亚斯）; Shear 2011: 166–87。处死泰拉蒙涅斯：Xenophon *Hell.* 2.3.15–36; cf. *Ath. Pol.* 28, 34.3（使用了"泰拉蒙涅斯"的话）。

公元前403年的大赦：Wolpert 2002; Carawan 2013。

第十章

亚里士多德笔下的公民：*Politics* 1275a22–3。民众控制法庭：

Ath. Pol. 9。

雅典的民主陪审制度：Cartledge, Millett & Todd eds. 1990。还可参考第七章尾注的其他文献。

民众与精英的参与：Ober 1989a。

关于政客安提丰就是诡辩家安提丰：Gagarin 2002；涉及孔雀的审讯：Cartledge 1990b。

派山德：Thucydides Book 8, *passim*, with A. Andrewes in Gomme 1981。

苏格拉底起诉书的条款：Diogenes Laertius *Lives of the Philosophers* 2.40。

具备完整文献的对苏格拉底审讯的探讨：Cartledge 2009a: ch. 6; add Ismard 2013。

埃斯基涅斯对苏格拉底获罪的回顾：*Against Timarchus*, sec. 173。

J. S. 密尔：Urbinati 2002。

斯东：Stone 1988.

雅典公诉：Hansen 1999。

关于德谟斯梯尼"金冠"演讲，参见 Yunis 2001 的评论，以及他 2005 年的译本。在我看来，Hammond & Griffith 1979 中 G. T. Griffith 的文字是对于德谟斯梯尼事业最好的现代描述。关于埃斯基涅斯的政治理念，参见 Harris 1995。

第十一章

身为研究者的亚里士多德：Huxley 1979；关于亚里士多德思想与实际城邦生活的关系，参见 Cartledge 2009b。

斯巴达的城邦发展：Cartledge 1980/2001；cf. Cartledge 1978/2001。

古代与现代的"混合政体"理论：Nippel 1980。详见第十五章。

斯巴达养育方式：Ducat 2006（相对于公共教育，此作品对于私人教育的量有些夸大）。

公元前432年的公民大会分组投票：Thucydides 1.87；cf. Plut. *Lycurgus* 26。

斯巴达长老议事会的初步审议：Plut. *Agis* 11。

《大瑞特拉》：Plutarch *Lycurgus* 6 中保存下来的残本，几乎可以确定，它源于已经湮灭的斯巴达人的亚里士多德式政体。

斯巴达的 eunomia 政体：Herodotus 1.65。斯巴达支持在海外建立寡头统治：Thuc. 1.19。

斯巴达宗教及宗教热情：Richer 2010。

公元前420年彼奥提亚人对斯巴达人的态度：Thuc. 5.31。

关于公元前404至前360年斯巴达、斯巴达社会和外交政策的方方面面，参见 Cartledge 1987。

《大王和约》/《安塔尔基达斯和约》：Xenophon *Hellenica* 4.4.1ff, 5.1.34。

色诺芬对公元前385年曼提尼亚解体的描述：*Hellenica* 5.2.1-7, 6.5.3–10。

色诺芬描述阿格西劳斯对实行民主制的弗利奥斯的态度：*Hell.* 5.2.8–10, 5.3.10–25；*Agesilaus* 2.23。色诺芬本人对寡头统治的弗利奥斯忠于斯巴达的态度的赞扬：*Hell.* 7.2。

公元前447至前382年底比斯和彼奥提亚联邦的寡头统治体制：*Hellenica Oxyrhynchia* ch. 22。

色诺芬对于斯巴达于公元前 382 年在底比斯违背《大王和约》誓言的评价：*Hell.* 5.4.1。

公元前 371 至前 362 年底比斯"霸权"：Buckler 1980。

公元前 378/377 年底比斯加入第二次提洛同盟：Harding 1985: no. 35。

公元前 384 年希俄斯岛与雅典结盟：Harding 1985, no. 31；希俄斯岛加入第二次雅典联盟：Harding 1985, no. 35。第二次雅典联盟概述：Cargill 1985。

公元前 4 世纪的民主制国家洛克里伊壁犀斐里：Del Monaco 2011。

马其顿国王腓力：Cawkwell 1978。

公元前 5 世纪 60 年代阿尔戈斯毁灭迈锡尼：Herodotus 6.83, 7.148；Thucydides 5.27, 38, 47。

新的阿尔戈斯考古发现：*SEG* 54 2004, entry no. 427；Kritzas 2003/2004, 2006；文化程度和民主制：Harvey 1966; Missiou 2011。

"苏格拉底"关于寡头城邦的分裂的观点：Plato *Rep.* 422。关于"哲学家国王"的必要性：Rep. 473。

乌托邦：Cartledge 1996b。

亚里士多德的"混合"政体观点：Yack 1993: ch. 7; Lockwood 2006。

民主制度下装模作样的驴子：Plato *Republic* 563。

第十二章

对吕库古事业的整体评价：Humphreys 1985；Wirth 1997；关于吕库古家庭和财产情况，Davies 1971, s.v.。关于"吕库古式"

雅典：Rhodes 2010a；Azoulay & Ismard eds. 2011。

公元前 480 至前 307 年大事记：Scott 2010: 269–88。

雅典的公共服务：Davies 1967；cf. 1971。

公元前 362 年曼提尼亚战役的结果：Xenophon *Hellenica* 7.5.27。

公元前 4 世纪 50 年代 Demos 的典型形象：Lawton 1995: ch. 2（将公元前 350 年之前不久 Demos 形象的出现及此后该形象的频繁使用，以及议事会形象的出现，解释为越来越高的专业化和民主制的自我意识的标志；雅典娜不再被认为是可以完全代表希腊的人物）。

公元前 346/345 年的雅典公民名册修订：Harding 1985: no. 85；Demosthenes speech 57。

关于国际局势（亚历山大大帝时代）：Mitchel 1965；Mossé 1973: 80–101；Bosworth 1988: 204–15；Habicht 1997: 6–35；Faraguna 2003；Hunt 2010。

科林斯同盟：G.T. Griffith in Hammond & Griffith 1979。

公元前 336 年的《僭政法》：Harding 1985: no. 101；Rhodes & Osborne 2004: no. 79；Blanshard 2004；Teegarden 2014。

关于吕库古认真学习柏拉图的政治哲学：Allen 2010。

吕库古及雅典公共财政：Burke 1985。雅典谷物供给情况（*Ath. Pol.* ch. 51）：Garnsey 1988。公元前 4 世纪 20 年代早期的问题：Harding 1985: no. 116；Rhodes & Osborne 2003: no. 96（公元前 331 至前 324 年，昔兰尼免费提供谷物）。

"隐藏"经济：Engen 2011；cf. Engen 2010。

腓尼基人和埃及人得到许可，可以分别拜祭阿施塔特女神和伊西斯女神：Rhodes & Osborne 2003: no. 91。

自愿捐助：Rhodes & Osborne 2003: no. 94。

关于《反列奥克拉特》：Allen 2000；Whitehead 2006。引用的提尔泰奥斯的内容在第 21 节。

埃费比名单：*Ath. Pol.* 42；Harding 1985: no. 109。

埃费比誓言：Lycurgus, Against Leocrates 76。后来的文献：*Plutarch Alcibiades* 15.7；Pollux Onomasticon 8.105；cf. Kellogg 2013。

阿卡奈石碑：Cartledge 2013（也可参见第一章）。

小规模泛雅典娜节的改动：Rhodes & Osborne 2003: no. 81。

普拉提亚的欧德莫斯的馈赠：Rhodes & Osborne 2003: no. 94。

吕库古与阿提卡悲剧：Plutarch Mor. 841d；with Hanink 2014, e.g., ch. 3（'Site of change, site of memory: the "Lycurgan" Theatre of Dionysus'）；吕库古与宗教关系概述：Parker 1996: 242–55；Mikalson 1998: 11–45。

对于私人捐赠的公共奖励：*IG* ii.2 1147（部落为资助戏剧行为提供的奖励）；IG ii.2 1187（厄琉西斯民区奖励将军 Dercylus of Hagnous 一顶价值 500 德拉克马的头冠，以奖励此人资助不是他所属民区而可能是他居住的民区的男孩的教育）。

为公共服务付款与担任公职之间的关系：Arist. *Politics* 1321a31–42；with Ste. Croix 1981: 305–6。

哈帕卢斯事件：Badian 1961；www.pothos.org/content/index.php?page=harpalus。

对抗安提帕特的"希腊战争"：Ferguson 1911。

阿吉斯三世的反抗：Badian 1967；Ste. Croix 1972: 376–8；countered by Badian 1994；see also Cartledge in Cartledge & Spawforth 2002。

公元前 321 年损失的雅典公民人数：Diodorus 18.18.5（2.2 万

人); Plutarch Phocion 28.7（1.2万人); with Hansen 1985（作者认同狄奥多罗斯先前提出的总数3.1万人)。

第十三章

主张公元前403年之后存在定性差异: Hansen 1989c; see also Hansen 1983: ch. 13; cf. chs 11–12; 1999: ch. 13。公正的评论: Rhodes 1980。

在"完成"与"衰败"之间做出选择: Eder ed. 1995。

关于雅典何时首次成为"德谟克拉提亚"的辩论: Raaflaub et al. (including Cartledge) 2007。

"第一人"伯里克利: Thuc. 2.65;"伯里克利"在葬礼演说中使用"德谟克拉提亚"一词: Thuc. 2.37。修昔底德对"五千人政权"的观点: Thuc. 2.65。

反对违宪提案的令状: Todd 1993。阿里斯托丰: Aeschines 3.194, with Whitehead 1986。

第十一次变革: *Ath. Pol.* 41。

法典编纂: Lysias 30 (Against Nicomachus) with Todd 1993: ch. 14; 1996。

"祖制": Finley 1971/1986; 归功于梭伦: Mossé 1979/2004。

"法治": Sealey 1987。"法律主权": Ostwald 1986: esp. ch. 2。陪审法庭的"主权": Hansen 1974。反"主权": Pasquino 2010。demos 的统治: *Ath. Pol.* 41.2（通过法令和法庭裁决)。

雅典公民人口统计: Hansen 1985。参与情况: Sinclair 1988。

普尼克斯山公民大会场地的扩建: Rotroff 1996。

内乱: Gehrke 1985。

"希腊城市的危机"？：Welskopf ed. 1974；reviewed by R. Browning, *Philologus* 120 (1976)。

"进化上的死胡同"：Runciman 1990。对比观点可参见 Jones 1940。

公元前 4 世纪"失败"？ Saunders 1969: 25。对比观点：Rhodes 2011b；根据 Rhodes 2012: 111，"公元前 4 世纪，雅典并没有什么太重大的过错"。

第十四章

A. H. M. 琼斯对晚期罗马帝国的描述：Jones 1964b；对雅典式民主制的描述：Jones 1957。文中引用的内容：Jones 1963/1974。

A. H. M. 琼斯对希腊化时代的描述：Jones 1964a; cf. Cartledge 1997b。

"继业者"王国：Romm 2011；Waterfield 2011。

德罗伊森：Momigliano 1970；Nippel 2008b。

"后古典时代雅典城邦的复兴"：P. Rhodes ZSS 129 (2012) 676–82, at 682, reviewing Carlsson 2010; cf. Gauthier 1984; Dmitriev 2005: Part I; Fröhlich & Müller eds. 2005; Mann & Scholz eds. 2011; Giannokopoulos 2012。

亚历山大在以弗所推行民主制度：Arrian *Anabasis* 1.17。

在各个城邦推行民主制的宣言：Arrian *Anab.* 1.18。

公元前 332 年？希俄斯岛收到的诏书：Austin 2006: no 6; Rhodes & Osborne 2003: no. 84。

公元前 324 年？的泰耶阿流放者返回：Harding 1985: no. 124。

利西马其亚城的民主制：Burstein 1985: no. 22, line 8。塞

琉古王朝"很想推翻实行民主制度的诸城邦",公元前278年：Memnon *ap.* Burstein 1985: no. 16 (sec.11, line 4) and n.5。在米利都"恢复"民主制,公元前313年：Burstein 1985: no. 25.4。希腊化时代德尔斐实行（温和的）民主制：Gauthier 2011: ch. 16; cf. chs 14–15。

"希腊人的自由"口号：Austin 2006: nos. 32, 169, 170; cf. Dmitriev 2011。

《在一些东部希腊城邦中的自由、独立和政治程序》：Carlsson 2010。

公元前155年的克森尼索：Burstein 1985: no. 77（克森尼索与本都国王法纳西斯一世签订和约), line 24。早期民主制：Hind 1998: 150–2。

厄里特莱支持弑僭行动的法令：*SIG* ed. 3, 284; with Ma 2009 (quotation from p. 250); Teegarden 2014: ch. 5。

斯特拉波关于罗得岛的评论：*Geography* 14.2.5 = Austin 2006: no. 110。海军贵族：Gabrielsen 1997; see further O'Neil 1981; Berthold 1984; Wiemer 2002（但是需要注意 A. Moreno *BMCR* 2003.10.17 的反对观点); cf. Fraser 1977（可表明跨族群文化交流的葬礼纪念碑）。

亚该亚同盟：Polybius *History* 2.37–8 = Austin 2006: no. 67; 4.26 = Austin 2006: no. 2; 22.7–10, 20 = Austin 2006: no. 240b; 23.5, 28.3, 29.23–5; Livy 31.25, 32.19–23, 38.30; Plutarch *Aratus* 24; Austin 2006: no. 157。

埃托利亚同盟：Polybius 2.3, 20.9–10, 21.1–3, Livy 35.34–5, 45.28。

拉尔森对联邦制的观点：Larsen 1955, 1968; 对联邦民主制的观点：Larsen 1945。But see Beck & Funke eds. 2015.

波利比乌斯对亚该亚同盟的看法：Polybius 2.37.7–38.9。F. W. Walbank 关于波利比乌斯的三卷本历史评论 Historical Commentary on Polybius（1957、1967、1979）仍旧是不可或缺的；他的著作也是关于这位历史学家最好的简要研究著作：Walbank 1973。详见第十五章第一节。

科尔基达斯：Tarn 1923；Tarn & Griffith 1952: esp. 119–25。

希腊化时代的斯巴达：Cartledge in Cartledge & Spawforth 2002。

基那敦阴谋：Cartledge 1987。

克列奥蒙尼三世的"革命"：Cartledge in Cartledge & Spawforth 2002: ch. 4；Cartledge 2009b。

纳比斯：Cartledge in Cartledge & Spawforth 2002: ch. 6。

公元前287年，雅典民主制恢复：Rhodes apud Lewis 1997: esp. 35–61, at 47; see further Index p. 638 s.v. democracy。

罗兹对"民主"的定义：Rhodes 2006: 38。结尾：Rhodes 2006: 42。反面观点：Dreyer 1999。

福基翁和法勒鲁姆的德米特里：Maddox 1982；Fortenbaugh & Schütrumpf eds. 2000。

马其顿的德米特里：Plutarch, Life of Demetrius（菲里皮德斯的嘲讽：第26章）；德米特里也因住在帕特农神庙内而引发丑闻。

米南德的《英雄》中的债务奴隶：Ste. Croix 1981: 163。米南德的喜剧可作为希腊化时代雅典民主文化的依据：Lape 2004。

斯法托斯民区的卡利阿斯的法令，公元前270/269年：Burstein 1985: no. 55；Austin 2006: no. 55。

纪念西库昂的尤弗伦的运动，公元前318/317年：Austin 2006: no. 32, p. 75 n. 4。从法勒鲁姆的德米特里的统治下"解放"，公元前 307 年：Austin 2006: no. 42。See further Austin 2006: 611, index s.v. democracy。

民主制的崩溃：Habicht 1997: ch. 3。

罗马推行寡头统治：Ste. Croix 1981: 526 & 660 nn.5–6; cf. Ferguson 1911: 440–59; Habicht 1997。

"自由的"希腊化时代城邦：Grieb 2008。持久性及衰败：Van der Vliet 2012。贬值及退化：Ste. Croix 1981: 321–3。

第十五章

罗马共和"政体"：Lintott 1999; North 2006。罗马共和国末期以后的罗马"政体思想"：Straumann 2015。

波利比乌斯承认爱国主义情绪：Polybius 16.14.6ff。关于波利比乌斯的著作，还可参见第十四章。有一份非常好的由 R. Waterfield 翻译的"牛津世界经典"译本，且附有由 B. McGing 撰写的序文，后者是 *Polybius*, 2010 的作者。

并非第一个"通史"历史学家：Polybius 5.33.2；但是多亏了 *symploke* (1.4.11)，他的著作是第一部真正的通史：3.32。

"希腊人的自由"宣言：Dmitriev 2011。

菲洛皮门的颂词：Polyb. 10.21.1–24.7；西庇阿的颂词：Polyb. 10.2–3; with Champion 2004; Sommer 2013。

"混乱与剧变"：Polyb. 3.4.13; cf. Xenophon *Hellenica* 7.5.27。

波利比乌斯关于如何书写历史的观点：esp. Polyb. 12.25。"实用的"历史：Polyb. 12.9.1–2。

罗马的崛起不仅仅是偶然的：Polyb. 1.63。

"布丁"和"跷跷板"的比喻：Walbank 1969 (review of Aalders

1968); cf. Nippel 1980; Hansen 2010a。

波利比乌斯与希腊式的政体分析方式：Sommer 2013；cf. Welwei 2002。

公民诉讼公职人员：Livy 1.26, 2.8, Cicero *de re publica* 2.31。

保民官：cf. Livy 2.32–3。

公民大会和平民会议的集体投票：Staveley 1972。

罗马支持在希腊城邦中建立寡头统治：Briscoe 1967/1974；Ste. Croix 1981: App. IV；对"罗马势力的到来"的概述，Gruen 1986。

波利比乌斯对宗教敬畏的观点：Polyb. 6.56；对暴民统治的观点：Polyb. 6.4.6，57.9。

修昔底德对海军兵士或是暴民的观点：Thucydides 8.72。柏拉图对旁观者统治的观点：Laws 701a。

塔西佗对"混合政体"理论的观点的概述：*Annals* 4.32–3。

米勒的引文：Millar 2002a: 180。See also Millar 1984a, 1986, 1989, 1995。

支持米勒观点的作品：Walbank 1995: 222；Yakobson 1999。

民主制辩论：North 1990, 2002, cf. 2009；Jehne ed. 1995；Mouritsen 2001: esp. 144–8；Tatum 2009；Hölkeskamp 2010, 2011；Hurlet 2012。Hammer ed. 2014 出书较晚，未及参考。

亚里士多德对于城邦规模的观点：*Pol.* 7.4, 1326a37–8。

希腊"煽动者"：Finley 1985；Mann 2007；Lane 2012。还可参见第七章。

西塞罗的自由人：de re p. 1.42–9, 53, 55, 69; cf. 66–8——后者是 Plato *Rep.* 562aff 的部分意译；civitas popularis：1.42；with Ste. Croix 1981: 322。还可参见 Marshall 1997；Nicolet ed. 1983；

Kharkhordin 2010。

罗马"暴民"：Brunt 1966/1974: esp. 76–80。罗马公民大会及暴力行为：David 2013; cf. Vanderbroeck 1987; Osborne 2009a: 114–18。

罗马人的生活条件：Yavetz 1958/1969。

第十六章

约瑟夫斯称罗马共和国是"德谟克拉提亚"：Ant. Jud. 19.162, 187。

"德谟克拉提亚"的贬值：Ste. Croix 1981: 32。

尤利乌斯·恺撒：Stevenson 2014; cf. Weinstock 1971。

基本的消防人员和警备力量：Yavetz 1958/1969。

"掌控"：Fronto, Princ. Hist. 210 H.；"远不仅仅是福利计划"：Brennan 1990/2000: 48。

高卢王子的题词：Ehrenberg-Jones 1976: no. 166 (9/8 BC)。

塔西佗：Syme 1958; Woodman ed. 2010 (includes Cartledge 'Gibbon's Tacitus')；比较塔西佗和孟德斯鸠，cf. Hammer 2009: esp. ch. 4。

塔西佗对奥古斯都的保民官权力的评论：*Annals* 3.24。

《行述》：Cooley 2009。

奥古斯都两次"考虑过"要恢复共和制：Suetonius Aug. 28。奥古斯都实际上控制了整个罗马帝国：*Aug.* 101。

苏埃托尼乌斯对奥古斯都被授予"祖国之父"头衔的看法：Aug. 58.2。

吉本对奥古斯都的评论：*Decline and Fall of the Roman Empire* vol.

I (1776)。

韦帕芗皇帝法: Lewis & Reinhold 1990: 11–13。

塔西佗对在涅尔瓦在位时元首制和自由的结合的观点: *Agricola* ch. 3。

普鲁塔克和历史: Pelling 2002。普鲁塔克的《治国之道》: Jones 1971: 114; cf. Cartledge 2009b: ch. 10。

安东尼时代的文学成就: Whitmarsh 2004: 250 (my italics)。

埃利乌斯·阿里斯提德的《致罗马》: Ste. Croix 1981: 323 with 615 n.54, 386; Harris ed. 2009。

克劳狄乌斯对于允许高卢人进入元老院的观点，公元 47/48 年: Tacitus *Annals* 11.23–25。

《安东尼努斯敕令》: Sherwin-White 1973。

拜占庭帝国早期民主制的衰退: Ste. Croix 1981: 300–326, esp. 321–3, 326, with Appendix IV (518–537); 用于指代"暴乱"的"德谟克拉提亚": John Malalas *Chronographia* Book 18; cf. Watts 2010 (focused on the Alexandria riot of 485) (这部作品关注的是公元 485 年发生在亚历山大里亚的暴乱)。

第十七章

概述: Skinner 1992; Wood 2008 ch. 4。

"归恺撒": *Matthew* 22.15–22, *Mark* 12.13–17, *Luke* 20.20–26。

"掌权的": Paul *Romans* 13.1–6。

公元 11 世纪的复兴: Jones 1997。

犯时代错误的民主制讨论: Skinner 1992: 59。

但丁对亚里士多德的评论: *Inferno*, 4.31。

城邦的出现：雅典、罗马与佛罗伦萨、威尼斯的比较：Molho, Raaflaub & Emlen eds. 1991；Davidson 1981（威尼斯）。Wood 2008: 195（与希腊城邦进行对比）; cf. Burns ed. 1988: index s.v. 'Democracy, in mixed constitution; see also People/populus'。

"在希腊城邦时代，没有……的对应事物"：Runciman 2009: 199.

卢卡的托勒密：Blythe 1997（'period of the populo', Intro., p. 10）。帕多瓦的马西利乌斯：Skinner 1978: I. 49–65；Nederman 1995；Garnett 2006。

《大宪章》: Holt 1992。"深藏"：Breay 2007：8。《大宪章》研究博客：http://magnacartaresearch.blogspot.co.uk。

《阿布罗斯宣言》：McDonald-Lewis 2009（但是副标题中的"民主制"很是不合时宜）。

"文艺复兴"：Aston 1996；Goody 2009。

安布罗吉奥·洛伦泽蒂的《好政府和坏政府的寓言》湿壁画：Skinner 1999。

拉丁语不再是一种母语：Sanson 2011: 32。

主权：Nippel 2008a; reviewed by B. Straumann *Bryn Mawr Classical Review* 2008.10.31; cf. Straumann 2015。

"马基亚维利式民主制"：McCormick 2011: 204 n.11。马基亚维利的现实主义，可参见 Maloy 2013: 168–70，关于马基亚维利与亚里士多德的比较：Pasquino 2009；Maloy 2013: 103。

文艺复兴时期的公民人文主义：Peltonen 1995；Hankins ed. 2004。关于古代"共和主义"和现代"共和主义"：Koenigsberger ed. 1988；Nippel 1988；Rahe 1992；Nippel 1994。并非一种希腊传

统，pace Nelson 2004。

利普修斯的《论政治》: Östreich 1989; Brooke 2012。

"塔西佗主义": Cartledge 2010。

公民权利: Brett 2003。

第十八章

"英国革命": Hill 1991。意想不到之事: Morgan 1988: 306。

英国内战与奥利弗·克伦威尔: Worden 2009, 2012; Rollison 2010。海军方面的情况: Scott 2011。

"共和制"讨论的公民人文主义传统，1570 至 1640 年: Peltonen 1995。

"普特尼讨论会"（也称为平等派讨论会）: Sharp ed. 1998; Robertson ed. 2007; Mortimer 2015。Caryl Churchill 在 1976 年的戏剧 *Light Shining on Buckinghamshire*（2015 年重演，配合《大宪章》800 年纪念日），使用了讨论会中的原话。Wootton 1992: 75 称平等派"几乎就是民主人士"。

掘土派；以及温斯坦利的作品: Corns et al. eds. 2010。

雷恩巴勒: quoted Ste. Croix 1981: 441。

哈林顿: Rawson 1969/1991: 192。

弥尔顿和尼德汉姆: Worden 2007。还可参见 Scott 2011: ch. 4。

麦考利对弥尔顿的评价: quoted in the *Encyclopaedia Britannica* vol. 7, 1959, s.v. democracy p. 181; cf. Hammond 2014。弥尔顿与共和主义: Armitage et al. eds. 1995。

引自霍布斯的自传的引文: see Ste. Croix 1972: 25–28。See also Skinner 1978, 2008; Berent 1996; Nelson ed. 2008; Hoekstra

2012.

霍布斯的《利维坦》：引文来自 p. 150 of R. Tuck's 1996 Cambridge edition; pp. 267–8 of the Penguin edition by C. B. Macpherson；但是第一个给予正确评价的是 Noel Malcolm (Oxford, 2012) 的评价；霍布斯出版了一部拉丁文版本，约 1668 年。

霍布斯是原民主主义者：Tuck 2006。

霍布斯的主权：Skinner 2008。

1688 年的"革命"引入了一种新的政体：Pincus 2009。

孟德斯鸠对雅典的评价：Azoulay 2014: 178；cf. Nelson 2004。

洛克的《政府论》: ed. P. Laslett (Cambridge, 1988); cf. http://plato.stanford.edu/entries/locke-political/。

洛克的消极的认同：Dunn 1969。

孟德斯鸠的"三权分立"观点：Rahe 2009。

现代混合政体理论：Hansen 2010。

卢梭将雅典和斯巴达进行比较：Cartledge 1999b；MacGregor Morris 2004；Shklar 2006。

伏尔泰观点的概述：Davidson 2012；伏尔泰对奢靡的观点：*Dictionnaire Philosophique* (1764) s.v. 'luxe'。

伊奥西奥斯·莫伊西奥达：Kitromilides 2006: 51。

关于法国大革命和历史编纂：Vidal-Naquet 1995: ch. 5；Hartog 2003: 185–95。关于法国大革命和古代概述：Parker 1937；Mossé 1989；Hartog 1993; cf. Nippel 2005: 264–9。关于民主制与法国大革命：B. Fontana in Dunn ed. 1992: ch. 7；Vidal-Naquet 1995: ch. 4 (with N. Loraux)。关于 1750 至 1850 年法国、美国、英国和爱尔兰民主制度变化的意义、内涵及关联：Innes & Philp eds. 2013。

孔多塞：Garlan 2000。

科尼利厄斯·德·鲍的《对希腊人的哲学研究》（巴黎，1788）：Roberts 1994: 171-3; cf. Mossé 1979/2004。

"民主启蒙"与斯宾诺莎：Israel 2011 (1152 pages); 2014 (870 pages)。对比观点：Furet 1981。

谢瓦利埃·德·若古的 entry s.v. 'Démocratie' in the *Encyclopédie*：Lough ed. 1971: 280。

1794 年 2 月的公共安全委员会报告：quoted in Dunn 2005: 116。

罗伯斯庇尔：Scurr 2006; McPhee 2012。"恐怖"：Wahnich 2012。

圣茹斯特：Williams 1991/1995。

巴贝夫的宣言：Courtois et al. eds. 2012。

雅克-路易·大卫的《列奥尼达在温泉关》：Rawson 1969/1991: facing 286。

邓恩提出的中肯问题：Dunn 2005: 150。

贡斯当的演讲（有意作为一本著作的前言），1819 年：Fontamara ed. 1988; cf. Rosenblatt ed. 2009。

以赛亚·伯林的"两个概念"：Berlin 1958。

沃尔涅：Volney 1811。

马克思与亚里士多德：第二章，参见上文。马克思与世界文学：Prawer 1976。马克思对雅典民主随后的概念化的影响：Marcaccini 2012。

第十九章

美国学者：Nelson 2004。美国开国元勋与古典学：Reinhold ed. 1984; Richard 1994; Nippel 2005: 260-4。

美国革命中的罗马共和国：Sellers 2014。

联邦文件：ed. J. R. Pole (Indianapolis, 2005); see also Wootton ed. 2003。线上：http://thomas.loc.gov/home/histdox/fedpapers.html。

《独立宣言》：Allen 2014；关于宪法最终编纂成功以及——关键的是——书写成文，参见 Bodenhamer 2012。

变弱的启蒙运动和上升的民主制历史，参见 Wood 2009。1789 至 1799 年"民主"这个词：Palmer 1953; cf. Palmer 1959–1964/2014; Cotlar 2013; Dupuis-Déri 2013。

党派已经不再有用？：Guldi & Armitage 2014: 4。

古希腊民主制与奴隶制：Finley 1959/1981; Cartledge 1993。

托克维尔观点概述：Brogan 2007; Wolin 2001; Mansfield 2010; Ryan 2012: ch. 20; Jaume 2013; Runciman 2013: ch. 1; cf. Holmes 2009。

托克维尔的美国之行：Pierson 1938; Zunz ed. 2011; and Peter Carey's 2010 novel, *Parrot and Olivier in America*。

《论美国的民主》：1-volume translation, ed. H. Mansfield and D. Winthrop (Chicago, 2000; repr. Folio Society, London, 2002); see also Bevan 2003。关于民主制：Manent 2007。

托克维尔没有探讨国会：criticized by, e.g., Brogan 2007。托克维尔没有"理解"美国：G. Wills, *New York Review of Books*, 29 April 2004。

在葛底斯堡的林肯：Wills 1992。

第二十章

爱德华·汤普森对潘恩《理性时代》的评价：Thompson

1968: 106–7。

潘恩与社会民主制：Stedman Jones 2004。

潘恩提倡代议制民主：Philp 2011; cf. 1989。关于代议制政府：Manin 1997。

格罗特的《希腊史》：see Grote 2000（仅挑选了从梭伦起至公元前403年的雅典历史），with new introduction by Cartledge；格罗特全部作品概述，参见 Demetriou ed. 2014。

潘恩与西哀士的辩论：Sieyès 2003。

格罗特生活的时代背景：Ceserani 2011。

1832年《改革法案》：Brock 1973。"哲学激进派"：Thomas 1979。"大众抗争"：Tilly 1995。围绕着民主制的辩论：Demetriou 1996/2011。

关于格罗特及对此人的评价：Demetriou 1996/2011; ed. 2003: vols 1–2（其中包含约翰·格罗特对理查德·施莱托的回应）；Turner 1981: 187–234。

格罗特的历史编纂学：Momigliano 1952/1994。格罗特对古雅典民主制的重新评估：Roberts 1994: 233–51; Demetriou 1999。

关于布尔沃·利顿未完成的《雅典的崛起与衰落》(*Athens. Its Rise and Fall*, 1837), 参见 O. Murray's introduction to Lytton 2004。

如需了解瑟尔沃尔（两卷本，1835—1844年，第二版1845—1852年），参见 P. Liddel's 2007 selection（有一个很有用的附录，第235—253页，将瑟尔沃尔与格罗特进行比较）。

格罗特的第67章被 Momigliano 1952/1994: 20 赞扬是他"在希腊思想的重大发现"。

密尔对格罗特的评价在 Mill 1978 中重新出版。关于密尔和古代，参见 Irwin 1998；Urbinati 2002，with her reply to critics in *BMCR* 2003.06.51。关于密尔和代表民主制：Harlow 1985；cf. Rosen 1983 (Bentham)。

密尔对"雅典的多数群体"的评论被 Finley 1962/1985 适当引用；cf. Cartledge 2013。

古雅典民主制可作为原型：Euben et al. eds. 1994。从历史角度来看待 1750 至 1990 年对雅典民主制的反应：Hansen 1992；cf. Dunn 2003。

后记

'Get Real'：Glaser 2012: 203.

"我们人民"：Wood 1995。

我们与古希腊民主制的关系：Hansen 2005；Wagner 2013: 63。

瑞士的州民大会：Hansen 1983: 207–29；Fossedal 2001。

"寡头政治铁律"：Michels 1915 (translated into French, 2015)。

"雅典民主制性质"：Ober 1989b。

我们摒弃的民主理念：Dunn 1993；Skocpol 2003；Ringen 2007；Wolin 2008；Mair 2009；Badiou 2012；Zarka ed. 2012。古雅典民主制的"神话"：Haarmann 2013。

芬利的《古代与现代民主制》：Cartledge 2013。

"西方思想中的反民主传统"：Roberts 1994。

"普通人的决定"：Forrest 1966: 16；cf. Woodruff 2005。

芬利反驳柏拉图：Finley 1977: 87。

Hansen 1989a。主要从 Liddel 2007（专注于公元前 355 至前 317 年的雅典）得到支持。

我们是否能够从古雅典民主制中汲取经验？Ober 1989; with Kallet-Marx 1994; Ober 2009; cf. Manville & Ober 2003。民主知识：Ober 2008a。

民主制全球化：Archibugi 2004, 2008, Archibugi et al. 2011。

关于数字权利的全球请愿书：由562位作家发起的递交联合国的请愿书，这些作家认为"民主制的根基是保证个人不可侵犯的完整性"，该请愿书于2013年12月10日（世界人权日）签署，参见 www.change.org/petitions/a-stand-for-democracy-in-the-digital-age-3。Cf. D-CENT，"这是一个为直接民主和经济赋权创造带有隐私意识的工具和应用程序的欧洲范围的项目。与市民和开发人员一起，我们正在为大规模合作和决策……创建一个去中心化的社交网络平台……以欧洲在芬兰、冰岛和西班牙进行的最新的直接民主试验为基础"。

丹麦的学术观点：Marcus Schmidt's *Direkte Demokrati I Danmark—Om indførelse af et elektronisk andetkammer*(1993); cf. Hansen 2005: 54–5。

冰岛政体试验：Landemore 2015; cf. Aitamurto 2012（芬兰民众参与政治）。

随机抽选：Barnett & Carty 1998; cf. www.imprint.co.uk/books/sortition.html。

提倡复兴的民主制：Barber 1984/2004; Euben et al. 1994; Fishkin 2009。

古希腊没有谈论过"权利"：Ostwald 1996/2004。

《他们不能代表我们》：Sitrin & Azellini 2014; cf. Ogien & Laugier 2015。Quotation from Lummins 1996。

"9·11"事件的影响：Vlassopoulos 2009: esp. 144; cf. Buruma 2009。

"彻底地说明"：Gulder & Armitage 2014: 75-6："国际政府的悠久历史甚至可以证明，除了我们自己的政治体系，还存在着替代体系，而这些替代体系又可以更彻底地说明民主制理念。"这段注言，还可参见 Dunn 2014（我们一定要为打破民主制魔咒而做好准备）；Meckstroth 2015（民主变革的斗争拥有漫长的历史）。

参考书目及进一步阅读

Aalders, G.J.D. 1968. *Die Theorie der gemischten Verfassung in Altertum*. Amsterdam.

Abdel-Nour, F. & B. L. Cook. 2014. 'As If They Could Be Brought to Account: How Athenians Managed the Political Unaccountability of Citizens'. *History of Political Thought* 35.3: 436–57.

Aitamurto, T. 2012. *Crowdsourcing for Democracy: New Era in Policy-Making*. Helsinki.

Allen, D. S. 2000. 'Changing the Authoritative Voice: Lycurgus' *Against Leocrates*'. *Classical Antiquity* 19: 5–33.

Allen, D. S. 2010. *Why Plato Wrote* (Blackwell Bristol Lectures on Greece, Rome and the Classical Tradition). Chichester & Malden, MA.

Allen, D. S. 2014. *Our Declaration: A Reading of the Declaration of Independence in Defense of Equality*. New York.

Anderson, G. 2003. *The Athenian Experiment: Building an Imagined Political Community in Ancient Attica, 508–490 B.C*. Ann Arbor.

Anderson, G. 2007. 'Why the Athenians Forgot Cleisthenes: Literacy and the Politics of Remembrance in Ancient Athens', in C. Cooper ed. *Politics of Orality* (Orality and Literacy in Ancient Greece vol. 6). Leiden: 103–27.

Anderson, G. 2009. 'The Personality of the State'. *Journal of Hellenic Studies* 129: 1–23.

Andrewes, A. 1938. 'Eunomia'. *Classical Quarterly* 32: 89–102.

Andrewes, A. 1956. *The Greek Tyrants*. London.

Andrewes, A. 1966. 'The Government of Classical Sparta', in Badian ed. 1966: 1–20.

Andrewes, A. 1977. 'Kleisthenes' Reform Bill'. *Classical Quarterly* n.s. 27: 241–8.

Apfel, L. 2011. *The Advent of Pluralism: Diversity and Conflict in the Age of Sophocles*. Oxford & New York.

Archibugi, D. 2004. 'Cosmopolitan Democracy and Its Critics: A Review'. *European*

Journal of International Relations 10.3: 437–73.

Archibugi, D. 2008. *The Global Commonwealth of Citizens: Toward Cosmopolitan Democracy*. Princeton.

Archibugi, D. et al. 2011. *Global Democracy: Normative and Empirical Perspectives*. Cambridge.

Armitage, D., A. Himy, & Q. Skinner eds. 1995. *Milton and Republicanism*. Cambridge.

Arnason, J., K. Raaflaub, & P. Wagner 2013 eds. *The Greek Polis and the Invention of Democracy: A Politico-Cultural Transformation and Its Interpretation*. Malden, MA, Oxford, and Chichester.

Asmonti, L. 2014. *Athenian Democracy: A Sourcebook*. London.

Aston, M. 1996. *The Renaissance Complete*. London & New York.

Austin, M. M. 2006. *The Hellenistic World from Alexander to the Roman Conquest*, 2nd edn. Cambridge.

Azoulay, V. 2010/2014. *Périclès: la démocratie athénienne à l'épreuve du grand homme*. Paris (English translation by J. Lloyd, with foreword by P. Cartledge, Princeton).

Azoulay, V. 2014. *Les Tyrannicides d'Athènes: vie et mort de deux statues*. Paris.

Azoulay, V., & P. Ismard 2011. eds. *Clisthène et Lycurgue d'Athènes: autour du politique dans la cité classique*. Paris.

Badian, E. 1961. 'Harpalus'. *Journal of Hellenic Studies* 81: 15–43.

Badian, E. 1967. 'Agis III'. *Hermes* 95: 170–92.

Badian, E. 1994. 'Agis III: Revisions and Reflections', in I. Worthington ed. *Ventures Into Greek History*. Oxford: 272–7.

Badian, E. ed. 1966. *Ancient Society and Institutions: Studies Presented to Victor Ehrenberg on his 75th Birthday*. Oxford.

Badiou, A. 2012. *Polemics*. London.

Balot, R. 2006. *Greek Political Thought*. Oxford.

Balot, R. 2009. ed. *A Companion to Greek and Roman Political Thought*. Malden, MA.

Banning, L. 1996. *The Sacred Fire of Liberty: James Madison and the Founding of the Federal Republic*. Ithaca, NY.

Barber, B. 1984/2004. *Strong Democracy: Participatory politics for a new age*. Berkeley.

Barnett, A., & P. Carty. 1998. *The Athenian Option*. Exeter.

Beck, H. 2013. ed. *A Companion to Ancient Greek Government*. Malden, MA.

Beck, H., & P. Funke eds. 2015. *Federalism in Antiquity*. Cambridge.

Bell, D. 2015. *The China Model: Political Meritocracy and the Limits of Democracy*. Princeton.

Berent, M. 1994. 'The Stateless Polis. Towards a Re-Evaluation of the Classical Greek Political Community'. Unpublished Cambridge PhD diss.

Berent, M. 1996. 'Hobbes and the "Greek Tongues"'. *History of Political Thought* 17: 36–59.

Berent, M. 1998. '*Stasis*, or the Greek Invention of Politics'. *History of Political Thought* 19.3: 331–62.

Berent, M. 2000. 'Anthropology and the Classics: War, Violence and the Stateless Polis'. *Classical Quarterly* n.s. 50: 257–89.

Berent, M. 2004. 'In Search of the Greek State: A Rejoinder to M. H. Hansen [sc. Hansen 2002]'. *POLIS* 21: 107–46.

Berger, S. 1992. *Revolution and Society in Greek Sicily and Southern Italy*. Stuttgart.

Berlin, I. 1958. *Two Concepts of Liberty*. Oxford.

Berthold, R. M. 1984. *Rhodes in the Hellenistic Age*. Ithaca, NY.

Bettini, M. 2011/2000 '*Mos, Mores* and *Mos Maiorum*: The Invention of Morality in Roman Culture', in *The Ears of Hermes: Communication, Images, and Identity in the Classical World*, trans. W. M. Short. Columbus, OH: 87–130.

Bevan, G. trans. 2003. *Democracy in America and Two Essays on America, by Alexis de Tocqueville*. London.

Birgalias, N. 2009a. *Apo ten koinonike sten politike pleionopsephia. To stadhio tes Isonomias—Politeiakes metaboles ston arkhaio elleniko kosmo 550–479 pro Khristou*. Athens.

Birgalias, N. 2009b. 'Organisation and Competencies of Magistrates of the Athenian State Down to the End of the Classical Period', in M. Lagogianni-Georgakarakos & K. Buraselis eds. *Athenian Democracy Speaking Through Its Inscriptions*. Epigraphic Museum, Athens: 25–33.

Blanshard, A. 2004a. 'Depicting Democracy: An Exploration of Art and Text in the Law of Eukrates'. *Journal of Hellenic Studies* 124: 1–15.

Blanshard, A. 2004b. 'What Counts as the Demos? Some Notes on the Relationship Between the Jury and "the People" in Classical Athens'. *Phoenix* 58: 28–48.

Blok, J. 2009. 'Perikles' Citizenship Law: A New Perspective'. *Historia* 58.2: 141–70.

Blythe, J. M. trans. 1997. *Ptolemy of Lucca On the Government of Rulers* (*de Regimine Principum*). Philadelphia.

Bodenhamer, D. 2012. *We the People. The Revolutionary Constitution*. New York.

Boedeker, D., & K. Raaflaub eds. 1998. *Democracy, Empire and the Arts in Fifth-Century Athens*. Washington, DC.

Boedeker, D., & K. Raaflaub. 2009. 'Tragedy and City', in R. Bushnell ed. *A Companion to Tragedy*. Malden, MA: 109–27.

Boegehold, A. L. et al. 1995. *The Lawcourts at Athens: Sites, Buildings, Equipment, Procedure, and Testimonia* (Athenian Agora vol. XXVIII). Princeton.

Boegehold, A. L., & A. Scafuro eds. 1994. *Athenian Identity and Civic Ideology*. Baltimore.

Boersma, J. S. 1970. *Athenian Building Policy from 561/0 to 405/4 B.C.* Groningen.

Bordes, J. 1982. *Politeia dans la pensée grecque jusqu'à Aristote*. Paris.

Bosworth, A. B. 1988. *Conquest and Empire: The Reign of Alexander the Great*. Cambridge.

Breay, C. 2007. *Magna Carta: Treasures in Focus*. London.

Breaugh, M. 2007. *L'expérience plébéienne. Une histoire discontinue de la liberté politique*. Paris.

Breen, T. H. 2004. 'Ordinary Founders: Forgotten Men and Women of the American Revolution', *Times Literary Supplement*, 8 May.

Brennan, T. C. 1990/2000. '*Principes* and *Plebs*: Nerva's Reign as Turning-Point?' *American Journal of Ancient History* 15: 40–66.

Brett, A. 2003. 'The Development of the Idea of Citizens' Rights', in Q. Skinner & B. Stråth eds. *States & Citizens*. Cambridge: 97–112.

Brickhouse, T., & N. Smith. 2002. *The Trial and Execution of Socrates: Sources and Controversies*. Ithaca, NY.

Bridges, E., E. Hall, & P. Rhodes eds. 2007. *Cultural Responses to the Graeco-Persian Wars*. Oxford.

Briscoe, J. 1967/1974. 'Rome and the Class Struggle in the Greek States 200–146 BC' (*Past & Present* 1967), repr. in Finley ed. 1974: ch. 3.

Brock, M. 1973. *The Great Reform Act*. London.

Brock, R. 1991. 'The Emergence of Democratic Ideology'. *Historia* 40: 160–9.

Brock. R. 2009. 'Did the Athenian Empire Promote Democracy?', in J. Ma, N.

Papazardakas, & R. Parker eds. *Interpreting the Athenian Empire*. Oxford: 149–66.

Brock, R. 2013. *Greek Political Imagery from Homer to Aristotle*. London.

Brock, R., & S. Hodkinson eds. 2000/2002. *Alternatives to Athens. Varieties of Political Organization and Community in Ancient Greece*. Oxford.

Brogan, H. 2007. *Alexis de Tocqueville: A Life*. New Haven.

Brooke, C. 2012. *Philosophic Pride: Stoicism and Political Thought from Lipsius to Rousseau*. Princeton.

Brüggenbrock, C. 2006. *Die Ehre in den Zeiten der Demokratie. Das Verhältnis von athenischer Polis und Ehre in klassischer Zeit*. Göttingen.

Brunt, P. A. 1966/1974. 'The Roman Mob'. *Past & Present* 35: 3–27, repr. in Finley ed. 1974: 74–102.

Buckler, J. 1980. *The Theban Hegemony, 371–362 BC*. Cambridge, MA.

Bultrighini, U. 1999. *'Maledetta democrazia'. Studi su Crizia*. Alessandria.

Bultrighini, U. ed. 2005. *Democrazia e Antidemocrazia nel mondo greco*. Alessandria.

Burian, P. 2011. 'Athenian Tragedy as Democratic Discourse', in D. M. Carter ed. *Why Athens? A Reappraisal of Tragic Politics*. Oxford: 95–117.

Burke, E. 1756. *A Vindication of Natural Society, or A View of the Miseries and Evils Arising to Mankind*. London.

Burke, E. 1790. *Reflections on the Revolution in France*. London.

Burke, E. M. 1985. 'Lycurgan Finances'. *Greek Roman and Byzantine Studies* 26: 251–64.

Burns, J. H. ed. 1988. *The Cambridge History of Medieval Political Thought, c. 350–c.1450*. Cambridge.

Burstein, S. ed. & trans. 1985. *The Hellenistic Age from the Battle of Ipsos to the Death of Kleopatra VII (301–30)*. Cambridge.

Buruma, I. 2010. *Taming the Gods: Religion and Democracy on Three Continents*. Princeton.

Buxton, R.G.A. 1982. *Persuasion in Greek Tragedy: A Study in Peitho*. Cambridge.

Calabrese, B. E. 2008. *Fear in Democracy: A Study of Thucydides' Political Thought*. Ann Arbor.

Camassa, G. 2000. 'Cronaca degli anni fecondi: Clistene, il Demos e le Eterie'. *Quaderni di Storia* 51: 41–56.

Camassa, G. 2007a. *Atene. La Costruzione della democrazia*. Rome.

Camassa, G. 2007b. *Forme della vita politica dei Greci in età arcaica e classica*.

Bologna.

Camassa, G. 2011. *Scrittura e Mutamento delle leggi nel mondo antico*. Rome.

Cammack, D. 2013. 'Rethinking Athenian Democracy'. PhD diss., Harvard University.

Cammack, D. 2014. 'Deliberation in Classical Athens: Not Talking, but Thinking (and Voting)'. Unpublished paper.

Camp, J. M. 1986. *The Athenian Agora: Excavations in the heart of Classical Athens*. London & New York.

Camp, J. M. 1990 *The Athenian Agora. Guide*, 4th edn. Athens.

Canfora, L. 2006. *Democracy in Europe. A History of an Ideology*. Oxford.

Carawan, E. 2013. *The Athenian Amnesty and Reconstructing the Law*. Oxford.

Cargill, J. L. 1985. *The Second Athenian League: Empire or Free Alliance?* Chicago.

Carlier, P. 1998. 'Observations sur la décision politique en Grèce, de l'époque mycénienne à l'époque archaïque', in Schuller ed.: 1–18.

Carlsson, S. 2010. *Hellenistic Democracies: Freedom, Independence and Political Procedure in some East Greek City-States* (*Historia* Einzelschr. 206). Stuttgart.

Carter, D. M. 2010 'The *Demos* in Greek Tragedy'. *Cambridge Classical Journal* 56: 47–94.

Cartledge, P. A. 1978/2001. 'Literacy in the Spartan Oligarchy'. *Journal of Hellenic Studies* 98: 11–27 (repr. with add. in Cartledge 2001).

Cartledge, P. A. 1979/2002. *Sparta and Lakonia. A Regional History 1300–362 BC*, 2nd edn. London & New York.

Cartledge, P. A. 1980/2001. 'The Peculiar Position of Sparta in the Development of the Greek City-State'. *Proceedings of the Royal Irish Academy* 80C: 91–108 (repr. with add. in Cartledge 2001).

Cartledge, P. A. 1981/2001. 'Spartan Wives: Liberation or License?' *Classical Quarterly* n.s. 31: 84–105 (repr. with add. in Cartledge 2001).

Cartledge, P. A. 1982/2001. 'Sparta and Samos: A Special Relationship?' *Classical Quarterly* n.s. 32: 243–65 (repr. with add. in Cartledge 2001).

Cartledge, P. A. 1985. 'The Greek Religious Festivals', in P. Easterling & J. Muir eds. *Greek Religion and Society*. Cambridge: 98–127, 223–6.

Cartledge, P. A. 1987. *Agesilaus and the Crisis of Sparta*. London & Baltimore (repr. 2000).

Cartledge, P. A. 1990a. *Aristophanes and his Theatre of the Absurd*. London (revised, with index, 1999).

Cartledge, P. A. 1990b. 'Fowl Play: A Curious Lawsuit in Classical Athens (Antiphon frr. 57–59 Thalheim)', in Cartledge et al. eds: 41–61.

Cartledge, P. A. 1993. '"Like a Worm i' the Bud"? A Heterology of Classical Greek Slavery'. *Greece & Rome* 40: 163–80.

Cartledge, P. A. 1996a. 'Comparatively Equal: A Spartan Approach', in Ober & Hedrick eds. Princeton: 175–85 (updated repr. in Cartledge 2001: ch. 6).

Cartledge, P. A. 1996b. 'Utopie et Critique de la politique', in *Le Savoir grec. Dictionnaire critique*, ed. J. Brunschwig & G.E.R. Lloyd. Paris (E. T. Cambridge, MA, 2001).

Cartledge, P. A. 1997a. '"Deep Plays": Theatre as Process in Greek Civic Life', in Easterling ed.: 3–35.

Cartledge, P.A. 1997b. 'Introduction' to Cartledge, Garnsey, & Gruen eds: 1–19.

Cartledge, P. A. 1998. 'Writing the History of Archaic Greek Political Thought', in N. Fisher & H. van Wees eds. *Archaic Greece: New Approaches and New Evidence*. London: 379–99.

Cartledge, P. A. 1999a [publ. 2000]. 'Democratic Politics Ancient and Modern: From Cleisthenes to Mary Robinson', *Hermathena* 166 (Summer): 5–29.

Cartledge, P. A. 1999b. 'The Socratics' Sparta and Rousseau's', in S. Hodkinson & A. Powell eds. *Sparta: New Perspectives*. London: 311–37.

Cartledge, P. A. 2000. 'The Historical Context'. Inaugural chapter of *The Cambridge History of Ancient Political Thought*, ed. C. Rowe & M. Schofield. Cambridge: 11–22.

Cartledge, P. A. 2001. *Spartan Reflections*. London & California.

Cartledge, P. A. 2002. *The Greeks. A Portrait of Self and Others*, 2nd edn. Oxford.

Cartledge, P. A. 2007. 'Democracy, Origins of', in Raaflaub, Ober, & Wallace eds: 155–69.

Cartledge, P. A. 2008. *Demokratie—Eine Trilogie*. Stuttgart.

Cartledge P. A. 2009a. *Ancient Greece. A History in Eleven Cities*. Oxford (pb. repr. as *Ancient Greece: A Very Short Introduction*, 2011).

Cartledge, P. A. 2009b. *Ancient Greek Political Thought in Practice*. Cambridge.

Cartledge, P. A. 2010. 'Gibbon's Tacitus', in A. J. Woodman ed. *The Cambridge Companion to Tacitus*. Cambridge: 269–79.

Cartledge, P. A. 2011. 'The Helots: A Contemporary Review', in *The Cambridge World History of Slavery*, vol. 1: *The Ancient Mediterranean World*, ed. P. Cartledge

& K. R. Bradley. Cambridge: 74–90.

Cartledge, P. A. 2013. 'Finley's Democracy/Democracy's Finley', in W. V. Harris ed. *Moses Finley and Politics*. Leiden & Boston: 93–105.

Cartledge, P. A., & M. Edge. 2009. '"Rights", Individuals, and Communities in Ancient Greece', in R. Balot ed. *A Companion to Greek and Roman Political Thought*. Malden, MA & Oxford: 149–63.

Cartledge, P. A., & A. Spawforth 2002. *Hellenistic and Roman Sparta: A Tale of Two Cities*, rev. edn. London & New York.

Cartledge, P. A. ed. 1998. *The Cambridge Illustrated History of Ancient Greece*. Cambridge (rev. edn, 2002).

Cartledge, P. A., P. Garnsey, & E. Gruen eds. 1997. *Hellenistic Constructs: Essays in Culture, History, and Historiography*. Berkeley.

Cartledge, P. A., P. Millett, & S. Todd eds. 1990, repr. 2002. *NOMOS. Essays in Law, Politics and Society in Classical Athens*. Cambridge.

Cartledge, P. A., P. Millett, & S. von Reden eds. 1998, repr. 2002. *KOSMOS. Essays in Athenian Order, Conflict and Community*. Cambridge.

Castriota, D. 1992. *Myth, Ethos, Actuality: Official Art in 5th-Century Athens*. Madison.

Cawkwell, G. L. 1978. *Philip of Macedon*. London.

Ceserani, G. 2011. 'Modern Histories of Ancient Greece: Genealogies, Contexts and Eighteenth-Century Narrative Historiography', in A. Lianeri ed. *The Western Time of Ancient History*. Oxford: 138–55.

Champion, C. B. 2004. *Cultural Politics in Polybius's Histories*. Berkeley.

Christ, M. R. 1998. *The Litigious Athenian*. Baltimore & London.

Christ, M. R. 2006. *The Bad Citizen in Classical Athens*. Cambridge.

Christ, M. R. 2012. *The Limits of Altruism in Democratic Athens*. New York.

Coggan, P. 2013. *The Last Vote: The Threats to Western Democracy*. London.

Cohen, D. 1995. *Law, Violence and Community in Classical Athens*. Cambridge.

Cohen, D. ed. 2003. *Demokratie, Recht und Soziale Kontrolle im klassischen Athen*. Munich.

Cohen, E. E. 2000. *The Athenian Nation*. Princeton.

Colvin, S. C. 2004. 'Social Dialect in Attica', in J.H.W Penney ed. *Indo-European Perspectives: Studies in Honour of Anna Morpurgo Davies*. Oxford: 95–108.

Connelly, J. 2014. *The Parthenon Enigma: A Journey into Legend*. New York.

Connolly, J. 2014. *The Life of Roman Republicanism*. Princeton.

Connor, W. R. 1971/1992. *The New Politicians of Fifth-century Athens.* Princeton (repr. Indianapolis).

Connor, W. R. 1984 *Thucydides*. Princeton.

Connor, W. R. 1989. 'City Dionysia and Athenian Democracy'. *Classica et Mediaevalia* 40: 7–32.

Constant B. 1819/1988. 'On the Liberty of the Ancients Compared with that of the Moderns', in *Political Writings*, ed. B. Fontana. Cambridge: 307–28.

Cooley, A. ed. & comm. 2009. *Res Gestae Divi Augusti*. Cambridge.

Cordano, F. 1992. *Le tesserae plumbee del tempio di Atena a Camarina*. Rome.

Corns, T. N. et al. eds. 2010. *The Complete Works of Gerrard Winstanley*, 2 vols. Oxford.

Cotlar, S. 2013. 'Languages of Democracy in America from the Revolution to the Election of 1800', in Innes & Philp eds: ch. 1.

Coulson, W. et al. eds. 1994. *The Archaeology of Athens and Attica under the Democracy.* Oxford.

Courtois, S., J-P. Deschodt, & Y. Dilas-Rocherius eds. 2012. *Démocratie et révolution. Cent manifestes de 1789 à nos jours*. Paris.

Cranston, M. 1985. 'Rousseau on Equality', in E. Frankel Paul, F. D. Miller Jr & J. Paul eds. *Liberty & Equality*. Oxford: 115–24.

Crick, B. 2002. *Democracy. A Very Short Introduction*. Oxford.

Csapo, E. et al. eds. 2014. *Greek Theatre in the Fourth Century B.C.* Berlin & Boston.

Dabdab Trabulsi, J. A. 2006. *Participation directe et Démocratie grecque. Une histoire exemplaire?* Besançon.

Dahl, R. 2002. *How Democratic is the American Constitution?* New Haven.

Darbo-Peschanski, C. 2007. 'Pour une poignée de figues. Judiciarisation moderne et sycophantie ancienne', in P. Schmitt Pantel & F. de Polignac eds. *Athènes et le politique. Dans le sillage de Claude Mossé*. Paris: 147–78.

Daux, G. 1983. 'Le calendrier de Thorikos au Musée J. Paul Getty'. *L'Antiquité Classique* 52: 150–74.

David, J-M. 2013. 'Les règles de la violence dans les assemblées populaires de la République romaine'. *Politica Antica* 3: 11–29.

Davidson, J. 2006. 'Revolutions in Human Time. Age-Class in Athens and the Greekness of Greek Revolutions', in S. Goldhill & R. Osborne, eds, *Rethinking*

Revolutions Through Ancient Greece. Cambridge: 29–67.

Davidson, I. 2012. *Voltaire: A Life*. London.

Davidson, N. 1981. *Politics in Renaissance Venice*. London.

Davies, J. K. 1967. 'Demosthenes on Liturgies: A Note'. *Journal of Hellenic Studies* 87: 33–40.

Davies, J. K. 1971. *Athenian Propertied Families 600–300 B.C.* Oxford.

Davies, J. K. 1977/1978. 'Athenian Citizenship: The Descent Group and the Alternatives'. *Classical Journal* 73: 105–21.

Davies, J. K. 1981. *Wealth & the Power of Wealth in Classical Athens*. Salem, NH.

Davies, J. K. 2003. 'Democracy without Theory', in P. Derow & R. Parker eds. *Herodotus and his World*. Oxford: 319–35.

Del Monaco, L. 2011. 'Riflessioni in margine all'organizzazione civica di Locri Epizefirii', in C. Antonetti ed. *Lo spazio ionico e la comunità della Grecia nord-occidentale: Territorio, società, istituzioni*. Pisa: 461–75, Eng abstract 624–5.

Demetriou, K. 1996/2011. 'In Defence of the British Constitution: Theoretical Implications of the Debate over Athenian Democracy in Britain, 1779–1850'. *History of Political Thought* 27.2: 280–97, repr. as *Studies on the Reception of Plato and Greek Political Thought in Victorian Britain*. Farnham, Surrey & Burlington, VT, 2011: ch. 1.

Demetriou, K. N. 1999. *George Grote on Plato and Athenian Democracy: A Study in Classical Reception*. Oxford.

Demetriou, K. N. 2008. *O Platonikos Mythos. Kritiki Anadhromi sti neoteri Platoniki Ermineia* (*The Myth of Plato or The Platonic Myth. A Critical Retrospect on the More Recent Scholarship*). Athens.

Demetriou. K. N. ed. 2003. *Classics in the Nineteenth Century: Responses to Grote*, 4 vols. London (vols 1–2: *A History of Greece*).

Demetriou. K. N. ed. 2014. *The Brill Companion to George Grote*. Leiden.

Denyer, N. 2013. 'The Political Skill of Protagoras', in V. Harte & M. Lane eds. *Politeia in Greek and Roman Philosophy*. Cambridge: 155–67.

Detienne, M. 2001. 'Public Space and Political Autonomy in Early Greek Cities', in Henaff & Strong eds: 41–52.

Detienne, M. 2007. *The Greeks and Us: A Comparative Anthropology of Ancient Greece*. Cambridge, MA.

Detienne, M. 2009. *Comparer l'incomparable*, new edn. Paris.

Diamond, L. 2008. 'The Democratic Rollback: The Resurgence of the Predatory State'. *Foreign Affairs* (March/April).

Diamond, L. 2011. 'A Fourth Wave or False Start? Democracy after the Arab Spring'. *Foreign Affairs* (May).

Di Palma, G. 1991. *To Craft Democracies: An Essay in Democratic Transitions*. Berkeley.

Dmitriev, S. 2005. *City Government in Hellenistic and Roman Asia Minor*. Oxford.

Dmitriev, S. 2011. *The Greek Slogan of Freedom and Early Roman Politics in Greece*. Oxford.

Dreyer, B. 1999. *Untersuchungen zur Geschichte des spätklassischen Athen: 322–ca.230 v. Chr.* (*Historia* Einzelschr. 137). Stuttgart.

Ducat, J. 2006. *Spartan Education: Youth & Society in the Classical Period*. Swansea.

Dunn, J. 1969. *The Political Thought of John Locke*. Cambridge.

Dunn, J. 1993. *Western Political Theory in the Face of the Future*, 2nd edn. Cambridge.

Dunn, J. 2003. 'Democracy as a European Inheritance', in *The Idea of European Community in History* (Education Research Centre of Greece: Conference Proceedings) Vol. I. Athens: 33–41.

Dunn, J. 2005. *Setting the People Free: The Story of Democracy*. London.

Dunn, J. 2007. 'Capitalist Democracy: Elective Affinity or Beguiling Illusion?' *Daedalus* (Summer): 5–13.

Dunn, J. 2014. *Breaking Democracy's Spell*. New Haven.

Dunn, J. ed. 1992. *Democracy: The Unfinished Journey 508 BC to AD 1993*. Oxford.

Dupuis-Déri, F. 2013. *Démocratie: Histoire politique d'un mot aux Etats-Unis et en France*. Montréal.

Easterling, P. E. ed. 1997. *The Cambridge Companion to Greek Tragedy*. Cambridge.

Eder, W. 1991. 'Who Rules? Power and Participation in Athens and Rome', in Molho, Raaflaub, & Emlen eds: 169–98.

Eder, W. 1998. 'Aristocrats and the Coming of Athenian Democracy', in Morris & Raaflaub eds. 1998: 105–40.

Eder, W. ed. 1995. *Die athenische Demokratie im 4. Jahrhundert v. Chr. Vollendung oder Verfall einer Verfassungsform?* (Akten eines Symposiums 3.–7, August 1992). Stuttgart.

Eder, W., & K-J. Hölkeskamp eds. 1997. *Volk und Verfassung im vorhellenistischen*

Griechenland. (Beiträge auf dem Symposium zu Ehren von Karl-Wilhelm Welwei in Bochum, 1.–2. März 1996). Stuttgart.

Edge, M. 2009. 'Athens and the Spectrum of Liberty'. *History of Political Thought* 30: 1–45.

Edge, M. 2010. *Liberty*. Exeter.

Ehrenberg, V. 1962. *The People of Aristophanes: A Sociology of Old Attic Comedy*, 3rd edn. New York.

Ehrenberg, V. 1969. *The Greek State*, 2nd edn. London.

Ehrenberg. V., & A.H.M. Jones. 1976. *Documents Illustrating the Reigns of Augustus and Tiberius*, 2nd edn. Oxford.

Elster, J. 2013. *Securities Against Misrule*. Cambridge.

Engen, D. T. 2010. *Honor and Profit: Athenian Trade Policy and the Economy and Society of Greece, 415–307 B.C.E.* Ann Arbor.

Engen, D. T. 2011. 'Democracy, Knowledge, and the Hidden Economy of Athens'. *Journal of Economic Asymmetries* 8.1: 93–106.

Estlund, D. M. 2009. *Democratic Authority: A Philosophical Framework*. Princeton.

Euben, P., J. Wallach, & J. Ober eds. 1994. *Athenian Political Thought and the Reconstruction of American Democracy*. Ithaca, NY.

Evans, G. 1958/1966. 'Ancient Mesopotamian Assemblies'. *Journal of the American Oriental Society* 78: 1–11 (repr. in Kagan ed. 1966: 20–29).

Evans, N. 2010. *Civic Rites: Democracy and Religion in Ancient Athens*. Berkeley.

Faraguna, M. 2003. 'Alexander and the Greeks', in Roisman ed.: 118–24.

Farrar, C. 1988. *The Origins of Democratic Thinking: The Invention of Politics in Classical Athens*. Cambridge.

Farrar, C. 1992. 'Ancient Greek Political Theory as a Response to Democracy', in Dunn ed.: 17–39.

Farrar, C. 2013. 'Putting History in Its Place: Plato, Thucydides, and the Athenian *Politeia*', in Harte & Lane eds: 32–56.

Fehr, B. 2011. *Becoming Good Democrats and Wives: Civil Education and Female Socialisation on the Parthenon Frieze*. Berlin.

Ferente, S. 2013. 'The Liberty of Italian City-States', in Skinner & Van Gelderen 2013, vol. I: 157–75.

Ferguson, W. S. 1911. *Hellenistic Athens: An Historical Essay*. London.

Ferrario, S. B. 2014. *Historical Agency and the 'Great Man' in Classical*

Greece. Cambridge.
Ferrary, J-L. 1987–1989. 'Les Romains de la République et les démocraties grecques'. *OPVS* 6–8: 203–16.
Figueira, T., & G. Nagy eds. 1985. *Theognis of Megara: Poetry and the Polis*. Baltimore.
Figueira, T. 1998. *The Power of Money: Coinage and Politics in the Athenian Empire*. Philadelphia.
Finley, M. I. 1959/1981. 'Was Greek Civilization Based on Slavery?' (*Historia* 8, 1959) repr. in his *Economy and Society in Ancient Greece*, ed. B. Shaw & R. Saller. London: 97–115.
Finley, M. I. 1962/1985. 'Athenian Demagogues'. *Past & Present* 21: 3–24, repr. in Finley 1973/1985 and in Rhodes ed. 2004.
Finley, M. I. 1971/1986. *The Ancestral Constitution* (Cambridge), repr. as *The Use and Abuse of History*, 2nd edn. London: ch. 2.
Finley, M. I. 1973/1985. *Democracy Ancient & Modern*, 2nd ed. London.
Finley, M. I. 1977. *Aspects of Antiquity: Discoveries and Controversies*, 2nd edn. Harmondsworth.
Finley, M. I. 1979. *Ancient Sicily* (*A History of Sicily*, vol. 1), 2nd ed. London.
Finley, M. I. 1981. 'Politics' in Finley ed., *The Greek Legacy. A New Appraisal*. Oxford: 22–36.
Finley, M. I. 1983. *Politics in the Ancient World*. Cambridge.
Finley, M. I. ed. 1974. *Studies in Ancient Society*. London & Boston.
Fisher, N. ed. 1976. *Social Values in Classical Athens*. London & Toronto.
Fisher, N. 1992. *Hybris. A Study in the Values of Honour and Shame*. Warminster.
Fishkin, J. 2009. *When the People Speak: Deliberative Democracy and Public Consultation*. Oxford.
Flaig, E. ed. 2013. *Genesis und Dynamiken der Mehrheitsentscheidung*. Munich.
Flannery, K., & J. Marcus. 2012. *The Creation of Inequality: How Our Prehistoric Ancestors Set the Stage for Monarchy, Slavery, and Empire*. Cambridge, MA.
Fleming, D. 2004. *Democracy's Ancient Ancestors: Mari and Early Collective Governance*. Cambridge.
Flower, H. A. ed. 2004. *The Cambridge Companion to the Roman Republic*. Cambridge.
Fontana, B. 1988. 'Introduction', in Fontana ed. *Constant: Political Writings*.

Cambridge: 307–28.

Fontana, B. 1992. 'Democracy and the French Revolution', in Dunn ed.: 107–24.

Fornara, C. W. 1983 *Archaic Greece to the End of the Peloponnesian War*, 2nd edn. Cambridge.

Fornara, C., & L. Samons II. 1991. *Athens from Cleisthenes to Pericles*. California & Oxford.

Forrest, W. G. 1966. *The Emergence of Greek Democracy 800–400 B.C.* London.

Forrest, W. G. 1983. 'Democracy and Oligarchy in Sparta and Athens'. *Classical Views* 3: 285–96.

Forsdyke, S. 2002. 'Greek History, *c.* 525–480 BC', in E. J. Bakker, I. de Jong, & H. van Wees eds. *Brill's Companion to Herodotus*. Leiden: 521–49.

Forsdyke, S. 2005. *Exile, Ostracism and Democracy: The Politics of Expulsion in Ancient Greece*. Princeton.

Fortenbaugh, W. W., & E. Schütrumpf eds. 2000. *Demetrius of Phalerum: Text, Translation and Discussion*. New Brunswick, NJ.

Fossedal, G. A. 2001. *Direct Democracy in Switzerland*. Piscataway, NJ & London.

Foxhall, L., & A. Lewis eds. 1996. *Greek Law in its Political Setting: Justifications Not Justice*. Oxford.

Foxley, R. 2013. 'Democracy in 1659: Harrington and the Good Old Cause', in S. Taylor & G. Tapsell eds. *The Nature of the English Revolution Revisited: Essays in honour of John Morrill*. Woodbridge: 175–96.

Foxley, R. 2015. 'The City and the Soul in James Harrington's Republicanism'. Unpublished paper, Cambridge.

Fraser, P. M. 1977. *Rhodian Funerary Monuments*. Oxford.

Freeman, C. 1999/2001. *The Greek Achievement: The Foundation of the Western World*. London.

Freeman, K. 1926 *The Work and Life of Solon*. Cardiff.

Fröhlich, P., & C. Müller eds. 2005. *Citoyenneté et participation à la basse époque hellénistique*. Geneva.

Fröhlich P. 2013. 'Governmental Checks and Balances,' in Beck ed.: 252–66.

Fukuda, A. 1997. *Sovereignty and the Sword: Harrington, Hobbes, and Mixed Government in the English Civil Wars*. Oxford.

Funke, P. 1980. 'Stasis und politischer Umsturz im Rhodos zu Beginn des 4.Jhdts v. Chr.', in W. Eck et al. eds. *Studien zur antiken Sozialgeschichte*. Cologne & Vienna:

59–70.

Funke, P., & N. Luraghi eds. 2009. *The Politics of Ethnicity and the Crisis of the Peloponnesian League*. Washington, DC.

Funke, P. 2015. 'The Aitolian League', in Beck & Funke eds. ch. 5.

Furet, F. 1981. *Interpreting the French Revolution* (*Penser la révolution française*, 1978). Cambridge.

Gabrielsen, V. 1997. *The Naval Aristocracy of Hellenistic Rhodes*. Aarhus.

Gagarin, M. 2002. *Antiphon the Athenian: Oratory, Law, and Justice in the Age of the Sophists*. Austin, TX.

Gagarin, M., & P. Woodruff. 1995. *Early Greek Political Thought from Homer to the Sophists*. Cambridge.

Gagarin, M., & P. Perlman. 2015. *The Laws of Ancient Crete c. 650–400 BCE*. New York & Oxford.

Gagné, R. 2009. 'Mystery Inquisitors: Performance, Authority and Sacrilege at Eleusis'. *Classical Antiquity* 28.2: 211–47.

Gamble, A. 2009. *The Limits of Politics* (Cambridge Inaugural lecture, 2008).

Garlan, Y. 1988. *Slavery in Ancient Greece*, 2nd edn. Ithaca, NY.

Garlan, Y. 2000. 'La démocratie grecque vue par Condorcet', in A. Avlami ed. *L'Antiquité grecque au XIXe siècle: un "exemplum" contesté*. Paris: 55–69.

Garland, R. 1987. *The Piraeus*. London (repr. with bibl. add. 2001).

Garland, R. 1992. *Introducing New Gods: The Politics of Athenian Religion*. London.

Garnett, G. 2006. *Marsilius of Padua and "the Truth of History"*. New York.

Garnsey, P. 1988. *Famine and Food Supply in the Graeco-Roman World. Responses to Risk and Crisis*. Cambridge.

Garnsey, P. 1996. *Ideas of Slavery from Aristotle to Augustine*. Cambridge.

Garnsey, P. 2007. *Thinking About Property: From Antiquity to the Age of Revolution*. Cambridge.

Gauthier, Ph. 1984. 'Les Cités Hellénistiques: Épigraphie et Histoire des Institutions et des régimes politiques'. *Acts of the 8th International Congress of Greek and Latin Epigraphy* (Athens, 3–9 October 1982). Athens: 82–107.

Gauthier, P. 2011. *Etudes d'histoire et d'institutions grecques: choix d'écrits*, ed. D. Rousset. Geneva.

Gehrke, H.-J. 1985. *Stasis. Untersuchungen zu den inneren Kriegen in den griechischen Staaten des 5. und 4. Jh. v. Chr.* (Vestigia 35). Munich.

Gehrke, H.-J., & A. Möller eds. 1996. *Vergangenheit und Lebenswelt. Soziale Kommunikation, Traditionsbildung und historische Bewusstsein.* Tübingen.

Giannokopoulos, N. 2012. *Thesmoi kai leitourgia ton poleon tes Euboias kata tous ellenistikous kai tous autokratorikous khronous.* (Sources and Studies of Greek and Roman Law, 7.) Thessaloniki.

Gibson, B., & T. Harrison eds. 2013. *Polybius and His World: Essays in Memory of F. W. Walbank.* Oxford & New York.

Glaser, E. 2012. *Get Real: How to See Through the Hype, Spin and Lies of Modern Life.* London.

Goette, H. R. 2007. 'Choregic Monuments and the Athenian Democracy', in P. J. Wilson ed. *The Greek Theatre and Festivals: Documentary Studies.* Oxford: 122–49.

Golden, M. 1979. 'Demosthenes' Birthdate and the Age of Majority at Athens', *Phoenix* 33: 25–38.

Goldhill, S. 1986/1988. *Reading Greek Tragedy.* Cambridge.

Goldhill, S. 1990. 'The Great Dionysia and Civic Ideology' (originally *Journal of Hellenic Studies* 107, 1987: 58–76), repr. in J. Winkler & F. Zeitlin eds. *Nothing to do with Dionysos? Athenian Drama in its Social Context.* Princeton: 97–129.

Goldhill, S., & R. Osborne eds. 2006. *Rethinking Revolutions Through Ancient Greece.* Cambridge.

Gomme, A. W. 1945, 1956 (2), 1970, 1981. *Historical Commentary on Thucydides*, 5 vols (vol. 4 ed. by K. J. Dover & A. Andrewes, vol. 5 by A. Andrewes). Oxford.

Goody, J. 2007. *The Theft of History.* Cambridge.

Goody, J. 2009. *Renaissances: The One or the Many.* Cambridge.

Goody, J., & I. Watt. 1962/1963. 'The Consequences of Literacy'. *Comparative Studies in Society and History* 5: 304–35, repr. in Goody ed. 1968.

Goody, J. ed. 1968. *Literacy in Traditional Societies.* Cambridge.

Gottesman, A. 2014. *Politics and the Street in Democratic Athens.* Cambridge.

Graeber, D. 2013. *The Democracy Project: A History, a Crisis, a Movement.* New York.

Gray, B. 2015. *Stasis and Stability: Exile, the Polis, and Political Thought, c. 404–146 B.C.* Oxford.

Greaney, G. L. trans. 2005. *Aeschines On the False Embassy.* Lewiston.

Green, J. E. 2010. *The Eye of the People: Democracy in an Age of Spectatorship.*

Oxford.

Greenhalgh, P. 1972 'Patriotism in the Homeric World'. *Historia* 21: 528–37.

Grieb, V. 2008. *Hellenistische Demokratie: Politische Organisation und Struktur in freien griechischen Poleis nach Alexander dem Grossen.* Stuttgart.

Grigoriadou, P. 2009. 'Athens on the Morrow of the Oligarchy of the 400 …', in M. Lagogianni-Georgakarakos & K. Buraselis eds. *Athenian Democracy Speaking Through Its Inscriptions* (Epigraphic Museum). Athens: 102–4.

Grote, G. 1846–1856. *A History of Greece*, 12 vols. London (repr. in 10 vols, 1888).

Grote, G. 2000. *A History of Greece: From the Time of Solon to 403 BC* (1-vol. abridgment by J. M. Mitchell & M.O.B. Caspari, originally 1907, with a new introduction by P. Cartledge).

Gruen, E. S. 1991. 'The Exercise of Power in the Roman Republic', in Molho et al. eds: 251–67.

Gruen, E. S. 1986. *The Hellenistic World and the Coming of Rome.* California & London.

Guldi, J., & D. Armitage. 2014. *The History Manifesto.* Cambridge.

Haarmann, H. 2013. *Mythos Demokratie: Antike Herrschaftsmodelle im Spannungsfeld von Egalitätsprinzip und Eliteprinzip.* Frankfurt/Main.

Habicht, C. 1997. *Athens from Alexander to Antony.* Cambridge, MA.

Hahm, D. E. 2009. 'The Mixed Constitution in Greek Thought', in Balot ed.: ch. 12.

Hall, E. 1989. *Inventing The Barbarian: Greek Self-Definition Through Tragedy.* Oxford.

Hall, E. 2010. *Greek Tragedy: Suffering Under the Sun.* Oxford.

Hammer, D. 2005. 'Plebiscitary Politics in Archaic Greece'. *Historia* 54: 107–31.

Hammer, D. ed. 2014. *A Companion to Greek Democracy and the Roman Republic.* Malden, MA.

Hammond, N.G.L., & G. T. Griffith. 1979. *A History of Macedonia* vol II: *750–336 B.C.* Oxford.

Hammond, P. 2014. *Milton and the People.* Oxford.

Hamon, P. 2005. 'Le conseil et la participation des citoyens: les mutations de la basse époque hellénistique', in Fröhlich & Müller eds: 21–44.

Hanink, J. 2014. *Lycurgan Athens and the Making of Classical Tragedy.* Cambridge.

Hankins, J. ed. 2004. *Renaissance Civic Humanism: Reappraisals and Reflections.* Cambridge.

Hansen, M. H. 1974. *The Sovereignty of the People's Court in Athens*. Odense.

Hansen, M. H. 1983–1989. *The Athenian Ecclesia*, 2 vols. Copenhagen.

Hansen, M. H. 1985. *Democracy & Demography: The Number of Citizens in Athens in the Fourth Century*. Herning.

Hansen, M. 1986. 'The Origin of the Term Demokratia'. *Liverpool Classical Monthly* 11.3: 35–6.

Hansen, M. 1987. *The Athenian Assembly in the Age of Demosthenes*. Copenhagen.

Hansen, M. H. 1989a. *Was Athens a Democracy? Popular Rule, Liberty and Equality in Ancient and Modern Political Thought*. Copenhagen.

Hansen, M. H. 1989b. 'On the Importance of Institutions in an Analysis of Athenian Democracy', in *The Athenian Ecclesia II. A Collection of Articles 1983–1989*. Copenhagen: 263–9.

Hansen, M. H. 1989c. Review article of J. Bleicken, *Die athenische Demokratie* (1985), *Classical Philology* 84: 137–48.

Hansen, M. H. 1990a. 'Solonian Democracy in Fourth-Century Athens', in J. Rufus Fears ed. *Aspects of Athenian Democracy*. Copenhagen: 71–99.

Hansen, M. H. 1990b. Review of Ober, *Mass and Elite* 1989. *Classical Review* 40: 348–56.

Hansen, M. H. 1992. 'The Tradition of the Athenian Democracy A.D. 1750–1990'. *Greece & Rome* 39.1: 14–30.

Hansen, M. H. ed. 1997. *The Polis as an Urban Centre and as a Political Community*. Copenhagen.

Hansen, M. H. 1991/1999. *The Athenian Democracy in the Age of Demosthenes*, new, augmented edn. Bristol.

Hansen, M. H. 2002. 'Was the Polis a State or a Stateless Society?', in T. H. Nielsen ed. *Even More Studies in the Ancient Greek Polis* (Copenhagen Polis Centre Papers 6 = *Historia* Einzelschr. 162). Copenhagen & Stuttgart: 17–48.

Hansen, M. H. 2004. '*Stasis* as an Essential Aspect of the *Polis*', in Hansen & Nielsen eds: 124–9.

Hansen, M. H. 2005. *The Tradition of Ancient Greek Democracy and its Importance for Modern Democracy*. Copenhagen.

Hansen, M. H. 2006. *POLIS: An Introduction to the Ancient Greek City-State*. Oxford & New York.

Hansen, M. H. 2010a. 'The Mixed Constitution versus the Separation of Powers:

Monarchical and Aristocratic Aspects of Modern Democracy'. *History of Political Thought* 31.3: 509–31.

Hansen, M. H. et al. 2010b. *Démocratie athénienne—démocratie moderne: tradition et influences* (Entretiens Hardt 56). Vandoeuvres.

Hansen, M. H. 2012. *Demokratiets Historie fra Oldtid til Nutid*. Copenhagen.

Hansen, M. H. 2013. *Reflections on Aristotle's Politics*. Copenhagen.

Hansen, M. H. ed. 1993. *The Ancient Greek City-State*. Copenhagen.

Hansen, M. H. ed. 2002. *A Comparative Study of Six City-State Cultures*. Copenhagen.

Hansen, M. H. ed. 2004. *A Comparative Study of Thirty City-State Cultures*. Copenhagen.

Hansen, M. H. ed. 2005. *The Imaginary Polis* (Copenhagen Polis Centre Acts 7). Copenhagen.

Hansen, M. H., & T. H. Nielsen eds. 2004. *An Inventory of Greek Poleis*. Oxford.

Harding, P. ed. & trans. 1985. *From the End of the Peloponnesian War to the Battle of Ipsus (404–301)*. Cambridge.

Harding, P. 2008. *The Story of Athens: The Fragments of the Local Chronicles of Attika*. London & New York.

Harloe, K., & N. Morley eds. 2012. *Thucydides and the Modern World: Reception, Reinterpretation and Influence from the Renaissance to the Present*. Cambridge.

Harlow, C. 1985. 'Power from the People? Representation and Constitutional Theory', in *Law, Legitimacy and the Constitution*, ed. P. McAuslan & J. F. McEldowney. London: 62–81.

Harrington, T. 1656/1992. *The Commonwealth of Oceana*, ed. J. Pocock. Cambridge.

Harris, E. M. 1995. *Aeschines and Athenian Politics*. Oxford.

Harris, E. M. 2006. *Democracy and the Rule of Law in Classical Athens: Essays on Law, Society and Politics*. Cambridge.

Harris, W. V. 1989. *Ancient Literacy*. Cambridge, MA.

Harris, W. V. ed. 2009. *Aelius Aristides: Between Greece, Rome, and the Gods*. New York.

Harrison, A.R.W. 1968. *The Law of Athens* [I]: *Family and Property*. Oxford.

Harte, V., & M. Lane eds. 2013. *Politeia in Greek and Roman Philosophy*. Cambridge.

Hartog, F. 1993. 'La Révolution française et l'Antiquité: l'Avenir d'une illusion ou cheminement d'un quiproquo?' in M. Gauchet, P. Manent, & P. Rosenvallon eds. *Situations de la démocratie: Démocratie: l'ancien et le neuf, l'historicisme et ses ennemis, passé present*. Paris: 30–61.

Hartog, F. 2003. *Régimes d'historicité: Présentisme et expériences du temps*. Paris.

Harvey, D. 1965. 'Two Kinds of Equality'. *Classica et Medievalia* 26: 101–47 (with add. in *Classica et Mediaevalia* 27, 1966: 99–100).

Harvey, F. D. 1966. 'Literacy in the Athenian Democracy'. *Revue des Études Grecques* 79: 585–635.

Harvey, F. D. 1990. 'The Sykophant and Sykophancy: Vexatious Redefinition?' in Cartledge, Millett, and Todd eds: 103–21.

Hawkesley, H. 2009. *Democracy Kills: What's So Good About the Vote?* London.

Headley, J. 2007. *The Europeanization of the World: On the Origins of Human Rights and Democracy*. Princeton.

Hedrick, C. W. 1999. 'Democracy and the Athenian Epigraphic Habit'. *Hesperia* 68: 387–439.

Held, D. 1996 *Models of Democracy*, 2nd edn. Cambridge.

Herman, G. 2006. *Morality and Behaviour in Democratic Athens*. Cambridge.

Herman, G. ed. 2011. *Stability and Crisis in the Athenian Democracy* (*Historia* Einzelschr. 220). Stuttgart.

Herrman, J. ed. 2009. *Hyperides: Funeral Oration* (APA/American Classical Studies 52). Oxford & New York.

Hesk, J. P. 2000. *Deception and Democracy in Classical Athens*. Cambridge.

Hill, C. 1991. *The World Turned Upside Down: Radical Ideas during the English Revolution*, new edn. Harmondsworth.

Hind, J.G.F. 1998. 'Megarian Colonisation in the Western Half of the Black Sea (Sister—and Daughter-Cities of Herakleia)', in G. R.Tsetskhladze ed. *The Greek Colonisation of the Black Sea Area. Historical interpretation of Archaeology* (*Historia* Einzelschr. 121). Stuttgart: 131-152.

Hoekstra, K. 2012. 'Thucydides and the Bellicose Beginnings of Modern Political Theory', in Harloe & Morley eds: 25–54.

Hölkeskamp, K-J. 1996. 'Exempla und *mos maiorum*. Überlegungen zum kollektiven Gedächtnis der Nobilität', in Gehrke & Möller eds: 301–38.

Hölkeskamp, K-J. 2004a. *SENATVS POPVLVSQVE ROMANVS. Die politische Kultur der Republik—Dimensionen und Deutungen*. Stuttgart.

Hölkeskamp, K-J. 2004b. *Rekonstruktionen einer Republik. Die politische Kultur des antiken Rom und die Forschung der letzten Jahrzehnte* (*Historische Zeitschrift*,

Beiheft 38). Munich.

Hölkeskamp, K-J. 2006. 'Konsens und Konkurrenz: Die politische Kultur der roemischen Republik in neuer Sicht'. *Klio* 88: 360–96.

Hölkeskamp, K-J. 2010. *Reconstructing the Roman Republic: An ancient political culture and modern research*. Princeton (rev., updated, and augmented edn of 2004b).

Hölkeskamp, K-J. 2011. 'What's in a Text? Reconstructing the Roman Republic—Approaches and Aims Once Again'. *Bulletin of the Institute of Classical Studies* 54.2: 115–24.

Holland, T., trans., with P. Cartledge. 2014. *Herodotus: The Histories*. London.

Holmes, S. 2009. 'Saved By Danger/Destroyed By Success: The Argument of Tocqueville's Souvenirs'. *Archives Européennes de Sociologie* 50: 171–99.

Holt, J. C. 1992. *Magna Carta*, rev. edn. Cambridge.

Hopper, R. J. 1957. *The Basis of the Athenian Democracy* (Inaugural Lecture). Sheffield.

Hornblower, S. 1997–2004–2008. *Commentary on Thucydides*, 3 vols, rev. Oxford.

Humphreys, S. C. 1985. 'Lycurgus of Butadae. An Athenian Aristocrat', in J. W. Eadie & J. Ober eds. *The Craft of the Ancient Historian. Essays in Honour of Chester G. Starr*. Lanham, MD: 199–252.

Humphreys, S. C. 1993. *The Family, Women and Death: Comparative Studies*. London & New York.

Hunt, P. 2010. *War, Peace and Alliance in Demosthenes' Athens*. Cambridge.

Hunter, V. J. 1994. *Policing Athens. Social Control in the Attic Lawsuits 420–320 BC*. Princeton.

Hurlet, F. 2012 'Démocratie à Rome? Quelle démocratie?' in S. Benoit ed. *Rome, A City and its Empire in Perspective: The Impact of the Roman World through Fergus Millar's Research/Rome, une cité impérialiste en jeu. L'impact du monde romain selon Fergus Millar*. Leiden: 19–43.

Huxley, G. 1979. *On Aristotle and Greek Society*. Belfast.

Innes, J., & M. Philp eds. 2013. *Re-imagining Democracy in the Age of Revolutions: America, France, Britain, Ireland 1750–1850*. Oxford.

Irwin, E. 2005. *Solon and Early Greek Poetry: The Politics of Exhortation*. Cambridge.

Irwin, T. 1998. 'Mill and the Classical World', in J. Skorupski ed. *The Cambridge*

Companion to Mill. Cambridge: 423–63.

Isakhan, B. 2011 'What Is So "Primitive" about Primitive Democracy? Comparing The Ancient Middle East and Classical Athens', in Isakhan & Stockwell eds: 19–34.

Isakhan, B., & S. Stockwell eds. 2011. *The Secret History of Democracy*. Houndmills & New York.

Isakhan, B., & S. Stockwell eds. 2012. *The Edinburgh Companion to the History of Democracy*. Edinburgh.

Ismard, P. 2013. *L'Evénement Socrate*. Paris.

Ismard, P. 2015. *La démocratie contre les experts. Les esclaves publics en Grèce ancienne*. Paris.

Israel, J. I. 2011. *Democratic Enlightenment: philosophy, revolution, and human rights 1750–1790*. Oxford.

Israel, J. I. 2014. *Revolutionary Ideas: An Intellectual History of the French Revolution from The Rights of Man to Robespierre*. Princeton.

Jameson, M. 1997/2004. 'Women and Democracy in Fourth-Century Athens', repr. in Robinson ed. 2004: 281–92.

Jaume, L. 2013. *Tocqueville: The Aristocratic Sources of Liberty*. Princeton.

Jehne, M. ed. 1995. *Demokratie in Rom? Die Rolle des Volkes in der Politik der römischen Republik*. Stuttgart.

Johnston, S. 2015. *American Dionysia: Violence, Tragedy, and Democratic Politics*. Cambridge.

Johnstone, S. 1999. *Disputes and Democracy: The Consequences of Litigation in ancient Athens*. Austin, TX.

Jones, A.H.M. 1940. *The Greek City from Alexander to Justinian*. Oxford.

Jones, A.H.M. 1957/1978 *Athenian Democracy*. Oxford.

Jones, A.H.M. 1963/1974. 'The Greeks under the Roman Empire'. *Dumbarton Oaks Papers* XVII: 3–19 (repr. in *The Roman Economy*, ed. P. A. Brunt. Oxford: 90–113).

Jones, A.H.M. 1964a. 'The Hellenistic Age'. *Past & Present* 27: 3–22.

Jones, A.H.M. 1964b. *The Later Roman Empire AD 284–602*, 3 vols. Oxford.

Jones, C. P. 1971. *Plutarch and Rome*. Oxford.

Jones, N. F. 1999. *The Associations of Classical Athens: The Response to Democracy*. New York & Oxford.

Jones, N. F. 2008. *Politics and Society in Ancient Greece*. New York.

Jones, P. 1997. *The Italian City-State: From Commune to Signoria*. Oxford.

Jones, W.R.D. 2005. *Thomas Rainborowe (c. 1610–1648): Civil War Seaman, Siegemaster and Radical*. Woodbridge.

Jordan, B. 1979. *Servants of the Gods: A Study in the Religion, History, and Literature of Fifth-century Athens*. (*Hypomnemata* 55). Göttingen.

Judge, E. A. 1997. 'The Second Thoughts of Syme on Augustus'. *Ancient History: Resources for Teachers* 27: 43–75.

Kagan, D. 1991. *Pericles of Athens and the Birth of Democracy*. New York.

Kagan, D. ed. 1966. *Problems in Ancient History*. New York & London.

Kagan, D., & G. Viggiano eds. 2013. *Men of Bronze: Hoplite Warfare in Ancient Greece*. Princeton.

Kallet-Marx, L. 1994. 'Institutions, Ideology, and Political Consciousness in Ancient Greece: Some Recent Books on Athenian Democracy'. *Journal of the History of Ideas* 55.2: 307–35.

Kamen, D. 2013. *Status in Classical Athens*. Princeton.

Katz, M. 1998. 'Women, Children and Men', in Cartledge ed. 1998: 100–38.

Keane. J. 2009. *The Life and Death of Democracy*. New York.

Kellogg, D. 2013. 'The Place of Publication of the Ephebic Oath and the "Oath of Plataia"'. *Hesperia* 82: 263–76.

Kenzler, U. 1999. *Studien zur Entwicklung und Struktur der griechischen Agora in archaischer und klassischer Zeit*. Frankfurt/Main.

Keuls, E. 1985/1993 *The Reign of the Phallos. Sexual Politics in Ancient Athens*. California & London.

Kharkhordin, O. 2010. 'Why *Res Publica* is Not a State: the Stoic Grammar and Discursive Practices in Cicero's Conception'. *History of Political Thought* 31.2: 221–45.

Kitromilides, P. 2006. 'From Republican Patriotism to National Sentiment: A Reading of Hellenic Nomarchy'. *European Journal of Political Theory* 5.1: 50–60.

Koenigsberger, H. ed. 1988. *Republiken und Republikanismus im Europe der frühen Neuzeit*. Munich.

Krentz, P. 1982. *The Thirty at Athens*. New Haven.

Kritzas, Ch. 2003/2004. 'Literacy and Society: The Case of Argos'. *Kodai* 13/14: 53–60.

Kritzas, Ch. 2006. 'Nouvelles inscriptions d'Argos: Les archives des comptes du trésor sacré (IVe s. av. J-C.)'. *Comptes Rendus de l'Académie des Inscriptions et*

Belles-Lettres: 397–434.

Kroll, J. H. 1967. 'Dikasts' pinakia from the Fauvel Collection'. *Bulletin de Correspondence Hellénique* 91: 379–96.

Lagogianni-Georgakarakos, M. 2009. 'The Visissitudes of the Athenian Democracy in the 5th c. BC', in Lagogianni-Georgakarakos & Buraselis eds: 97–101.

Lagogi anni-Georgakarakos, M., & K. Buraselis eds. 2009. *Athenian Democracy Speaking Through Its Inscriptions* (Epigraphic Museum). Athens.

Lamb, R. 2014. 'Virtue, Rights and Publicity: Thomas Paine's Democratic Thought'. Unpublished paper, Cambridge.

Lambropoulos, V. 1997. 'Justice and Good Governance'. *Thesis* 11: 1–30.

Landauer, M. 2012. '*Parrhesia* and the Demos Tyrannos: Frank Speech, Flattery and Accountability in Democratic Athens'. *History of Political Thought* 33.2: 185–208.

Landemore, H. 2015. 'Inclusive Constitution-Making: The Icelandic Experiment'. *Journal of Political Philosophy* 23.2: 166–91.

Lane, M. S. 2012. 'The Origin of the Statesman-Demagogue Distinction In and After Ancient Athens'. *Journal of the History of Ideas* 73.2 179–200.

Lang, M. L. 1990. *Ostraka* (Athenian Agora XXV). Princeton.

Lanni, A. 2006. *Law and Justice in the Courts of Classical Athens*. Cambridge.

Lape, S. 2004. *Reproducing Athens: Menander's Comedy, Democratic Culture, and the Hellenistic City*. Princeton.

Lape, S. 2010. *Race and Citizen Identity in the Classical Athenian Democracy*. Cambridge.

Larsen, J.A.O. 1945. 'Representation and Democracy in Hellenistic Federalism'. *Classical Philology* 40: 65–96.

Larsen, J.A.O. 1948. 'Cleisthenes and the Development of the Theory of Democracy at Athens', in M. R. Konvitz & A. E. Murphy eds. *Essays in Political Theory presented to George H. Sabine*. Ithaca, NY: 1–16.

Larsen, J.A.O. 1949. 'The Origin and Significance of the Counting of Votes'. *Classical Philology* 44: 164–81.

Larsen, J.A.O. 1955. *Representative Government in Greece and Rome*. California & London.

Larsen, J.A.O. 1968. *Greek Federal States*. Oxford.

Lauriola, R. 2009. 'The Greeks and the Utopia: An Overview through Ancient Greek Literature'. *Revista Espaço Acadêmico* 97 (June): 109–24.

Lawton, C. 1995. *Attic Document Reliefs: Art and Politics in Ancient Athens*. Oxford.

Lévêque, P., & P. Vidal-Naquet 1964/1996. *Cleisthenes the Athenian*, ed. D. A. Curtis. Atlantic Highlands.

Lévy, E. 2005. 'Isonomia', in Bultrighini ed.: 119–37.

Lewis, D. 1963. 'Cleisthenes and Attica'. *Historia* 12: 22–40.

Lewis, D. 1984/1997. 'Democratic Institutions and Their Diffusion', in *Selected Papers in Greek and Near Eastern History*, ed. P. Rhodes. Cambridge: 51–59.

Lewis, D., with P. J. Rhodes 1997. *The Decrees of the Greek States*. Oxford.

Lewis, J. D. 2008. *Solon the Thinker: Political Thought in Archaic Athens*. London.

Lewis, N., & M. Reinhold eds. 1990/1955. *Roman Civilization*, 3rd edn. vol 2. *The Roman Empire*. New York.

Lewis, S. 2002. *The Athenian Woman: An Iconographic Handbook*. London & NewYork.

Lewis, S. 2009. *Greek Tyranny*. Exeter.

Liddel, P. 2007. *Civic Obligation and Individual Liberty in Ancient Athens*. Oxford.

Liddel, P. 2009. 'Democracy Ancient and Modern', in Balot ed. 2009: 133–48.

Linke, B., & M. Stemmler eds. 2000. *Mos maiorum. Untersuchungen zu den Formen der Identitätsstiftung und Stabilisierung in der römischen Republik*. Stuttgart.

Lintott, A. 1982. *Violence, Civil Strife and Revolution in the Classical City 750–330 BC*. London & Sydney.

Lintott, A. 1992. 'Aristotle and Democracy'. *Classical Quarterly* 42: 114–28.

Lintott, A. 1999. *The Constitution of the Roman Republic*. Oxford.

Lintott, A. 2000. 'Aristotle's Mixed Constitution', in Brock & Hodkinson eds: ch. 8.

Lipset, S. M. ed. 1996. *The Encyclopedia of Democracy*, 4 vols. London & New York.

Lipset, S. M., & J. M. Lakin. 2004. *The Democratic Century*. Norman, OK.

Lloyd, G.E.R. 1979. *Magic, Reason and Experience: Studies in the Origins and Development of Greek Science*. Cambridge.

Lockwood, T. C. Jr. 2006. 'Polity, Political Justice and Political Mixing'. *History of Political Thought* 27.2: 207–22.

Lombardini, J. 2013. '*Isonomia* and the Public Sphere in Democratic Athens'. *History of Political Thought* 34.3: 393–420.

Loomis, W. T. 1998. *Wages, Welfare Costs and Inflation in Classical Athens*. Ann Arbor.

Loraux, N. 1986. *The Invention of Athens: The Funeral Speech in the Classical City*.

Cambridge, MA (French original 1981).

Loraux, N. 1987/1997. 'Le lien de la division'. *Le Cahier du Collège International de Philosophie* 4:101–24 (repr. as Loraux 1997: ch. 4).

Loraux, N. 1991. 'Reflections of the Greek City on Unity and Division', in Molho, Raaflaub, & Emlen eds: 33–51.

Loraux, N. 1993. *Children of Athena: Athenian Ideas about Citizenship and the Division between the Sexes*. Princeton.

Loraux, N. 1997. *La cité divisée*. Paris. (Eng. trans. *The Divided City. Memory and Forgetting in Ancient Athens*, 2002).

Loraux, N. 2005. *La tragédie d'Athènes. La politique entre l'ombre et l'utopie*. Paris.

Lough, J. ed. 1971. *L'Encyclopédie*. Geneva.

Low, P. 2002. 'Cavalry Identity and Democratic Ideology in Early Fourth-Century Athens'. *Proceedings of the Cambridge Philological Society* 48: 102–19.

Low, P. 2010. 'Remembering Defeat and Victory in Democratic Athens', in Pritchard ed.: 341–58.

Low, P. ed. 2008. *The Athenian Empire*. Edinburgh.

Lummins, C. D. 1996. *Radical Democracy*. Ithaca, NY.

Lytton, E. B. 2004 [1837]. *Athens: Its Rise and Fall with Views of the Literature*, ed. O. Murray. London.

Ma, J. 2009. 'The City as Memory', in G. Boys-Stones, B. Graziosi, & Ph. Vasunia eds. *The Oxford Handbook of Hellenic Studies*. Oxford: 248–59.

Ma, J. 2013. *Statues and Cities: Honorific Portraits and Civic Identity in the Hellenistic World*. Oxford.

Ma, J., N. Papazarkadas, & R. Parker eds. 2009. *Interpreting the Athenian Empire*. London.

McClelland, J. S. 1988. *The Crowd and the Mob: From Plato to Canetti*. London.

McCormick, J. S. 2006. *Contain the Wealthy and Patrol the Magistrates. Restoring Elite Accountability to Popular Government*. Chicago.

McCormick, J. S 2011. *Machiavellian Democracy*. Cambridge.

McDonald-Lewis, L. 2009. *The Warriors and Wordsmiths of Freedom: The Birth and Growth of Democracy*. Edinburgh.

McGlew, J. F. 1993. *Tyranny and Political Culture in Ancient Greece*. Ithaca, NY.

McGlew, J. F. 2003. *Citizens on Stage: Comedy and Political Culture in the Athenian Democracy*. Ann Arbor.

MacGregor Morris, I. 2004. 'The Paradigm of Democracy: Sparta in Enlightenment Thought', in T. J. Figueira ed. *Spartan Society*. Swansea: 339–62.

McPhee, P. 2012. *Robespierre: A Revolutionary Life*. New Haven.

Maddox, J. 1982. 'Athens Without Democracy: The Oligarchy of Phocion and the Tyranny of Demetrius of Phalerum, 302–307 B.C.' Unpublished PhD diss., Yale.

Mair, P. 2009. *Ruling the Void: The Hollowing of Western Democracy*. London.

Maloy, J. S. 2013. *Democratic Statecraft: Political Realism and Popular Power*. Cambridge.

Manent, P. 2007. *Tocqueville et la nature de la démocratie*. Paris.

Manin, B. 1997. *The Principles of Representative Government*. Cambridge.

Mann, Chr. 2007. *Die Demagogen und das Volk: Zur politischen Kommunikation im Athen des 5. Jahrhunderts v. Chr*. Berlin.

Mann, Chr., & P. Scholz eds. 2011. *'Demokratie' im Hellenismus: Von der Herrschaft des Volkes zur Herrschaft der Honoratioren?* (Die hellenistische Polis als Lebensform, 2). Berlin.

Mansfield, H. 2010. *Tocqueville: A Very Short Introduction*. New York & Oxford.

Manville, B. 1990. *The Origins of Citizenship in Ancient Athens*. Princeton.

Manville, B., & J. Ober 2003. *A Company of Citizens: What the World's First Democracy teaches Leaders about Creating Great Organizations*. Cambridge, MA.

Marcaccini, C. 2012. *Atene sovietica: Democrazia antica e rivoluzione communista*. Pisa & Cagliari.

Markle, M. M. III 1985/2004. 'Jury Pay and Assembly Pay at Athens', repr. In Rhodes ed. 2004: ch. 4.

Marr, J. L., & P. J. Rhodes eds. 2008. *The 'Old Oligarch': The Constitution of the Athenians Attributed to Xenophon*. Oxford.

Marshall, B. A. 1997. '*Libertas Populi*: The Introduction of Secret Ballot at Rome and its Depiction on Coinage'. *Antichthon* 31: 54–73.

Martin, M. III, & D. C. Snell 2004. 'Democracy and Freedom', in Snell ed. *A Companion to the Ancient Near East*. Oxford: 397–407.

Mattusch, C. 2014. *Enduring Bronze: Ancient Art, Modern Views*. Los Angeles.

Mazower, M. 2012. *Governing the World: The History of an Idea*. London.

Meckstroth, C. 2015. *The Struggle for Democracy: Paradoxes of Progress and the Politics of Change*. Oxford.

Meier, C. 1980/1990. *The Greek Discovery of Politics*. Cambridge, MA (abridgement

of German original 1980).
Meier, C. 1982/2004. 'The Greeks: The Political Revolution in World History', in Rhodes ed.: ch. 14.
Meier, C. 2011. *A Culture of Freedom: Ancient Greece and the Origins of Europe*. Oxford.
Meiggs, R. 1963. 'The Political Implications of the Parthenon', in G. Hooker ed. *Parthenos and Parthenon* (*Greece & Rome* Supp. X). Oxford: 36–45.
Meiggs, R. 1972. *The Athenian Empire*. Oxford.
Meyer, E. A. 1993. 'Epitaphs and Citizenship in Classical Athens'. *Journal of Hellenic Studies* 113: 99–121.
Michels, R. 1915. *Political Parties: A Sociological Study of the Oligarchical Tendencies of Modern Democracy*. New York (German original, 1911).
Mikalson, J. D. 1987. *Athenian Popular Religion*. Chapel Hill, NC.
Mikalson, J. D. 1998. *Religion in Hellenistic Athens*. Berkeley.
Mill, J. S. 1978. *Collected Writings* vol. XI: *Essays on Philosophy and the Classics*. Toronto.
Millar, F. 1984a. 'The Political Character of the Classical Roman Republic, 200–151 B.C.' *Journal of Roman Studies* 74: 1–19 (repr. as 2002b: 109–42).
Millar, F. 1984b. 'State and Subject: The Impact of Monarchy', in Millar & E. Segal eds. *Caesar Augustus: Seven Aspects*. Oxford: 37–60.
Millar, F. 1986. 'Politics, Persuasion, and the People before the Social War (150–90 B.C.)'. *Journal of Roman Studies* 76: 1–11 (repr. as 2002b: 143–61).
Millar, F. 1989. 'Political Power in mid-Republican Rome: Curia or Comitium?' *Journal of Roman Studies* 79: 138–50 (repr. as 2002b: 85–108).
Millar, F. 1995. 'Popular Politics at Rome in the Late Republic', in I. Malkin & Z. Rubinsohn eds. *Leaders and Masses in the Roman World. Studies in Honor of Zvi Yavetz*. Leiden: 91–113 (repr. as 2002b: 162–82).
Millar, F. 1998. *The Crowd in Rome in the Late Republic*. Ann Arbor.
Millar, F. 2002a. *The Roman Republic in Political Thought*. Hanover, NH & London.
Millar, F. 2002b. *Rome, the Greek World, and the East*. Vol. I. *The Roman Republic and the Augustan Revolution*, ed. H. Cotton & G. M. Rogers. Chapel Hill, NC.
Miller, F. D. Jr. 1996. *Nature, Justice, and Rights in Aristotle's 'Politics'*. Oxford.
Millett, P. 1998. 'Encounters in the Agora', in Cartledge et al. eds: 203–28.
Missiou, A. 2011. *Literacy and Democracy in Fifth-Century Athens*. Cambridge.

Mitchel, F. W. 1965. 'Athens in the Age of Alexander'. *Greece & Rome* 12: 189–204.

Mitchell, L., & P. Rhodes eds. 1997. *The Development of the Polis in Archaic Greece*. London & New York.

Molho, A., K. A. Raaflaub, & J. Emlen. eds. 1991. *Athens and Rome, Florence and Venice: City-States in Antiquity & Medieval Italy*. Stuttgart.

Momigliano, A. D. 1952/1994. 'George Grote and the Study of Greek History' (an Inaugural Lecture delivered at University College London, 19 February 1952), repr. in Momigliano 1994: 15–31.

Momigliano, A. D. 1970/1994. 'J. G. Droysen between Greeks and Jews'. *History & Theory* 9.2: 347–65, repr. in Momigliano 1994: 147–61.

Momigliano, A. D. 1994. *Studies on Modern Scholarship*, ed. G. W. Bowersock and T. J. Cornell. Berkeley.

Morgan, E. S. 1988. *Inventing the People: The Rise of Popular Sovereignty in England and America*. New York & London.

Morgan, K. ed. 2003. *Popular Tyranny: Sovereignty and Its Discontents in Ancient Greece*. Austin, TX.

Morris, I. 1996. 'The Strong Principle of Equality and the Archaic Origins of Greek Democracy', in Ober & Hedrick eds: 19–48.

Morris, I., & K. A. Raaflaub eds. 1998. *Democracy 2500? Questions and Challenges*. (Archaeological Inst. of America, Colloquium and Conference Papers 2.) Dubuque, IA.

Mortimer, S. 2015. 'What Was at Stake in the Putney Debates?' *History Today* (January): 50–55.

Mossé, C. 1973. *Athens in Decline, 404–86 B.C.* London.

Mossé, C. 1979/2004. 'How a Political Myth Takes Shape: Solon, "Founding Father" of the Athenian Democracy', in Rhodes ed. 2004: ch. 10.

Mossé, Cl. 1989. *L'Antiquité dans la Révolution française*. Paris.

Mossé, Cl. 2013. *Regards sur la démocratie Athénienne*. Paris.

Mouritsen, H. 2001. *Plebs and Politics in the Late Roman Republic*. Cambridge.

Murray, O., & S. Price eds. 1990. *The Greek City: From Homer to Alexander*. Oxford.

Nederman, C. J. 1995. *Community and Consent: The Secular Political Theory of Marsilio of Padua*. Lanham, MD.

Neer, R. 2002. *Style and Politics in Athenian Vasepainting: The Craft of Democracy, ca. 530–460 BC*. Cambridge.

Neils, J. ed. 1992. *Goddess and Polis: The Panathenaea Festival in Ancient Athens*. Princeton.

Neils, J. 1994. 'The Panathenaia and Kleisthenic Ideology', in Coulson et al. 1994:152–9.

Nelson, E. 2004. *The Greek Tradition in Republican Thought*. Cambridge.

Nelson, E. ed. 2008. *Thomas Hobbes, Translations of Homer*, 2 vols. Oxford & New York.

Nevett, L. 1999. *House and Society in the Ancient Greek World*. Cambridge.

Nevett, L. 2010. *Domestic Space in Classical Antiquity*. Cambridge & New York.

Nicolet, C. ed. 1983. *Demokratia et aristokratia. A propos de Caius Gracchus: mots grecs et réalités romaines*. Paris.

Nippel, W. 1980. *Mischverfassungstheorie und Verfassungsrealität in Antike und der Früher Neuzeit*. Stuttgart.

Nippel, W. 1988. 'Bürgerideal und Oligarchie. "Klassischer Republikanismus" aus althistorischer Sicht', in Koenigsberger ed. 1988: 1–18.

Nippel, W. 1993. 'Macht, Machtkontrolle und Machtentgrenzung. Zu einigen Konzeptionen und ihrer Rezeption in der frühen Neuzeit', in J. Gebhardt & H. Münkler eds. *Bürgerschaft und Herrschaft. Zum Verhältnis von Macht und Demokratie im antiken und neuzeitlichen politischen Denken*. Baden-Baden: 58–78.

Nippel, W. 1994. 'Ancient & Modern Republicanism: "Mixed Constitution" and "Ephors"', in B. Fontana ed. *The Invention of the Modern Republic*. Cambridge: 6–26.

Nippel, W. 2005. 'Die Antike in der amerikanischen und franzözischen Revolution', in G. Urso ed. *Popolo e Potere nel mondo antico* (Friuli conference, September 2004). Pisa: 259–69.

Nippel, W. 2008a. *Antike oder moderne Freiheit? Die Begründung der Demokratie in Athen und in der Neuzeit*. Frankfurt/Main.

Nippel, W. 2008b. *Johann Gustav Droysen: Ein Leben zwischen Wissenschaft und Politik*. Munich.

North, J. 1990. 'Democratic Politics in Republican Rome', *Past & Present* 126: 3–21 (repr. with postscript in Osborne ed. 2004b: 140–58).

North, J. 2002. 'Pursuing Democracy', in A. K. Bowman et al. eds. *Representations of Empire: Rome and the Mediterranean World. Fest. F. Millar*. Oxford: 1–12.

North, J. 2006. 'The Constitution of the Roman Republic', in N. Rosenstein & R.

Morstein-Marx eds. *A Companion to the Roman Republic*. Malden, MA: 256–77.

Ober, J. 1989a. *Mass and Elite in Classical Athens: Rhetoric, Ideology and the Power of the People*. Princeton.

Ober, J. 1989b. 'Review Article: The Nature of Athenian Democracy', *Classical Philology* 84: 322–34 (of Hansen 1987).

Ober, J. 1993/1996. 'The Athenian Revolution of 508/7 B.C.: Violence, Authority, and the Origins of Democracy', in C. Dougherty & L. Kurke, eds. *Cultural Poetics in Archaic Greece: Cult, Performance, Politics*. Cambridge: 215–32 (repr. in Ober 1996: ch. 4 and in Rhodes ed. 2004).

Ober, J. 1996. *The Athenian Revolution: Essays on Ancient Greek Democracy and Political Theory*. Princeton.

Ober, J. 1998. *Political Dissent in Democratic Athens: Intellectual Critics of Popular Rule*. Princeton.

Ober, J. 2005. *Athenian Legacies*. Princeton.

Ober, J. 2008a. *Democracy and Knowledge: Innovation and Learning in Classical Athens*. Princeton.

Ober, J. 2008b. 'What the Ancient Greeks Can Tell Us about Democracy'. *Annual Review of Political Science* 11: 67–91.

Ober, J. 2009. 'Can We Learn from Ancient Athenian Democracy? Historical and Modern Perspectives', in A. Chaniotis, A. Kuhn, & C. Kuhn eds. *Applied Classics: Comparisons, Constructs, Controversies* (HABES 46). Stuttgart: 207–30.

Ober, J. 2011. 'Comparing Democracies', in Azoulay & Ismard 2011: 307–24.

Ober, J., & C. Hedrick eds. 1996. *Dêmokratia: A Conversation on Democracies, Ancient and Modern*. Princeton.

Östreich, G. 1989. *Antiker Geist und moderner Staat bei Justus Lipsius (1547–1606): Der Neustoizismus als politische Bewegung*, ed. N. Mout. Göttingen.

Ogien, A., & S. Laugier. 2015. *Le principe démocratie: Enquête sur les nouvelles formes du politique*. Paris.

De Oliveira, G. 2007. *La Cité tyrannique: Histoire politique de la Grèce archaïque*. Rennes.

O'Neil, J. L. 1981. 'How democratic was Hellenistic Rhodes?' *Athenaeum* 59: 468–73.

O'Neil, J. L. 1995. *The Origins and Development of Ancient Greek Democracy*. Lanham, MD & London.

Oppeneer, T. 2012. 'Democratic Elements in the Greek Cities of the Roman Empire'.

MA thesis, Universiteit Gent.

Osborne, R. 1985. *Demos. The Discovery of Classical Attika*. Cambridge.

Osborne, R. 1987. *Classical Landscape with Figures*. London.

Osborne, R. 1993/2004. 'Competitive Festivals and the Polis: A Context for Dramatic Festivals at Athens', in Rhodes ed. 2004: ch. 8.

Osborne, R. 2006. 'When was the Athenian Democratic Revolution?' in S. Goldhill & R. Osborne eds. *Rethinking Revolutions through Ancient Greece*. Cambridge: 10–28.

Osborne, R. 2009a. 'Economic Growth and the Politics of Entitlement'. *The Cambridge Classical Journal* 55: 97–125.

Osborne, R. 2009b. *Greece in the Making, 1200–479 BC*, 2nd edn. London & New York.

Osborne, R. 2010. *Athens and Athenian Democracy*. Cambridge.

Osborne, R. 2011. *The History Written on the Classical Body*. Cambridge.

Osborne, R. G. ed. 2000. *The Athenian Empire*, 4th edn (LACTOR vol 1). London.

Osborne, R. ed. 2004a. *The Old Oligarch*, rev. edn (LACTOR vol. 2). London.

Osborne, R. ed. 2004b. *Studies in Ancient Greek and Roman Society*. Cambridge.

Osborne, R. ed. ed. *The World of Athens*, 2nd edn. Cambridge.

Osborne, R., & S. Hornblower eds. 1994. *Ritual, Finance, Politics: Athenian Democratic Accounts Presented to David Lewis*. Oxford.

Ostwald, M. 1969. *Nomos and the Beginnings of the Athenian Democracy*. Oxford.

Ostwald, M. 1986. *From Popular Sovereignty to the Sovereignty of the Law: Law, Society and Politics in Fifth-Century Athens*. California & London.

Ostwald, M. 1993. '*Stasis* and *Autonomia* in Samos: A Comment on an Ideological Fallacy'. *Scripta Classica Israelica* 12: 51–66.

Ostwald, M. 1996/2004. 'Shares and Rights: "Citizenship" Greek Style and American Style', in Ober & Hedrick eds: 49–61 (repr. in Robinson ed. 2004).

Ostwald, M. 2000a. *Oligarchia: The Development of a Constitutional Form in Ancient Greece*. Stuttgart.

Ostwald, M. 2000b. 'Popular Sovereignty and the Problem of Equality'. *Scripta Classica Israelica* 19: 1–13.

Ostwald, M. 2005. 'The Sophists and Athenian Politics', in Bultrighini ed.: 35–51.

Paga, J. 2010. 'Deme Theaters in Attica and the Trittys System', *Hesperia* 79: 351–84.

Palmer, R. R. 1953. 'Notes on the Use of the Word "Democracy" 1789–

1799'. *Political Science Quarterly* 68.2: 203–26.

Palmer, R. R. 1959–1964/2014. *The Age of the Democratic Revolution: A Political History of Europe and America, 1760–1800*, 2 vols. Princeton (repr. 2014, with new foreword by D. Armitage).

Parker, H. T. 1937. *The Cult of Antiquity and the French Revolutionaries: A Study in the Development of the Revolutionary Spirit*. Chicago.

Parker, R. 1996. *Athenian Religion: A History*. Oxford.

Parker, R. 2006. *Polytheism and Society at Athens*. Oxford.

Pasquino, P. 2009. 'Machiavelli and Aristotle: The Anatomies of the City'. *History of European Ideas* 35.4: 397–407.

Pasquino, P. 2010. 'Democracy Ancient and Modern: Divided Power', in Hansen ed. 2010b: 1–40 (discussion, 41–9).

Patrikin, L. 2015. *Economic Equality and Direct Democracy in Ancient Athens*. New York.

Patterson, C. 1981. *Pericles' Citizenship Law of 451–0 B.C.* NewYork.

Patterson, C. ed. 2006. *Antigone's Answer: Essays on Death and Burial, Family and State in Classical Athens* (= *Helios* 33). Lubbock, TX.

Paul, E., & C. Paul. 1920. *Creative Revolution: A Study of Communist Ergatocracy*. New York.

Paul, E. F., F. D. Miller, Jr., & J. Paul eds. 1985. *Liberty & Equality*. Oxford.

Pébarthe, C. 2006. *Cité, démocratie et écriture: Histoire de l'alphabétisation d'Athènes à l'époque classique*. Paris.

Pelling, C. 2002. *Plutarch and History: Eighteen Studies*. London.

Peltonen, M. 1995. *Classical Humanism and Republicanism in English Political Thought 1570–1640*. Cambridge.

Philp, M. 1989. *Paine*. Oxford.

Philp, M. 1998. 'English Republicanism in the 1790s'. *Journal of Political Philosophy* 6: 235–62.

Philp, M. 2011. 'Revolutionaries in Paris: Paine, Jefferson & Democracy'. Unpublished paper.

Pierson, G. 1938/1966. *Tocqueville and Beaumont in America*. New York.

Pincus, S. 2009. *1688: The First Modern Revolution*. New Haven & London.

Piovan, D. 2010. *Senofonte: L'antidemocrazia al potere. La tirannia dei trenta in Senofonte*. Pisa.

Piovan, D. 2011. *Memoria e oblio della Guerra civile: strategie giudiziarie e racconto del passato in Lisia.* (Studi e testi di storia antica, 19). Pisa.

Pocock, J.G.A. 2009. *Political Thought and History: Essays on Theory and Method.* Cambridge.

Poddighe, E. 2014. *Aristotele, Atene e le metamorfosi dell'idea democratica. Da Solone a Pericle (594–451 a.C.).* Rome.

Podlecki, A. 1998. *Pericles and His Circle.* London & New York.

Prawer, S. S. 1976. *Karl Marx and World Literature.* Oxford.

Pritchard, D. 2004. 'Kleisthenes, Participation, and the Dithyrambic Contests of Late Archaic and Classical Athens'. *Phoenix* 58: 208–28.

Pritchard, D. 2005. 'Kleisthenes and Athenian Democracy—Vision from Above or Below?' *POLIS* 22: 136–57 (review article of Anderson 2003).

Pritchard, D. 2013. *Sport, Democracy and War in Classical Athens.* Cambridge.

Pritchard, D. ed. 2010. *War, Democracy and Culture in Classical Athens.* Cambridge.

Przeworski, A. 2010. *Democracy and the Limits of Self-Government.* Cambridge.

Raaflaub, K. A. 1983. 'Democracy, Oligarchy and the Concept of the "Free Citizen" in Late Fifth-Century Athens'. *Political Theory* 11: 517–44.

Raaflaub, K. A. 1989a. 'Die Anfänge des politischen Denkens bei den Griechen'. *Historische Zeitschrift* 248: 1–32.

Raaflaub, K. A. 1989b. 'Contemporary Perceptions of Democracy in Fifth-Century Athens'. *Classica et Mediaevalia* 40: 33–70.

Raaflaub, K. A. 1992. *Politisches Denken und Krise der Polis. Athen im Verfassungskonflikt des späten 5. Jahrhunderts v. Chr.* Munich.

Raaflaub, K. A. 1993. 'Homer to Solon: The Rise of the *Polis* (the Written Sources)', in Hansen ed.: 41–105.

Raaflaub, K. A. 1994. 'Democracy, Power, and Imperialism in Fifth-Century Athens', in Euben, Wallach, & Ober eds. 1994: 103–46.

Raaflaub, K. A. 1998 'Power in the hands of the People: foundations of Athenian democracy' in Morris & Raaflaub eds: 31–66.

Raaflaub, K. 2003. 'Between a Rock and a Hard Place: Reflections on the Role of Ancient History in a Modern University'. *Classical Journal* 98.4: 415–31.

Raaflaub, K. 2004. *The Discovery of Freedom in Ancient Greece.* 2nd edn. Chicago.

Raaflaub, K. A. 2014. 'Why Greek Democracy? Its Emergence and Nature in Context', in Hammer ed.: ch. 2.

Raaflaub, K. A., J. Ober, & R. Wallace, with C. Farrar and P. Cartledge. 2007. *Origins of Democracy in Ancient Greece*. Berkeley.

Raaflaub, K. A. ed. 1993. *Anfänge politischen Denkens in der Antike*. Munich.

Rahe, P. 1992. *Republics Ancient and Modern: Classical Republicanism and the American Revolution*, 2 vols. Chapel Hill, NC.

Rahe, P. 2009. *Montesquieu and the Logic of Liberty*. New Haven.

Ramou-Chapsiadi, A. 2009. 'The Cleinias Decree', in Lagogianni-Georgakarakos & Buraselis eds: 63–6.

Rausch, M. 1999. *Isonomia in Athen. Veränderungen des öffentlichen Lebens vom Sturz der Tyrannis bis zweiten Perserabwehr*. Frankfurt/Main.

Rawson, E. 1969/1991. *The Spartan Tradition in European Thought*. Oxford (repr. With introduction by K. Thomas).

Reden, S. von. 1995. 'Peiraeus—A World Apart'. *Greece & Rome* 42: 24–37.

Reed, C. M. 2003 *Maritime Traders in the Ancient Greek World*. New York.

Reinhold, M. ed. 1984. *Classica Americana: The Greek and Roman Heritage in the United States*. Detroit.

Reinmuth, O. W. 1971. *The Ephebic Inscriptions of the Fourth Century B.C.* (*Mnemosyne* Supp. 14). Leiden.

Rhodes, P. J. 1972/1985. *The Athenian Boule*. Oxford.

Rhodes, P. J. 1980. 'Athenian Democracy after 403 B.C.' *Classical Journal* 75: 305–23.

Rhodes, P. J. 1981/1993. *A Commentary on the Aristotelian Athenaion Politeia*, rev. ed. Oxford.

Rhodes P. J. 2003a. *Ancient Democracy and Modern Ideology*. London.

Rhodes, P. J. 2003b. 'Nothing to Do with Democracy: Athenian Drama and the *Polis*'. *Journal of Hellenic Studies* 123: 104–19.

Rhodes, P. J. 2006. '"Classical" and "Hellenistic" in Athenian History'. *Electrum* 11: 27–43.

Rhodes, P. J. 2007. *The Greek City States. A Sourcebook*, 2nd edn. Cambridge.

Rhodes, P. J. 2009a. 'How Seriously Should We Take the Old Oligarch?' *Pegasus* 52: 8–13.

Rhodes, P. J. 2009b. 'State and Religion in Athenian Inscriptions'. *Greece & Rome* 56: 1–13.

Rhodes, P. J. 2010a. '"Lycurgan" Athens', in *Philathenaios: Studies in Honour of M. J.*

Osborne. Athens: 81–90.

Rhodes, P. J. 2010b. 'Stability in the Athenian Democracy after 403 B.C.', in B. Linke, M. Meier, & M. Strothmann eds. *Zwischen Monarchie und Republik: gesellschaftlichen Stabilisierungsleistungen und politische Transformationspotentiale in den antiken Stadtstaaten* (*Historia* Einzelschr. 217). Stuttgart: 67–75.

Rhodes, P. J. 2011a. 'The Dionysia and Democracy Again'. *Classical Quarterly* 61: 71–4.

Rhodes, P. J. 2011b. 'Learning from the Past in Classical Athens', in Herman ed.: 13–30.

Rhodes, P. J. 2012. 'The Alleged Failure of Athens in the Fourth Century'. *Electrum* 19: 111–29.

Rhodes, P. J. ed. 2004. *Athenian Democracy*. Edinburgh.

Rhodes, P. J., & R. Osborne ed. & trans. 2003/2007. *Greek Historical Inscriptions 404–323 B.C.* Cambridge.

Richard, C. J. 1994. *The Founders and the Classics*. Cambridge, MA.

Richer, N. 2010. 'The Religious System at Sparta', in D. Ogden ed. *A Companion to Greek Religion*. Malden, MA: 236–52.

Ringen, S. 2007. *What Democracy Is For: On Freedom and Moral Government*. Princeton.

Rizakis, A. 2015. 'The Achaian League', in Beck & Funke eds: ch. 6.

Roberts, J. T. 1982. *Accountability in Athenian Government*. Madison.

Roberts, J. T. 1994. *Athens on Trial: The Antidemocratic Tradition in Western Thought*. Princeton.

Robertson, G. 2007. *The Putney Debates: The Levellers*. London.

Robespierre, M. 2007. *Virtue and Terror: Texts Selected and Annotated by Jean Ducange*, trans. John Howe. London.

Robinson, E. W. 1997. *The First Democracies: Early Popular Government Outside Athens*. Stuttgart.

Robinson, E. W. 2001. 'Reading and Misreading the Ancient Evidence for Democratic Peace'. *Journal of Peace Research* 38.5: 593–608.

Robinson, E. W. 2011. *Democracy Beyond Athens: Popular Government in the Greek Classical Age*. Cambridge & New York.

Robinson, E. W. ed. 2004. *Ancient Greek Democracy: Readings and Sources*.

Cambridge, MA, & Oxford.

Rodewald, C. A. ed. 1975. *Democracy: Ideas and Realities*. London & Toronto.

Roisman, J. ed. 2003. *Brill's Companion to Alexander the Great*. Leiden.

Rollison, D. 2010. *A Commonwealth of the People: Popular Politics and England's Long Social Revolution, 1066–1649*. Cambridge.

Romm, J. S. 2013. *Ghost on the Throne: The Death of Alexander the Great and the War for Crown and Empire*. New York.

Rosen, F. 1983. *Jeremy Bentham and Representative Democracy: A Study of the 'Constitutional Code'*. Oxford.

Rosenblatt, H. ed. 2009. *Cambridge Companion to Constant*. Cambridge.

Rosenvallon, P. 2008. *Counter-Democracy: Politics in an Age of Distrust*. Cambridge.

Rosenvallon, P. 2014. *The Society of Equals*. Cambridge, MA.

Rotroff, S. I. 1996. 'Pnyx III: Pottery and Stratigraphy', in B. Forsen & G. Stanton eds. *The Pnyx in the History of Athens*. Helsinki: 35–40.

Rowe, C. J., and M. Schofield eds. 2000. *The Cambridge History of Greek and Roman Political Thought*. Cambridge.

Runciman D. 2013. *The Confidence Trap: A History of Democracy in Crisis from World War I to the Present*. Princeton.

Runciman, W. G. 1990. 'Doomed to Extinction: The Greek Polis as an Evolutionary Dead-End', in Murray & Price eds: 347–67.

Runciman, W. G. 2009. *The Theory of Cultural and Social Selection*. Cambridge.

Ruschenbusch, E. 1985. 'Die Zahl der griechischen Statten und Arealgrösse und Bürgerzahl der "Normalpolis"' *Zeitschrift für Papyrologie und Epigraphik* 59: 253–63.

Ruzé, F. 1997. *Délibération et pouvoir dans la cité grecque de Nestor à Socrate*. Paris.

Ryan, A. 2012. *On Politics: A History of Political Thought*, 2 Books in One: Book One. *Herodotus to Machiavelli*; Two: *Hobbes to the Present*. New York.

Saïd, S. 1979. 'Aristophane, les femmes et la cite'. *Cahiers du Fontenay* 17: 33–69.

Ste. Croix, G.E.M. de. 1954. 'The Character of the Athenian Empire'. *Historia* 3: 1–41 (repr. in Low ed. 2008).

Ste. Croix, G.E.M. de. 1970. 'Some Observations on the Property Rights of Athenian Women'. *Classical Quarterly* n.s. 20: 273–8.

Ste. Croix, G.E.M. de. 1972. *The Origins of the Peloponnesian War*. London.

Ste. Croix, G.E.M. de. 1975. 'Political Pay Outside Athens'. *Classical Quarterly* n.s.

25: 48–52.

Ste. Croix, G.E.M. de. 1981. *The Class Struggle in the Ancient Greek World: From the Archaic Age to the Arab Conquests*. London & Ithaca, NY.

Ste. Croix, G.E.M. de. 2004. *Athenian Democratic Origins and Other Essays*, ed. D. Harvey & R. Parker. Oxford.

Salkever, S. ed. 2009. *The Cambridge Companion to Ancient Greek Political Thought*. Cambridge.

Samons, L. J. II. 1998. 'Mass, Elite, and Hoplite-Farmer in Greek History'. *Arion*, 3rd ser. 5: 99–123.

Samons, L. J. II. 2004. *What's Wrong With Democracy? From Athenian Practice to American Worship*. California.

Samons, L. J. II. ed. 1998. *Athenian Democracy and Imperialism*. Boston.

Sanson, H. 2011. *Women, Language and Grammar in Italy, 1500–1900*. Oxford.

Saunders, A.N.W. ed. & trans. 1969. *Greek Political Oratory*. Harmondsworth.

Saxenhouse, A. 2006. *Free Speech and Democracy in Ancient Athens*. Cambridge.

Schaffer, F. 1998. *Democracy in Translation: Understanding Politics in an Unfamiliar Culture*. Ithaca, NY.

Schmidt, M. 1993. *Direkte Demokrati I Danmark*. Copenhagen.

Schmitt-Pantel, P. 1992 *La cité au banquet. Histoire des repas publics dans les cites grecques*. Rome.

Schofield, M. 1999. *Saving the City: Philosopher-Kings and Other Paradigms*. London & New York.

Schuller, W. ed. 1998. *Politische Theorie und Praxis im Altertum*, Darmstadt.

Schwartzenberg, M. A. 2004. 'Athenian Democracy and Legal Change'. *American Political Science Review* 2 (May): 311–25.

Schwartzenberg, M. A. 2007. *Democracy and Legal Change*. New York.

Scott, J. 2004. *Commonwealth Principles: Republican Writing of the English Revolution*. Cambridge.

Scott, J. 2011. *When the Waves Ruled Britannia: Geography and Political Identities, 1500–1800*. Cambridge.

Scott, M. 2010. *From Democrats to Kings: From the Downfall of Athens to the Epic Rise of Alexander the Great*. London.

Scott, T. 2012. *The City-State in Europe, 1000–1600: Hinterland, Territory, Region*. Oxford.

Scurr, R. 2006. *Fatal Purity: Robespierre and the French Revolution*. London.

Seaford, R. 2004. *Money and the Early Greek Mind: Homer, Philosophy, Tragedy*. Cambridge.

Sealey, R. 1987. *Athenian Democracy: Republic or the Rule of Law?* University Park, PA.

Sealey, R. 1993. *Demosthenes: A Study in Defeat*. New York.

Sebillotte Cuchet, V. 2006. *Libérez la patrie! Patriotisme et politique en Grèce ancienne*. Paris.

Sellers, M.N.S. 2014. 'The Roman Republic and the French and American Revolutions', in Flower ed.: 401–18.

Sen, A. 1999. 'Democracy as a Universal Value'. *Journal of Democracy* 10.3: 3–17.

Sen, A. 2006. *Identity & Violence: The Illusion of Destiny*. New York.

Sen, A., & J. Drèze 2013. *An Uncertain Glory: India and its Contradictions*. Princeton.

Shapiro, H. A. 1989. *Art and Cult under the Tyrants in Athens*. Mainz/Rhein.

Sharp, A. ed. 1998. *The English Levellers*. Cambridge.

Sherwin-White, A. N. 1973. *The Roman Citizenship*, 2nd edn. Oxford.

Shipley, G. 2005. 'Little Boxes on the Hillside: Greek Townplanning, Hippodamos and Polis Ideology', in Hansen ed.: 335–403.

Shklar, J. 2006. 'Rousseau's Two Models: Sparta and the Age of Gold', in J. T. Scott ed. *Jean-Jacques Rousseau: Paradoxes and Interpretations*. New York: 224–46.

Sickinger, J. 2009. 'Nothing to Do with Democracy: "Formulae of Disclosure" and the Athenian Epigraphic Habit', in L. Mitchell & L. Rubinstein eds. *Greek History and Epigraphy: Essays in honour of P. J. Rhodes*. Swansea: 87–102.

Sieyès, E. J. 2003. *Political Writings: Including the Debate between Sieyès and Tom Paine in 1791*, ed. and trans. M. Sonenscher. Indianapolis.

Sinclair, R. K. 1988 *Democracy and Participation in Athens*. Cambridge.

Sitrin, M., & D. Azellini 2014. *They Can't Represent Us! Reinventing Democracy from Greece to Occupy*. London.

Skinner, Q. 1978. *The Foundations of Modern Political Thought*, 2 vols. Cambridge.

Skinner, Q. 1992. 'The Italian City-Republics', in Dunn ed.: ch. 4.

Skinner, Q. 1999. 'Ambrogio Lorenzetti's *Buon Governo* Frescoes: Two Old Questions, Two New Answers'. *Journal of the Warburg and Courtauld Institutes* 62: 1–28.

Skinner, Q. 2008. *Hobbes and Republican Liberty*. Cambridge.

Skinner, Q., & M. Van Gelderen eds. 2013. *Freedom and the Construction of Europe*, 2 vols. Cambridge.

Skocpol, T. 2003. *Diminished Democracy: From Membership to Management in American Civic Life*. Norman, OK.

Smith, A. 2011. *Polis and Personification in Classical Athenian Art*. Leiden.

Snell, B. 1953. *The Discovery of the Mind: The Greek Origins of European Thought*, trans. T. G. Rosenmeyer. Oxford.

Snodgrass, A. M. 1980. *Archaic Greece: The Age of Experiment*. London.

Snodgrass, A. M. 1993. 'The Rise of the Polis: The archaeological Evidence', in Hansen ed.: 30–9.

Sommer, M. 2013 'The Mighty and the Sage: Scipio Aemilianus, Polybius and the Quest for Friendship in Second-Century Rome', in Gibson & Harrison eds: 307–18.

Spivey, N. J. 1994. 'Psephological Heroes', in Osborne & Hornblower eds: 39–51.

Starr, C. G. 1970 *Athenian Coinage 480–449 B.C.* Oxford.

Starr, C. G. 1986 *Individual and Community. The Rise of the Polis, 800–500 B.C.* New York & Oxford.

Staveley, E. S. 1972. *Greek and Roman Voting and Elections*. London & New York.

Stedman Jones, G. 2004. *An End to Poverty?* London.

Stein-Hölkeskamp, E. 2014. '"Immer der Beste sein"—Konkurrenz in der athenischen Demokratie', in R. Jessen ed. *Konkurrenz in der Geschichte. Praktiken-Werte—Institutionalisierungen*. Frankfurt & New York: 119–40.

Steinhauer, G. 2009. *Marathon and the Archaeological Museum*. Athens.

Stevenson, T. 2014. *Julius Caesar and the Transformation of the Roman Republic*. London.

Stone, I. F. 1988. *The Trial of Socrates*. London.

Straumann, B. 2015. *Roman Law in the State of Nature: The Classical Foundations of Hugo Grotius' Natural Law*. New York.

Strauss, B. S. 1987. *Athens after the Peloponnesian War: Class, Faction and Policy 403–386 B.C.* Ithaca, NY.

Strauss, B. S. 1996. 'The Athenian Trireme, School of Democracy', in Ober & Hedrick eds: 313–25.

Surowiecki, J. 2004. *The Wisdom of Crowds: Why the Many Are Smarter Than the Few*. New York.

Syme, R. 1958. *Tacitus*, 2 vols. Oxford.

Tarn, W. W. 1923. 'The Social Question in the Third Century', in E. Bevan et al. *The Hellenistic Age*. Cambridge: 108–41.

Tarn, W. W., & G. T. Griffith. 1952. *Hellenistic Civilisation*, 3rd edn. London.

Tatum, W. J. 2009. 'Roman Democracy?' in Balot ed.: 214–27.

Taylor, C. 2007a. 'From the Whole Citizen Body? The Sociology of Election and Lot in the Athenian Democracy'. *Hesperia* 76: 323–45.

Taylor, C. 2007b. 'The Sociology of Athenian Democracy: A Prosopographical Approach', in K. Keats-Rohan ed. *Prosopography Approaches and Applications: A Handbook*. Oxford: 313–24.

Teegarden, D. 2012. 'The Oath of Demophantos: Revolutionary Mobilization, and the Preservation of the Athenian Democracy'. *Hesperia* 81.3: 433–65.

Teegarden, D. 2013. 'Tyrant-Killing Legislation and the Political Foundation of Ancient Greek Democracy'. *Cardozo Law Review* 34.23: 965–82.

Teegarden, D. 2014. *Death to Tyrants: Ancient Greek Democracy and the Struggle Against Tyranny*. Princeton.

Teegarden, D. Forthcoming. 'Acting like Harmodios and Aristogeiton: Tyrannicide in Ancient Greek Political Culture', in C. Verhoeven & C. Dietze eds. *The Oxford Handbook of the History of Terrorism*.

Thirlwall, C. 1835–1844/1845–1852. *A History of Greece*. London (*A Selection*, ed. P. Liddel, Bristol 2007).

Thomas, R. 1989 *Oral Tradition and Written Record in Classical Athens*. Cambridge.

Thomas, W. 1979. *The Philosophical Radicals: Nine Studies in Theory and Practice*. Oxford.

Thompson, E. P. 1968. *The Making of the English Working Class*, rev. ed. Harmondsworth.

Thompson, N. 1996. *Herodotus and the Origins of the Political Community: Arion's Leap*. New Haven.

Thompson, N. 2001. *The Ship of State: Statecraft and Politics from Ancient Greece to Democratic America*. New Haven.

Tilly, C. 1995. *Popular Contention in Britain 1758–1834*. Cambridge, MA.

Tocqueville, de, A. 1835–1840. *De la démocratie en Amérique*, 2 vols. Paris.

Todd, S. C. 1993. *The Shape of Athenian Law*. Oxford.

Todd, S. C. 1996. 'Lysias *Against Nicomachus*: The Fate of the Expert in Athenian

Law', in Foxhall & Lewis eds: ch. 7.

Tuck, R. 2006. 'Hobbes and Democracy', in A. Brett & J. Tully with H. Hamilton-Bleakley eds. *Rethinking the Foundations of Modern Political Thought*. Cambridge: ch. 10.

Tully, J. 2009. *Public Philosophy in a New Key*, 2 vols. Vol 1. *Democracy and Civic Freedom*. Cambridge.

Turner, F. M. 1981. *The Greek Heritage in Victorian Britain*. New Haven.

Urbinati, N. 2002. *Mill on Democracy: From the Athenian Polis to Representative Government*. Chicago.

Urbinati, N. 2011 'Representative Democracy and Its Critics', in S. Alonso, J. Keane, & W. Merkel eds. *The Future of Representative Democracy*. Cambridge: ch. 1.

Urbinati, N. 2012. 'Thucydides the Thermidorian: Democracy on Trial in the Making of Modern Liberalism', in Harloe & Morley eds: 55–76.

Vanderbroeck, P.J.L. 1987. *Popular Leadership and Collective Behavior in the Late Roman Republic (ca. 80–50 B.C.)*. Amsterdam.

Van der Vliet, E.Ch.L. 2012. 'The Durability and Decline of Democracy in Hellenistic Poleis', *Mnemosyne* 65: 771–86.

Vernant, J.-P. 1985. 'Espace et organisation politique en Grèce ancienne', in *Mythe et pensée chez les Grecs*, 3rd edn. Paris: 238–60.

Vernant, J.-P. 2000. 'The Birth of the Political'. *Thesis Eleven* 60: 87–91.

Vernant, J.-P., & P. Vidal-Naquet. 1971/1986/1988. *Myth and Tragedy in Ancient Greece*, 2 vols in 1. New York.

Vidal-Naquet, P. 1995. *Politics Ancient and Modern*. Cambridge.

Vidal-Naquet, P. 2000. 'The Tradition of Greek Democracy', *Thesis Eleven* 60: 61–86.

Villacèque, N. 2008. 'Theatai logon. Histoire de la démocratie comme spectacle. Politique et théâtre à Athènes à l'époque classique'. PhD diss., Université deToulouse-Le Mirail.

Vlassopoulos, K. 2007a. 'Free Spaces: Identity, Experience, and Democracy in Classical Athens'. *Classical Quarterly* 57: 33–52.

Vlassopoulos, K. 2007b. *Unthinking the Greek Polis: Ancient Greek History beyond Eurocentrism*. Cambridge.

Vlassopoulos, K. 2009a. *Politics. Antiquity & Its Legacy*. London.

Vlassopoulos, K. 2009b. 'Slavery, Freedom and Citizenship in Classical Athens: Beyond a Legalistic Approach'. *European Review of History/Revue européenne d'histoire* 16.3: 347–63.

Vlassopoulos, K. 2013. *Greeks and Barbarians*. Cambridge.

Vlastos, G. 1953. 'Isonomia'. *American Journal of Philology* 74: 337–66.

Vlastos, G. 1964. 'Isonomia Politike', in J. Mau & E. G. Schmidt eds. *Isonomia. Studien zur Gleichheitsvorstellung im griechischen Denken*. Berlin: 1–35.

Vlastos, G. 1994. 'The Historical Socrates and Athenian Democracy', in *Socratic Studies*, ed. M. Burnyeat. Cambridge: 87–108.

Volney, C. F. 1811/2000 *The Ruins: Or A Survey of the Revolutions of Empires*. Otley & Washington, DC (French original 1791).

Wagner, P. 2013. 'Transformations of Democracy: Towards a History of Political Thought and Practice in Long-Term Perspective', in Arnason, Raaflaub, & Wagner eds: 47–68.

Wahnich, S. 2012. *In Defence of the Terror: Liberty or Death in the French Revolution*. London.

Walbank, F. W. 1957/1967/1979. *A Historical Commentary on Polybius*, 3 vols. Oxford.

Walbank, F. W. 1964. 'Polybius and the Roman State'. *Greek, Roman & Byzantine Studies* 5: 239–59.

Walbank, F. W. 1966. 'The Spartan Ancestral Constitution in Polybius', in Badian ed.: 303–12.

Walbank, F. W. 1969. Review of Aalders 1968, *Classical Review* n.s. 19: 314–17.

Walbank, F. W. 1973. *Polybius*. Berkeley.

Walbank, F. W. 1985. *Selected Papers* vol. I. Cambridge.

Walbank, F. W. 1995. 'Polybius' Perception of the One and the Many'. *Fest Z. Yavetz*. Leiden: 201–22 (repr. in Walbank 2004).

Walbank, F. W. 1998. 'A Greek Looks at Rome: Polybius VI Revisited'. *Scripta Classica Israelica* 17: 45–59.

Walbank, F. W. 2004. *Selected Papers* vol. II. Cambridge.

Wallace, R. W. 1989. *The Areopagos Council, to 307 BC*. Baltimore.

Wallace, R. W. 1994. 'Private Lives and Public Enemies: Freedom of Thought in Classical Athens', in Boegehold & Scafuro eds: 127–55.

Waterfield, R. 2011. *Dividing the Spoils: The War for Alexander the Great's Empire*. Oxford.

Watson, J. M. 2010. 'The Origin of Metic Status at Athens'. *Cambridge Classical*

Journal 56: 259–78.

Watts, E. J. 2010. *Riot in Alexandria: Tradition and Group Dynamics in Late Antique Pagan and Christian Communities*. Berkeley.

Webb, E. Kent 1997. 'The Athenian Tyrannicides: Icons of a Democratic Society'. www.brynmawr.edu/archaeology/guesswho/webb.html.

Weeber, K-W. 2011. *Fièvre à Pompeii*. Paris.

Weed, R. L. 2007. *Aristotle on Stasis: A Moral Psychology of Political Conflict*. Berlin.

Weinstock, S. 1971. *Divus Julius*. Oxford.

Welskopf, E-C. ed. 1974. *Hellenische Poleis: Krise-Wandlung-Wirkung*, 4 vols. Berlin.

Welwei, K-W. 2002. 'Demokratische Verfassungselemente in Rom aus der Sicht des Polybius', in J. Spielvogel ed. *Res Publica Reperta. Zur Verfassung und Gesellschaft der römischen Republik und des frühen Prinzipats. Fest. J. Bleicken zum 75. Geburtstag*. Stuttgart: 25–35.

West, C. 2004. *Democracy Matters: Winning the Fight against Imperialism*. New York & London.

Whitehead, D. 1977. *The Ideology of the Athenian Metic* (*Proceedings of the Cambridge Philological Society*, Supp.). Cambridge.

Whitehead, D. 1985. *The Demes of Attica, 508/7–ca. 250 BC. A Political and Social Study*. Princeton.

Whitehead, D. 1986. 'The Political Career of Aristophon'. *Classical Philology* 81: 313–19.

Whitehead, D. 2006. 'Absentee Athenians: Lysias *Against Philon* and Lycurgus *Against Leocrates*'. *Museum Helveticum* 63.3: 132–151.

Whitmarsh, T. 2004. *Ancient Greek Literature*. Cambridge & Malden, MA.

Wiemer, H-U. 2002. *Krieg, Handel und Piraterie: Untersuchungen zur Geschichte des hellenistischen Rhodos*. Berlin.

Wilentz, S. 2005. *The Rise of American Democracy*. New York.

Williams, B.A.O. 1991/1995. 'St Just's Illusion', repr. in *Making Sense of Humanity*. Cambridge: 135–50.

Wills, G. 1992. *Lincoln at Gettysburg: The Words That Remade America*. New York.

Wilson, E. 2007. *The Death of Socrates: Hero, Villain, Chatterbox, Saint*. Cambridge, MA.

Wilson, P. J. 2000. *The Athenian Institution of the Khoregia*. Cambridge.

Wilson, P. J. 2008. 'Costing the Dionysia', in M. Revermann & P. J. Wilson eds. *Performance, Iconography, Reception: Studies in Honour of Oliver Taplin.* Oxford: 88–122.

Winstanley, G. 2010. *The Complete Works*, 2 vols, ed. T. N. Corns, A. Hughes, & D. Loewenstein. Oxford.

Winters, J. A. 2011. *Oligarchy*. Cambridge.

Wirth, G. 1997. 'Lykurg und Athen im Schatten Philipps II', in Eder & Hölkeskamp eds: 191–225.

Wiseman, T. P. 2002. 'The Ideological Vacuum', in Wiseman ed. *Classics in Progress: Essays on Ancient Greece and Rome* (British Academy). Oxford: 285–310.

Wohl, V. 1996. '*Eusebeias heneka kai philotimias*: Hegemony and Democracy at the Panathenaia'. *Classica et Mediaevalia* 47: 25–88.

Wohl, V. 2010. *Law's Cosmos: Juridical Discourse in Athenian Oratory*. Cambridge.

Wolin, S. S. 2001. *Tocqueville between Two Worlds: The Making of a Political and Theoretical Life*. Princeton.

Wolin, S. S. 2008. *Democracy Incorporated: Managed Democracy and the Specter of Inverted Totalitarianism*. Princeton.

Wolpert, A. 2002. *Remembering Defeat: Civil War and Civic Memory in Ancient Athens*. Baltimore & London.

Wood, E. M. 1988. *Peasant-Citizen and Slave: The Foundations of Athenian Democracy*. London.

Wood, E. M. 1995. 'The Demos versus "We, the People": From Ancient to Modern Conceptions of Citizenship', in *Democracy Against Capitalism: Renewing Historical Materialism*. Cambridge: 204–37.

Wood, E. M. 2008. *Citizens to Lords. A Social History of Western Political Thought from Antiquity to the Middle Ages*. London.

Wood, E. M. 2012. *Liberty and Property. A Social History of Western Political Thought from Renaissance to Enlightenment*. London.

Wood, G. S. 1992. 'Democracy and the American Revolution', in Dunn ed.: 91–105.

Wood, G. S. 2009. *Empire of Liberty: A History of the Early Republic, 1789–1815*. New York.

Woodman, A. J. ed. 2009. *The Cambridge Companion to Tacitus*. Cambridge.

Woodruff, P. 2005. *First Democracy: The Challenge of an Ancient Idea*. New York & Oxford.

Woods, C. 2014. 'The Limits of Citizenship in Aristotle's *Politics*'. *History of Political Thought* 35.3: 399–435.

Wootton, D. 1992. 'The Levellers', in Dunn ed.: ch. 5.

Wootton, D. ed. 2003. *The Essential Federalist and Anti-Federalist Papers*. Indianapolis.

Worden, B. 2007. *Literature and Politics in Cromwellian England: John Milton, Andrew Marvell, Marchamont Nedham*. London.

Worden, B. 2009. *The English Civil Wars 1640–1660*. London.

Worden, B. 2012. *God's Instruments: Political Conduct in the England of Oliver Cromwell*. Oxford.

Worthington, I. 2014. *By the Spear: Philip II, Alexander the Great, and the Rise and Fall of the Macedonian Empire*. Oxford.

Wycherley, R. E. 1978. *The Stones of Athens*. Princeton.

Yack, B. 1993. *The Problems of a Political Animal: Community, Justice, and Conflict in Aristotelian Political Thought*. Berkeley & London.

Yack, B. 2012. 'Democracy and the Love of Truth', in J. Elkins & A. Norris eds. *Truth and Democracy*. Philadelphia: 165–80.

Yakobson, Y. 1999 *Elections and Electioneering in Rome: A Study in the Political System of the Late Republic* (*Historia* Einzelschr. 128). Stuttgart.

Yavetz, Z. 1958/1969. 'The Living Conditions of the Urban Plebs in Republican Rome'. *Latomus* 17: 500–17 (repr. in R. Seager ed. *The Crisis of the Roman Republic. Studies in Social and Political History*. Cambridge).

Yunis, H. 1997. *Taming Democracy: Models of Political Rhetoric in Classical Athens*. Ithaca, NY.

Yunis, H. ed. 2001. *Demosthenes, On The Crown*. Cambridge.

Yunis, H. trans. 2005. *Demosthenes, Speeches 18 and 19*. Austin, TX.

Zarka, Y. C. ed. 2012. *La Démocratie, état critique*. Paris.

Zizek, S. ed. 2007. 'Introduction: Robespierre, or, the "Divine Violence" of Terror', in Robespierre 2007: vii–xxxix.

Zunz, O. ed. 2011. *Alexis de Tocqueville and Gustave de Beaumont in America: Their Friendship and their Travels*. Charlottesville.

出版后记

本书作者保罗·卡特利奇是一名英国古代历史学家和学者，曾出版过《斯巴达人：一部英雄的史诗》《亚历山大大帝：寻找新的历史》等多部著作。本书是根据作者从2009至2013年在剑桥大学的高年级本科课程"古希腊民主制——及其遗产"写就的。这本书出版后颇受好评，获《泰晤士报文学增刊》2016年年度图书。

古希腊发明了民主制的概念，但是作者卡特利奇强调，并不是只有一种古希腊民主制，而且雅典也不是只有一种一成不变的民主制，作者在书中介绍、比较了雅典民主制和希腊世界其他城邦的民主制，展现了民主制的历史演进。本书还考察了古希腊政治的出现和发展、政治理论的发明以及民主制的诞生和繁荣，追溯了真正民主的希腊制度在马其顿人和罗马人手下的衰落。

由于编者水平有限，本书难免有各种疏漏，敬请广大读者批评指正。

图书在版编目（CIP）数据

古希腊民主制的兴衰 / (英) 保罗·卡特利奇著；刘畅, 翟文韬译. -- 北京：九州出版社, 2020.9（2021.6重印）
ISBN 978-7-5108-9349-0

Ⅰ.①古… Ⅱ.①保… ②刘… ③翟… Ⅲ.①民主—政治制度—研究—古希腊 Ⅳ.①D754.59

中国版本图书馆CIP数据核字(2020)第140658号

Democracy: A Life
by Paul Cartledge
Copyright © Paul Cartledge 2016
This edition arranged with LUCAS ALEXANDER WHITLEY (LAW)
through Big Apple Agency, Inc., Labuan, Malaysia.
Simplified Chinese edition copyright:
2021 Ginkgo (Beijing) Book Co., Ltd.
All rights reserved.
著作权合同登记号：图字：01-2020-4817

古希腊民主制的兴衰

作　　者	［英］保罗·卡特利奇 著　刘　畅　翟文韬 译
责任编辑	周　昕
封面设计	徐睿绅
出版发行	九州出版社
地　　址	北京市西城区阜外大街甲35号（100037）
发行电话	（010）68992190/3/5/6
网　　址	www.jiuzhoupress.com
电子信箱	jiuzhou@jiuzhoupress.com
印　　刷	天津创先河普业印刷有限公司
开　　本	889毫米×1194毫米　32开
印　　张	14.75
字　　数	330千字
版　　次	2021年4月第1版
印　　次	2021年6月第2次印刷
书　　号	ISBN 978-7-5108-9349-0
定　　价	80.00元

★ 版权所有　侵权必究 ★